MAX KOMMERELL · GEDANKEN ÜBER GEDICHTE

MAX KOMMERELL

GEDANKEN ÜBER GEDICHTE

Vierte Auflage
mit Register und Berichtigungen

VITTORIO KLOSTERMANN FRANKFURT AM MAIN

CIP-Kurztitelaufnahme der Deutschen Bibliothek

Kommerell, Max: Gedanken über Gedichte / Max Kommerell. – 4. Aufl. mit Reg. u. Berichtigungen. – Frankfurt am Main : Klostermann, 1985.
ISBN 3-465-01688-2

Erste Auflage 1943
Zweite Auflage 1956
Dritte Auflage 1968
Vierte Auflage mit Register und Berichtigungen 1985

Druck: Weihert-Druck, Darmstadt
Printed in Germany

INHALT

ZUR VERSTÄNDIGUNG

Über Gedichte ist schwer reden. Schwer für den Undichterischen, schwerer für den Dichterischen. Und zu wem? Wer selbst mit Gedichten Umgang hat, will nicht belehrt sein. Wer ihn nicht hat, ist kaum zu belehren. Bedarf das stille Wirken eines Gedichtes unter den Menschen solcher Auslegungsversuche? Gewiß nicht. Besteht Gefahr, daß es dadurch gestört würde? Allenfalls! Warum also reden? Nun, es gibt die Tradition und deren Pflegestätten; es gibt solche, die ihrer walten, öffentlich oder daheim. Für sie ist das Wissen um die Gedichte und um das Dichten, für sie sind die Mittel, davon einen Begriff zu erwecken, nicht gleichgültig. Der Verfasser sähe es gern, wenn sein Buch eine Art Lehrmittel würde. Kein Abc – ein Rat für Geübte.

Wenn er ferner seine Ansichten in geordneter Folge vorlegt, so möchte er auch nicht den Schein einer Beweisführung erwecken. Er will seine innere Erfahrung verdeutlichen, für andere benutzbar machen, nicht mehr. Jede dichterisch gebildete Natur trägt in sich den Anfang eines eigenen Verstehens. Falsch, entschieden falsch ist, was gar nicht von der Wirklichkeit eines Gedichts berührt wurde; und nur der irrt völlig, der dem Gedicht nicht zuhören kann. Der Verfasser war bemüht, seine Auslegungen nicht dogmatisch werden zu lassen, sondern sie beweglich zu erhalten. Denn wir sind auf Ergänzung angewiesen.

VOM WESEN DES LYRISCHEN GEDICHTS

Nach dem Wesen eines Dings wird wohl erst gefragt, wenn nicht mehr klar ist, wozu es dient. So hat man auch früher nicht gefragt, was das lyrische Gedicht sei, da die andere Frage: Wozu es diene, vom Leben selbst beantwortet war. Im geselligen Leben gab es einen Ort für das Gedicht, wo es, soweit es vollziehbar ist, vollzogen wurde – ein Vorgang, nicht nur ein Gebilde. Daß das Gedicht (sei es ein griechisches, sei es ein mittelalterliches) einen Ort im Leben hatte, dazu gehörte mancherlei: Daß man es sagte oder vielmehr sang, dann: Wer es sang und vor welchen, und endlich: Die Gelegenheit, die mehr erwogen wurde als das Dichten und der Dichter. Die Gelegenheit, bei der es erklang, war nicht von der Kunst bestimmt: das gesellige Leben forderte an einer bestimmten Stelle seines Ablaufs, die sonst leer geblieben wäre, Kunst, und nicht nur Kunst überhaupt, sondern eine bestimmte Form. Diese Form war vorrätig, wer Dichter war, meisterte sie; doch ließ auch ihre sorgfältigste Ausbildung ein Abwandeln, ein Steigern, eine letzte, erfüllende Meisterschaft zu und entfaltete dadurch einen Wettbewerb, für den gar wohl ein Preisgericht zuständig sein konnte. Denn bei einer vorgezeichneten strengen Bestimmung des Gedichts, die ein selbst schon vorgezeichnetes Leben vorzeichnete, waren die Maßstäbe seines Werts nicht willkürlich. Sogar, was wir als inwendig durchaus dem Dichter anheimzustellen gewohnt sind, die Gefühle, waren in gewisser Weise vorgesehen. Sie waren bestimmt, sich in einer nicht zufälligen Umgebung zu offenbaren; man dachte sie zusammen mit einer lyrischen Gattung. Auch auf dem Gipfel der Leidenschaft und im gewagtesten Ausdruck einer für uns noch erkennbaren Persönlichkeit schlossen sie nur eine Skala von Empfindungen ab, die im Begriff der Menschen ausgebildet war – eine Skala von Empfindungen, die eine Art Decorum hatte, und nahe verwandt war mit Haltungen und Bewährungen. Das Gedicht, das so vorgetragene, erfüllte eine Erwartung; insoweit waren die Hörer am Machen des Gedichts mitbeteiligt. Zuvörderst gehörte also zum Dichten das Wissen um diesen Ort im Leben und um die Erwartung, die eine bestimmte Hörerschaft in bezug auf das Gedicht hegte. Es ist nicht zu leugnen, daß das, was wir den Dichter nennen – er an und für sich, wie er vor sich selber ist, nie gewesen, nie wiederkehrend – auch in solchen dichterischen Kulturen bald schwächer, bald entschiedener da war, und daß wir in den stärksten Fällen eine Stimme und das Beben einer Stimme zu vernehmen glauben. Aber das suchte man nicht und zeichnete man nicht aus; es war vorhanden, indem es sich vergaß, nicht indem es sich behauptete.

Es gibt andere, meist spätere Entfaltungen des lyrischen

Gedichts, wo dies ganz bestimmte Wozu – Ort, Gelegenheit, Vortrag, Hörerkreis – und vor allem: das lebendige Erklingen, nicht mehr so gesichert und vielleicht gar vergessen ist, ohne daß deswegen die Gestalt des Gedichts dem Belieben überlassen bliebe. Vielmehr bilden gerade solche Zeiten der nicht gesungenen, nicht „aufgeführten", sondern nur vorgelesenen oder gar nur durchs Auge aufgenommenen Lyrik das Leben der einzelnen Gattungen reich und zart aus zu einem literarischen Kanon. Darum reicht die römische Lyrik näher an uns heran als die griechische oder mittelalterliche. Aber nie darf vergessen werden, daß der Ursprung der Gattungen weiter zurückreicht und ihnen ihre Bestimmung ursprünglich gesetzt ist von einem Gebrauch her, dem sie im erhöhten Leben dient. So darf auch die vollkommen ausgebildete literarische Konvention als Folge einer anderen, der Lebensgestaltung angehörigen Konvention betrachtet werden. Wenn sich für die neuere Lyrik die Verbindlichkeit literarischer Formen sehr gelockert hat, aber doch noch entschieden nachwirkt, so ist jene andere Konvention, die ein Gedicht an seinem Orte vorsieht und zu seiner Gelegenheit erklingen läßt, für sie aufgehoben, und war es schon, als sie mit dem Erscheinen des jungen Goethe eine neue, bis heute gültige Gestalt annahm. Wir sind gewohnt, es als Einbuße anzusehen, wenn Dichtung literarisch wird. Gilt dies aber für die Lyrik? Der Roman ist schon als Gattung, ist notwendig und von Beginn an Literatur. Das Drama ist bis heute nicht ganz literarisch geworden, da – ungeachtet des immer schmerzlicheren Abstands zwischen dem Drama als Dichtung und dem Drama als spielbarem Stück – schon vom Begriff seiner Form das Aufführen untrennbar bleibt. Das Epos aber starb daran, daß es ganz literarisch wurde, nachdem es sich im Übergang dazu vollendet hatte. Das moderne Europa, das nicht ohne das alte Epos werden konnte, besitzt es in seiner eigentlichen Form nicht mehr. Beim lyrischen Gedicht wird die Einbuße aufgewogen durch einen andern, schwer zu beschreibenden Zuwachs, und ist für uns um so weniger fühlbar, als dieser Zuwachs heute das Wesen der Lyrik auszumachen scheint. Daß sie nämlich spontan wurde. Dafür mußte zuerst jeder Vorrat, mußte eine gegebene Gebärdensprache der Gefühle, ein Kanon der Formen, ein Stil und ein Anstand fallen, aus dem Denken der Menschen entschwunden sein, mußte die feste Anwendung und das lebendige Zeremoniell der lyrischen Poesie außer Gebrauch kommen. Es mußte ferner dem Dichter auch die Vorstellung des bestimmten Kreises, vor dem sein Gedicht zu erklingen hat, und der Erwartung, die dieser Kreis an das Gedicht stellt, verloren sein. Die letzte Nachwirkung des alten Zustands ist die Poetik: auch deren Geltung mußte gebrochen werden. In dieser schöpferischen Verlegenheit lernte das Lied sich selbst bestimmen, und gehorchte fortan nur noch der unwiederholbaren Schwingung der Seele, die es enthielt.

Gehörte es ehedem zum Lied, daß es bei bestimmter Gelegenheit erklang, so hatte es dafür Ton und Weise mitbekommen, ganz anders, als wenn später ein Gedicht vertont wird. Bloß noch gedichtet zu sein ohne eine von Anfang an zugehörige Weise des Ertönens, das ist ein Merkmal des Gedichts, das literarisch wurde. Wie wichtig wurde es für die Zeitgenossen des jungen Goethe, daß dieser Verlust der tönenden Weise empfunden, mit Schmerz empfunden wurde – und daß das alte, vollständige Dasein des Lieds im Volksmund für sie gerade noch aufzuspüren war! Der Verlust ist leichter auszudrücken als der Gewinn! Die Verarmung des Gedichts an Musik ist die Folge davon, daß die Weise nicht mehr zum Lied erfunden, daß das Lied ohne Weise gedacht ist. Aber nicht mehr, wenn die Musik vermißt, als Wert also schmerzlich bejaht wird! Ehedem konnte das dichterische Wort einen Teil des zu Leistenden auf die Weise abladen, die Musik genug machen wird – es selbst brauchte nicht für Musik zu sorgen! Nun lag für ein ganzes Geschlecht, ohne daß es dies klar begriff, die Entscheidung darin, ob sich allenfalls auch mit dem bloßen Wort singen ließ. Die Übersetzungskunst Herders, der weniger das einheimische Volkslied rettete, als Ausländisches und Fernstes bei uns einheimisch machte, gipfelte in einer Genialität des Horchens, auf die ihn seine Lage anwies. Er, der sich und andern immer wieder die Einheit von Wort und Weise vorpredigte, hatte doch nur in den seltensten Fällen Wort und Weise vor sich; oft genug nicht einmal den originalen Wortlaut, und wenn, so war er in manchem Fall der fremden Sprache nicht mächtig. War dennoch der Ton der Lieder für ihn ihr eigentliches Leben, das Treffen dieses Tons die eigentliche Forderung an den Übersetzer, so mußte er an eine Tonfolge glauben, die in der Wortfolge selbst zwingend wird, an einen Ton in Worten – und mußte als Übersetzer in sich ein Organ für diese Musikalität der Wortfolge ausbilden. Was er für sich tat, tat er für andere; er übersetzte ganz eigentlich für den, der Ohren hatte zu hören. Seine Hinweise auf dies tönende Leben des Worts verbanden sich mit dem klanglichen Leben seiner Übertragungen zu einer Wirkung, die wohl nur dichterische Menschen, aber sie in einer kaum vorstellbaren Weise aufregte. Das deutsche Lied, wie es durch Goethe ward, ist freilich nicht aus einem Einfluß abzuleiten. Aber so, wie es geworden ist, spürt man ihm an, daß Herder durch Hinweis und Beispiel (also die von ihm in deutscher Sprache nachgesungene Volksdichtung fremder Stämme) seine Schüler gelehrt hat, im Gedicht müsse die Sprache selber singen. Das Lied ist das Gedicht, das singt; das Gedicht, dessen Sprache Einfalt hat. Es ist wahr vom Gemüt des Dichters aus, aber eine Liebe zum Fernen bildet an ihm mit. Indem der Dichter Worte sucht für das Neue, das in ihm selbst erklang, hört er zugleich zärtlich hin nach dem dunkleren, verhallenden Ton des Volksliedes, so wie es war und so wie er es dachte, und hauchte dem eigenen Gedicht eine zweite Einfalt ein, die vielleicht nicht weniger zauberhaft war als die erste. Der Verlust der Weise, der das Gedicht betroffen hatte, wird dadurch vergütet, daß das Wort nun die Aufgabe des Singens übernehmen muß und sich so im günstigen Fall eine vorher kaum geahnte Musik der Sprache entwickelt. Das, woran sich das Gedicht, so alleingelassen, nun halten wird, ist das Weiteste und Eigenste, was es gibt: die Seele. Doch wohl die Seele des Dichters? So die schwebende Frage abzutun, ist der moderne Betrachter nur allzu fertig. Bleibe diese rasche Antwort zunächst beiseite! Seele überhaupt ist es, was im Gedicht lebt und (in Hinsicht auf die besprochene Musikalität der Sprache) in ihm tönend wird. Über sie wissen wir so wenig. Ist das Gedicht da als ein Zweites, als ein Wiedererscheinendes, das sie spiegelt – oder wie ist das Dasein des Gedichts sonst mit dem Dasein der Seele verbunden? Dafür, daß ein Seiendes geistiger Art in einem Gegenstand anwesend ist und, an ihn gebunden, mit seiner eigentümlichen Kraft in ihm wirkt, besitzen wir ein Wort, das Fremdwort ist, weil es nicht unsere Erfahrung, sondern der Erfahrung einer früheren Völkerstufe angehört: Symbol. Diesen Begriff unterscheidet von seinen Nachbarbegriffen, daß das Symbol ein Gemeintes nicht bloß ausdrückt, vertritt oder bezeichnet, sondern mit dessen Kraft ausgestattet ist. Das Symbol und die durch das Symbol vertretene Macht sind nicht an sich verschieden, nur durch die Art zu sein. Dasselbe Seiende ist auf zwei Arten da: in der ihm zunächst zukommenden, ungebundenen, geistigen Art und in der gebundeneren, gegenständlich abgekürzten des Symbols. Symbole sind immer esoterisch. Ihr Wirkungskreis kann sich weiten zum Kreis eines Volkes oder eines Glaubens. Immer aber ist er ein Kreis der Weihe, das heißt der Gemeinde, die von der durch das Symbol vertretenen Macht geordnet und gestimmt ist. Als ein abgestorbenes Überbleibsel einer solchen Erfahrung fristet sich das Symbol durch unsere Kunstlehren fort; hier muß es in seinem alten Sinn erfaßt werden: als die von einem Ding ausstrahlende Gegenwart einer in sich freien und geistigen Wesenheit. Also immer ein Paradox! Doch muß nicht auch an ein Gedicht geglaubt werden? Wird seine Schönheit anders als für die Erfahrung wahr? Gedichte sind Symbole der Seele – Seele ist in ihnen auf eine zweite, gebundenere Weise noch einmal da. Ja es ist die Frage, ob die Seele außer im Gedicht überhaupt in etwas so unmittelbar zugegen ist!

Die Weite dieser Vorstellung ist einzuschränken, aber zunächst nicht durch die dichterische Individualität. Daß die Seele als das in sich, das durch sich Bewegte sei, ist ein alter Gedanke. Ihre Allbeweglichkeit erfährt bis heute jeder Mensch, der lebt. Sie, die Allbewegende, an sich unfaßbar – wie wird sie gefaßt, wie faßt sie sich selbst im Gedicht? Geist, Wille, Denkkraft, Haltung sind Begriffe, mit denen die Sprache klar innere Gesetzgebungen bezeichnet. Das trifft hier nicht zu. Die Seele ist labyrinthisch, aber immer, wo wir sie spüren, ist sie in irgendeiner Weise betroffen.

Wenn man sagt: die Seele fühlt sich selbst, wenn sie in irgendeiner Weise betroffen ist, so gibt man damit die eigentliche Bedingung unseres Daseins an. An sich könnte die Seele ja auch ohne dies dasein, irgendwie, irgendwo – aber wir haben davon keine Kunde. Sie ist immer in einem Zustand. Es gibt aber keinen seelischen Zustand ohne ein ihn Erregendes und die Vorstellung davon. Freilich umfaßt dies Erregende alle Abstufungen vom vordergründigsten bis zum untergründigsten Grund. Und vertiefen sich die Gefühle so, daß man unter das letzte Erregende noch hinabzusinken wähnt ins Grundlose der Seele, das eine leise Schwermut ist: so ist doch noch darin das Gefühl des Daseins selbst verborgen als die letzte, weiteste und doch zugleich strengste Form des Schicksals. Noch viel mehr gilt dies für die dichterische Mitteilung eines seelischen Zustands. Denn wenn jemand bei sich selbst allenfalls den Zustand, in den er sich versetzt weiß, vom Anlaß zu trennen vermag – in dem Anlaß das „Äußere", in dem Zustand das „Innere" sehend –, so ist der dichterischen Mitteilung gerade jenes „Äußere" wichtig: sowohl das, was einen Zustand hervorruft, als das, worin er sich ausspricht, als auch das, woran er sich reflektiert: die Data, die Bestimmungen, die Substrate jenes an sich ungreifbaren und unmittelbaren Zustands. Und wie im Selbstgefühl und im Selbstverständnis kann auch im Mitteilen jenes Grundlose erreicht werden, wo die Bestimmungen eines seelischen Zustands zusammenfließen mit der Bestimmung alles uns bekannten menschlichen Wesens: auf der Welt zu sein, in der Welt zu sein, und es entsteht dann etwas wie Goethes Mignonlieder.

Aber auch der Zustand, den sie aussprechen, ist noch ein konkreter Zustand. Denn so wie der menschliche Geist und die menschliche Seele immer nur in der Besonderheit vorhanden war, so auch die menschlichen Zustände und Gefühle. Kein Mensch hat jemals die Hoffnung gefühlt, sondern jeder Mensch eine andere; und derselbe Mensch, der viele Male Hoffnung fühlte, fühlte jedesmal eine besondere, so wie sie wohl nie da war und auch nie wieder da sein wird. In diesem Sinn hat der so oft verlachte Liebende recht, der versichert, so wie er habe niemals jemand geliebt. Und um das Besondere eines seelischen Zustands dem andern mitzuteilen, muß man nicht nur sagen, daß man hoffte oder worauf man hoffte, sondern auch noch, wie man verfaßt war, was einem zugestoßen war, mit wem man umging, vielleicht gar den Ort, die Tageszeit und das Wetter und was noch mehr, ja womöglich – alles! Zählt man die unsrer Begriffssprache erreichbaren seelischen Zustände auf, so erhält man eine stattliche, noch überblickbare Reihe. Sucht man an ihrer Stelle das Besondere dieser Zustände, wie sie bestimmte Menschen in bestimmten Lagen empfinden, zu bezeichnen, so gibt man, vor dem Grenzenlosen stehend, diesen Versuch alsbald auf. Mit dieser Grenzenlosigkeit aber hat es das Gedicht zu tun, und darum sind über die scheinbar so wenigen Zustände unendlich viel Gedichte möglich. Jedes Gedicht ist ein Schicksal.

Wenn man nach einem Ausdruck sucht, um dies Wirkliche, Besondere und Bestimmte eines Zustands im Gegensatz zu seinem allgemeinen Begriff zu bezeichnen, so bietet sich dafür das Wort „Stimmung" an – ein so vielsinnig und vag gebrauchtes Wort, daß man das Recht hat, es schärfer zu bedingen. Ein Wort, das zugleich nach Seele und nach Erde schmeckt; ein Wort, in dem nicht bloß die Grundtöne der Seele, sondern ihr jeweiliges Erklingen, nicht bloß die möglichen Gefühle beschlossen sind, sondern die Auswahl, die das Schicksal aus ihnen trifft. In der Stimmung denken wir das Herz, denken wir einen oder viele Anlässe, denken eine Umgebung mit, und vor allem den Augenblick! Den Augenblick, der sich aus der Zeit heraushebt, ja, der die Zeit anhält, weil in ihm unser Dasein ausdrücklich wird. Weder von einem Tier noch von einem reinen Geist würden wir sagen: er ist gestimmt. Die Stimmung ist etwas Menschliches. Ein bildlicher Ausdruck, der hergenommen ist von einer des Erklingens fähigen, durch Kunst dazu bereiteten Materie. Also nichts, was sich „von selbst" begibt. Und etwas, was ein Mehrfaches voraussetzt: mehrere gespannte Saiten und dergleichen. Und etwas, worauf dies Mehrfache gestimmt ist: ein Grundton, die Stimmgabel.

Es ist wohl eine der erheblichsten Veränderungen, vielleicht nicht der Lyrik selbst, aber des Begriffs von Lyrik, daß sich jene schon alther bekannte Skala seelischer Zustände für uns mehr und mehr durch ihre, hier Stimmung genannte, Einmaligkeit ersetzt – nicht als ob es früher keine Stimmung gegeben, sie im Gedicht nicht gegolten hätte; doch wurde sie erst später erkannt, vom Ge-

dicht gefordert und im Gedicht beabsichtigt. Wenn in diesem Sinn die Lyrik fortschreitend zu sich selber kommt, so schließt dies nicht aus, daß sie wieder zu ihrer ältesten und ersten Verlautbarung zurückkehrt. Sind doch auch bei aller Auflockerung und empfindsamen Bereicherung der Formensprache in den letzten Jahrhunderten die alten, durch das Schema der seelischen Zustände geprägten Grundformen erhalten geblieben und haben sich in vielfacher Wiederaufnahme als wandlungsfähig erwiesen. Was also der Lyrik durch und seit Goethe zuwuchs, wird neu genannt auf die Gefahr, daß sich dies Neue zuletzt als ein wiederauflebendes oder umgewandeltes Alte enthülle.
Die viel größere Umfassung, welche die Stimmungsreihe der Lyrik vor der begrenzten Reihe der seelischen Zustände voraus hat, ist auf der andern Seite eingeschränkt durch den Wegfall des durchaus Störenden, und der Vernichtung. Sicher ist die Schwermut eine Stimmung, ist aber Verzweiflung eine? Bei unserem Gebrauch des Wortes nicht! Es sei denn, daß sie in dichterischer Spiegelung erscheint. So wird sie freilich zur Stimmung – aber der wahrhaft Verzweifelte dichtet nicht mehr, und die Verzweiflung im Gedicht hat bereits gelernt, sich zu spiegeln. Es ist keine ganz leere Frage, ob die Verstimmung auch zu den Stimmungen gehört. Verstimmung nennt man den Eintritt eines Gefühls, das jenes Zusammenstimmen des Vielfachen zerreißt. Es bezeichnet den tiefen Unterschied des Gedichts vom Lebenszustand, daß im Gedicht der störende ja der zerstörende Affekt dem Zu-

sammenstimmen gefügig wird – ein Tiger, den Bacchus zähmt – ja noch mehr: Daß er zum Grundton einer Stimmung wird. Sollte man da nicht so weit gehen dürfen, zu behaupten, daß im Grund alle Stimmungen Stimmungen der Kunst sind? Damit würde man sie dem Leben nicht absprechen. Denn nicht bloß ist Kunst Leben des Lebens, sondern es wäre dann im Leben etwas vielfach angedeutet, was in der Kunst an sein Ende kommt. So daß mit einem tiefen Recht das Gleichnis der Stimmung aus der Kunst (Saiten) für das Leben entlehnt wird. In der Stimmung bleibt nichts Stoffliches zurück, das nicht in Schwingung versetzt wäre. Das trifft im Leben selten zu, und wenn, so stehen auch einfache Leute nicht an, davon in Ausdrücken zu reden, die von der Kunst genommen sind. Ist also die Seele etwas, das sich fühlt und sich findet in Stimmung, so ist damit auch gesagt, daß die Seele Kunst will, um ganz eigentlich zu *sein*.

Das Gedicht, sofern es eine Stimmung hat oder eine Stimmung ist, kann in Hinsicht auf dreierlei betrachtet werden: in Hinsicht auf sich selbst, in Hinsicht auf den Dichter, in Hinsicht auf den, der es liest oder hört. Über Gebühr und ausschließlich wird neuerdings die Relation auf den Dichter betont bis zum Aberwitz, „den Dichter in seiner Werkstatt zu belauschen“ – eine Wendung, die untrüglich den Philister verrät. An sich ist diese Relation die im Wert geringste, da der Dichter durch das Gedicht überflüssig wurde. Die Frage nach dem Gedicht an sich ist bedeutender; jedoch die nach dem Bezug vom Gedicht zu dem, der es hört, als die vordringlichste zu behandeln, wäre keineswegs unphilosophisch. So verfuhr Aristoteles hinsichtlich der Tragödie und der Verwirklichung des tragischen Zustandes im Zuschauer. Der großen und greifbaren Wirksamkeit der Dichtung, die er in der Zeremonie der aufgeführten Tragödie vor sich hatte, entspricht in unseren Tagen als wesentliche, jedoch ungreifbare Wirksamkeit der Dichtung das Hervorrufen des lyrischen Zustands in dem das Gedicht aufnehmenden Leser.

Vom Dichter aus gesehen ist das Vielfache, das in der Stimmung einfach wird, ohne seine Vielfalt abzulegen, zunächst die Seele, die bloß verstimmt zu werden braucht, um zu erfahren, daß sie ein Einfaches aus Vielfachem ist. Aber in Wahrheit liegt das Mehrfache der Stimmung nicht nur in der Seele, sondern man muß sagen: die Seele und ..., die Seele und das und das, um die Stimmung zu erfassen. Denn sie ist Augenblick, und der ist nie bloß inwendig. Es muß etwas zur Seele hinzukommen, in die Seele übertreten, damit Stimmung sei. Denn Stimmung entsteht, indem die Seele gestimmt wird – gestimmt wodurch? Stimmung ist Betroffenheit. Ja, wenn das eine Mal jenes Mehrfache als in der Seele liegend, das andere Mal als durch die Seele und ein Äußeres bestehend erkannt wurde, so trifft beides zusammen im Begriff der Betroffenheit. Indem ein Außen die Seele stimmt oder nach ihr gestimmt wird, wird dadurch auch das Vielfache in ihr selbst eindeutig. Die Betroffenheit ist, um

einen Ausdruck Goethes zu gebrauchen, die Erschütterung, die der Solideszenz voranzugehen hat.
Dies Mehrfache, das durch die Stimmung einheitlich wird, ist also nicht nur in der Seele; es ist auch außer ihr, in Dingen, die – für die Dauer einer Stimmung – aufeinander gestimmt sind, und es ist vor allem in der Seele und den Dingen zugleich, da die Dinge mit der Seele in der Stimmung verständigt werden, sei es nun, daß sich die Dinge nach der Seele stimmen, oder sich die Seele nach den Dingen stimmt. Und eines ist die Bedingung des andern: in dem Augenblick, wo durch Stimmung eine Gleichheit waltet zwischen der Seele und den Dingen, werden auch die Dinge unter sich einheitlich durch den Bezug. Immer ein Begegnen! Die Seele erkennt sich wieder in etwas außer ihr. Jedem ist das Behagen deutlich, mit dem er in Landschaften oder Zimmern das, was zu ihm überhaupt oder zu ihm in einer augenblicklichen Verfassung stimmt, von dem unterscheidet, was ihn nicht berührt oder was ihm widrig ist. Manchmal fühlt man sich von den Dingen abgelehnt. Aber weniger deutlich und doch ebenso wahr ist, daß dies Behagen niemals eintritt ohne einen Akt der Selbsterkenntnis. Man fühlt sein Eigenes und das Eigene seines Zustandes, und würde es nicht so deutlich inne, wenn man sich nicht in einer Umgebung oder Spiegelung selbst zu bejahen Gelegenheit hätte. Die Begegnung mit uns selbst, und das andere, als deren Medium, gehören beide zur Stimmung, die also ein erst latentes, sich dann plötzlich erklärendes Selbstbewußt-

sein voraussetzt. In erhöhtem Maße gilt dies von der „Stimmung des Beisammenseins", und am meisten zwischen Liebenden. Da wird eines dem andern Medium der Selbstbegegnung, und während sie im Leben wechselseitig ist, spricht das Gedicht sie oft nur von der Seite des Dichters aus. In selteneren, vielleicht höheren Fällen aber auch von der Seite des Partners oder von beiden Seiten her. Alle Gedichte sind Selbsterkennung.

Wie der Selbstbesitz entschiedener geworden ist, nachdem er die Stimmung, diese Selbstbegegnung im andern, durchgangen hat, ist sie, nur sie, im Gedicht darstellbar, das immer von der irgendwie gestimmten Seele handelt, niemals von der Seele an sich. Sie wählt, manchmal mit der Erfahrung, manchmal mit der Phantasie, die Spiegelungen aus, in denen sie sich in einer bestimmten Betroffenheit selbst begegnet, und teilt sich in dieser Fassung mit. Diesen Spiegelungen gegenüber ist der Anlaß ihrer Betroffenheit (sofern er von ihnen verschieden ist) weniger wichtig. Er kann genannt sein, er kann verschwiegen bleiben, die Spiegelungen werden ihn immer genau, wenn auch nur mittelbar, enthalten. Kunst ist Auswahl. Nietzsches Gedicht „Venedig" läßt von der ganzen reichen Umgebung, die nach der Seele gestimmt ist, fast alles Dingliche fort und setzt ein paar Reflexe hin, bloß aufreihend: „Gondeln, Lichter, Musik", und doch ist alles Ungenannte mitanwesend, und was darüber hinaus genannt würde, könnte nur die Dichtigkeit der Stimmung abschwächen. Je mehr das Stoffliche schwingt, desto reiner die Stimmung: eine zu reiche Stofflichkeit gefährdet sie. Dagegen täuscht ein rein gestimmtes Gedicht wie dieses Vielheit und Ausdehnung vor: man glaubt ein ganzes Nacht-Venedig erlebt zu haben und ist beim Wiederlesen des Gedichtes erstaunt, nur so wenige Worte zu finden. Übrigens hat Nietzsche die Betroffenheit hier nicht nur in der Spiegelung dargestellt, sondern daneben noch ausdrücklich benannt. Sie heißt „bunte Seligkeit". Seligkeiten gab es schon viele. Eine bunte Seligkeit gab es erst damals.

Die Stimmung eines Gedichtes ist also etwas sehr Zusammengesetztes. In ihr war der Dichter gestimmt, ist das Gedicht gestimmt und wird der Leser gestimmt. Daraus erklärt sich, was man mit der Behauptung meint, ein Gedicht sei schön. Es ist dies die Stimmung des Gedichtes. Das Gedicht ist schön, heißt: es ist nichts in dem Gedicht vorhanden, das nicht vollkommen in dieser Stimmung schwänge. Damit ist nicht nur gesagt, daß es den Dichter enthält; es enthält auch den Leser. Wozu nicht nötig ist, daß der Dichter allgemein menschlich oder der Leser dem Dichter ähnlich ist. Sondern das Gedicht hat durch seine Stimmung die Gewalt, den, der es vernimmt, in diese Stimmung hinüberzunehmen. Zu „versetzen", wie wir sagen. Diese stille Gewalt, die von der Stimmung der Gedichts ausgeübt wird, bezeichnen wir mit dem Worte „schön". Es ist dafür ganz gleichgültig, ob sein Inhalt entzückend oder zermalmend ist. Das im Gedicht auf eine zweite Weise gegenwärtige Leben der

Seele tritt in uns über – mehr noch: ihr In-der-Welt-sein, ihre Verstrickung, ihr Schicksal. Ihre einmalige Betroffenheit und ihr Lebensgefühl. Denn das Gedicht sagt nie die Seele allein, sondern immer sie und ihr Schicksal. Und zuletzt das Schicksal, das sie selber ist: die Stimmung, auf die ihr Leben gestimmt ist, und die Stimmung des Daseins.

Ob der neuere Dichter für sich selber oder für andere dichtet, und für wen – auch hierauf kann vielleicht eine genaue Antwort gegeben werden. Wenn das Erscheinen des jungen Goethe eine Epoche der Lyrik abschloß und eine neue, spontanere eröffnete, so steht wohl auch das genannte Gedicht Nietzsches in einem Wendepunkt, und die Frage, die dieses Gedicht stellt, ist die ungefragte Frage vieler anderer Dichtung: „Hörte jemand ihr zu?" Damit die ein Lied vernehmenden Menschen uns zur faßlichen Gemeinschaft würden, brauchten wir bei der älteren, etwa der mittelalterlichen Lyrik nur zu fragen, wo und wann das Gedicht erklang. Aber es gab auch Zeiten, wo der Lesekreis des nirgend mehr erklingenden, des auch nicht mehr gesagten, des nur noch gedruckten Gedichtes faßlicher und geschlossener war, als die anonyme, beinahe verhaßte Unendlichkeit, die man Publikum nennt. Ein Volk, das eine Dichtung einheitlich vernähme, kann es nicht geben, es sei denn es werde durch die Dichtung hervorgerufen. Die Sprachgemeinschaft ist nicht die Gemeinschaft derjenigen, die das Gedicht wirklich vernehmen, sondern nur derjenigen, die es zu vernehmen die

Möglichkeit haben. Es scheint also nur die Wahl zu bleiben für zwei gleich unbequeme Antworten: der Dichter dichtet für sich, oder: der Dichter dichtet für das Publikum, am Ende gar für die Nachwelt! Und dennoch gibt uns die Stimmung des Gedichts eine sehr viel konkretere Antwort. Gedichte kommen nämlich an, bei irgendeinem, zu irgendeiner Stunde; von dem wird es wahrhaft vernommen; und ebenso innig, wie der Dichter seine Seele mit dem Gedicht auswechselte, wechselt nun dieser Leser die seinige mit dem Gedichte aus. Nicht nur das Machen, auch das Lesen von Gedichten ist eine Selbsterkennung im anderen. Diese Antwort bedeutet also soviel, daß das Gedicht nicht nur gestimmt ist, sondern auch jemanden stimmt. Die Gemeinschaft also, für die der Dichter sein Gedicht dichtet – für jedes Gedicht vielleicht eine andere – ist also die Gemeinschaft derer, die nach der Stimmung des Gedichtes gestimmt werden, eine Gemeinschaft, deren Glieder sich meist nicht kennen, sich auch gar nicht zu kennen brauchen. Neuere Dichtung wird nicht in einen gegebenen Kreis hineingesprochen, sie muß sich jeweils den Kreis der durch sie Verständigten erst erzeugen und erzeugt ihn in der Tat – Schicksal des Dichters und Schicksal der Vernehmenden!

Nicht nur das Wort „schön“, auch andere Worte des landläufigen Urteilens finden vom Wesen der Stimmung aus ihr Recht und ihre Berichtigung. Ein Gedicht wird als „rührend“, als „ergreifend“ bezeichnet, und wir selbst nennen uns wohl „ergriffen“. Was aber meinen wir, wenn wir ein Gedicht „tief“ nennen? Doch gewiß nicht nur die in ihm ausgesprochenen Gedanken! Auch dabei findet jene Selbsterkennung statt, die, wie man sah, nicht nur die Möglichkeit des Gedichts, sondern auch die Möglichkeit seiner Aufnahme bedeutet. Doch kommt noch etwas hinzu, das schwer auszusprechen ist und vielleicht in der Malerei offener zutage liegt als in der Poesie. So hat etwa Vermeer van Delft ein wer weiß wie oft gemaltes Motiv wiederholt — ein vornehmes holländisches Intérieur und die Menschen darin: eine junge Frau, die sich umsieht nach einem hereintretenden Boten, dem Überbringer eines Briefes. Unter den vielen vorhandenen, ja, den überhaupt möglichen, ist diese Darstellung erschöpfend, in gewisser Weise aber auch grausam gegen die Maler, denn es ist nun nicht mehr sinnvoll, dieses Motiv zu malen. Während die Gefühle etwas ganz Inwendiges sind, und jeder einzelne sich auf die unprüfbare und unvergleichbare Eigenheit des seinigen berufen kann, als wäre es das erste überhaupt gefühlte Gefühl seiner Art, hat die Stimmung, dadurch daß sie eine Situation voraussetzt, ein Element in sich, das der Prüfung zugänglich ist. Nur ist das Verhältnis der Stimmung des Dichters zu den Stimmungen der andern nicht so zu denken, als ob die andern die Wahrheit dieser Stimmung besäßen, und es dem Dichter mehr oder weniger glücken würde, dieser Wahrheit nahe zu kommen. Nein, die Wahrheit ist beim Dichter, und die andern erfahren von ihm erst, was eigentlich mit ihren Stimmungen gemeint war, ohne daß es ihnen ganz zu erschöpfen gelang. Das und nicht die Lebhaftigkeit der Gefühle, macht den besonderen Rang der dichterischen Stimmung aus. Man kann die Situationen des menschlichen Lebens vollkommen vom einzelnen Ich loslösen und zu einer Reihe verbinden, die zu durchlaufen der menschlichen Seele bestimmt ist und die unabhängig von der einzelnen Seele besteht. So wie man etwa von Stufen und Wenden der Entwicklung spricht, vom Kind-Sein, von der Pubertät, vom Mann-Werden, vom Altern und so fort. Wenn man dies ausdehnt auf alle denkbaren menschlichen Lagen, sofern sie nicht äußere, sondern innere Lagen sind, und sich dann die Menschen hinzudenkt, die in sie versetzt werden, so wird man feststellen, daß die Menschen diesen Lagen in ganz verschiedener Weise gerecht werden, sie verschieden erfassen und erfahren. Man betrifft die Menschen auf derjenigen Konvention, die vielleicht despotischer und verhängnisvoller als irgendeine ist, und die zu brechen der Dichter Auftrag hat – auf einer Konvention, die umfassender ist, als alle Gewohnheiten des Lebens und des Sprechens – auf der Konvention des Gefühls. Die Gefühle der Menschen sind vorläufig; und wie es ihre Art ist, sich nicht auszusetzen, sondern sich zu sichern, so sichern sie sich durch die Vorläufigkeit des Gefühls, die sie nicht plötzlich abtun können, vor vielem Schmerz und auch vor einiger Lust; ihrer Erfahrung entzieht sich ein Beträchtliches von der Summe der Lebenslagen und der durch sie erregten Gefühle. Die letzte Wirklichkeit der menschlichen Zustände, vollends aber des Mensch-Seins überhaupt bleibt ungefühlt. Diese Halbleben in der Sicherung der Gefühle wird bestätigt durch eine zweite Sicherung: Die Halbsprache der Sprachgewohnheit, die nur der Niederschlag einer gleich „gesicherten" Auslegung des Daseins ist. Wo einmal eine Erfahrung das Gesicherte überschreiten möchte, da legt sich das gewohnheitsmäßige Benennen dazwischen und sichert die alte Halbheit. Es gibt auch ein Sprechen, ein Benennen vor sich selber. Die Halbsprache hindert die Ganzheit des Gefühls, das Halbgefühl macht ein zulängliches Sprechen von vorneherein unmöglich — eine Wechselwirkung. Der Dichter durchbricht dies, und so findet man an seinen Stimmungen bald etwas schön, bald tief, bald idealisch, bald wahr usw. Gemeint ist mit alledem: jede menschliche Lage hat ihre Wahrheit und Vollständigkeit in sich, die zu erfahren die meist nur halb und oft gar nicht gelöste Aufgabe des Menschen ist. Der Dichter erfährt sie ganz und benennt sie zulänglich. Ähnlich kann man von den Stimmungen sagen: jede Stimmung ist eines besonderen Zaubers fähig, indem sie ihr Letztes hergibt. In diesem Falle ist es die Wahrheit, die bezaubert! Etwa die Stimmung eines Mädchens, das sich in der Nacht mit der Flamme seines Lichtes unterhält. Das können viele Dichter gestalten; eines Tags gestaltet es ein Dichter so, daß man sagt: er hat den eigentlichen Zauber dieser Stimmung wie kein anderer gebannt und getroffen. Dies hängt nicht vom Beglückenden einer Stimmung ab, auch nicht von irgendeiner Verklärung oder Beschönigung, und das „allgemein Menschliche“ der deutschen Klassik deckt sich wohl auch nicht ganz damit. Sieht man auf diese Wahrheit der Dichtung und auf die Grade des Enthüllens, so wird man gewahr, daß die menschlichen Lagen, deren Gehalt man zu kennen glaubte, etwas verbergen, und daß sie, obwohl sie die Menschen stündlich durch sich hindurchlassen, ihre Verborgenheit zu wahren wissen. Wenn also der Dichter den besonderen Zauber einer Stimmung eingefangen hat, so ist dies nur ein anderer Ausdruck dafür, daß er in ihr Verborgenstes eingedrungen ist. Dies gelingt nur dem abseitigen Lebensversuch. Insofern ist das Dichten, so gut wie das Philosophieren, zu allererst ein Leben. Und was dies Leben anlangt, so ist es eine der vielen Verwandtschaften des Dichters mit dem Philosophen, daß beide sich aussetzen, wo die andern sich sichern.

Der geschichtliche Augenblick, in dem ein solches Prinzip des Dichtens die Zeitgenossen überraschend und gebieterisch hervortritt, ist gewiß nicht zufällig. Zum Verständnis der vorausgehenden Epoche bedarf es der diesem Prinzip entgegengesetzten Begriffe. Die Gewohnheiten des Sprechens und Fühlens, die den Menschen zuletzt in dem Gehege seiner Sicherung gefangen halten, so daß er alles wahrnehmend von allem getrennt ist, haben ihren Ursprung nicht in sich selbst, sondern in einer nicht mehr zugänglichen, aber ehemals bündigen Erfahrung und Auslegung des Daseins, die einer großen Kulturgemeinschaft zuteil wurde. Eine lange Bahn der Seinsentfremdung mußte erst durchlaufen sein, ehe diese Erfahrung zum Schein herabgesunken und entleert sein konnte. Den Moment, der das Prinzip des Spontanen, und so den eigentlichen Gewinn des Goethischen Gedichts erlaubte, kann man damit bezeichnen, daß die Dichtung damals bestimmt war durch die reine Förmlichkeit. Um ein geschichtliches Beispiel für diese Förmlichkeit, die in ihrer Leere kein einziges wirkliches Gedicht erzeugen konnte, zu nennen, sei an die deutsche Anakreontik erinnert.

Es gehört zur Stimmung des Gedichts, daß die Bewegung der Seele, die in ihm eingehalten ist, von der Gelegenheit, an der sie sich verrät, nicht getrennt werden kann – daß sich also die Seele mit ihren Dingen aufs innigste verwechselt. Dennoch kann das Gedicht diese Verstrickung der Seele, dies ihr In-der-Welt-hängen, mit Ort, Stunde und Zufall, auf zwei Arten angeben, je nach dem Vorwiegen des einen oder des andern Elements. Es gibt einen Weg der Seele in die Dinge hinein und einen Weg der Dinge in die menschliche Seele hinein. So beginnt Conrad Ferdinand Meyer dichtend bei den Dingen, und am Ende des Gedichts löst sich die Dinglichkeit in einer leisen Beistimmung der Seele auf. Diese Form des lyrischen Gedichts endet bei der reinen Symbolik – wobei der zurückgelegte Weg verschwiegen bleibt. Nur noch Gebilde sind da, aber sie stehen in der Seele und sind sie selbst. Der andere Weg ist überwiegend der Weg

Goethes, ein Weg voll Anfang, der dem kleinsten Gedicht ein ganzes Weltall der Schau und des Schicksals zur Beseelung einhändigt.

Nicht die Stimmung macht indes den Dichter, sondern daß sie in Worten unmittelbar wird. Hier ist noch einmal daran zu erinnern, daß das Gedicht ein Symbol der Seele ist. Ein Symbol nicht aus Vorstellungen, kein in der Bildlichkeit gegenständliches, dessen Anschauung die Worte nur vermitteln würden; sondern ein Symbol aus Worten, in dem auf eine zweite Weise die Seele selber da ist. Ein Etwas unterscheidet also die echte Lyrik aller Zeiten von einer Lyrik zweiter Hand, die keineswegs formlos, jener echten gelegentlich sogar an Form überlegen scheinen kann – ein Etwas, das ohne Zweifel auch die Lyrik überhaupt von erzählender oder dramatischer Versdichtung unterscheidet: es ist dies der Zustand der Sprache selbst im lyrischen Gedicht. Der Lyriker zweiten Grades verschüttet gewissermaßen die Stimmung auf dem Weg zur Sprache. Statt daß er die Worte selbst nach dieser Stimmung stimmte, verständigt er uns durch seine Worte über die Stimmung, von der er zeugen will. Sie erscheint dann in der Aussage, im Bild, Reflex oder Gegenstand, die sich an die erste Stelle drängen, statt, als ein wichtiges Zweites, dem gestimmten Wort zu dienen. Schon in der Ballade, vollends im Epos und in der dramatischen Rede *bedeuten* die Worte mehr als daß sie *sind*; eine Welt von Gestalten, Lagen und Begebenheiten wird durch die Worte beschworen, so daß wir die

Worte über ihr vergessen. Freilich tritt beim Drama eine neue Latenz des Wortes in die Wirklichkeit über, die seiner lyrischen Eigenschaft von ferne verwandt ist: es wird Gebärdenträger im mimischen Sinne und verbürgt nun so auch im nur gelesenen Text das gespielte Spiel. Das Epos macht diese fernere Leistung des Wortes am deutlichsten: daß es nämlich etwas anderes zeigt und dabei Abstand hält vom gezeigten Ding und vom verstehenden Menschen. Wenn das Wort im Epos eine Stimmung hat, hat es die Gesamtstimmung einer erhöhten Wirklichkeit und ist also festlich strömend, so daß ein durchgehender Stil sich oft bis zur Formel verdichtet. Das Sprechen des lyrischen Dichters ist ein anderes, ein erstes Sprechen.

In der Sprache sind von jeher zwei Kräfte rege, und wenn man die Spätstufe einer Sprache daran erkennt, daß die eine dieser Kräfte der anderen untergeordnet, ja aufgeopfert ist, so ist auf einer solchen Stufe doch auch eine Rückläufigkeit möglich, so daß sich die Sprache an ihrem Ursprung zu erholen und sich ihrer ewigen Bedingungen zu versichern scheint. Die eine dieser Kräfte ist das begriffliche Bezeichnen: es wendet sich an die andern und zielt auf Mitteilung; darum setzt es einen ausgebildeten, in sich zusammenhängenden Vorrat von bestimmten Worten und Wendungen für bestimmte Begriffe, vor allem die Fertigkeit der Begriffsbildung überhaupt in einem Kulturkreis voraus. Wie, kraft welcher versteckten Notwendigkeit man gerade zu diesen Zeichen kam, wird nicht mehr nachgefragt; gerade dies Fertigsein der Sprache macht sie zum vielseitigen, unendlich anwendbaren Mittel der Verständigung. Man kann doppelsinnig von einer Fertigkeit der Sprache sprechen, und diese Fertigkeit: daß man, ohne einem Grunde nachzufragen, denselben Sachen dieselben Namen gibt, ist es, was unter anderem ein Volk zu einem Volke macht. Freilich entdeckt schon der oberflächliche Beobachter, daß im lebendigen Gebrauch der Worte dies begriffliche Bezeichnen durch allerlei anderes ergänzt wird. Wenn etwa ein Mensch sagt: „Ach, mir ist übel - nein, wie übel mir ist!", so kommt die nicht festgelegte Stellung der Worte, der Tonfall, in dem sie gesagt, die Geste, von der sie begleitet sind, und der Gesichtsausdruck des Sprechenden hinzu. Und wenn die Worte vorher ein eigenes und strenges Bereich der begrifflichen Verständigung zu errichten schienen, wird jetzt offenbar, daß auch eine andere Kraft in ihnen wirkt, und sie gliedern sich ein in ein ganz anderes, weit über die Sprache hinausreichendes System von Verständigungen, nämlich in das System der Gebärden. Was verständigt wird, ist im einen Fall der Geist, der dem erkannten Zeichen den entsprechenden Begriff unterlegt, im zweiten Fall die Seele, die vom Ausdruck betroffen das entsprechende Gefühl in sich nachahmt. Deswegen hielten Denker der Aufklärungszeit, wie Lessing und andere, die Worte für willkürliche Zeichen, d. h. für solche, die aus freien Stücken für einen bestimmten Sinn vereinbart worden seien. Man fragte, wie schon gesagt wurde, der Notwendigkeit, nach der diese Zeichen gesetzt sind, nicht mehr nach. Immerhin haben sie einen gewissen Schein von Freiheit, schon dadurch, daß eine kaum faßliche Vielheit solcher fertigen Systeme der Verständigung auf der Erde nebeneinander besteht, während die verständigende Gebärde so gut wie die menschliche Träne oder der tierische Schrei in ihrer Deutlichkeit überall zwingend ist. Die Sprache gehört also auch zum System der Körpergebärden, die ebensosehr Seelengebärden sind, und überragt sie durch ihre Teilhabe am Geist, der sie seinerseits umbildet zum Mittel seiner äußersten Wirkung.

Der Sinn dieser Gebärden, deren artikulierteste die Sprachgebärde ist, erschöpft sich nicht in Mitteilung. Die Gebärde ist, so zwingend sie für den andern sein mag, niemals nur für ihn da; nur weil sie auch für sich selber da ist, kann sie für den andern so zwingend sein. Auch ein Gesicht, das ohne Zeugen ist, hat sein Mienenspiel, und es ist sehr die Frage, ob die Gebärden, durch die ein Wesen sich mit seinesgleichen verständigt, oder die, die ihm die Einsamkeit und die Zwiesprache mit sich selber auferlegt, in seiner körperlichen Erscheinung eine tiefere Spur hinterlassen. Oft scheint uns ein Gesicht die Geschichte seiner einsamen Momente zu erzählen. Die Gebärde ist aber immer ein Zweites – etwas, womit der Mensch antwortet auf das, was ihn trifft. Wieder ist es die Betroffenheit, die für die lyrische Stimmung so wichtig war – auch über das Wesen der Sprache gibt sie uns

Aufschluß. Betroffenheit aber ist vor jeder Mitteilung. Es ist also auch an den Worten etwas, womit der Mensch auf irgend ihn Treffendes antwortet, eine Gebärdung der betroffenen Seele – und während die Virtuosität der Sprache im begrifflichen Bezeichnen, diese ihre in neuerer Zeit hervortretende Eignung und Bestimmung, wenig von einer früheren Stufe verrät, so deutet diese andere, zurückgedrängte Bestimmung der Sprache: Gebärde zu sein und die Betroffenheit der Seele auszudrücken, vielleicht auf ihren Ursprung. Sofern die Sprache ein System von Ausdrucksgebärden ist, ist sowohl ihr Vorrat an Wurzeln und Stämmen, als auch ihr Bau und Gefüge jeder Willkür entrückt, und als schöpferische Antwort des vom Dasein betroffenen Menschen an seine ersten Einweihungen gebunden. So wenig sich bis jetzt über diese wissenschaftlich etwas aussagen ließ, so wenig sind sie im Geschehen unserer Geschichte wiederholbar, und wenn also das lyrische Gedicht als ein „erstes Sprechen" ihnen verglichen wird, so beruft sich dieser Vergleich nur auf jene zurückgedrängte semiotische Kraft des Worts.

In einer sonderbaren Weise ist die Sprache dem Dichter, der wie jedermann auf den Vorrat seines Volkes an Sprache angewiesen ist, zugleich ein Fertiges und zugleich ein durch den Sprechversuch des Gedichts erst zu Gewinnendes. Wenn er also in der fertigen Sprache spricht, als ob sie erst im Werden wäre, so kann sich dies keineswegs darauf beziehen, daß er das Bekannte umbildet oder gar neue Worte prägt. Das handgreifliche Neuern kommt, obschon es gelegentlich aus einer großen Atemnot des Gefühls hervorgegangen sein kann, in der Regel aus dem Mißtrauen des Dichters in sich selbst und erweckt Mißtrauen in ihn. Was hier gemeint ist, tritt am reinsten hervor, wo der Dichter sich im Alltäglichen zu bewegen, wo sich ihm die mündliche Prosa ungesucht und unbedacht zu Reim und Rhythmus zu fügen scheint. Wenn also das Verfahren des lyrischen Dichters durch irgend etwas an jene uns nicht mehr zugängliche erste Zeichenfindung erinnert, so nicht dadurch, daß er neue Zeichen findet, sondern daß er in seinem Sprechen jene latent gewordene Eigenschaft der Sprache: Ausdrucksgebärde zu sein, die durch eine Betroffenheit erzwungen ist, wieder zur Anwendung bringt. Das ist, innerhalb der fertigen Sprache, eine Art ersten Sprechens. Der Mittel dazu sind viele. Zunächst ersetzt das lyrische Gedicht das, was seit Menschen sprachen niemals dem gesprochenen Wort gemangelt hat und was allem geschriebenen und gedruckten Wort mangelt: es ersetzt die lebendige Stimme durch den mitgegebenen Tonfall. Anderes, Tönendes und dem Ton Verwandtes, schließt sich an: die rhythmische Bewegung, die die Sprache löst und öffnet für die Stimmung, und ihr die Bewegung der bewegten Seele einflößt. Dem Rhythmus sollte es am ehesten zugetraut werden, den Zustand der Sprache zu ändern, ihr die Beweglichkeit zurückzugeben und sie zur Bewegung zu machen; und da diese Bewegung ein Gesetz hat, kann sie nachahmen und in sich aufnehmen, was immer freie Ursache einer

Bewegung sein kann. Aber er ist gerade das, was am leichtesten verfälscht wird, was lernbar scheint; und das prahlende Einhergehn der Sprache im Rhythmus hindert dem Halbdichter und dem Halbkenner die Aussicht auf das wirkliche Gedicht. Der Rhythmus tut Wunder, aber nicht mit dem gemeinen Wort! – Zum Rhythmus kommt die Bildung der Sätze, die nicht so sehr den begrifflichen Bezug der Satzglieder darstellt, als sie vielmehr sie stuft nach Spannung und Teilnahme. Endlich die Wortwahl selbst. Zwar sind es die alten, bekannten Zeichen für Nacht und Licht und Stern und Blume und menschliches Gesicht und alle Dinge der Welt, aber so wenig hier das allgemein darunter Verstandene gemeint ist, so wenig dürfen sie unverwandelt bleiben; verwandelt aber werden sie durch die Umgebung, in der sie stehen; durch sie, die einmalige, wirken sie einmalig, stehen für ein nur hier Gemeintes und ersetzen das Ausdrückliche der ersten Prägung durch einen neuen Zusammenhang. Die Jugend des dichterischen Worts ist eine Verjüngung; das Wort verjüngt sich am Leben mit den andern Worten. Das Singen der Sprache, die erweckte Kraft der Laute läßt sich ebensowenig in Regeln fassen wie der Gang der Vorstellungen und Bilder. Satz, Wort und Laut geben der Sprache die Ausdrucksgewalt der Gebärde zurück, lassen sie als Antwort auf eine Betroffenheit notwendig erscheinen, für sich lautend und doch dem fremden Gefühl schnell verständlich, als wären die Zeichen gemeiner Geltung und festen Gebrauchs für ein Besonderes, nie Gesagtes zum erstenmal gefunden.

Es ist mithin der Zustand der Sprache im lyrischen Gedicht, daß sich innerhalb ihres Fertigseins das Finden des Zeichens aus der Betroffenheit neu vollzieht, indem die Kraft der begrifflichen Bezeichnung hinter der Kraft der Ausdrucksgebärde zurücktritt. Alles, was über die Notwendigkeit des Dichters sich auszusetzen und über seinen abseitigen Lebensversuch gesagt war, gilt auch für das sprachliche Leben seines Gedichts. So wenig für ihn die Fertigkeit der Gefühle hinzunehmen war, so wenig die Fertigkeit der Sprache. Und so wie der vage Begriff der Schönheit dadurch ersetzt werden mußte, daß der sich aussetzende Dichter die verborgene Wahrheit der Zustände und Stimmungen entdeckte, so muß alles, was gewöhnlich an Eigenart und Vollkommenheit der sprachlichen Fassung vom Dichter verlangt oder ihm zugeschrieben wird, vor allem die vielberufene Originalität dadurch ersetzt werden, daß die Sprache seines Gedichts ein erstes Sprechen ist, ein Akt und nicht ein Zustand, und daß seine Sprache nicht ein Sprache-haben, oder ein Sprechen-können ist, wie Prosa und Vers der anderen Menschen, sondern zuerst ein Unvermögen und dann ein einziges Vermögen: Sprachfindung.

Zunächst erscheint dies wohl als ein Überfluß, ohne den allenfalls gar das Dichten, aber doch sicher das Leben wohl möglich wäre. Erwägt man indessen, daß die Sprache, wie sie im allgemeinen geübt wird, nur ein halbes Sprechen bleibt, und also in einem nicht mehr vollzogenen Akt der Sprache auch umfängliche Seelenkräfte müßig gehen und schließlich eingebüßt werden, so ist mindestens für den Dichter selbst die Notwendigkeit eines solchen Sprechens so klar wie die der Porenatmung für den menschlichen Körper. Aber auch für die anderen. Denn während das Gedicht zweiten Grades ihre latente Sprachkraft, ja man kann sagen, das in ihnen dem Ansatz nach mögliche Dichtertum, müßig läßt und durch die formal gemeisterte Virtuosität einer fertigen Sprache in ihnen Vorstellungen und Gefühle aufregt, zwingt sie jenes erste Sprechen im Gedicht des echten Dichters zum Mitvollziehen jenes umfänglichen Sprachaktes, so daß sie durch diese Teilhabe am betroffenen Benennen des Ungesagten ihr Menschsein in neuer Weite erfahren.

Darf doch nicht geleugnet werden, daß in der Aussage des lyrischen Gedichts, das uns beseligend den Umfang des möglichen Sprechens erschließt, auch allein das Ungesagte und Unsagbare mitten im Gesagten zugegen ist, ein Schweigen im Sprechen. So muß es sein; denn wenn das Gedicht ein erstes Sprechen ist, so entreißt es ja die Worte dem noch Unausgesagten und lebt notwendig inmitten des Schweigens. Die Worte haben etwas Erschrockenes, so frisch sind sie gebrochen im Steinbruch der Stille. Sie sind selten, kostbar und gezählt; weil der Umfang des Ungesagten um soviel größer ist als das Sagbare, ist das Gedicht kurz. Denn seine Worte sind nicht eine Auswahl aus einem großen Umkreis des Gesprochenen und Sprache Gewordenen, sondern die seltene Ausnahme, dem Schweigen der bewegten Seele abgewonnen.

Das dichterische Individuum, der Grundbegriff des modernen Denkens über Lyrik, wurde bisher mit Bedacht umgangen, aus Scheu, durch eine zeitgebundene Betrachtung Erhebliches einzubüßen. Sei nun versucht, es an seinem Platz zu begreifen! Es ist in der Lyrik nicht die Sache selbst, aber die unerläßliche Bedingung. In diesem Sinn wurde es schon gestreift: jenes Sich-Aussetzen, jene Abseitigkeit, jenes Fühlen und Erfahren auf eigene Hand, das sich der sichernden Gewohnheit begibt, und dann die Fähigkeit jenes ersten Sprechens, die nur erlangen kann, wer sich durch keine Façon und Auskunft über die Einmaligkeit seines Lebens hinweglügt – dies alles konnte an die unerläßliche Bedingung erinnern, an die jede irdische Tat des Geistes geknüpft ist, an die Individualität. Nichts drückt sie mehr aus als die menschliche Stimme. Es ist nie ein Wort gesprochen worden, wie sachlich es immer gemeint war, ohne sie, die dem Gehör aufgehende Eigenheit eines menschlichen Wesens. Und wie sie da ist, damit die Worte erklingen, so können auch Augenblicke kommen, wo die Worte nur gesagt werden, damit sie erklingt und – derart ist vielleicht das Gedicht, ist die Verständigung des Dichters mit dem, der ihn hört. Die hörbare Gegenwart der unverwechselbaren Stimme im Gedicht hat sich, seit in Worten gesungen wird, nicht verändert, und sie wird als ein verwehter, unbegreiflich eigener Klang in den wenigen Fragmenten der Sappho über Jahrtausende hinweg zu uns herübergetragen. Die Stimme ist gehörtes menschliches Wesen, sein Verhängnis aus Klang, in das es eingefangen ist. Ist wahr, was wir der Lyrik nachgesprochen haben: daß sich ihr das Verborgene der menschlichen Zustände entdecke, sich gerades Wegs in die Sprache übersetzend – nun, so muß es einmal von einem erlitten, muß durch die Eigenheit hindurchgegangen sein, ohne die nichts Menschliches wahr ist und die bei großen Menschen auch das sonst Unpersönliche durchwaltet. Daher haben Idee und Schicksal, wenn sie durch ihren Mund ausgesprochen werden, eine so große Innigkeit, während sie den andern mehr ferne Instanzen eines andächtigen Gerüchtes sind.

Der Augenblick, in dem das Prinzip der neueren Lyrik entschieden zu wirken beginnt, wird von einer neuen Seite bestimmbar. War die Eigenheit eine Bedingung jeder hohen Lyrik seit ihren Anfängen, aber freilich ohne sich je als Gehalt und Ende der Dichtung aufzufassen, so mußte in dem Augenblick, wo das Gedicht die Bindung der menschlichen Begebenheit an das Schicksal verlor und Förmlichkeit wurde, in Gegenbewegung jene solange latent gebliebene, nun übertretene, ja beleidigte Bedingung der lyrischen Aussage zum Sinn und zur Bestimmung der Lyrik werden und sich offen als solche bekennen. Von ihr ausgehend hat man über die Lyrik zwischen 1748 und 1848, um zwei äußerste Zeitpunkte zu nennen, Zulängliches gesagt und wird es weiterhin tun, ohne allerdings für anderes zuzureichen, was Lyrik vorlängst war und dereinst werden kann. Es ist überhaupt die Person niemals so in Erscheinung getreten wie durch

Goethes Lyrik. Um so bedenkenswerter, daß sie sich in ihm selbst eine Verfassung gab und ihre eigene Prärogative weitgehend einschränkte: Er besaß eine so große Kunst des Abstands und übte sich so sehr in ihr, daß ihm sein Ich zur Sache wurde, daß er diesen Gegenstand mit dem universalen Menschentum und der universalen Natur verglich und ihn als Abkürzung dieser beiden Ganzheiten behandelte. Wenn also die dichtenden und reflektierenden Erben des Goetheschen Vermächtnisses die Grenze nicht bemerkten, die Goethe der Person zog, so waren sie in Gefahr, dies Erbe zu vernichten statt fortzusetzen.

Zwei Eigenschaften wird man wohl nie am dichterischen Individuum, das zum lyrischen Gedicht berufen ist, vermissen: eine liebevolle Aufgeschlossenheit für das Lebendige und eine Fähigkeit zur Ergänzung, die inmitten einseitiger Tätigkeiten und Anlagen die ungeteilte Einfalt des menschlichen Daseins rettet. Die erstgenannte Eigenschaft grenzt mehr an Selbstverleugnung als an Selbstbehauptung; einem Hölderlin wird sie zur durchgehenden Stimmung seines Wesens, das auf das Leben des Lebendigen gestimmt war. „So waren auch Wir, die Sänger des Volks, gerne bei Lebenden, Wo sich vieles gesellt, freudig und jedem hold, Jedem offen . . .“ (Dichtermut). Die zweite Eigenschaft wird in neuerer Zeit nicht lange im Unbewußten verharren können, sondern sich am Gegensatz zum Sein und Tun der anderen schmerzlich erkennen. Schiller hat behauptet, daß durch die Dichtung und in Goethe (für ihn damals beinahe auswechselbare Begriffe) die Vollständigkeit des Menschen wieder hergestellt, der Mensch in einem weltlichen Sinn „erlöst" sei. Wenn ein mit dieser Fähigkeit ausgestatteter Mensch im wiederkehrenden dichterischen Moment die Wiederkehr dieser Ergänzung entdeckt, werden sich die Momente, in denen er so rein sich selbst fühlte, innerlich verbinden, und seine Lebensführung wird, soweit möglich, der Einflüsterung dieser Momente gehorsam sein. Er wird nicht nur pflanzen, sondern auch der Gärtner dieser Pflanze sein; und der Plan seiner Selbsterziehung wird darnach zielen, in sich für die andern die Einfachheit des Menschen gegen die entgliedernden Mächte des modernen Lebens zu sichern, das ihm ein Tod der Seele scheint. Das einzelne Gedicht wird gegenüber dieser Natur, die sich selber zur bedeutendsten Kultur steigert, sekundär; die Gesamtheit der Gedichte vereint sich zum Zeugnis, das dieser Mensch von sich selber gibt. In diesem Übergreifen des lyrischen Talents auf das menschliche Werden tut jene ergänzende Fähigkeit ihr Äußerstes, und das Beispiel dafür heißt Goethe. Für Hölderlin, der jene andere Eigenschaft, die liebevolle Aufgeschlossenheit für das Leben, in höchster Ausbildung zeigt, nimmt der Gegensatz zwischen dem dichterischen Leben und dem Leben der Zeit eine andere Form an. Und zwar ist er dabei der Verkennung ausgesetzt, wie er sich selber zu verkennen droht. Weil seine Aufgeschlossenheit vom Leben teilnahmlos zurückgewiesen wird, so mißversteht sich in einer innersten Beleidigung die Kraft als Leiden. Jene Stimmung forderte nicht nur den von der Geschichte unbetroffenen Einklang der Naturmächte, sondern auch den Einklang dessen, was sich zwischen Mensch und Natur und zwischen Mensch und Mensch begibt; ja, wie keine Stimmung ohne ein Gegebenes, auf das hin sie gestimmt ist, gedacht werden kann, so war dieser urschöne Lebensverein, der von der dichterischen Stimmung aufgesucht wird, vor ihr selbst, und ist in sich notwendig: ihr wesenhafter Grund, der sie hervorrief. Dieser Dichter ist also nicht „subjektiv", er setzt nicht etwas voraus, was nicht ist und niemals ist; sondern er vermißt etwas, was als gewesen bezeugt ist und aufs neue sein will. Nicht er, wie es scheint, und wie er eine Zeitlang meinte, sondern das Leben selbst ist verstimmt. Sein Inneres verbürgt ihm zwar die höhere Gestalt der menschlichen Beziehungen, aber dies innere Haben genügt ihm nicht. So spricht sich seine eigentliche Habe als ein Vermissen aus. Diese vom Dichter im Leben vermißte, im Gedicht dem Leben zurückgegebene Festlichkeit des Lebens ist eine andere Ergänzung, als die am vorigen Beispiel gezeigt wurde: wie dort der innere Gehalt des Menschen ergänzt wurde, wird hier die Gestalt des Lebens ergänzt. Beides sind Erscheinungsweisen des Dichterischen in der Lyrik, die so ewig und unvergeßlich sie sein mögen, einen geschichtlichen Grund haben; ihre Freude hat sich nicht vom Schmerz der Zeit losgesagt, sondern ist stark aus diesem Schmerz erwachsen.

Dabei wurde dem zarten lyrischen Vermögen ein Äußerstes zugemutet; die Lyrik trägt mit an dem eigentümlichen Versagen der weltlichen und geistigen Verbände, wie es die letzten beiden Jahrhunderte kennzeichnet. Scheut sich der Dichter, für den verletzten Staat oder die sinkende Kirche das Wort zu ergreifen, so hält er sich ein zartes, im Schwinden begriffenes Sittenerbe zu retten eher für befugt; das Schickliche, das Vornehme erscheint in seinem Gedicht, nicht freie Setzung, sondern Nachbild des Lebens, schattenhafter als dieses, dafür aber beweglicher, so daß es die Krise überdauern kann und nicht mehr aus den menschlichen Vorstellungen weicht. Je weiter diese Krise fortschreitet, je mehr ist der Dichter versucht, Ämter zu übernehmen, die nicht mehr verwaltet werden und doch der Verwaltung harren – Ämter, die sonst ganz außerhalb des dichterischen Berufes lagen und nun plötzlich mit ihm auferlegt scheinen. Je nach dem mehr profanen oder mehr sakralen Hang seines Wesens wird er zum Ordner der verwirrten Lebensbezüge, zum Gesetzgeber weltlich-geistiger Art, der zwar keinen Gehorsam erwartet, aber das Bild des richtigen Hergangs und der gerechten Stufung in Worten niederlegt; oder er erscheint als Träger der Weihe und verkündet die vergessenen und verleugneten Übergänge des Lebens ins Göttliche, ohne welche es nicht Leben, der Mensch nicht Mensch ist. Dann hindert nichts mehr, daß Evangelien und Breviere in lyrischer Form entstehen, wie unser Zeitalter mehrere gesehen hat.

Auch der Unglaube, der in unserer Zeit den Namen der Psychologie trägt, hat über das lyrische Gedicht befunden und wird es weiterhin tun. Und während es dem Unglauben eigen ist, den Glauben (in unserem Fall: den Glauben an das Sein und den Sinn des Gedichtes in sich selbst) nicht benutzen zu können, kann der Glaube den Unglauben benutzen und dankt ihm Wichtiges. Hatte sich dem modernen Verstehen die Person als das Tragende des lyrischen Gedichts herausgestellt, so wurde diese Person von andern Personen als genial unterschieden. Dabei wurde unter genial zweierlei verstanden: eine ungewöhnliche Anlage überhaupt und dann das Vermögen des Dichtens selbst, das nicht weiter erklärbar, ganz gut mit einer übrigens mittelmäßigen Anlage, ja sogar mit entstellenden Mängeln bestehen konnte. Nun ist uns Größe irgendwelcher Art immer nur von außen gegeben, sofern sie etwas leistet. Wir nehmen an, daß Kolumbus groß war, weil wir von ihm wissen, daß er Amerika entdeckt hat. Von seinem Großsein in sich selbst wissen wir nichts. Größe also ist uns Rätsel; doch gibt es die sonderbaren Fälle, wo sie zur Aussage über sich selbst kommt, und zwar zur aufrichtigsten, unverstellbarsten, die es gibt: zur Selbstaussage des lyrischen Gedichts. Dies ist dann der prägnanteste Fall, auf den die Vergötterung der Person, die das moderne Denken über Lyrik beherrscht, überhaupt anwendbar ist. Das Rätsel eines großen, ungewöhnlichen Daseins, ein kühnes und gewagtes Leben schließt sich auf und überträgt ganz unmittelbar einen seiner Augenblicke auf unsere Seele. Das Gedicht eines solchen lesend sind wir einen Augenblick er selbst, und wohnen ihm inne. Leider hat man sich diese Erfahrung verkümmert durch die törichte Redensart, daß ein solches Gedicht uns die Größe menschlich näher bringe. Die größere und bessere Hälfte aller Beschäftigung des Nicht-Dichters mit der Dichtung ist Neugier. Man sollte diese Leidenschaft, der größten, fruchtbarsten und bedenklichsten eine, nicht verleumden und auch in ihrer Verfeinerung und Vergeistigung noch anerkennen. Nicht uns und unseresgleichen suchen wir, sondern das über uns Hinausliegende, an das wir noch eben grenzen; das Unheimliche, das uns anmutet. So sind uns viele Gedichte, die schön zu nennen uns gar nicht einfiele, Spuren einer großen Existenz, und wir besitzen sie und hüten sie wie eine Reliquie.

Die Geschichte der deutschen Lyrik lehrt uns an den seltensten Gebilden mächtige Bewegungen des Werdens verstehen: ihre Ruhe ist der ewige, ihre Unruhe der sich wandelnde Mensch. Sie unterscheidet sich von der englischen Lyrik, die allein mit ihr vergleichbar, mit beneidenswerter Sicherheit die Höhe ihrer Überlieferung durch Jahrhunderte festhält, durch den jähen Wechsel von Vollendung, Sprengung und Neubeginn. Die romantischen Dichter kehren jenes kaum aufgefundene Prinzip der Person noch zu Lebzeiten Goethes um, am entschiedensten Eichendorff. Die Dinge sind nicht das Echo der schwingenden Seele, sondern der Dichter ist umstanden von heiliger Sichtbarkeit und Unsichtbarkeit: der Natur, den Ahnen, den Altertümern der Heimat und Sage, der Landschaft des Tags und der Nacht, mit ihrer heimlichen, ewig regen Dichtung, die bald wie das Lispeln, bald wie der webende Finger der Gottheit ist. Das Ich spricht nicht, es lauscht, und sagt dann in lieben, ungelenken Lauten das Vorgesprochene nach. Solche Gegensätze, wie Goethes und die romantische Lyrik, sterben und leben aneinander auf in Fortwirkung, und während sie längst über das eigene Sprachbereich hinausdrangen, hat ihr Kampf in dieser Sprache noch nicht geendet.

Statt daß der in Antike, Mittelalter und Renaissance ausgebildete Vorrat an literarischen Gattungen und entschieden befestigten Versformen von der auflebenden Lyrik des 18. Jahrhunderts benutzt worden wäre, wird das meiste verworfen als für das neue lyrische Selbstbewußtsein unbrauchbar. Es findet eine Art Entgliederung der Formen statt; Grundbestandteile, Versmaße, Reimarten stehen zu freier Verfügung. Es entsteht Neues: das Lied und die freirhythmische Dichtung. Das Lied ist äußerlich wenig verschieden von dem, was immer war. Die freien Rhythmen stechen fast grell ab von allem Dagewesenen. Doch ähnelt ihre Form einem unbestimmten plein pouvoir. Auch sie sind nur vom Inhalt zu fassen, als bewußter oder unbewußter Versuch der Dichter, ihrem eigenen Gott ein Feld anzuweisen. Im Lied leben mittelalterliche Formen, die, durch die Weise gesichert, ihm vom Volkslied zugetragen wurden, fort. Eigentümlich ist ihm die Einfalt in Gefühl und Vortrag, die, unter der Eingebung des zärtlich aufgesuchten Volkslieds stehend, gerade darin die innere Verfassung der Dichter und ihre Wunschgestalt widerspiegelt. Lied und freie Rhythmen sind Pole, zwischen denen vieles liegt, das formal schwer beschrieben werden kann. Die Bestimmung der Form ist anders geworden. Sie ist lyrische Stegreifrede, ein plötzliches, geglücktes Sprechenkönnen. Ihr Vorzug wird nicht mehr in der Untadeligkeit, sondern in der Unmerklichkeit gesehen. Die notgedrungene Gebärde des Ausdrucks wird von ihr gefordert; so ist sie immer einmalig und kann nicht überliefert werden.

Aber mit der Steigerung der dichterischen Person und mit der Erweiterung der dichterischen Befugnis leben in seltsamer Zweideutigkeit alte, gesicherte Gattungen wieder auf, und zwar gerade die, die jener Stegreifrede des Herzens am unbequemsten waren: Ode, Elegie, Hymne, Sonett und Stanzengedicht. Versarten und Gattungen hängen innerlich zusammen; wenn die Geschichte einer Gattung in Deutschland nach gesicherter Fortdauer aussieht, so verflüchtigt sich dieser Eindruck, sobald man zu den äußern Merkmalen einen Gehalt und ein Pathos als zugehörig mitfordert. Dann verwandelt sich die scheinbar gleichförmige Fortpflanzung in einen Wechsel von Stetigkeit und Überraschung: ein Ergreifen des äußeren Mittels, ein Verschmähen der innern Bewegart wechselt mit dem Umgekehrten; man bejaht das Gewesene, man bildet es um, man vergewaltigt, verwischt, vergißt und verwirft es, man neuert entschlossen. Es gibt keine Geschichte der Ode, der Elegie; oder nur, wenn man am Namen haftet. Dabei fällt ein tiefer Unterschied ins Auge zwischen den erst im Mittelalter und in der Renaissance ausgebildeten lyrischen Gattungen und ihren Versarten, und den antiken Formen. Bei den erstgenannten kann ernstlicher von einer Fortdauer die Rede sein, da sie von vornherein neueren und neuesten Regungen offen sind und weniger bestimmt einen Gehalt fordern, einen andern ausschließen, als die antiken Formen. Kehren diese einmal wieder mit der Ahnung ihres inneren Lebens, so ist ein Bannkreis nicht bloß der Form gesprengt, und man muß sich neu verständigen darüber, was ist, war und sein wird in der Lyrik.

In der Tat ereignet sich bei uns im achtzehnten Jahrhundert ein besonderer Fall. Zum erstenmal werden die antiken Versarten genau nachgeahmt, und gerade das Hindernis, der verschiedene Bau der Sprache und die sich daraus ableitende verschiedene Metrik wird fruchtbar: die neuen Odenmaße, der Hexameter, insbesondere das Distichon, in welch allen Länge und Kürze durch Hebung und Senkung ersetzt sind, sind stark und werbend und gewinnen das innere Gehör. Sie werden nicht für weniger deutsch gehalten als der Reimvers, und es gibt Dichter, denen sie wie angeboren scheinen. Diese Aneignung wird mehreren Individuen verdankt und verteilt sich auf Übersetzung, Umdichtung, Schöpfung. Eine Leidenschaft, eine Vorliebe des Geistes, die viele zugleich und nacheinander bewegt, wird darin handelnd. Dies ist nicht einfach Humanismus oder doch mindestens eine neue Art desselben. Denn man ergreift die alten Versarten nicht mit dem ausgebildeten Geschick, das sich an das Fortlebende und Erreichbare hält, und das nicht nach dem Recht fragt, das man zu einer solchen Annäherung hat. Denn wie könnte man dazu kein Recht haben, was eine fromme Pflicht ist? Nun aber unterscheidet man die Griechen von den Römern, und die heidnische von der christlichen Antike, man unterscheidet das Ursprüngliche von der Nachahmung, die Gründung vom Fortleben, man unterscheidet den Gehalt, den die alten Formen fordern, von dem, über den man selbst verfügt, und gießt nicht mehr unbefangen diesen in jene. Man begreift, wo man selber steht, und fühlt die Ferne der Antike; man liebt sie um der Ferne willen, als beneideten Gegensatz. Welche Spannung entsteht dadurch, daß man zugleich an eine heimliche Verwandtschaft glauben darf! Sie war lange verleugnet, wird aber kennbar in dem Maß, als man sich selbst übertrifft, sich im Ideal des eigenen Wesens, das ohne Zeit und ohne Ort ist, seinem Gegenbild nähert. Wahrlich ein Eros, der Nähe und Ferne, Habe und Mangel ist! Und so werden die Formen erneuert: besonnen und leidenschaftlich, mit einer geschichtlichen Bewußtheit wie nie zuvor. Die Würde der alten Formen wird gescheut; ihr ursprünglicher Gehalt wird stufenweise erschlossen und als unwiederholbar anerkannt; sogleich sehnt man sich, soviel von ihm übertragbar scheint, mit den Formen wiederzugewinnen, und wo nicht, den eigenen Gehalt durch Anähnelung so hoch zu steigern, daß er sich an jenen Formen versuchen darf. Man erlegt sich eine Selbstentäußerung auf. Der eine gibt sich ein Recht – denn nach dem Recht wird jetzt gefragt – weil er sich durch seine persönliche Natur dem Altertum nähert und es, in einer denkwürdigen Phase seiner selbst, in sich aufzufinden glaubt. Der andere ersetzt das weltliche und göttliche Leben, von dem jene Formen zeugen und welches in der Gegenwart vermißt wird, durch die eigene Ahnung eines solchen Lebens, die, obwohl nur im Dichter vorhanden, Welt verspricht und sich im Wort verwirklicht. Ist damit nun eine ähnliche Sicherheit der Kunst begründet wie in der griechischen und römischen Antike? Gibt es einen dichterischen Humanismus und eine Art Meistergesang in antiken Formen? Doch wohl nicht, und möge nicht jeder deutsche Elegien und deutsche Oden dichten, der dazu die Geschmeidigkeit besitzt! Man weiß zuviel von der persönlichen Berufung, von den einmaligen und einzigen Bedingungen, die jene Wiederkehr der alten Form in unserer Sprache ermöglicht haben, um nicht vom neuen Versuch eine ähnliche Gültigkeit zu fordern. Die Elegien Goethes, die Oden und Elegien Hölderlins sind nur einmal da und waren nur einmal möglich; ihre Nachahmung wäre bedenklicher als die Nachahmung eines Minnesängers durch einen anderen oder die eines altlateinischen Dichters durch einen humanistischen Geisterverein.

Diese Gedichte einer deutschen Renaissance sind geschichtlich; sie zeigen ein Schicksal des Geistes an. Obwohl sie heilige Bezirke abstecken, in denen sich die schönsten und gelungensten Menschen zum Fest begegnen, sind sie aus einer strengen Inwendigkeit, ja aus einem Übermaß des Unterscheidens hervorgegangen, und so sehr modern, als sie sich zurückwenden. Einsamste mußten es sein, die in ihnen Gemeinsames gründeten. Auch belehren uns diese Gedichte darüber, daß modern und antik als Gegensätze nicht feststehen, sondern gegeneinander beweglich sind, und daß sich die Linie der Entwicklung zum Kreis biegen, in einer Spirale aufsteigen kann. Das Neuere ist älter als das Neue, und das Alte erscheint ihm anders und wandert mit . . .
Ist das Neue neu? Wenn immer etwas wiederkehrt, so erwirbt es sich seine verjüngende Strahlung in den vorangegangenen Jahrhunderten des Vergessens und Verkennens. Nie kehrt Gewesenes als Gleiches wieder, darum gilt es solange für neu, bis es im Verlauf, vielleicht am Ende seiner Entwicklung verrät, daß es schon einmal war. Im tiefsten Altertum, am Anfang der Lyrik stoßen wir auf ein Gedicht, das leidenschaftlich von den Gelehrten erörtert wird. Was ist seine Gattung, welche Einrichtungen setzt es voraus, wie war es möglich vom Leben her? Indessen ist es da, ist noch da. Daß so viele Gedichte der gleichen Herkunft und des gleichen Wertes vernichtet sind, daß es selbst, wie ewig es sei, Bruchstück bleibt! Daß es über Jahrtausende doch unser Ohr erreicht mit

einer ganz persönlichen Stimme! Es sagt: „Das Herz schwindet mir im Busen, keinen Laut vermag ich, mir weigert sich die Zunge, feines Feuer läuft mir unter der Haut hin, ich sehe nichts mehr mit dem Auge, im Ohr ist ein Sausen, Schweiß bricht mir aus und ein Zittern fällt mich an; ich, die Verrückte, scheine zu sterben." Was braucht man viel darüber zu wissen, um sagen zu dürfen: dies sind die Gebärden einer erschütterten Seele in Worten. Wie aber ist es mit unseren Gedichten? Ob sich die Dichter eines Verfahrens, das neu scheint und doch uralt ist, freuen, ob sie trauern darüber, daß sie durch das, was ihr Reichtum ist, für immer von der Gediegenheit der alten Dichtung geschieden sind: scheint es nicht der bescheidenen Sprache der Seele im Lied aufgegeben, sich alles Verlorene zu erwandern? Strebt nicht das weltliche Leben, das einst im Gedicht Geist wurde, sich aus dem Gedicht wiederherzustellen? Was finden wir, wenn wir dem Leben der Welt in den alten Gedichten nachgehen bis zum Anfang? Die bewegte Seele. Und was hört der Einsamste der Einsamen, der Dichter dieser Zeiten, wenn er sich selber zuhört? Die Welt!

VERSUCH EINES SCHEMAS ZU GOETHES GEDICHTEN

Ein Schema? und für das schlechthin Lebensfrische? Nun, was in einer Folge von sechzig Jahren hervortrat, mag wohl auch gesetzlich sein. Ist Leben und Frische des Lebens ein Gegensatz zum Gesetz – und ist es dies bei Goethe? Er wenigstens hat als Herausgeber seiner Gedichte, in der Art, sie anzuordnen, nicht wenig schematisiert. Er hat, wenn er über sein Dichten sprach, auf ein geistiges Verfahren hingewiesen, das seinem ersten wie seinem letzten Gedicht zugrunde liege. Die Unmittelbarkeit zugestanden: um das an ihr sichtbar zu machen, was dennoch gesetzlich ist – die Unbegreiflichkeit zugestanden: um das zu erklären, was dennoch an ihr begreiflich ist, soll vom Dichterischen in ganz undichterischer Weise die Rede sein. Der Zusammenhang der Gedichte, der im folgenden behauptet wird, braucht Goethe nicht vorgeschwebt haben; genug, wenn er besteht.

Eigenes Sein eigen kund tun galt seit langem als Lyrik. Und doch ist dies Lyrik erst durch den ein ganzes Jahrhundert überschattenden Goethe. So daß man es schließlich für das Wesen der Lyrik überhaupt hielt. Uns ist das Gehör wieder für anderes aufgeschlossen worden – für Früheres, für Neueres. Zugleich wird uns aus dem Abstand greifbarer, was es für Goethe hieß, ein Lied zu dichten – greifbarer als denen, die kein anderes Dichten für möglich hielten.

Die Eigenheit des inneren Lebens ist ein Schatz, den sich niemand zueignen kann. Die Eigenheit des dichterischen Worts ist ein Zauber, der jenseits der Bemühung ist. Beides zusammen bezeichnet eine Höhe der lyrischen Kunst, wo sie sich als Kunst zugleich erfüllt und aufgeht in vollkommener Natürlichkeit. Ehe ein solches Dichten möglich oder gar leicht wird, ist etwas zu leisten, was vor allem Dichten liegt. Man sei, wer man wolle – hat man sich denn, um sich in dieser Weise sagen zu können? Gefragt, sich fragend kann einer sagen, ob er dies oder jenes getan hat oder nicht. Kann er aber sagen, was er ist?, singen, was er ist? Unter welcher Bedingung kann er's? Und weiter: Geziemt es sich, Persönliches so in die Mitte zu stellen, wo es um Kunst geht? Ist denn das Eigene wirklich ein so hoher Wert? Für andere? Für den Dichter selbst? Und ist dies sein ganzes Amt, daß er sich sagt, sich singt? Zweierlei müßte man zuvörderst von Goethe wissen: unter welchen Bedingungen wird er seiner selbst inne? Was heißt in seinem Falle Person?

Auch von einem nahestehenden Menschen weiß man kaum, wie er mit sich lebt. Natürlich weiß man es auch von Goethe nur bedingt, aber doch in selten hohem Grade! Und zwar auf Grund seiner eigenen Worte, sofern Treu und Glauben gilt. Wir glauben manchen Worten und manchen nicht. Es gibt einen Ton, einen Händedruck, einen Blick, der Zweifel erregt, und einen, von dem wir sagen: er ist echt. In diesem Sinn sind Goethes Worte über sich glaubwürdig. Hat je ein Mensch mehr über sich gesagt? Aus diesen Worten geht hervor, was als ihre eigentliche Bedingung vor seiner ganzen Dichtkunst liegt: eine unvergleichliche Art, sich gegenüberzustehen. Ihre Kennzeichen sind: Distanz und Behagen.

Man kann sich eine sehr entschiedene Lebensführung durch den Begriff dessen verdeutlichen, was in ihr vermieden wird. Ein von Goethe betontermaßen nicht eingeschlagener Weg heißt: nach innen blicken. Dies bekennt er höchstens in schweren Krisen getan zu haben, die einer Erholung seines ganzen Wesens vorangehen; so heißt es in den römischen Elegien:

Und ich über mein Ich, des unbefriedigten Geistes
Düstere Wege zu spähn, still in Betrachtung versank.

Ist es nicht ein Widerspruch, daß Goethe die Einkehr verschmäht haben will, und doch mehr über sich aussagen konnte als irgendeiner? Er selbst hebt diesen Widerspruch; das Selbsterkennen (versichert er), das ihm allein fruchtbar scheine, sei dies: sich gewahr zu werden in anderem. Offen bleibt, was dies andere jeweils ist. Man wählt es nicht, es kommt, und man begreift's. Dieser Unterschied zwischen Haben und Sein: daß man nämlich etwas ist, ohne dies zugleich zu haben – diese Ungreifbarkeit des eigenen Seins für einen selbst, die garnicht Geheimnis oder Rätsel zu sein braucht, ist einzusehen, ehe man

Goethes scheinbar so derbe und einfache Äußerungen über diesen Punkt verstehen kann.

Er bedarf, damit ihm das eigene Wesen in den Griff kommt, eines Gegenstandes, an dem es ihm erscheint. Dieser Gegenstand, allgemein gefaßt, ist die Gelegenheit. Wenn man also, Goethes Wort nachsprechend, seine Gedichte Gelegenheitsgedichte nennt, so muß man Gelegenheit in der besonderen Tragweite auffassen, daß sie das Ich zur Anschauung bringt. Nirgends läßt sich Goethe darüber so deutlich vernehmen wie in dem Aufsatz vom Jahr 1821: „Bedeutende Fördernis durch ein einziges geistreiches Wort." „Hiebei bekenn' ich, daß mir von jeher die große und so bedeutend klingende Aufgabe: Erkenne dich selbst, immer verdächtig vorkam, als eine List geheim verbündeter Priester, die den Menschen durch unerreichbare Forderungen verwirren und von der Tätigkeit gegen die Außenwelt zu einer inneren, falschen Beschaulichkeit verleiten. Der Mensch kennt nur sich selbst, insofern er die Welt kennt, die er nur in sich und sich nur in ihr gewahr wird. Jeder neue Gegenstand, wohl beschaut, schließt ein neues Organ in uns auf."

Die Bewußtseinsstufe, von der dies Wort zeugt, ist spät. Kann sie überhaupt für ein Lied gelten, und gar für ein frühes Lied? Liedern wie „Willkommen und Abschied" oder „Wanderers Nachtruhe" ging gewiß kein Erwägen voran, welche Selbsterkennung verpönt und welche fruchtbar sei. Aber die Verlegenheit, für die in jenen späten Erwägungen eine Auskunft entdeckt wird, bestand gewiß schon für den jungen Goethe und drängte ihm dieselbe Auskunft auf. Das Innere muß sich darstellen. Es ist unsagbar; ob es vielleicht sagbar ist in einer bestimmten Verfassung, in der von jetzt eben – das Innere als Moment? Vielleicht ist es Moment? Jedenfalls nur als ein augenblickliches faßbar? Sofern dies Augenblickliche die sprachliche Form bestimmt oder selber zur Form wird, macht es die wesentliche Eigenschaft seiner lyrischen Sprache aus: ihre Plötzlichkeit (Spontaneïtät). Das an den Worten nämlich, was so und nicht anders vom Inneren eingegeben, dem Hörer die einmalige Verfassung des Inneren zwingend mitteilt. Goethes Gedichte sind Momente.

Der Moment ist nicht das Atom der Zeit, ist nicht, sofern man dieselbe als Strecke denkt, der kleinste Teil dieser Strecke. Er ist in sich ganz, ein kleiner Kreis, so wie der Punkt als ein unendlich kleiner Kreis vorgestellt werden kann. Er ist eine Mitte, die in sich die Zeit anhält, aufhebt. Er kann ewig genannt werden, aber nicht sofern er dauert, sondern sofern er die Zeit überschreitet.

Daß die Seele immer bewegte Seele ist, und zu ihrer Bewegtheit ein jeweils Bewegendes gehört, ist im goethischen Moment mitgedacht. Nicht ihre Urbewegung, die so wenig mitteilbar ist wie ihr Sein an sich, sondern ihr Bewegtsein durch etwas. Dies jeweils Bewegende, auf das die Betroffenheit der Seele verweist, hat freilich in den Zeilen des Gedichts einen sehr verschiedenen Grad von Deutlichkeit. Es kann genau und eigentlich zugegen sein in lebensgeschichtlichen Angaben; es kann andeutend verschwiegen werden von begleitenden Umständen des Geschehens, die gar nicht streng zur Sache gehören; es kann die allgemeinere Form eines begriffenen Schicksals annehmen; es kann in einem Aufschrei, in einem Stocken oder Atemholen der Sprache als Reflex zu lesen sein wie der Schatten einer Begegnung auf einem erschütterten Gesicht. Vereinfachend darf man vielleicht zwei Arten unterscheiden, wie dies Bewegende im Gedicht gegeben ist: als Umstand oder als Anlaß. Unter Anlaß ist verstanden, daß der Dichter mitteilt, was ihm zugestoßen ist und also die innere Bewegung zugleich mit ihrem Grunde darstellt. Unter Umstand ist eine Aussage zu verstehen, die zur inneren Bewegtheit die begleitende Situation andeutend entwirft, ohne den Anlaß mitzuteilen. Diese Situation kann zufällig oder historisch scheinen, als ob sie bloß um des Gewesenseins willen berichtet wäre, und sie kann in deutlicherer Symbolik das Wesen der Bewegtheit (nicht ihren Anlaß) entdecken. Daß aber die Sprache selbst Zeugnis gibt: Worte, wie sie gesetzt sind, spontan, in der genauen Betroffenheit – das ist, als das beglaubigende Siegel, bei jedem Gedicht Goethes vorausgesetzt.

Daß in der Kunst, das eigene Leben zu beschreiben, Goethe Klassiker wurde, weil er der vollkommenste Zeitgenosse war, und jede Minute des von ihm dargestellten Lebens im gedeihlichsten Austausch des Jahrhunderts mit dem eigenen Werden steht, das ist begriffen worden.

Weniger beachtet ist ein Corpus ganz kleiner Gedichte, hunderter an Zahl, die die Überschrift tragen sollten: „Goethe im Umgang mit sich selbst.“ Und zwar der alternde, vielfach der ganz alte Goethe. Ein Goethe also, dem dieser Umgang trotz einer bis zuletzt ungebrochenen Naturgewalt des Temperaments ein gewisses Zeremoniell angenommen hat. Ich glaube, sie verraten noch mehr als die autobiographischen Schriften. Denn diese haben in der Aussage selbst alles Augenblickliche abgetan, obwohl sie die Fülle höchst gehaltvoller Augenblicke verwalten. Hier aber wird in einer Art von Bersten die Laune des Selbstgefühls, die jeweilige Wahrheit der inneren Verfassung herausgeschleudert, in Unmut und Übermut, schonungslos, manchmal zynisch, ohne Zeugen. Es ist zweifelhaft, wie weit Goethe diese Verse als Dichtung betrachtet wissen will; entstanden sind sie höchst unliterarisch, aber Goethe hat sie schließlich, da ja sein Werk die Person war und mehr und mehr sich eines als das andere enthüllte, durch Ordnung und Herausgabe großenteils als Werk, mindestens als Dokument anerkannt. Eigentlich gehören sie in die Diätetik, in die Gesundheitslehre des inneren Lebens. Er hat etwas mit sich abzumachen, er entlädt sich. Tausend kleine Gesundungen. Die Form dieser „zahmen Xenien“ oder „gereimten Maximen“ ist der Spruch. Neben der Menge eigener Prägungen finden sich ebenso köstliche Umprägungen, und es wäre reizvoll, darzustellen, was hier aus der alten humanistischen Tradition einer geerbten und erzeugten Spruchweisheit geworden ist, unter dem despotischen Vorwalten der Person: Denn meist sind es nicht die Meinungen, sondern in unwirschem Vortrag der Meinungen er selbst, wie ihm gerade zu Mut ist, ein kräftiger Haken oder Schnörkel im hundertmal hingeworfenen Namenszug, um dessentwillen die Meinung gesagt ist. Jetzt ist die Frage: Was ist an diesen kleinen Ausbrüchen dennoch zeremoniell? Wie geht Goethe mit sich selbst um?

Ein äußerer Befund, den diese Reimsprüche mit vielen spruchartigen Gedichten des Divan teilen, ist dies: der Spruch fängt an mit den anderen Leuten, die übrigens meist en canaille behandelt werden. Es wird auf sie verwiesen, oder sie reden selbst, oder Goethe wendet sich an sie.

„Wenn ich dumm bin, lassen sie mich gelten." „Sie schelten einander Egoisten." „Man mäkelt an der Persönlichkeit." „Da loben sie den Faust." „Ich bin euch sämtlichen zur Last." „Gott grüß' euch, Brüder, Sämtliche Oner und Aner." „Noch bin ich gleich von euch entfernt, Hass' euch Zyklopen und Silbenfresser." „Ihr seht uns an mit scheelem Blick." „Das ist doch nur der alte Dreck, Werdet doch gescheiter!" „Warum bist du so hochmütig." „Du bist ein wunderlicher Mann." „Denkst du nicht auch an ein Testament." „Schneide so kein Gesicht." „Von wem auf Lebens- und Wissensbahnen Wardst du genährt und befestet? Zu fragen sind wir beauftragt." Und wenn eines dieser Xenien mit der Aufforderung beginnt: „Sei einmal ehrlich nur“, so wird also das Zurückbehalten der wahren Meinung etwas simpel als Unehrlichkeit, das hier erbetene wahre Wort aber als seltene Ausnahme gebucht von einem Publikum, dem Goethe das Wort leiht gegen ihn! Wenn also vom Partner nicht viel gehalten wird, so ist dieser seinerseits voll von Begierde, den Dichter zurechtzuweisen, und dem Meinungsaustausch fehlt alles Liebenswürdige. Und wenn Größe und Höflichkeit in Goethes sonstigen Schriften wie nie vereinigt sind, so kann man hier von einer ebenso seltenen Unhöflichkeit sprechen – einer Unhöflichkeit, die wir zu schätzen wissen. Warum aber wird so beharrlich auf die anderen zurückgegriffen? Weil die Mißdeutung der Person den Ansatz zur Selbstdeutung gibt, also das Zurechtrücken dieser Mißdeutung im Gedicht der Akt der Selbstdeutung ist. Der aber liegt im wirklichen Leben an der Stelle, wo Goethe auf andere trifft. Dies höchst goethische Zutrauen zu den Reflexen des eigenen Wesens im Geist der anderen, diese sublime und gewitzigte Neugier auf sich selbst, die sich lieber an dem belehrt, was die anderen über ihn sagen, und zwar gerade die im Verstehen Unzulänglichen, als daß sie sich selber nach sich selber fragt, hat auch zu dem bemerkenswerten kleinen Aufruf geführt, der „Vorschlag für die Mißwollenden“ betitelt ist; Goethe ruft zu einer Sammlung unfreundlicher Äußerungen über Goethe selber, wohl weniger zu fremder, als zu eigener Belehrung auf. Er nimmt also in den kleinen Gedichten versuchsweise den Standort zur Selbstbetrachtung der anderen ein und zeichnet sein Wesen ab im unmutigen, hingeworfenen Auffahren, wie es durch die Subalternen erregt wurde. So und nicht anders wird er sich jeweils greifbar.

Die ungesellige Stimmung dieser Sprüche verweist doch immer wieder auf die Gesellschaft als auf das Element, das dieser Dichter in seiner Natürlichkeit fordert, auch wenn die Selbstunterscheidung noch so böse, ungeduldig und grenzenlos gerät. Was die anderen im Verneinen fordert, ist für das Verhältnis zum eigenen Wesen fortschreitend produktiv: der Abstand!

Auch im Ton ergänzt Abstand das hinreißende Temperament dieser Verse, ihr geistreich böses Poltern, den Charme ihres Zornes sozusagen, in dem sich der Dichter zu verfangen scheint – denn trotz allem: unglaublich ist der Gleichmut, die Gelassenheit, mit der hier ein Mensch sich sieht und von sich redet. Es gibt nur ein Wort dafür: Nonchalance. Deutsch am ehesten mit Läßlichkeit wiederzugeben. Auch gegenüber dem eigenen Werk! Man muß sich bei jedem Vers vorstellen, von welchem Ausmaß der Person und der Leistung, und zwar im vollen Bewußtsein beider, hier die Rede ist. Drei ganz große Beispiele: „Nehmt nur mein Leben hin in Bausch Und Bogen, wie ich's führe! Andre verschlafen ihren Rausch, Meiner steht auf dem Papiere." „Du gehst so freien Angesichts, Mit muntern offenen Augen! – Ihr tauget eben alle nichts, Warum sollt ich was taugen?" „Laßt zahme Xenien immer walten, Der Dichter nimmer gebückt ist. Ihr ließt verrückten Werther schalten So lernt nun, wie das Alter verrückt ist."

Er sieht sich überdeutlich unter den anderen. Von seinem Gesichtermachen, Gesichterschneiden, insbesondere vom Schneiden saurer Gesichter ist viel die Rede, ebenso, verblümt und unverblümt, von der Kraft, dem Rang, der Überlegenheit des eigenen Wesens. Ein Ungleicher, der sich gleich stellt und heimlich lacht. Zwischen dem Randglossenton mephistophelischer Sprüche und diesen eigenen besteht die engste Verwandtschaft: „Den Teufel spürt das Völkchen nie." Und „Das weiß alles nicht, Was es neben und um sich hat." Jenes monumentale Dictum, das er einmal Eckermann hinwarf, die eigene Stufe über Tieck und unter Shakespeare feststellend, klingt immer wieder an: „Ich habe mich nicht gemacht."

Hochmut und Bescheidenheit, die im Tonfall und Inhalt in jedem Grad vertreten sind, fehlen vollkommen bei der zugrunde liegenden Selbsteinschätzung. Daß das eigene Wesen eine besondere Lage hat für die Erkenntnis, eben weil es eigen ist, wird gar nicht zugestanden, und in Wahrheit kann man keinerlei Neigung bemerken, es hinauf oder herabzusetzen. Es ist gesetzt von vornherein, ohne Zutun. Innere Gesundheit ist: Es in seinem Rang und in seiner Bestimmung richtig zu fassen und nicht dagegen zu leben. Wenn dabei Verstellung geübt wird, so besteht sie in folgendem: Goethe bemerkt wohl den Unterschied seines Gewissens von der Heteronomie der an-

deren, die ein Leben nach Begriffen richten, während für ihn der Wille Gottes im Gehorsam gegen die eigene Natur vollstreckt wird. Aber dies herauszusagen, schiene ihm unschicklicher als selbst die größte Derbheit. Man nimmt sich nicht aus. So wie Nietzsche sich ausnimmt, ohne jeden Humor – Nietzsche, der dem großen und vornehmen 18. Jahrhundert im 19. den Garaus macht, so wie es Jakob Burckhardt höchst produktiv fortsetzt. Trotzdem ist auch für Goethe das zu sagende zu sagen, und er greift zu einem Ersatz. Gerade das, was als Befehl der Natur im menschlichen Gepräg eingezeichnet und darum unwiderruflich ist, wird als Grille vorgebracht, die Entschuldigung finden möge, weil man nun einmal jeder unter Menschen erscheinenden Lebendigkeit ein gewisses Sonderbares zubillige. Ebenso wird die Ehrfurcht vor der eigenen, in ihrer Unausweichlichkeit doch auch furchtbaren Anlage im Ausdruck zur Eitelkeit herabgestimmt: „Was ist denn an dem ganzen Wicht Original zu nennen?" Abgesehen davon, daß hier eine der ganz seltenen Personen, mit denen die Natur ein Original zu schaffen sich wirklich herbeiließ, sich die Originalität abspricht – wieviel liegt darin, wenn der alte Goethe hier sich selber einen Wicht nennt! Gewiß eine Nonchalance, die nur dem vollkommensten Selbstbesitz möglich ist. Wie bescheiden ist ihr gegenüber das Selbstgefühl des Propheten! Er ist bloß durch seine Sache groß, hier ist die Person die Sache.
In diesem Abstand zu sich selbst ist das Ehren seiner selbst einbegriffen; ein Ehren und unverbrüchliches Hei-

lighalten der seelischen Regungen und der Berührungen mit Menschen, zumal da, wo diese Berührungen aus sich heraus heilig werden: in der Liebe. Und ja nicht ist dies Begreifen und Besitzen des eigenen Wesens, dies sich selber Gegenstand werdende Ich, zu verwechseln mit der hemmungslosen Geschicklichkeit der späteren Geschlechter in der Selbstbetastung und Selbstzergliederung. Auch hier ist das Stehen zu sich selbst Distanz; Goethe begreift sich, weil er sich nicht analysiert. Es ist etwas an jeder menschlichen Eigenheit, das verborgen bleiben muß, um tätig zu sein; wohl kann es in seiner Wirkung dargetan, aber es kann nicht „aufgemacht" und „auseinandergenommen" werden, so wenig das Innere des Leibes bloßgelegt werden kann ohne ihn zu verwunden oder zu töten. Und dieser Mensch, der in jeder Art von Seelenleiden bis zum Durchstehen der Lebensgefahr geprüft ist, hat eine freilich schreckliche Form dieser Leiden nie gekannt: das ohnmächtige, vergiftet-vergiftende: das Leiden an sich selbst. Die Schicksalsverehrung auch als Verehrung des Schicksals, das man selbst ist, hat Goethe davor bewahrt. An sich leiden hieße ja im Grunde: ein anderer sein wollen als man ist. Und da das Ich, das sich anders will, zugleich dasselbe ist, fände Goethe einen solchen Wunsch nicht nur lasterhaft, sondern absurd. Hier wird er sogar unbillig gegen andere und erlahmt in seiner Hilfsbereitschaft. Krankhaftes, dem niemand abhelfen kann und das sich der Hilfe weigert, erzeugt Ekel; er wendet sich ab.

Von dem Behagen aber am eigenen Wesen, dessen kräftiger Ton sich nirgends verhören läßt, ist zwar das Behaupten der Eigenheit, weil sie eigen ist, nicht abzutrennen, und man kann sagen, daß es nicht nur an überspannten Ichlingen, sondern auch an kräftigen und gebildeten Naturen angetroffen wird. Die harmloseste, gesellig höflichste Form davon ist die Eitelkeit, die Goethe ja auf Schritt und Tritt in Schutz nimmt. Aber der Grund dieses Behagens ist doch ein anderer, und man möchte sagen: es vermag sich auszuweisen. Seiend nämlich und tüchtig, in allen seinen Wesenszügen am Sein des Weltalls teilhabend ist das eigene Wesen; es ist ferner ein zulängliches Organ für dieses Weltall, und durch seine durchgehende Ähnlichkeit mit diesem, auf das es schon in seiner Anlage abzielt, innerlich bestätigt. Eine Anlage, die auf ein umfassenderes Leben angelegt ist; die Bestimmung der Anlage zum Organ für das All; die Gleichheit mit diesem als Bedingung des Erkennens – wie sehr wäre man versucht, in diesen Begriffen die Monadologie wiederzufinden, wenn in ihnen nicht so viel eigene Erfahrung Goethes verbürgt wäre, die zu machen er auf keine Weise verhindert werden konnte. „Bildung" heißt für ihn: das, was durch Zufall anhängt, von dem abstreifen, was die Natur mit einem Menschen gemeint hat. So sagt er von sich im „Buch des Unmuts", daß er bedachte

> Was Natur, für mich beflissen,
> Schon zu meinem Eigen machte

Die Natur verwirklicht den Menschen nur als Individuum.

Das Individuelle ist das Objektive. Zum Merkmal des Ranges wird, wie weit ein Mensch abschließend, zusammenfassend ist. Geringere sind erst mit vielen ihresgleichen ein Ganzes, und erst, wenn ein glücklicher Blick sie so zusammenfaßt. Es ist also die unbegrenzte, und viel zu wenig geprüfte Bedeutung, welche die Sippe, das Blut und die Überlieferung in Goethes Denken einnehmen, gar kein Widerspruch zu dem Begriff der Persönlichkeit, auf den sein ganzes Werk gegründet ist, sei es, daß man die Sippe als Individuum höherer Ordnung auffaßt, sei es, daß man in ihr das unterirdisch Fortreichende, das Fundament sieht, das gerade im entscheidenden Individuum an die Oberfläche kommt und sich ausspricht. Was man persönlich nennt, ist im Grunde das Hervortreten des sonst Verborgenen oder Halbdeutlichen; ein Kräftevorrat wird bündig und erklärt sich. So möchte Goethe den Begriff der Originalität nicht mit der Persönlichkeit verwechselt wissen, und tut das Pochen auf jene als närrischen Dünkel ab; sofern das Eigene bloß anders ist, ist es nichtig. Zumal das Genie ist nicht originell, sondern zusammenfassend, seine Physiognomie wird sprechend durch hohe Familienzüge. So löst Goethe gern die eigene „Originalität" in das von Ahnen und Eltern Herabgeerbte auf, in dem bereits zitierten, höchst kostbaren Spruch, indem es heißt:

Urahnherr war der Schönsten hold,
Das spukt so hin und wieder,
Urahnfrau liebte Schmuck und Gold,
Das zuckt wohl durch die Glieder.

Kein Herkommen zu haben wäre, wie es vom Sozialen aus gemein ist, von der Natur aus absurd. Jeder Wert, der in einem Menschen zur Welt kommt, spricht durch sich selbst den Zusammenhang mit Gleichartigem aus. Fehlt also diesen Versen jeder prophetische Zug, jedes Aufhöhen des eigenen Wesens, so hatte es schon der junge Goethe ähnlich mit sich selber gehalten. Ihm genügte der Ruhm, homo humanus zu sein. Lieber ein Dutzend Schwächen, die durch sich die wahre Beschaffenheit des menschlichen Seins bezeugen, als eine einzige Stärke, die den, der sie hat, der Natürlichkeit entfremdet. Der wahre Mensch statt des lügenden Gottes, das war schon Devise auf jener Rheinreise: „Prophete rechts, Prophete links, Das Weltkind in der Mitten." Ebenso war die große Entsprechung von kleiner Welt und großer Welt, war das Wiederfinden der Natur im eigenen Innern schon vollkommen ausgebildet, und das Zeugen, das Schaffen war die eigentümliche Sprache, an der überall die Natur erkannt worden war. „Nicht in Rom, in Magna Gräcia, Dir im Herzen ist die Wonne da!" Damals wird die Natur aus dem Herzen verstanden, jetzt eher das Herz aus der Natur, die nicht nur als schaffende und zeugende gefeiert wird, sondern die in den Normen ihres Gestaltens und Verfahrens erkannt ist. Die Berufung auf das eigene Selbst, die in der Jugend etwas Trotziges hatte, wird jetzt legitimiert durch eine Reihe von Entsprechungen, die in ihm entdeckt werden. Das Exempel, als welches Goethe sich selber sieht, enthält die Natur nicht nur wie jedes andere auch; es ist energisch ausgebildet; die Natur hat viel mit ihm gewollt, und er entschied das Gewollte durch Arbeit an sich selber zur Vollendung. Allen Menschen ähnlich, sie in der Verkürzung enthaltend, ist dies Exempel Quelle umfänglicher Erfahrung, der das an anderen Erfahrene auslegend zu Hilfe kommt; ferner erscheint es als ein Auszug des Jahrhunderts, in dem Maß als dieses übersehbar wird, und als ein prägnanter Typus der höheren Gesellschaft in dem Maß, als diese in Frage steht; und wie es Natur ist, ist es auch Geschichte; schwächer treten im Selbstbewußtsein Goethes die Nationaleigenschaften hervor, deutlicher die europäischen; es freut ihn, in sich eine Erinnerung alten, heidnischen Lebensgefühls festzustellen. Das Entscheidende, das mit den Jahren hinzutritt, ist die Ähnlichkeit des eigenen Werdens mit dem Naturprozeß des Wachsens, und das Bewußtsein tief eingreifender Verwandlungen, in denen dies sein Werden Atem holt zu Neuem – ein Bewußtsein, das, so sehr es sich auf die Metamorphose als ein Gesetz der Pflanzen- und Tierwelt beziehen mag, schließlich doch etwas Mystisches hat und jedenfalls dem Jüngling noch fehlen mußte. Es ist also kein Zufall, wenn aus der bis zur Grilligkeit beiläufigen Laune dieser Selbstaussagen schließlich zwei Ordnungen von Versen hervorgehen, die die Nähe des großen Gedichtes erreichen – eine naturphilosophische und eine autobiographische Ordnung. Man könnte sie erweitern, wenn man das schon von Goethe an einem Ort Versammelte ergänzte durch

Verstreutes, das dazu gehört. Die eine Ordnung begänne etwa mit den Versen: „Keine Gluten, keine Meere Geb' ich in dem Innern zu" und schlösse mit den Versen: „Wenn im Unendlichen dasselbe Sich wiederholend ewig fließt"; die andere Ordnung würde einsetzen mit den Versen über Ererbt und Eigen: „Wenn Kindesblick begierig schaut, Er findet des Vaters Haus gebaut" und würde enden mit den Versen, die mit dem Mantel und mit der Schlangenhaut als den Symbolen der Verwandlung spielen und schließlich den eigenen Tod vorwegnehmen im Streit der Geister über den Leichnam Mosis: „Engel brachten ihn zu Grabe."

Soviel über den Umgang mit sich selbst und das Verhältnis zur eigenen Person als eine Bedingung alles Dichtens. Liegt nun jedem Gedicht ein Moment zugrunde, so trifft das Gedicht offenbar eine Auswahl. Irgendein Augenblick ist da immer im Leben, das, wie das Ticken der Uhr unaufhörlich „jetzt" sagt. Aber es gehört zum Wesen des dichterischen Moments, daß er ein geglückter Moment ist. Was ist nun das Glück, dem der Dichtende sein Gedicht zu verdanken hat? Die deutsche Sprache leitet im 19. Jahrhundert aus „Erleben" Erlebnis ab, ein Wort, dessen sich die Goethe-Philologie ausgiebig bedient. Wenn man also darnach in Goethes Gedichten Erlebnisse sieht, so müßte das Geistige, das in diesem Begriff liegt, schärfer herausgehoben werden: Jedes Goethe-Gedicht ist ein b e g r i f f e n e s Erlebnis; ja, das Begreifen darf schon im Erleben mit gedacht werden; erleben heißt: den Gehalt des Begegnenden erschöpfen! Und weiter: in jedem Moment berührt das Ich die Welt; von einem Gegenstand, der sie vertritt, wird es nicht nur dumpf betroffen; es handelt und eignet ihn an. Es begreift den gegenwärtigen Fall im Zusammenhang seines Bereiches und verschwistert ihn vielleicht kombinatorisch mit anderen, ähnlichen Fällen. Also sind alle Gedichte Goethes Weltberührungen, jede hellt eine verdeckte Ähnlichkeit des Inneren mit der Welt auf, und zwar im Moment der Berührung. Die Helligkeit des Lebenswissens und des Wissens um sich selbst ist schon in den frühen Gedichten Goethes erstaunlich, und es ist das Vorrecht der mit sich schlecht lebenden Menschen, darin einen Gegensatz zum ergriffen-ergreifenden Gefühl zu sehen. Der geglückte Moment, der Moment der Weltberührung, der Moment des begriffenen Erlebnisses kann sich ferner im Gedicht ausdehnen, kann Strecken des Lebens spiegeln oder überblicken, kann das Gesetz einer Entwicklungsstufe aussprechen. Dann aber macht er offenbar, was von jeher die Voraussetzung all dieser geglückten Momente war: ein dämonischer Lebenslauf. Daß Zeitalter und Umwelt mit einem bevorzugten Individuum verabredet sind und darin wetteifern, es stufenweise in all seinen Anlagen aufzuschließen, und daß ferner dieses Individuum selbst säkular ist, und, wie überragend auch immer, doch die selben Elemente als Baustoffe in sich organisiert, das war Goethes Glück, Goethes dämonische Begünstigung ungeachtet aller Leiden, Krisen und Gefahren seines Lebens. Diese Begünstigung begleitet ihn versteckt in tausend privaten Zufällen und webt aus seinem Wesen und dem providentiell auf dies Wesen sich beziehende Schicksal den Lebenslauf. Sie arbeitet für ihn als Dichter, sofern sie ihm die dichterischen Momente zubereitet durch eine Koinzidenz, ein Zusammenfallen oder Zusammenstimmen der Lebenslage, in der er sich gerade findet, mit seiner Natur und ihrer derzeitigen Verfassung; welche Koinzidenz Goethe selbst bestätigt durch die Aufmerksamkeit auf alles Vorkommnis, die ihm angeboren ist und zu der er sich erzieht. Man kann nicht dankbarer leben, als Goethe gelebt hat - so, als ob Gott durch Zufälle mit dem menschlichen Herzen spräche.

Ob man nun darauf Nachdruck legt, daß ein Zusammenhang des Lebens rein ausgesprochen, oder darauf, daß ein Wesenszug des Menschen im Gedicht faßlich wird: so oder so sind die dichterischen Augenblicke nicht alltäglich, und Goethe hat ernstlich den Augenblick zum Prinzip des Dichtens wie des Erkennens erhoben. Was er ein glückliches Gewahrwerden, einen prägnanten oder esoterischen Punkt, ein Aperçu nennt, zielt darauf, und deutet zugleich an, daß das Leben in seinem gewöhnlichen Gang geneigt ist, sowohl das Dichten wie das Erkennen zu verhindern; ein glückliche Konstellation muß Verborgenes hervorlocken, muß dem Denker wie dem Dichter das reif in den Schoß fallen lassen, wonach er mit aller Anstrengung vergeblich gegriffen hätte. Welt und Ich sind sich ja immerzu gegenüber; aber plötzlich

winken sie einander und ein nicht vermuteter Bezug stellt sich freiwillig dar. Das meint Goethe mit dem „unbewußten Momente“ seines Xenions; und insofern lebt er dichtend und denkend unter Geheimnissen, so voltairisch er sich mitunter gebärden mag.
Dem entspricht alles, was wir über den Vorgang des Dichtens bei Goethe wissen; er sagt darüber sehr viel! Wanderers Sturmlied habe er als „mystischen Halbunsinn“ vor sich hingesungen; „Singen, wie der Vogel singt“ und „Sein Liedchen wegpfeifen“ sind frühere und spätere Ausdrücke, die das Spontane der Entstehung des Gedichts im Auge haben. Doch ist Goethe nicht der geborene Improvisator wie Brentano, der von ungefähr dazutretend vor andern, für andere, aus anderen dichtet und musiziert. Vor sich hindichten, absichtslos – ein Müßigang des Herzens – und erst nachher, oft viel später, den anderen das Gedichtete zugänglich machen, auf daß sie sehen wie sie damit gebahren, das ist Goethes Art. Das Knittern der eigenen Feder kann ihn stören, und wie er es früher vermeidet, ein schrägliegendes Papier gerade zu legen, damit die Eingebung nicht ins Stocken gerate, so meidet er später auf Spaziergängen sich etwas auszudenken, da er es nicht auch sogleich zu Papier bringen kann. Im Alter oder in der Jugend, ganz gleich. Noch dem Divandichter stoßen mehrere Lieder an einem Tage zu, gern auf der Reise, immer im frischesten Eindruck des Moments; und die Marienbader Elegie, eines der gebautesten Gedichte der Weltliteratur, wird stro-

phenweise von Station zu Station im Postwagen aufgezeichnet. Gedichte kämen ihm auf einmal und ganz, wenn sie recht wären, sagt er zu Boisserée am 8. August 1815. Mehrfach gibt Goethe von der Entstehung des Gedichts: „Um Mitternacht ging ich, nicht eben gerne –" Zeugnis. In dem Aufsatz: Geneigte Teilnahme an den Wanderjahren, heißt es: „Hier nun fühl' ich unwiderstehlichen Trieb, ein Lebenslied einzuschalten, das mir seit seiner mitternächtigen, unvorhergesehenen Entstehung immer wert gewesen"; und die Annalen 1818 versichern, es sei ihm desto lieber und werter, da er nicht sagen könnte, woher es kam und wohin es wollte.

1. Gruppe: Der innere Moment

Es ist ein anderes, Goethes einzelne Gedichte ihrem Inhalt nach erklären, ihrer Form nach verdeutlichen zu wollen, ein anderes, das Gestaltungsgesetz aufzusuchen, nach welchem sie entstehen. Dies letzte wird hier versucht, und wenn bei diesem Versuch Reihen gebildet und Zusammengesetztes aus Einfachem, Verzweigtes aus dem Ansatz abgeleitet wird, so soll damit kein Hinweis auf die tatsächliche Entstehung gegeben, kein Nacheinander und keine Abstufung des Wertes behauptet werden. Dem ganzen aufzurollenden Schematismus liegt der Moment zugrunde, dessen Tragweite bereits ermittelt ist. Einige und sehr wichtige Arten des Goethischen Gedichts können freilich nicht einbegriffen werden, vor allem die Balladen, für die ein anderer Standort zu wählen ist. Nie darf vergessen werden, den Begriff des Moments auch in die Sprachgestalt, in den Sprachzustand des Gedichts aufzunehmen – sonst würde man ja aufhören, es als Gedicht zu betrachten.

Die Besinnung beginne mit den Beispielen, wo der Moment in seiner engsten Fassung und rein innerlich erscheint, so daß man Gefahr läuft, ihn zu verkennen; das Gedicht läßt ihn ohne Andeutung des Anlasses oder des Umstandes. Und wenn gerade bei diesen Beispielen gefragt wird, inwiefern hier der Moment eine Weltberührung enthalte, so kann höchstens geantwortet werden: insofern er wirklich war, sich als wirkliches Einmal in einem wirklichen Menschen begeben hat, und so verzeichnet wurde. Das Gedicht: „Trocknet nicht, trocknet nicht Tränen der ewigen Liebe!“, eines der kürzesten Gedichte deutscher Sprache, das erst durch die Überschrift (Wonne der Wehmut) ganz zum Gedicht wird, enthält kaum viel mehr als einen Rat oder eine Weisheit. Aber wie verschieden davon ist, was wir Sinnspruch oder gnomische Poesie nennen! Denn die Einsicht ist hier als ein Stoßseufzer ausgesprochen; nicht als Einsicht überhaupt, sondern in ihrem spontanen Hervorgehen, welches durch das Atmen der Sprache, durch ihre unnachahmliche Lebensbewegung, durch ihre dichterische Grammatik bezeugt wird. Kein Reim, kein faßlicher Rhythmus; die beschwörende Wiederholung des Befehls und die bedeutungsschwere Variante, die ihn am Schluß wiederbringt; dazwischen der so eigen gebaute Satz: „Ach, nur dem halbgetrockneten

Auge Wie öde, wie tot die Welt ihm erscheint!" Heißt dies: Nur dem halbgetrockneten Auge erscheint die Welt öde? oder: Dem nur halb getrockneten Auge ...? beides, und keines von beiden, in Emphase, zweideutig und eben damit einmalig, so wie es nur in diesem Augenblicke wahr wird. Daran, daß in der Lebensbewegung ein (nicht gesagter) Anstoß fortgepflanzt ist, erscheint Schicksal, erscheint Welt, in der einfachen und unentrinnbaren Form des in ihr Seins.

Einige Jahre früher, in der Zeit seiner Annäherung an die Brüdergemeinden, hat Goethe einer ihrer Choralmelodien den Text seines Herzens untergeschoben. Wie vielsagend ist eine solche „Kontrafaktur!" Denn ist dies nicht der Werdegang der Lyrik überhaupt, daß das neue Lied nicht die Gemeinde, daß es einer für sich singt, und nicht beim Anlaß, der von außen kommt, sondern beim Anlaß des Herzens? – Die Brüder sind da eine Art von Zwischenstufe, denn ihnen sollte ja eben der gottesdienstliche Anlaß Anlaß des Herzens werden! „Dies wird die letzte Trän' nicht sein." Ein Gedicht, das die Liebe mitten in der Qual der Liebe und im Wissen um die Wiederkehr dieser Qual segnet, das in der menschlichen Liebeskraft ein Darben nach Gott entdeckt, einem für die Dauer des irdischen Lebens dem Herzen unerlangbaren Gott! Aber dies ist kein gedachter, dies ist ein geweinter Gedanke; und er ruft durch das einfache und wunderbar vielsagende gewichtige erste Wort „dies" eine ganz bestimmte Träne an, diese jetzt eben vergossene: „Dies wird die letzte Trän' nicht sein." Wenn nicht an anderem, würde man daran das Gedicht als eines von Goethe erkennen: so schön bezeugt es durch die anhebende Gebärde seinen Ursprung im Augenblick. Wie das vorige ein Blatt aus dem Tagebuch des Herzens, ja ein Seufzer und beinahe nur ein Empfindungslaut, findet es sogleich zum Allgemeinen, zu einem Gesetz des inneren Lebens, wie es auch der Dichter der Marienbader Elegie nicht gültiger aussprechen könnte.

In der Tat, dies Singen bleibt sich gleich in Jugend und Alter! Davon zeugt ein bezauberndes kleines Gedicht aus der Zeit der Marienbader Elegie – nur daß es mehr durch Zeichen des Geistes als des Gemütes spricht. „Wenn sich lebendig Silber neigt." Sein Thema ist die Herzbeweglichkeit: auch hier ein nur inneres Geschehnis, sogar dem des vorigen Gedichts ähnlich; wiederholt und gesetzlich geht es aus einer zum Lieben bestimmten Natur hervor. Aber der Ausdruck ist nicht mehr populär-religiös, sondern esoterisch naturweise. Nicht mehr Herz und Gott, sondern Herz und Natur, und statt der Tränen am Anfang das Quecksilber! Es ist gar nicht leicht, den Inhalt der wenigen Verse anzugeben. Das Quecksilber macht das Wetter, so scheint es; freilich nicht es selbst, sondern das von ihm Angezeigte! Denn die Allbeweglichkeit der Atmosphäre muß sogleich auf dies vom Quecksilber Angezeigte antworten. Ähnlich regiert der Wink – was aber ist Wink? – die gleiche Allbeweglichkeit des Herzens. Der Reiz des Gedichtes liegt nicht zuletzt darin, daß dieser

Wink, sei es der Freude, sei es des Schmerzes, zu erraten aufgegeben wird. Er besteht wohl in den Zeichen, die dem Herzen gegeben werden – Zeichen dafür, wie es um seine Liebe steht; nicht von innen, vom Schicksal her, von der Geliebten, die das Schicksal ist! Neu ist das Gleichnis, noch neuer der Bereich des Gleichnisses – wie schön vermag der Dichter es zu beseelen aus seiner Gewohnheit der Naturbetrachtung, für sich und für alle, die ihm bis zu ihr gefolgt sind. Kaum bemerkt man darüber, daß dieser Bereich die Wissenschaft ist! Umgekehrt wie bei dem vorigen Gedicht bindet sich dieses erst durch seinen Schluß an den Moment, auch im Ton, der anfangs der ruhige Ton der Naturbeobachtung ist und erst am Ende ins Beben gerät: so war es, sagt er, und wird immer sein bei den tausend Winken, wie bei diesem jetzt, den das bewegliche Herz fühlt. Als Dichter dieser Verse möchte Goethe eine Weile einsam scheinen. Es ist nicht jedermann gegeben, den Geist zur Herzenssache zu machen.

2. Gruppe: Die einfache Situation

Die Gewalt, die jedes Schema ausübt, zeigt sich sogleich daran, daß viele Gedichte sowohl der einen wie der anderen Gruppe zuzugehören scheinen oder einen Übergang zwischen beiden darstellen. So kann man darüber streiten, ob die beiden Gedichte, die „Wanderers Nachtlied" überschrieben sind, einen bloß inneren Moment, oder schon die Andeutung einer Situation enthalten. Auch hier ist die Überschrift wichtig; sie steht ausdrücklich über dem ersten, während bei dem zweiten nur auf sie verwiesen wird; dem ersten trägt sie die Situation zu, die sonst im Gedicht nicht enthalten ist. So wird aus Gedicht und Überschrift ein inniges Ganzes. Auch dies Gedicht verweltlicht; es gibt jetzt lyrische Mythen, es gibt Gottheiten, die mit der ersten Zeile eines Liedes erstehen und mit der letzten hinweg sind und nur einmal in einem Gedicht leben. So dieser Friede! Die Anrede wird zuerst auf den Gott des allgemeinen Glaubens bezogen, bis dann, wunderbar eindringlich in der verkürzten Zeile, sich der herbeigerufene Gott des Herzens als der Friede enthüllt. Es kommt eine doppelte Bewegung des fortschreitenden Deutens in das kleine Gedicht; deuten wir doch auch, durch die Überschrift bewogen, das Vorgetragene als Nachtgefühl eines Wanderers.

Wenn Goethe die beiden Gedichte, die in ziemlichem Zeitabstand voneinander entstanden sind, und deren zweites in bewegender Erinnerung auf das erste Bezug nimmt, zusammenstellt, ist dies noch kein Zyklus, aber der Ansatz zu einem solchen zeigt sich am kleinsten lyrischen Gebilde. Dem Inhalt nach erfüllt das zweite Gedicht die Bitte des ersten, das Herz verheißt sich Ruhe als ganz nah, wie sie auch komme, als Beschwichtigung oder als Tod. Das erste Gedicht erklingt irgendwann, irgendwo, in einer Nacht. Dies Irgend wird nun zum bestimmten landschaftlichen Augenblick. Was ihm die Bestimmtheit gibt, sind aber nicht die ganz leisen Umrisse von Dingen, sondern der Akt der Sprache, die hier, im Zögern der

Worte – wenig Worte eine Zeile, fast jedes ein Reim – ganz eigentlich sich selber erbildet aus dem Moment und nur in ihm atmet. Durch das „auch", das letzte Wort des Gedichtes, wird die Landschaft in das Herz hereingenommen; alles was ist, ist sein Ebenbild.

Vielleicht nirgends ist die neue Form des Dichtens so deutlich zu fassen, die jedenfalls in europäischer Lyrik zum erstenmal auftritt. Nicht nur werden die Worte durch die Verszeile, in deren Medium sich die Herzbewegung darstellt, in ihrem Wert umgeschaffen, sondern auch die Zeilen selbst folgen spontan dem Atem des Gefühls, und erst am Ende sieht man die Abmessung des Gebildes, das sie darstellen. Der Reim gibt so kurzen Zeilen einen besonderen Ausdruck und hebt eine Altertümlichkeit wie das „balde" zärtlich hervor. Welches Gewicht haben zwei einsilbige Worte, wenn sie allein eine Zeile füllen! Der Umfang ist klein, die Innerlichkeit vollkommen; die Dinge sind nicht, die Worte sind nicht, die Seele ist alles selbst; ihre Bewegung baut sichtbar, hörbar, das kleine Wesen aus Worten auf.

Es muß hier das Verhältnis der Goethischen Lyrik zum Volkslied gestreift werden. Der Gebrauch des Diminutivs sowie eine altertümliche Wortform erinnert äußerlich daran. Wenn Goethe auch um das kleinste Gedicht den Umriß einer Situation zu ziehen liebt, so ist er sicher auch durch das Volkslied zu einer großen Dinglichkeit im lyrischen Gedicht geführt worden, die sowohl real als symbolisch ist. Real, sofern das Volkslied seine schönsten

Stimmungen erzielt durch die Andeutung einer jedem kennbaren Lage; symbolisch, sofern es Zustände mit feststehenden Zeichen umschreibt. Eine zuletzt schal gewordene, gewissermaßen verkäufliche Symbolik, verglichen mit der des modernen Dichters, die er nur von einem Gefühl erbitten kann. Wichtiger ist ein anderes. Wenn man Gedichte wie das eben genannte mit Goethes freien Rhythmen oder mit der Wertherprosa vergleicht, so zeigt sich, daß das Innere des Dichters, der auch über entlegene Ausdrucksmittel verfügt, beschließt, einfach zu sein. Es ist also für das Gedicht im Entstehen nicht nur das Ich des Dichters und die Eingebung des Moments bestimmend, sondern die Vorliebe für eine bestimmte Haltung, die Anziehungskraft eines bestimmten Werts: dieser Wert und diese Haltung heißen Einfalt. Ein Vorgang, der nicht in Goethe begann; vielmehr ist er der Erlöser einer ganzen Altersgemeinschaft, die sich erst in ihm findet, und man muß sein Schaffen mit dem Wissen und Vermitteln Herders zusammenhalten, damit sich dieser Vorgang enträtsele. Leidenschaftlich suchte man die Lebensspuren der Frühzeit auf, und wenn man nicht war, was man suchte, so besaß man es doch in den Sammlungen, die Herder, der genialste Dolmetscher der Weltliteratur und der eigentliche Entdecker der Völkerfrühlinge, heimbrachte: auslegend und, was wichtiger war, verdeutschend. Verdeutschungen, die durchaus darauf gerichtet waren, die moderne deutsche Dichtersprache um einen altertümlichen Klang zu bereichern, ob er nun mehr aus dem fremden Lied erraten oder ein Stück innerer Musik Herders war. Dadurch erneuerte er die lyrische Sprache selbst durch Anfänglichkeit, und den Dichtern, zumal diesem einen Dichter, erwuchs Gehör und Gefühl für das Ferne: manches Gedicht, das fein oder artig geworden wäre, wurde nun, unter dem Bann dieses neuen Eros, einfach. In den Liedern der romantischen Dichter vollendet sich dieser Vorgang; Goethe hält ihn in der Mitte auf, indem er die Vereinfachung des seelischen Lebens im Ausdruck sich zu eigen macht, ihn aber dem Gehalt seiner modernen Individualität unterordnet; denn diese empfindet er nicht, wie der Romantiker, als einen Vorwurf, sondern als Besitz. Die Einfalt ist also ein Ideal des Ausdrucks, das in einer gewaltigen, sich bis auf uns fortpflanzenden Seelenbewegung der Epoche erzeugt und von Goethe im Lied verwirklicht wird. Es scheidet sich scharf von der neckischen Verspieltheit der Anakreontik, und ist kein modisches Schönheitsmittel, durch das man sich Geltung verschafft, sondern eine aufrichtige Wahl des Herzens. Freilich muß man einem Goethe eine Mehrzahl solcher Ideale des Ausdrucks zugestehen: Gegenstand und Zustand des Dichters entscheidet im einzelnen Fall. Die freien Rhythmen Goethes, seine Dichtungen in antiker Versart und vor allem der Divan haben nichts davon. Aber aus dieser Tönung des modernen Gedichts nach der Einfalt, in die man verliebt ist und deren Ton man inwendig halb als vergangen, halb als möglich vernimmt, entsteht das, was wir „Lied“ nennen. Der Ausländer hat keinen gleichwertigen Ausdruck dafür. Es ist dadurch bezeichnet, daß die musikalische Weise vertreten ist durch das gleichsam singende Wort, und daß – ein umgekehrter Stil, der herabstimmt – das Einfache, das Kunstlose, das Unmittelbare den Ausdruck regelt. Man kann deutlich beobachten, wo sich die Herrschaft dieses Lieds an der wachsenden Differenziertheit des modernen Geistes bricht und wo man es für verdienstlicher hält, diese zu gestehen. Weder Hölderlin, noch Platen, noch C. F. Meyer, noch Rilke sind Liederdichter in diesem Sinn. Ist aber eine gewisse Einfachheit des sprachlichen Lebens nicht die Bedingung der Lyrik überhaupt? Und rettete sie der junge Goethe nicht dadurch für den modernen Geist? Oder möchte man lieber, statt eine innerhalb der Dichtung wieder hergestellte Einfalt, jetzt eine wirkliche Vereinfachung des Menschen fürchtend hoffen, hoffend fürchten, so daß neuerlich der Dichter die Differenziertheit für die Dichtung zu retten hätte? Jedenfalls darf man in jener Wendung zum Einfachen keine „Verstellung" ins Einfache sehen, denn ein Seinwollen dieser Art ist nicht weniger aufrichtig als alles, was man hat und ist.

Das Gedicht „Herbstgefühl" gliedert in freien Rhythmen den Satzbau nicht weniger vollkommen wie die vorerwähnten Reimgedichte, ja es kann kraft seiner rhythmischen Anlage seine Abstufung von Tonfall und Emphase in dem System eines einzigen, zäsurenreichen Satzes durchführen. Schon die Überschrift setzt die Jahreszeit in eine Reife des Gefühls, und wie eins sind Natur und Herz, wenn der Dichter das Weinen seiner Augen (wieder dies jetzt eben geweinte Weinen!) für die Traube unter die reifenden Mächte rechnet! Seine Tränen weint ewige Liebe, und unter seinem Schicksal wächst die den Menschen so nahe verwandte Frucht. Es ist nicht gesagt, über welche Begebenheit der Dichter weint; aber mitwissendes Leben steht um dies Weinen als Zeuge. Da ist es vielleicht erlaubt, von Symbolen zu sprechen. Jedes Gedicht ist, als Erscheinung der Seele in Sprache, ein Symbol; es kann überdies Symbole enthalten; von diesem Gedicht aber darf man sagen: in ihm kommt nichts vor, was nicht Symbol wäre.

3. Gruppe: Die zusammengesetzte Situation

Soweit die besprochenen Gedichte Umstände enthielten, vertraten sie das Gefühl und drückten es aus. Wenn sie jedoch den Anlaß des Gefühls berichten und also lebensgeschichtlich sind, so entzweit sich Gefühl und Mitteilung; das Gedicht nimmt nicht mehr so unmittelbar gefangen, dafür weitet sich seine Befugnis, und es nimmt mehr vom Selbstbewußtsein der Persönlichkeit in sich auf. Es läßt Wirkliches als außer dem Ich bestehend zu. Dies Wirkliche ist vielfach und wird erst durch Stimmung zu Einem. War bisher die Situation einfach, so ist sie nun zusammengesetzt; verwechselte sie bisher Äußeres und Inneres vollkommen, so ist sie jetzt in ihrer Sachlichkeit dicht und undurchdringlich. Goethe bezeichnet dergleichen mit „Motiv"; ein etwas unwirsches Gespräch mit

Eckermann am 18. Januar 1825 über die Verdeutschung serbischer Volkslieder hebt das Motiv als den eigentlich dauerhaften Bestand auch des lyrischen Gedichts hervor und verwirft die Stimmungspoesie. Man kommt auf den Gedanken, daß Goethe an seinen eigenen Gedichten ganz andere Werte geschätzt haben mag, als wir es heute tun, und man fühlt sich darin bestätigt, wenn Goethe gelegentlich unter seinen Gedichten ein an Motiven besonders reiches auszeichnet, das wir fast vergessen haben und dem wir nur sehr geringe Valeurs dichterischer Stimmung zubilligen.

Die Vielfalt, die in der zusammengesetzten Situation enthalten ist, kann verschiedener Herkunft sein. Das Gemüt kann sich der Umwelt als ein ihr ungleiches entgegensetzen, oder es ist in sich geteilt, so daß das Gedicht nach einer Auflösung drängt, und der trilogische Bau, den Goethe später in großen Gedichten bevorzugt, schon in kleinen Liedern entworfen ist. Auch kann die Vielheit ein Nacheinander sein; dann gehen mehrere Momente auseinander hervor und bilden Kette; solche Gedichte haben je nachdem etwas breit Erzählendes oder etwas vielspältig Bewegtes. Goethes geselliges Wesen neigt dazu, den selben Moment in verschiedenen Menschen zu spiegeln: eine Annäherung des lyrischen Gedichtes an das Singspiel.

Daß Dichtigkeit eine Eigenschaft dieser Lyrik ist, lehrt das Gedicht „Auf dem See“, das in seiner ursprünglichen Fassung großartig ungeschlacht anfängt: „Ich saug’ an meiner Nabelschnur Nun Nahrung aus der Welt.“ Ein

Anfang, der jedes ästhetischen Maßes spottet und ein einziges, kaum mitteilbares Weltverhältnis jedem faßlich ausspricht. Erst das Ich – dieses Ich in seinem genialen Weltverhältnis –, dann das Wir: die anmutige gesellige Situation der Schiffenden. Ein starker Wechsel schon in der ersten Strophe. Hierauf wechselt das Versmaß und ahmt so eine Reihe von Gegensätzen nach: Außen und Innen, Weltoffenheit und Haft des Liebesgefühls, Heiterkeit und Schwermut, Hingabe an den Augenblick und Zurückschweifen. Die dennoch so sehr kurze zweite Strophe schließt mit einer Willensgeste, und das Gewollte geschieht: denn die letzte Strophe ist neue Gegenwart, äußere und innere zugleich, in die der Dichter ohne Rückhalt einstimmt. Wie viel umschließt sie! Die Gefährten werden nicht mehr erwähnt, aber zärtlich wird das Spiel des Lichts mit den Formen bemerkt, zuletzt ist die Landschaft ganz innerlich und vollendet sich im Symbol der reifenden Frucht, die im See gespiegelt wird – Spiegelung ist seliges Für-sich-sein, ist Aneignung und Besitz dessen, was ist, und hier noch des Werdenden. Zeitigung ist auch im Innern des Dichters, und sie ist mehr als alles Gedenken: das dem Dichter vorbehaltene, von ihm geahnte Werden. Das Gedicht ist an sich kurz; vor allem im Verhältnis unglaublich kurz, wenn man die durchlaufenen Zustände bedenkt; die Gefahr der Kürze, daß das Gedicht Pointen ausbildet und sein köstlich Vages darüber einbüßt, ist glücklich vermieden. Auch ist seine Dichtigkeit nicht eigentlich dichte Sprache, denn die Wendungen sind leicht und bequem; daß bei so dichtem Gehalt die Form noch so geschmeidig bleibt, ist seltenste Kunst.

Einen Gegensatz zwischen der Liebesstimmung als einer Haft und der freien, einsamen Naturstimmung kannte schon ein schäferlicher Sang des Leipziger Liederbuchs. Er verschärft sich zum Schicksal, wenn die Geliebte so ausgesprochen Gesellschaftsdame ist, wie die Trägerin des schäferlichen Namens Belinde. Sie bannt den Dichter in Situationen fest, die undichterisch und der Landschaft feind sind, und sein ursprüngliches Wesen stünde dagegen auf, wenn die Geliebte nicht für ihn jetzt alle Natur enthielte, so daß er der Natur, die sie nicht ist, abtrünnig wird. Ein merkwürdiger, ein vorläufiger Schluß, der, bei allem Beschwichtigen, etwas unbeschwichtigt läßt. Auch dies ist Dichtigkeit: im Ausgesagten läßt das Gedicht den Gegensatz des Ausgesagten erraten. Jenes See-Gedicht war durchaus ein Augenblick, gerade weil es Vergangenheit mit Zukunft kämpfend reflektierte: daher seine Spannung! Dies Gedicht aber erweitert ihn. Durch den schmerzlichen Aufklang der Stimme, der die Geliebte zur Rede stellt über etwas, das sie nicht lösen kann, ist es augenblicklich, ein Augenblick zwischen zweien. Aber im Fortschreiten wird er monologisch und erweitert sich zur Dauer einer Neigung, deren Fragliches er gesteht. Landschaft und Interieur, zwei Orte, wo sich das Herz genug tut, und die doch einander widersprechen: ist das nicht die Spannung dieser Epoche, einer gefaßten und ausbrechenden? Der zunächst simple, aber dann doch in der Selbstzerlegung recht kapriziöse Humor eines sehr langen Gedichtes, Lillis Park betitelt, handelt breit von dem geteilten Zustand des Dichters in diesem ganzen Verhältnis; er denkt sich als Bär, um sie zur vollkommenen Zähmerin zu machen. Ob innig oder drastisch: die neue Form eines Liebesgedichtes ist gefunden; eines, das Stimmung und inneres Gesetz einer Lebensperiode durchschaut. Früh, von Anfang an ist auch das lyrische Dichten dieses Dichters sein Erkennen.

In seiner zweiten Lebenshälfte liebt es Goethe, das dichterische Bild einer Beziehung dadurch ganz zu machen, daß auch die Geliebte im Gedicht zu Wort kommt – ein Fortschritt über jenes Begreifen hinaus, das, wenn auch noch so genau, nur die eigene Erfahrung benutzt. Vielsagend und wortkarg messen sich männliches und weibliches Wesen in dem Gedicht „das Wiedersehen", das einige Zeit nach der Italienreise gemacht sein muß. Der Mann ist der Verzauberte, die Frau die Sehende; so verschieden erfahren sie die Zeit; ihren Ablauf leugnet der Verzauberte, die Sehende erkennt ihn als unwiderruflich an. Er hält alles für wiederholbar, sie, obwohl sich zur Neigung bekennend, liest aus ihrer Geschichte Entsagung. Schließlich nähert sich Goethe einer mittalterlichen Form, dem „Wechsel": nicht dialogisch, sondern abwesend dem Abwesenden, aber zum Gedicht verbunden und vielleicht durch Reime bezogen, sprach sich das Liebesgefühl des Mannes und der Frau aus, wie jedes für sich ist, nicht um gehört zu werden. Es ist dies vielleicht die schönste Form, welche die Minnedichtung erdenken konnte. In den „Äolsharfen", einem, wie Goethe selbst sagt, „liebeschmerzlichen Zwiegesang unmittelbar nach dem Scheiden", gedichtet kurz vor der Marienbader Elegie, hat das Gedicht darin seinen Fortgang, daß die Unbezogenheit des Aussprechens allmählich zur Beziehung wird. Im Verwerfen des reinsten Geschäftes und der höchsten Begeisterung: „Langweilig ist's, wenn Nächte sich befeuern" droht schon die Katastrophe, aber das Schicksal schläft noch. Alles ist windharfenhaft, spielend angeweht. Die Überschrift ein halbes Gedicht – das Ende stillt, wie die letzten Liebesgedichte Goethes gerne tun, die Spannung durch das Beieinandersein im Geist. Auch dies stille Gedicht schreitet fort; die Zeit wird Kraft – daran kann man auch das kleinste Gedicht Goethes erkennen.

Ein Fortschreiten der Begebenheit selbst und somit den Ansatz zu einem Lebensbericht enthält das Sesenheimer Lied: Willkommen und Abschied. Wenn es viel berühmter geworden ist als so manches an lyrischem Zauber stärkere eines Mörike, so dankt es dies nicht nur dem Namen des Dichters, oder seiner Faßlichkeit, sondern wieder jener enormen Dichte, die in der Fülle und dem Kontrast schnell durchlaufener Momente besteht. Es ist eine eigene Lust des Herzens, sich von den heftigen inneren Bewegungen eines solchen Gedichtes wiegen zu lassen, und kaum ein anderer Lyriker, so schön er immer dichte, verfügt über eine so mächtige Seele. Das Fortschreiten dieses Gedichts in sich ist zunächst ein Fortschreiten von Dichtart zu Dichtart, dann ein zeitlicher Fortschritt. Zuerst schildert das Gedicht eine Umgebung, die den Dichter enthält, oder sagen wir besser: in einem heftigen, ja schroffen Kontrast verhält. Auch hier ist Goethe später von der ursprünglichen Wendung erschrocken und hat, nicht eben glücklich, geändert. Daß der Dichter zur Geliebten reitet „Wie ein Held zur Schlacht“ ist vielleicht nicht „allgemein menschlich“, aber hier doch sehr überzeugend, da überhaupt eine Umgebung des Grauens und des Wagnisses um ihn erstellt ist. Auch wenn die Natur anders dreinsieht als das zur Liebe bereite Herz, kann sie ihm doch zusagen, es mächtig reizen. Ja, die Nächtigkeit des Herzens ist in dieser Nacht entdeckt. Überhaupt sondert sich dieser Teil des Gedichts von dem hierauf geschilderten „Erlebnis“; hier haust der Unbehauste in einer ursprünglichen Welt; es ist der Dichter, wie er für sich selbst ist. Auch nachher ist Natur um ihn, aber eine offene, taghelle, die Geselliges zuläßt. Und damit ging das Gedicht aus einer dem Zeitalter nicht geläufigen Mächtigkeit der inneren Landschaft zum Schildern der Liebesbegebenheit über. Es wird ein Roman erzählt, so wie das lyrische Gedicht es kann; er wird erzählt als eine Kette leise und von innen bezeichneter Situationen, die freilich nur in der ersten Fassung bündig sind („Du gingst, ich stund und sah zur Erden“). Während der Anfang, jeden Fortschritt aufhaltend, den Leser im Naturmoment festbannte, reißt ihn dann rasch das jähe Tempo dieser Momente mit fort, die den Schluß im Affekt eines Lebensgefühls zusammenfaßt.

Zur Auslegung des Mondliedes „Füllest wieder Busch und Tal“ ist ein reiches lebenskundliches Wissen etwas schwerfällig herangetragen worden. Wie konnte es anders als hemmen! Ohne ein Wissen um das Leben eines Gedichtes aus sich selbst, ohne den Glauben daran! Freilich darf unser Wissen um das Leben des Dichters, wenn wir es über ein Gedicht befragen, der Deutung nicht widersprechen, am wenigsten bei Goethe; dabei ist aber vorausgesetzt nicht nur ein überlegenes Benutzen des Wissens, sondern die Vollständigkeit dieses Wissens selbst. Kennen wir aber auch nur eine Minute des von Goethe geführten Lebens wirklich? Und wenn, wieviel erspähen wir denn von dem Vorgang der Umsetzung, der auch ein noch so lebensnahes Gedicht erst zum Gedicht macht? Besser steht es um unsere Kenntnis, wenn Goethe selbst so gutmütig ist, ein schwer faßliches Gedicht, etwa die Harzreise im Winter, lebensgeschichtlich zu erklären – und doch wäre das Gedicht nicht ganz Gedicht, wenn es wirklich dieses Aufschlusses bedurft hätte.

Keineswegs unterscheiden sich die beiden Fassungen des Lieds an den Mond dadurch, daß die erste in Goethes Namen, die zweite als ein „Rollenlied“ im Namen der Frau von Stein geformt worden wäre, aus deren Feder wir ja eine Aneignung des Gedichts „An den Mond nach meiner Manier“ kennen – ein Versuch, der ganz offensichtlich einige Strophen des Umgusses angeregt hat.

Ebensowenig befriedigt der Vorschlag, die zweite Fassung als Wechselgesang zu verstehen. Goethe hätte etwas dem Verständnis so Wichtiges irgendwie angedeutet. Indes – nicht umsonst liegen zehn Jahre zwischen beiden Liedern! Das Hereinnehmen der anderen Stimme in die eigene Stimme ist ein viel zu zarter und seltener Vorgang, als daß man ihm so stofflich, mit Rolle und Rollenwechsel. nahe käme. Das Absurde, das sodann mancher Satz, das Widerwärtige, ja Inhumane, das dann das ganze Gedicht bekäme, mußte eine solche Annahme sofort als Mißverständnis erweisen. In seinen Sonetten hat Goethe mehrere aus dem Herzen des liebenden Mädchens gedichtet, auch hat er geglückte Wendungen einer Briefschreiberin dankbar aufgreifend in Verse gesetzt. Bedeutender ist, hie und da durch eine Chiffre verraten, der Anteil einer Liebenden am Divan. Aber die Herübernahme als fremd nachgewiesener Worte in dieses Mondlied ist doch wohl anders aufzufassen. Es heißt dies nicht mehr als: jene zehn Jahre anerkennen. Wie natürlich war es, diese Worte hereinzunehmen, da ja das fremde Gefühl längst in das eigene hereingenommen war, wie früher im Frieden des Verstehens, jetzt im Schmerz der Verkennung! Um so mehr ist der Sprechende nur ein Ich, und zwar das männliche, das dichterische – er, dem der Fluß Melodien zuflüstert. Welche Melodien aber?

Der wirkliche Unterschied der Fassungen ist, daß das erste Gedicht den Zwiespalt eines einzigen, und des gegenwärtigen Momentes ausbreitet, während das zweite, mit dem nämlichen spontanen Einsatz, eine Reihe von Momenten durcheilt und zum Ausgleich bringt, ein Rückblicks- und Lebensgedicht also. Davon ist die erste Fassung weit entfernt! Verschieden sind die Kurven der beiden Gedichte; auch das „Lösen", das dem Monde angesonnen so prägnant am Anfang steht, heißt wohl beide Male nicht ganz das gleiche. Der Mond tut der Landschaft und der Seele etwas an. „'s liebe Tal" ist nicht „Busch und Tal" – es ist mein Tal, das eigene Tal, das Tal dieses jetzt eben so innig gefühlten Schicksals. Das Wort „lösen" gibt sich auf, mächtig, unvermittelt, befragenswert. Es deutet auf eine Verstrickung. Eine solche wird auch sogleich und mit einem Ausdruck (der in der zweiten Fassung undenkbar wäre) genannt: das Herz ist ein Gespenst, das an den Fluß festgezaubert ist. Das Bleiben also ist Anerkennung der Liebe und des durch sie bindenden Schicksals! Wenn also – und dies ist wieder die Kunst des Ungesagten, das dennoch im Gedicht enthalten ist – der Anfang davon spricht, daß der Mond die Seele ganz löse, so ist doch die Verstrickung als noch bestehende anerkannt; das Lösen bedeutet also nur, daß sie Gegenstand reiner Besinnung wird. Die Geliebte löst nicht, sie bindet; der mit dem Dichter die lösende Stunde teilt oder sie zu teilen herbeigewünscht wird, ist der Freund. Ihn nennt ein seltsam starker Ausdruck „Mann", woraus man folgern zu dürfen glaubte, daß, wer hier einen Mann am Busen hält, notwendig Frau sein müsse! Also auch die erste Fassung ein Rollenlied? Nein, wir befinden uns im

18. Jahrhundert, wo Männer unentwegt Männer am Busen halten. Der Begriff „Welt", nachher wiederholt in den „Menschen", unterscheidet sich nachdrücklich von jenem „Mann". Er bezeichnet die geläufige Denk- und Fühlweise; ihr entgeht die labyrinthische Wahrheit des Herzens und zumal der Liebesbeziehung, der in diesem lösenden Moment nachgesonnen wird. Man braucht nicht zu wissen, daß der „Mann" der fürstliche Gönner und Brotherr Karl-August war, und daß die beiderseitigen Liebeserfahrungen durchaus den Inhalt ihrer Nachtgespräche bilden konnten. Was das Gedicht sagt, genügt. Sich allein zurückziehen, das könnte von Bitterkeit zeugen. Mit dem „Manne" zusammen nicht; mit ihm, der aufgeschlossen ist für das Nächtige, wird eine fast furchtbare Bindegewalt in der Betrachtung groß, ja erquickend. Ein neuer, bedeutender Begriff von Freundschaft! Daß die Menschen leben, ohne zu wissen, was sie leben, hat Goethe des öfteren gesagt; Freundschaft heißt hier: gemeinsam das von den Menschen nicht Bedachte oder wie es in der früheren Fassung heißt: Verachtete, bedenken. Das Mondlicht ist Einkehr; das Schicksal wird, ohne daß es als Macht aufhört, Geist; und Geist, dichterischer Geist des Lebens in seiner reinsten Erscheinung ist das ganze Gedicht.

Um sich dies „Lösen" goethischen Wortgebrauchs deutlich zu machen, darf man wohl „Jägers Abendlied" aus etwas früheren Jahren (1775) heranziehen. Das eigene Wesen ist in Anlehnung ans Volkslied durch den Jäger vorgestellt; an die Geliebte denken, ist wie in den Mond sehen. Ihr Bild ist ein Drittes aus Liebe und Betrachtung und mildert, so wie im Mondlied durch das „Lösen" die bannende Leidenschaft sich in Betrachtung stillt. In der ersten Strophe der Gegensatz der Stimmung: die eigene Rastlosigkeit und das Stillende des Bildes. In der zweiten Strophe das Dasein der Geliebten für sich, die vielleicht ihrerseits gedenkt. Die dritte Strophe er, von sich selbst par distance gesehen, dann er wie sie ihn sieht. Vierte Strophe, in die erste zurücklenkend: die Beschwichtigung der Rastlosigkeit im Gedenken. Auch dies Gedicht überdrängt einen schmalen Raum mit schnell wechselnden Vorstellungen.

Kann man bei dem ersten Gedicht unsicher sein, ob es vom Gefühl der Einsamkeit bestimmt ist (es könnte wechseln von ihr zur Freundschaft, es könnte Einsamkeit bis zum Ende enthalten oder schon mit seinem Anfang den Freund voraussetzen), so heißt es in der zweiten Fassung unverkennbar: „Wandle zwischen Freud' und Schmerz In der Einsamkeit." Der am Ende genannte Freund (nicht „Mann") könnte also da sein, aber er ist nicht da. Der Ausdruck des Mondes wird nicht mehr dem Auge der Geliebten, sondern dem des Freundes verglichen. Die gütige Distanz des Freundesblickes, der auf ein fremdes, ihm aber liebes Leben blickt, und der Versuch, selber so auf das eigene Leben zu blicken, ist diesmal das Lösende. Die Verstrickung besteht nicht mehr; Lösung bedeutet also hier das Zurückblicken auf lange, leidenschaftliche Verläufe.

„Das liebe Tal" ist aufgegeben, mit ihm die liebe Enge, das Gefühl, festgebannt zu sein. „Busch und Tal" wirkt dagegen anonym. Der Fluß ist nicht mehr das Jetzt und Hier des Liebesschicksals. Er ist anderes. Was er ist, darauf weist das Wort „Nachklang"! In jenem Gedicht Gegenwart, und das Bedenken einer noch geltenden Gegenwart, in diesem Erinnerung! Die durchlaufenen Momente sind hier: die reine Distanz der Lebensbetrachtung; das Umfassende der Erinnerung; die Unwiederbringlichkeit der Liebesmomente; die Gewißheit des Gewesenen; der Schmerz, nicht vergessen zu können; rastloser Wandel; durch ihn inspiriert: die Dichtung. Das Gedicht klingt aus in die Gewißheit des sich von der Welt scheidenden Selbstbesitzes, der doch auch ein mit einem Freunde geteilter Besitz wird. Freundschaft kann dem Gereiften das Schmerzliche der Einsamkeit in Betrachtung auflösen. Dadurch, daß so anderes vorangeht, wirkt auch der Schluß anders. Mehrmals ist der Fluß angeredet; sein Fließen ist, wozu es jetzt erst werden kann, die Lebensbewegung selber, der Wechsel der Jahreszeit, das Weggehen der Dinge, der Menschen, der Stunden und der Neigungen; er ist das Bild des Werdens, das freilich hier mehr als Vergehen erscheint, aber doch immer ein Werden bleibt und zuletzt zum Bleibenden überleitet, nämlich zum Gedanken dieses Werdens, der die Wandlungen des Lebens versteht.

Kaum etwas dürfte so belehrend sein für das Wesen goethischer Lyrik und zugleich enthüllen, wie verlegen uns der Begriff „schön“ angesichts dieser Lyrik läßt, als ein Vergleich dieser beiden Fassungen. War schon im ersten Gedicht der Moment als Kampf und schließlicher Ausgleich innerer Bewegungen verstanden, so steht in der zweiten Fassung das Augenblickliche, das im Anfang, dann in den vielen Ausrufen, Anreden und Befehlsformen, endlich in den jähen Übergängen betont ist, im Gegensatz zu dem Durchgang durch eine ganze Reihe früherer Momente. Die lyrische Stimmung hat nicht den Zauber der Stille, sondern läßt, bis zur Gefahr der Einheit, die Heftigkeit der inneren Lebensbewegung in sich zu. Das Gedicht ist in sich selbst Abbild des unaufhaltsamen Werdens.

Fraglos enthielt dieser heftige, rasche und leidenschaftliche Wechsel der Momente ein Gegenstreben zur lyrischen Schönheit, sofern diese in die Einheit der Stimmung gesetzt wird. Aber er steigert, bei solcher Meisterschaft im Eröffnen und Abschließen nur den Reiz. Gefahr wird dieser Wechsel, wo er im lyrischen Gedicht nicht die Zustände, sondern die Umstände betrifft; denn dadurch kommt in das Gedicht ein beschreibender Zug, und die von Goethe so sehr begrüßte, aber gerade dem lyrischen Gedicht gefährliche Sachhaltigkeit. Beispiel für eine, wieder durch die geschmeidigste Form verleugnete Dichtigkeit ist das Gedicht „Sehnsucht“ („Was zieht mir das Herz so“) — eine Dichtigkeit freilich, die sich nicht auf die Vielheit innerer Momente, sondern vorgestellter Situationen bezieht, und auch nicht durch eine gleichgroße Heftigkeit der Schwingung, wie im Mondlied, gefordert ist. Trotz des rapiden Tempos bleibt die Stimmung betrachtsam, und eher traulich als leidenschaftlich. Wer den Mut hat, Pedant zu sein und zu zählen, der zählt hier in nur fünf kurzzeiligen Strophen mindestens zehn durchschrittene Situationen. Erste: er hält es nicht im Zimmer aus. Zweite: Landschaft durchs Fenster. Dritte: Sehnsucht beflügelt ihn; er fliegt mit Raben dahin. Vierte: Vogelschau, sie mitten inne. Fünfte: auch in seiner Verwandlung mit Gesang begabt läßt er sich in ihrer Nähe hören. Sechste: ihr Selbstgespräch im Horchen. Siebte: ihre Gestalt bei Sonnenuntergang. Achte: Einbrechen der Nacht, während sie am Bach entlangschreitet. Neunte: er wird zum Stern; ihre verwunderte Frage nach ihm. Zehnte: er fällt ihr zu Füßen, wieder er selbst. Der Lakonismus dieses Gedichts, der weniger durch Bewegtheit als durch Können hinreißt, führt zu Prägungen, die, näher besehen, sehr ungewöhnlich sind. Wieviel an Geste und Beziehung in den paar Worten: „Die scheidende Sonne Verguldet die Höhn; Die sinnende Schöne, Sie läßt es geschehn." – Manches, das man bei aller Ehrfurcht ungescheut als mißlungen bezeichnen darf, wird doch in der Absicht des Dichtens bedeutend; ich denke an das Gedicht „Bergschloß", das wie ein Volkslied anhebt. In durchgehender ironischer Anwendung des Volkstons ist das Übernächtige von Burgtrümmern mit den in dieser Szenerie halb geträumten, halb gelebten und zugleich belächelten Liebesmomenten des Dichters verwoben. Eine Kette des „als ob“, das Einverständnis der beiden, als Knappe und Kellnerin vorgestellten, am Ende ist weniger herzlich als neckisch. Die von Arnim und Brentano so fromm gehegten Erinnerungen älteren Lebens blieben, das sieht man hier, für den gleichzeitigen Goethe doch im Grund „Altes Zeug“. Aber doch gut dafür, um eine (wer weiß vielleicht etwas verlegene oder undeutliche) Beziehung durch Kulissen gegenwärtig, durch sachenreichen, kecken Wechsel spannend zu machen. Unbesorgt ist er um die lyrische Stimmung! Ein alternder Liebhaber schützt sich, indem er den Ton der Liebe durch eine scherzende väterliche Güte mildert; vielleicht hängt damit, gerade bei diesen beiden, wohl an dieselbe Freundin gerichteten Liedern das Bedürfnis nach Szenerie zusammen. Wenn sie dazu überleiten, daß in den Sonetten und dem Divan die Beziehung des Sechzigjährigen zu jungen Mädchen und Frauen sehr viel leidenschaftlicher behandelt wird, so wäre ein Hauch der Fraglichkeit des „Mannes von fünfzig Jahren“ unmerklich über den beiden Gedichten verbreitet.

4. Gruppe: Der erschließende Zustand

Eine Reihe von Gedichten, die vielleicht den Gipfel der frühen Lyrik Goethes bedeuten, nämlich die in freien Rhythmen, entziehen sich der Bestimmung durch den Moment und sind daher in anderem Zusammenhang zu betrachten. Wenn sie aber aus dem Lebenszustand überhaupt, der im Rückblick als Jugend, damals aber als

Rang des eigenen Selbst empfunden wird, hervorgehen, so wäre wissenswert, ob sich zu ihrer Entschiedenheit ein Übergang in der sonstigen Lyrik des jungen Goethe findet. In jenen Hymnen behandelt ein junger Mensch sich selbst mythisch. Der eigene Zustand erschließt ihm etwas sonst nicht Zugängliches: die Wirklichkeit der Mythen. Es gibt nun andere Gedichte des jungen Goethe, die das Aufleben der Natur in Frühling aussprechen. Sie sind nicht nur dadurch bezeichnet, daß sie den Moment zur Jahreszeit erweitern, sondern daß das Innere des Dichters divinatorisch wird, über die Natur weissagt. Man kann den Zustand, aus dem hier gedichtet wird, einen erschließenden Zustand nennen. Zunächst ist das Herz erschlossen, durch Lebensgnade; und das erschlossene Herz erschließt ...

Goethe durfte den Frühling ansingen! Dazu ermächtigte ihn nicht nur ein junges Blut und ein junger Geist. Denn dies Lebensgefühl war nicht nur seine Jugend, es war ein in seiner Person verbürgter Beginn überhaupt: ein Lebensgefühl, in dem eine ganze Altersgemeinschaft gipfelte, und ein Beginn, der, so jugendlich immer, sich erst im Gegensatz zu alternden Geistes- und Lebensformen als beginnend erkannte. Dem inneren Triumph der siebziger Jahre war in Goethe Selbstbezweiflung und ein Behelf mit mancher Künstlichkeit vorangegangen. Der Leipziger Goethe nähert sich manchmal der Altklugheit; der Straßburger Goethe will nur lebendig sein, und ist nebenher wissender als irgendein Mensch. Auch die

Verliebtheit ändert ihren Ton; das geschlechtliche Spiel, Begehrlichkeit und erotische Pointe weicht dem einfach mächtigen Gefühl, und die Gestalt der Geliebten wird so, daß sie durch das Volkslied schreiten könnte. Es ist nicht der gesellige, der städtische Frühling, nicht die Gärten der Gesellschaft, nicht eine gesuchte Ländlichkeit, sondern der Frühling, der ein Gedicht der Erde ist und zugleich der Frühling des erneuerten Herzens, der besungen wird, wortkarg und reich im Ton, alles, was nicht Beginn ist aus sich verbannend. Von den vielen und schönen Frühlingsliedern, die sich in Goethes Dichtung jähren bis zuletzt, ist eines volkstümlich geworden, weil in ihm jenes Vermögen des Erschließens ungebrochener waltet als sonst: „Wie herrlich leuchtet Mir die Natur." So kann nur ein Mensch dichten, der aufs tiefste eins ist mit allem Zeugen. Und wieviel Verskunst in diesem einfachen Lied! Die Betonung ist im Anfang schwebend: die zweite Zeile kann mit oder ohne Vorschlag gelesen werden. Und in der fortan einheitlichen jambischen Bewegungsart entsteht eine reizende Brechung dadurch, daß sich das Ende jeder ungraden mit dem Anfang jeder graden Zeile zu einem Daktylus verbindet, der deutlicher oder undeutlicher wird, je nachdem eine kleine Zäsur da ist oder nicht. Welche herrliche Unruhe! Es ist der versteckte Grundsatz dieser Vers- und Reimkunst, die Worte genau so zu setzen, wie die ungesuchteste Prosa sie setzen würde. Man merkt es nicht, daß einem von dem Gedicht etwas angetan wird; man glaubt

zu bleiben, was man ist; deshalb findet man das Gedicht so schön. Ohne daß die poetische Form irgend gesprengt würde, geht die Aussage in den Ausruf, geht der Ausruf, der noch Satz ist, in die hervorgestoßenen, satzlosen Vokative einzelner Grundworte des Frühlings und der Empfindung über, wodurch denn jener divinatorische Zustand, der dem Kalender nach von Mitte Februar bis Ende Mai anhalten könnte, zu einigen schnellen und heißen Herzschlägen verkürzt wird: „O Erd , o Sonne, o Glück, o Lust, o Lieb', o Liebe!"
Die alten Hirtendichter, die Provençalen, die deutschen Minnesinger, die lateindichtenden Kleriker begannen damit, im Frühling das Gleichnis des zur Liebe erwachenden Herzens zu sehen, und nie hat sich der dichtende Mensch dieses Gleichnisses entwöhnt. Aber Goethe setzt das nicht einfach fort; bei ihm ist es, wenigstens in diesem Lied, nicht mehr „Brauch". Eine Seele, eigen und unverwechselbar, die sich selbst zuhörend der Natur etwas abhört, das die anderen nicht haben und nicht wissen. Und zwar unschuldig: Er glaubt die Sprache aller Menschen zu sprechen, nur weil die Natur seine Sprache spricht.
Ein weniger beachtetes Frühlingsgedicht hat sich im Nachlaß der Frau von Stein gefunden. Ebenfalls ein erschließender Zustand. Die ersten Zeilen enthalten ihn. „Ein zärtlich jugendlicher Kummer Führt mich ins öde Feld; es liegt In einem stillen Morgenschlummer Die Mutter Erde." Ist die Schwermut des Vorfrühlings vor

diesem Gedicht je geschildert, ja auch nur begriffen worden? Sie wird verstanden dadurch, daß das junge Herz sich selber mißversteht: es fühlt sich nämlich arm aus dem kommenden Reichtum! Als verbinde das Gedicht verschiedene Jahrhunderte, geht dieser ganz persönlich einweihende Anfang über in die siderische Symbolik des Mittelalters, die wohl über die Hirten- und Schäferdichtung auf den jungen Goethe gekommen ist: die Spiele der Zwillinge mit dem Sonnengott, die – und dies ist ganz groß und unkonventionell gesehen – von den Spielen der Menschen nachgeahmt werden. Vom eigenen Herzen ist dann nicht mehr die Rede; an seiner Statt erscheinen die beiden so einfachen, so unsäglichen Vorbilder: das Mädchen, das Veilchen pflückend den eigenen Busen entfalteter sieht; der Mann, der nicht auf dem Acker, sondern im Garten „Die Seele voll von Ernteträumen" Pflanzen sät. Aber indem alle drei Absätze mit Hoffen abschließen: der erste, indem er dem Herzen die Hoffnung abspricht; der zweite mit dem Mädchen, das „fühlt und hofft"; der dritte mit dem Manne, „der sät und hofft", ist das Herz, das scheinbar über den beiden Menschenbildern aufgegeben war, doch in ihnen heimlich und besser als am Anfang erkannt, und zwar als eines, das hoffen darf und das auch Frucht tragen wird. Verknüpfungen gehen von dieser Gedichtgruppe aus. Das hier so einfach als Weben, Wachstum und Zeugung aufgeschlossene Naturleben bildet der riesige Wurf der Hymnen zu Gestalt und Geschichte des Naturmythos fort.

Im alten Goethe kehrt sich aber das Verhältnis um: das Medium des Verkehrs zwischen Mensch und Natur ist weniger die Seele, als der Geist, der durch die Schau und durch die Teilhabe in dichterische Bewegung hingerissen wird, und die Deutung geht den anderen Weg: das Gemüt bleibt als Elementarreich der Seele bedenklich, bis dem Dichter von den ewigen Ordnungen der Natur der Schlüssel eingehändigt wird, durch den er es enträtselt, da es unbewußt, in diesem besondern Fall darum wissend, aus den gleichen Ordnungen lebt. Sofern aber der divinatorische Zustand nicht nur ein Augenblick ist, sondern sich über eine Lebensfrist verbreitet, und sofern er endlich statt der Natur Sphären der Geschichte, Kulturen, Länder und Stile erschließen kann, ermöglicht er auch die großen lyrischen Zyklen Goethes, die Elegien und den Divan.

5. Gruppe: Bezug der Momente durch das Motiv

Die zusammengesetzte Situation umfaßte das Vielfache in einem Moment. Nun ist von einer Verknüpfung verschiedener Momente die Rede, deren Prinzip sowohl im Ich des Dichters und seiner durch die Erinnerung befestigten Gleichheit mit sich selbst als auch im Thema liegen kann: in dem besonderen Vorwurf, den ein Moment des Gedichts herausgreift. Einen solchen Vorwurf nennt man, wenn er für sich genommen wird, glücklich ist und schon eine gewisse Zubereitung für die Kunst zeigt, Motiv. Ein solcher mehr sachlicher Bezug kann mehrere Momente zu einem Gedicht oder Gedichte, die jeweils einen Moment behandeln, zu einem kleinen Kreis verbinden. So nennt Goethe gelegentlich einige Jahreszeit-Gedichte, die da nicht in der Reihenfolge ihres Entstehens, sondern der den Titel bildenden Monate zusammengestellt sind, einen „kleinen Roman". Weder die Stimmung, noch die Haltung vereinigt die auch im Wert sehr verschiedenen Stücke; sie sind wirklich Monats- und Jahrespoesie, die zwar ein Roman des Herzens begleitet; aber das Jahr überwiegt das Herz! Daher das Modische und oft etwas gar Harmlose dieser Verse, in denen sich der Dichter schont. Die Monate gehen eine feste Verbindung ein mit Lebens- und Liebeszuständen: im März Alleinsein, Wunsch, Vorahnung; im April das diplomatische Anbahnen einer Neigung; im Mai Verlobungsgeruch; im Juni eine abgenötigte Entfernung und Wartefrist; „Frühling übers Jahr" die gesicherte Idylle – ein Ehefrühling, wie ihn nur Goethe dichten konnte. Die Stilarten sind bunt gemischt, hie und da vielleicht leise unsicher. Das Märzgedicht ein vollkommenes Volkslied! „April" entschieden modern, übt sich im geistreichen Gefühl, wie man es aus dem Divan kennt, aber ohne die anziehende, im Spiel verhaltene Größe; das Maigedicht ist das entschiedenste Beispiel eines verspäteten Rokoko in Goethes Lyrik. Die Anakreontik wird in der Reminiszenz für ein tieferes Wissen erst eigentlich schätzenswert. In dem langen Junigedicht stehen zwischen den heut schwer ertraglichen, neckisch biederen Wendungen „Und wie ich sie seh' Vom

Kopf zur Zeh"", die herrlichen Zeilen: „Wandelt sie auf schroffen Hügeln". Frühling übers Jahr ist eine Art erinnerte Jugendlyrik von ganz anderem Ton als die Lieder wirklicher Verjüngung, im Widerspruch zwischen Gefühl und Ausdruck fesselnd: „Was auch noch alles Da regt und webt Genug der Frühling Er wirkt und lebt."
Jahreszeitenpoesie ist Konvention, noch mehr östliche als europäische, und gerade darum dem Rokoko lieb; eine festgelegte Zeichensprache kommt der Vorliebe des alten Dichters für ein poetisches Zeremoniell entgegen. Auch das andere, was ihm dieses Thema nicht eben mitbrachte, ist wichtig; es freute ihn, die fortschreitenden Annäherungen der Liebe nicht aus dem Ich, sondern aus der Logik der Sache heraus zu gestalten. Uns fällt auf, daß der Herzensanteil an diesen Gedichten karg ist; für Goethe mögen sie nicht unwichtig gewesen sein.
In Goethes Anordnung folgt auf sie unter der Überschrift „Fürs Leben" das Gedicht, das auch unter dem Titel „Die glücklichen Gatten" bekannt ist: ein Gedicht, das Goethe im hohen Alter noch werthielt. Es enthält Reime, die das moderne Ohr nicht gerade bestricken: „Ist es mit seiner Lieben Nicht unser braver Fritz!" Goethe konnte auch anders dichten, er hat also diese Tonart gesucht. Wo uns Goethes Gedichte befremden, kann man am meisten über ihn lernen. Wahrscheinlich ist uns heute die Möglichkeit einer bürgerlichen Dichtung entschwunden. Für Goethe hatte sie noch eine volle, herzrührende Kraft, zumal wo die bürgerliche Gediegenheit durch

höhere seelische Erscheinungen empfohlen, ihm für die klassische Form einen neuen Gehalt gab. Das höchste Beispiel ist „Hermann und Dorothea". Während in jenem „kleinen Roman" Fachwerk, Tisch und Bett in duftigem Nebel von Amoretten gezimmert wurden, wird hier die Greiflichkeit des begründeten Hausstandes mit Behagen ausgemalt. Nicht eigentlich zielt das Gedicht (wie die Überschrift zeigt) auf Umfassung des ganzen Lebens, sondern auf die Gestaltung der Liebesmomente in der Vollständigkeit ihrer Wirkung; streben sie doch nach Dauer und suchen ihre Wiederholung in dem Leben, das sie zeugten! Zwei alte Eheleute, die nicht sehr persönlich gehalten sind und eben alles vertreten, was lang und gut verheiratet ist, durchgehen von einem bestimmten Moment aus: „Nach diesem Frühlingsregen" eine Reihe von Momenten, aus denen sich das Liebesleben zweier Generationen zusammensetzt, und zwar so, daß der Mann zum „Weibchen" spricht: das anakreontisch gesehene Taubenglück der Verliebung; die Trauung, mit der die Welt für den Lebenslauf gewonnen wird; dann die vielen Orte liebevoller Vereinigung, wieder anakreontisch gesehen („Und Amor trug das Feuer Selbst in das Rohr am See"); schneller Familienzuwachs („Und nun sind die Gewächse Fast all' uns überm Kopf"); Haus und Garten eines verheirateten Sohnes; die Mühle, in die eine Tochter geheiratet hat; Gräber („Da ruhet unsrer Toten Frühzeitiges Geschick"); ein Krieg im Hintergrund des bürgerlichen Lebens, und die Rückkunft des Sohnes

Karl, des sogleich zu verheiratenden jungen Helden; endlich, im Vorblick genossen: die Enkeltaufe. Obwohl hier mehr von der Entfaltung einer Sippe als eines Einzelnen die Rede ist, fällt doch das Wort Lebenslauf, und das Gedicht nähert sich dem eigentlichen, freilich durchaus dem Individuum gewidmeten Lebenslaufgedicht.

In sehr viel höherer Form, mit großer Lockerung des thematischen Bezugs, ist die Symbolik des Jahreszeiten wieder aufgenommen in den „Chinesisch Deutschen Jahreszeiten" des Jahres 1827, die mit den Dornburger Gedichten zusammen die greisesten Lieder Goethes sind, und die den ihm sonst wenig zugewandten Rilke so stark ergriffen. Was ist an ihnen chinesisch? Vor allem das Talent zum Glück, zum feinen, geistigen Glück, allein oder zu mehreren; die Einsamkeit, deren jede Minute genüßlich, wie ein köstlicher Tee, geschlürft wird; Gesellschaft, die gern trinkt, aber auch trunken noch gern mit den für uns einsamen Geschäften spielt, mit Dichten, Malen, Schreiben; das Schreiben selbst als eine Kunst, und zwar eine sehr geistige; das Engenglück der Gärten, der Naturgenuß, der alsbald griechisch-goethisch wird; dann das Vereinzeln eines Naturgebildes, das die ganze Natur vertritt; Nord und Süden als Gegenbegriffe eines mehr staatlichen und mehr geschöpflichen Zustandes; endlich der Hang zur Verniedlichung, zur Miniatur, das sich Entziehen, sich Einspinnen, die vagen Ähnlichkeiten und Nebenbedeutungen, mit denen der Gedanke spielt, und die tiefe Seh-Seligkeit. Dazwischen etwas so Un-

chinesisches wie das schönste aller goethischen Nachtlieder „Dämmrung senkte sich von oben“, das die Bezauberung des Auges mit innerer Musik wunderbar ausgleicht. Noch weniger als im Divan hält Goethe hier an Kostüm und Stil fest, noch luftiger behandelt er den Exotismus. Alles kostbar, fern, spöttisch – der entlegene Stil wird ein Mittel zur Entrückung der Person. Hier bindet wirklich, was im „kleinen Roman“ fehlte, die Lebensstimmung: selbstverliebte Abgezogenheit, der verwöhnte Genuß des eingeübten Schauens, kaum unterbrochen durch Leidenschaft, die hier nur aus der Ferne gegrüßt wird. Diese Lebensstimmung ist der divinatorische Zustand für den scheinbar fernsten Kunststil, dessen mütterliche Nähe zur Rokokokultur zu erkennen unsere großen Geister ihr Humanismus gehindert hat. Goethe hat „Les deux cousines“ gekannt und in demselben Jahr, wo er diesen Roman las und die erwähnten Gedichte schrieb, „Gedichte von hundert schönen Frauen“ besprochen. Nicht nur durch den Divan, auch durch die Einbeziehung indischer Symbolik und chinesischer Lebenskunst ist Goethe der Stifter eines deutschen Orients geworden. Ist es nicht wie eine leise Ahnung der Zusammenhänge, wenn der einzige Mann des 19. Jahrhunderts, in dem die Kultur des 18. ihrem ganzen Umfang nach vorhanden war, hier China findet, ganz still, ganz für sich selbst, ein Uralter, der ein fast magisches Dasein führt?
Die These, die wohl in China etwas anders verstanden

wird, als sie Du Bos und die Schweizer vertraten, daß Malen, Dichten und Dichten Malen sei, wird in diesen mit China liebäugelnden Versen durchaus verwirklicht. Das Nachtgedicht dichtet mit Farbworten, und zwar beginnt es von unten, indem es grundiert mit der unbestimmten neutralen Nachtfarbe. Dann wird Einzelnes aufgesetzt: Umrisse, Schatten, Valeurs, und zugleich die Luft aufgehellt: Abendstern, Nebel, See, Mondlicht, Spiegelung der Weidenzweige, das Spiel der Strahlen. Endlich das Reimwort „Kühle“, nichts Sichtbares mehr, ein Gefühl, das zu dem bisher verschwiegenen Herzen überleitet; aber diese Kühle wird durchs Auge wahrgenommen, das als der eigentlich geistige Sinn hier auch die Gefühle aus und eingeleitet. Es ist, als ob Luna die Kühle in der Sichtbarkeit wäre. – Wenn so das Dichten eine Übung und Anwendung des Schauens ist, wenn es die Entzückungen des Auges im Wort festhält und für sie dankt, so bringt es im Alter das lange und unglückliche Werben Goethes um die bildende Kunst zum schönsten Abschluß. Das Geschäft des Bildens wird dichtend geübt von einem, dem sich in der Lyrik das Wort so unvergleichlich zur Bezeichnung hergab. Darum sind zwei Gedichtkreise, die durch ihren Hang zur bildenden Kunst den chinesisch-deutschen Jahreszeiten verwandt sind, keine Nebenarbeiten, sondern rechnen zum wichtigsten Bestand der Alterslyrik: „Wilhelm Tischbeins Idyllen“ und „Zu meinen Handzeichnungen“. Die schönsten darunter überwinden durchaus die Beziehung auf ein Blatt, und sind, während sie Gespiegeltes noch eimal zu spiegeln scheinen, unmittelbare Lebensspiegelungen, so daß man die bildlichen Unterlagen und (im Fall der Idyllen) Goethes Umschreibungen wieder vergessen muß. Sie gehören in den Zusammenhang unseres Schemas, weil eine Serie von Blättern von außen ihren Bezug bestimmt: Momente werden insofern verknüpft, als sie Motive des bildenden Künstlers waren; den gegebenen Zusammenhang ersetzt ein geschaffener, der auf die Einheit des Dichtertums und des Bildnertums verweist, so daß die Motive sowohl des fremden wie des eigenen Zeichnens als Erinnerungen dem Dichter gehören. Ursprünglich war zwischen Tischbein und Goethe verabredet, daß ein von Goethe zu schreibende Idyllenfolge von Tischbein mit bildlichem Schmuck versehen würde. Schließlich schickte Tischbein einige Skizzen an Goethe, zu denen dieser 1822 seine Begleitverse dichtete. Durchaus ins Dichterische übersetzt werden folgende Motive: der richtige Standort (dem Zeichner Augenpunkt, dem Dichter inneres Verhalten, nämlich Aufmerksamkeit, und so für beide beides); „Was er sieht, weiß mitzuteilen, Was er dichtet, ebenfalls." Das Weben der Natur auf zertrümmerten Kunstdenkmälern; fast scheint es, als wolle Goethe ganz eigentlich eines seiner schönsten frühen Gedichte, den Wanderer, jetzt ganz durchschauen und auf eine Formel bringen. Naturmomente, in denen sich die Gottheit selbst feiert. Sodann, dem Gegensatz zwischen Selbstgenuß und Mitteilung in den chinesisch-deutschen Jahreszeiten entsprechend: das Für-sich-sein und das gemeinsame Wandern; Goethe hat sich die Menschenwahl erleichtert dadurch, daß er weniger bedachte, ob die Menschen zu ihm paßten, als ob sie für kurz oder lang nach demselben Ziel begriffen waren. Das ist das gemeinsame Wandern. Und welch noch viel größerer Begriff des Für-sich-seins, der, angeregt durch Tischbein, dessen Zeichnung durchaus vergißt: die einsame Eiche inmitten eines Gewässers. „Sieht sich selbst zu ihren Füßen, Schaut den Himmel in der Flut: So des Lebens zu genießen, Einsamkeit ist höchstes Gut." Deutet dies nicht vor auf das Türmerlied? Dann arkadische Lebensbilder: der Heldenerzieher Chiron hat kenntliche Züge! „Nicht Unter-, sondern Übermensch" heißt es in Goethes Prosabemerkungen. Ein hoher, ein goethischer Geisteszustand erscheint an dem Zentauren: „Edel-ernst, ein Halbtier liegend, Im Beschauen, im Besinnen, Hin und her im Geiste wiegend." Geheimnisse birgt das neunte Gedicht: „Was wir froh und dankbar fühlen." Das Motiv ist ein Abschied zwischen Hirt und Hirtin. Entsagung mildert sich zum Erinnerungsbesitz. Bei der Anrede – das Gedicht läßt offen an wen? – scheint die Übersicht über das ganze Leben von einem kaum mehr irdischen Ort gewonnen. Sie wird selbst ein neues, geistigeres Leben. Und des guten Tischbein Najaden und Sylphiden werden goethisch und erinnern voraus an die Auflösung der Begleiterinnen der Helena im zweiten Faust; sie bezeichnen ein neues Können, ein Leben im Geist, das die Schwere verliert; nichts

Gewesenes bleibt, nur das Gewesensein. Zur Größe des Faustschlusses erheben sich die letzten Zeilen: „Lasset Lied und Bild verhallen, Doch im Innern ist's getan." Die Gedichte zehn bis fünfzehn nehmen die Überschreitung der zeichnerischen Motive durch den Dichter wieder zurück, wie denn überhaupt der alte Dichter geduldig warten kann, bis man ihn errät. Und wer diese Überschreitung, wer den Schaffenden hier verkennen konnte, muß ihn finden in den Gedichten zu den eigenen Handzeichnungen. Zum Beschluß der Tischbein-Idylle war vor einer Landschaft ausgerufen worden: „Seltsam, wie es unserer Seele Schauderhafte Laute spricht." Freilich müsse es Künstlerblick vernehmen. Das könnte Motto sein zu den Handzeichnungen, die schon im Zeichnen gedichtet sind. Mit welcher Lebensüberschrift setzen sie ein! „Ich sah die Welt mit liebevollen Blicken, Und Welt und ich, wir schwelgten in Entzücken." Ein übermenschlich großes Gegenüber wie im Wunsch Fausts: ein Mann vor der Natur allein! Der Hang zur bildenden Kunst endet in dem, womit er anfing: im Einvernehmen. Der eigene Garten, das Gemeinsame durchwanderter Welt sind die nächsten Themen. Man begegnet – der Natur und einander. Ein reiner Mensch und seine Nähe als die beste Bedingung, der Natur zu begegnen; die freie, neue Landschaft als die beste Bedingung, einem Menschen zu begegnen: „Begegnen ist ein höchstes Liebeglück." Was hieß ihn damals zeichnen? Die Szenerie festzuhalten, in der ihn eine schöne Stimmung besucht hat, zeichnerisch vielleicht ein bedenkliches Verfahren – aber genau das Verfahren des Dichters! Nur folgerichtig also, daß das Gezeichnete noch gedichtet werden mußte! Ein Rätsel gibt die vierte Landschaft auf, die sich durchaus nach dem Auge des Künstlers gesehnt haben soll – dem Auge des Künstlers, das Goethe sich bescheiden abspricht: „Der Abend war unübertrefflich schön, Ach, wollte Gott, ein Künstler hätt's gesehen.“ Weder die Radierung Schwerdgeburths noch die Überschrift, die selbst ein Gedicht ist, „Geheimster Wohnsitz“ – klärt auf. Weisheit des goethischen Alters wird Gefühl, durchlichtetes, liebevoll auf der Erde zögerndes Lebensgefühl. Es ist dies mit den geistigsten Stellen der Wanderjahre zu vergleichen. Wie das Piratenschloß in „Gehinderter Verkehr“ weist hier die in Erdzungen gegliederte Küste wohl nach Süditalien; man denkt an das heidnisch-christliche Doppelbild von Klosteranlagen, die an Tempeltrümmer gebaut sind. Aber die Regel des Ordens nach der hier gelebt wird, modernisiert sich in Goethes Geist; eine nach Art der Entsagenden sich läuternde Runde, die sich beständig durch Abwandern und Zuzug erneuert, verbringt ein Probejahr, nach welchem sie einen eigenen Stand in der Welt haben wird. Goethe, der sich selbst Ritus und Regel zu geben weiß, gesteht den Sehnsuchtsblick ein, den er nach einer solchen Ausbildungsstätte geworfen hat.

Während es bei dem stark hervortretenden Lebensgehalt auch der kleineren lyrischen Gedichte ein Leichtes wäre, sie nach sachlichen Beziehungen zu ordnen, bemerkt man im Gegenteil, daß Goethe als Herausgeber hierin vorsichtig ist. Der andere, durch Person und Gemüt gebildete Zusammenhang wird viel häufiger benutzt. Beide führen, ohne sich durchaus scheiden zu lassen, zu den großen Zyklen, an denen man dasselbe beobachtet: weder evozieren die römischen Elegien, von Andeutungen abgesehen, große Orte und Bauten, noch wird im Divan eine Route, eine Rolle oder ein Kostüm festgehalten. Die vielen Dichter, die nach Goethe und bis heute lyrische Zyklen geschrieben haben, verfahren darin, so scheint es, gründlicher. In Wahrheit aber erhält Goethe so innerhalb einer Gattung, die erst durch ihn ihren modernen Zuschnitt erhielt, nämlich innerhalb des lyrischen Gedichtes, die Grenze aufrecht, mit der er dieses gegen eine zu weit getriebene Versachlichung schützt: die Einheit des Gedichts, die Einheit der Gedichte untereinander ist nicht die Sache, sondern die Person, und deren überwiegender, leidend-bestimmender Anteil am Erlebnis. Die Anordnungen, die Goethe selbst getroffen hat, verfahren nach zwei Einteilungsgründen. Sie stellen entweder zusammen, was der Gattung nach zusammengehört: Lieder, Balladen, Elegien, Sonette, Kantaten. Oder vorsichtiger: parabolisch, sprichwörtlich, epigrammatisch, antiker Form sich nähernd. Oder sie verfahren inhaltlich: Kunst, Gott und Welt, Vier Jahreszeiten, Aus Wilhelm Meister usw. Oder das Übrigbleibende wird zusammengetan: „Vermischte Gedichte“; auch „Lyrisches" ist nicht streng verstanden. Der Untertitel „Inschriften, Denk- und Sendeblätter" deutet eine neue Gattung an, etwas Ähnliches wie, was George monumentaler „Tafeln" nennt. Es wäre eine nicht ganz leere Aufgabe für der Dichtung Beflissene, ein inhaltliches Schema (dem Gegenwärtigen durchaus entgegengesetzt) für Goethes Gedichte durchzuführen. Es würde sich dabei zeigen, daß alle wesentlichen Lebensbeziehungen in ausdrücklichen Lagen irgendwo vergegenwärtigt sind, und sich die Gedichte so geordnet zur lyrisch ausgedrückten Totalität des menschlichen Lebens ergänzen würden – einer Totalität, die durchaus als das in der Zeit geführte Leben einer symbolischen Person oder als eine symbolisch-lyrische Autobiographie zu betrachten wäre. Hier kommt es nicht auf die Durchführung eines solchen Versuchs, sondern auf den in seiner bloßen Möglichkeit enthaltenen Hinweis an.

6. Gruppe: Bezug der Momente durch das Innere

Die Erinnerung bedeutet als eine Übung des Gemüts, aber auch als dessen Heimsuchung etwas so Starkes, Eigenes in Goethes Leben, daß innerhalb des menschlichen Erinnerns seine Art, sich zu erinnern, als eine besondere persönliche Gabe erscheint, reich an Glück und Verhängnis. Erinnerung wirkt mit, wenn Orest, eine Goethe vertretende Gestalt in mythischer Umgebung, von den Furien gejagt wird, und wenn ihre Verfolgung von ihm genommen wird. Sie kann fürchterlich werden, wie die Treue. Wird sie bejaht und bejaht sie, so ist sie ein Akt, durch den sich der Dichter seiner Einheit in allem Erlebten versichert. Eine eigene Tiefe haben die Erinnerungsgefühle dadurch, daß die Mächte, die diese starke Einheit bedrohen, zumal in der ersten Lebenshälfte, kaum minder stark sind. Freilich, wenn Hofmannsthal in den Terzinen über Vergänglichkeit sagt, daß ihm sein eigenes Ich aus einem kleinen Kind herübergeglitten sei „Mir wie ein Hund unheimlich stumm und fremd", so ist hier die Ich-Selbigkeit tiefer und ratloser in Frage gestellt, als wenn Goethe sagt: „Und was sich an jener Stelle Nun mit deinem Namen nennt, Kam herbei wie eine Welle, Und so eilt's zum Element" (Dauer im Wechsel). Goethe als Zuschauer eigener Verwandlungen ist im Hinnehmen tätiger – durchaus selbstgewiß und mit sich eins; besitzt er doch in dem Gedanken der Metamorphose das, was ihn im Wechsel vor dem Grauen des Wechsels sichert. Anderes ist nicht minder wahr. Als Fausten vor dem Bett Gretchens die vorige, derbe Genußsucht verläßt und ihn statt dessen die ganz unsinnliche Stimmung des reinsten Betrachtens anwandelt, sagt er: „Sind wir ein Spiel von jedem Druck der Luft." Ein, für sich genommen, auffallender, ja aufregender Ausspruch, den Hofmannsthal an bedeutender Stelle als Motto verwendet. Die unendliche Labilität, Beeindruckbarkeit, die Fähigkeit sich verzaubern zu lassen, die Offenheit für alles, was Gegenwart ist: Farbe, Geruch, Witterung, Klang einer Stimme, aber auch für das Überzeugende jedes Standorts, sofern er einem Lebensgefühl entspricht, insbesondere für jeden Liebreiz, und eine nicht geringere Zugänglichkeit für ein Vorzeichen, ein taktloses Wort, etwas Unschönes in der Erscheinung eines Menschen, eine bedrückende Umgebung: beides ist höchst bezeichnend für das am Sinnlichen hängende, dem Symbol und selbst dem Fetisch nicht abgeneigte Gemüt dieses Dichters. Er ist nicht nur ein An-sich, sondern ein Jeweils: das Ich in der Umbildung durch den Moment. Nicht ohne eine mitunter gefährliche Aufgeschlossenheit konnte dieser Dichter allen Lebenszuständen so mühelos ihr Geheimstes ablauschen und er konnte keinen ganz an sich erfahren, nicht einmal ihn mit der Phantasie erraten, ohne den Zusammenhalt seines Wesens auszusetzen. Nicht daß er dies planmäßig getan hätte, um eine Beute zu erhaschen: es ist über ihn verhängt und er sucht es bisweilen zu meiden. Kein Zufall, daß die Helden einiger durchaus bekennenden Dramen im bürgerlichen Sinn Schwächlinge sind. Goethe war es nicht; aber was er war, konnte am deutlichsten dargestellt werden in der Schwäche. Die Vielheit der Neigungen, in die er sich verstrickt, ist deshalb für ihn noch verwirrender als sie es an sich wäre, weil sie sich nicht im einfachen Genuß erfüllen, sondern jede den Vorrat der Seele maßlos verausgabt, fremdes Dasein aneignet, das Ich umprägt. Was verrät sich darin anderes als die innere Vielgestaltigkeit des Dichters, die in vielen Bildern ihr Bild sucht und sich an keinem ganz genugtut! Dazu kommt die Erstreckung dieses Menschenlebens, das in einer gewaltigen Breite geführt wird und eine ungewöhnliche Dauer erreicht. Und wie umspannend wird es, wenn man es nicht nach Jahren, sondern nach Verwandlungen mißt! Von den Wandlungen, die ein Mensch durchmacht, zu sprechen, ist heute ein beliebter Konversationsgegenstand. Als ob nicht die meisten Menschen mit 20 Jahren ausgewachsen, mit 30 verhärtet wären, und als ob nicht eine wesentliche innere Veränderung mit 40 Jahren zu den unerhörtesten psychologischen Ausnahmen gehörte! Bei Goethe hat man ein Recht, von Metamorphosen zu sprechen. Vielleicht gelänge eine Goethe-Biographie eher, wenn man sich darauf beschränken würde, die fünf oder sechs einschneidenden Veränderungen seines Wesens gründlich aufzuhellen. Sie sind durch ein Aufleben der lyrischen Produktion bezeichnet. In welch seltenes Verhältnis kam der so oft und tief Gewandelte zu früheren Zuständen seines Ichs! Sie fremdeten ihn an, und waren ihm doch durch so vieles Gedruckte und Geschriebene, durch so viele Zeugnisse anderer Menschen verbürgt worden! So daß ihm hie und da die Erinnerung an einen durchlebten Moment fast wie die Erinnerung an das in einer früheren Verkörperung Durchlebte vorkommen mochte: was man war, betrifft einen, man kann sich nicht darin verleugnen, aber dazu „Ich" zu sagen, erschiene fast gewagt! Kein Zweifel: Lebensbreite, Lebensdauer, Häufigkeit und einschneidende Tiefe der Verwandlungen mußte der Einheit der Person im Selbstgefühl noch schärfer zusetzen, als es die grenzenlose Hingabe an den Moment schon tat. Wenn dies dennoch nie zur Krise wird, so nur weil die Energie der Prägung, der von Geburt entschiedenen und sich immer neu hervorbringenden, so über alles Vorstellen groß ist. Es ist dafür gesorgt, daß diese Natur sich nie verliert.

Doppelt ist die Aufgabe der Erinnerung im Gedicht: sie wirkt der Verstrickung, die das Gedicht zwar hervorruft, aber es auch zu stören droht, entgegen als Distanz, durch die Erlebtes greifbar und begreifbar wird; so ist sie ein Zuendeleben im Geist. Ferner bestätigt sie die Einheit der Person im Gewesenen, oft über weite Strecken, über tiefe Selbstentfremdungen hinweg. Das deutsche Wort Erinnerung ist in seiner Bildung tiefgründig; diese zeigt über den Wortgebrauch hinaus: die Erinnerung bringt etwas zum Inneren, verwandelt es in Inneres und führt diesen Akt zu Ende. Erinnerung macht das Durchlebte, indem sie es dem Vergessen entreißt, zugleich zum lebendigen Teil des eigenen Selbst. Für die Dichtung läßt sich unterscheiden, ob der Augenblick sogleich oder ob er aus der Erinnerung gestaltet wird. Genauer: ob Erinnerung Nächstzurückliegendes oder ein Ferneres ergreift. Das Letzte ist dem Alter natürlich; wenn wir aber mehr Alterspoesie besäßen, so würde weniger der abgefernte Ton der Goethischen Alterslyrik auffallen, als der dennoch hohe Grad des Spontanen, den sie noch in den Marienbader Elegie besitzt. Gedenken und Erinnern ist verwandt. So wie der erinnerte Moment gegenwärtiger sein

kann als die Gegenwart, weil er in seinem Gehalt durchaus angeeignet ist, so kann die Person, deren ich gedenke, näher bei mir sein als durch körperliche Gegenwart, weil sich im Gedenken alles zusammenfaßt, was sie ist und mir ist. Nicht nur im Alter, sondern überhaupt hat das Liebesgedicht in Goethes Lyrik die Reinheit dieser Distanz, die an Reinheit jener andern, der Erinnerung gleich ist. Beides verbindet sich leicht und gerne.
In dem Divangedicht „Vollmondnacht" ist die Geliebte dargestellt, wie sie erfüllt, was die Liebenden verabredeten: zu jeder Stunde des aufgehenden Vollmonds aneinander zu denken. Nicht an sich selber, sondern an der Freundin stellt Goethe diesen Moment dar. Er gibt ihr eine Zeugin des Alleinseins, damit sie ihr das Geheimnis abfragen kann. Die Klänge und Lichter der Sommernacht und die in sie hinausküssenden Lippen des Mädchens – welch ein Vorwurf, welch neue, hochmoderne Kunstmittel! Gedenken – hier ist es nicht Vorstufe, nicht Nachklang der Liebe; es erfüllt, ist die Innigkeit selber. Das Gedicht erhält eine Ergänzung. War es das Gedicht eines Greisen, so wird dem Achtzigjährigen dieser Altersmoment wie Jugend, auf die man fern zurückblickt. Diesmal gedenkt er; aber wenn nun, nach einer so langen und vielleicht furchtbaren Geschichte beider Seelen, noch einmal jene Verabredung befolgt wird, so ist das Gedenken jetzt nicht mehr ein leidenschaftlicher Moment, sondern die Leidenschaft selbst ist zur Erinnerung geworden, in die sich der Dichter zurücklebt. Und das ver-

einbarte Zeichen, der Mond, wird jetzt entschiedener zum Symbol jenes lichten, verknüpfenden Zustandes, der dem alten Goethe Erinnerung heißt. Der innere Vorgang wird vollständig, wenn man noch zwei Briefe hinzunimmt, den Brief Goethes vom 23. Oktober 1828 und die Antwort Mariannes, die voll erinnernden Beziehens sich aus Worten goethischer Gedichte zusammensetzt, aus solchen, die ihr, und aus solchen, die ihr nicht galten. Das „Liebchen", das, in dem Dornburger Gedicht an den aufgehenden Vollmond, herangedacht wird, ist doch auch etwas Allgemeineres als die Partnerin der e i n e n Liebesbegegnung. Goethe erklärt an einem anderen Beispiel seiner Neigung zu Friederike Brion, bis zu welcher Vielseitigkeit sich mehrfaches Erinnern entwickeln kann; er erhebt den Vorgang zum Gesetz und tauft ihn mit einem Namen aus der Optik „Wiederholte Spiegelung".

Dem jungen Dichter war dieses Mittel, sich der Einheit seiner Person zu versichern, noch nicht in dem Maß gegeben, wie später; als ein Ersatz dafür tritt der Vorblick auf das künftige Leben ein. Er ist in dem Maße mit sich eins, als das Kommende der Zukunft seinem Gefühl zur Notwendigkeit wird. Was auch geschehe, wird sich auf sein Werden beziehen, wird ihn lebensreicher, eigener machen. Gäbe es dafür ein schöneres Symbol als wachsende Bäume, und gar selbstgepflanzte? Jene, von denen Goethe zum Kanzler Müller sagt (16. März 1827): „Die alten selbstgepflanzten Bäume, die alten Erinnerungen machen mir ganz unheimliche Eindrücke." Er befiehlt ihnen, wie aus seinem Herzen zu wachsen; die diesen Bäumen anvertraute Liebe wird mit ihnen in die Zukunft hinausgedichtet, als Gestalt und Einheit des zu führenden Lebens (Sag ich's euch, geliebte Bäume? 1780). Das andere Mal gilt dasselbe Sinnbild dem Gelingen des Lebensentwurfs. „Hohes Glück" ist einer der vielen Namen, die er damals bereit hat für das, was providentiell über den eigenen Lebenslauf waltet („Schaff', das Tagwerk meiner Hände ...", 1776). Das Gedicht „Einschränkung" aus demselben Jahr zeigt ihn, wie er sich willig in die Enge des Bewußtseins einschließt, die ein Werdender von sich selber hat. Überwiegt im Gedächtnis die Einheit des Selbst, so überwiegt im Vorblick das Schicksal: beide zusammen aber machen, gegenüber der faszinierenden Gewalt der Momente, das Fortgehende des Lebenslaufs aus, der Erscheinung des Individuellen in der Zeit ist. Unter den vielen Gedichten, die in sich selbst den Bezug einer Erinnerung ausdrücken, ist das Divangedicht „Im Gegenwärtigen Vergangenes" zu nennen, dessen Titel einer berühmten Formel in Dichtung und Wahrheit entspricht. Das Erinnern im Alter kann ganz verschieden gestimmt sein, je nachdem das Erinnerte noch möglich wäre oder seine Unwiderholbarkeit eingestanden ist. Es ist eine im Divan bewußt geübte Haltung, die in der Erinnerung so gern enthaltene Klage nicht zuzulassen. Dadurch klingt die Heiterkeit des Gedichtes so dunkel nach. Es tritt, wie öfter im Divan, eine Pause ein, die statt der Klage steht; dann wird fortgefahren mit einer Devise, deren entschlossener Tonfall verrät, daß er über eine Klage hinweggeht. So lebt hier in der Burg – sie ist die Erinnerung der Landschaft – dann in Jagd und Gesang die eigene Jugend auf; davon, daß dies alles dahin ist, keine Silbe; was hat aber der Verweis auf die ewig sprossenden Wälder für einen Sinn, als daß eine Schwermut zu überwinden war? Und schon ist für „Des Tags Vollendung" das angemessene Verhalten gefunden, das Genießen in anderen.

7. Gruppe: Der perspektivische Moment

Goethe in Dornburg – damit dieser so denkwürdige Lebenszustand seines höchsten Alters genau nachgefühlt würde, bedürfte es einer eigenen biographischen Studie. In ihr müßte die Saalelandschaft, das Schloß mit seiner Terrasse und die Gartenanlagen geschildert sein; dann Goethes so bezeichnende Art, sich dem Zeremoniell und den gesellschaftlichen Nachwirkungen eines ihm nahegehenden Todesfalles zu entziehen; seine Trauer um den Fürsten, mit dem er über fünfzig Jahre ein gemeinsames Schicksal hatte, und das Gefühl eines ungeheuren Überlebens, wie es nicht ausbleiben kann bei dem Hinscheiden der Altersgenossen und so manches Jüngeren – ein Gefühl nicht nur der Trauer um die Toten, sondern der Entfremdung – ein Gefühl, das sich schließlich zur Gelassenheit eines schon symbolischen Daseins beschwichtigt; noch wäre zu erinnern an die Auflockerung, welche nach Krisen einsetzt und hier selbst dem Greisenalter etwas Jugendliches gibt; an das köstliche Besorgtsein um das eigene Behagen, um beste Küche und besten Wein, wie es der Schloßverwalter Sckell bezeugt, dann an die heiteren Nachtwachen, die Lektüre des Globe und die geheimnisvollen Unterredungen: Gespräche, die Goethe mit der Weinrebe pflegt, und an diesen und jenen Brief, den er im Zeremoniell seiner Vertraulichkeit an Zelter richtete. Damit wäre etwa genannt, was uns jenen Lebensmoment der wenigen Dornburger Gedichte kenntlich macht, ohne ihn zu erklären. Diesen letzten Liedern Goethes nahe verwandt, obwohl früher, ist das Gedicht, das beginnt: „Um Mitternacht ging ich, nicht eben gerne", und ein anderes Lied, das noch später fallen mag, das Lied des Türmers im letzten Akt des zweiten Faust. Sie alle hängen durch denselben Stil zusammen – durch was sonst noch, läßt sich kaum sagen ... da nur einmal, auch in Goethes Leben nur einmal so gelebt wurde, konnte auch nur einmal so gedichtet werden. Diese Gedichte umfassen das ganze geführte Leben und bleiben doch durchaus Moment! Umfassen es, indem es nicht inhaltlich, nicht in seiner Breite darin enthalten ist; es wächst dem Moment zu als das Altsein, als das Lange-gelebt-haben, so daß das nachbleibende Gefühl alles Gewesene verbindet, das Verbundene als schön begreift. Ist dies vielleicht überhaupt der Begriff des Schönen, wenn man ihn auf ein geführtes Leben anwendet: daß sein Ende schön ist? Und ist sein Ende dann schön, wenn es in den Anfang zurückkehrt? Fast möchte es so scheinen, nach diesem Gedicht. Da also die Länge und Ganzheit des zurückliegenden Lebens nicht als Bericht, nur als Stimmung in diesen Gedichten enthalten ist, ist das Wesen des Momentes in ihnen verändert, er ist Umfassung – etwas, das sich schwer aus allgemeiner Erfahrung erklären läßt, weil wir es eben nur von diesen Gedichten wissen. Es ist daher nicht wichtig, welche Themen und Motive in diesen Gedichten Mittel sind, damit an ihnen die Stimmung der Lebensvergangenheit als großer Besitz sich verdeutliche. Es genügt, daß der Dichter ihn hat und dichterisch aussprechen kann; es genügt, daß sein geschultes Gefühl im Bewußtsein des Augenblicks alle Augenblicke mit besitzt.

In den zwei Gedichten „Früh, wenn Tal, Gebirg und Garten" (1828) und „Um Mitternacht ging ich, nicht eben gerne" (1818) ist der Satzbau näher zu betrachten, weil er, eigenmächtig und gegen den Gebrauch verstoßend, diesen zum Durchblick werdenden Moment auch grammatikalisch herstellt. Die erste Strophe, ein Wenn-Satz, beschreibt den Morgen. Zu erwarten ist ein Nach- und Hauptsatz, der ein Geschehnis zu diesem Zeitpunkt mitteilen würde. Die zweite Strophe ist ein neuer Wenn-Satz, der offenbar einen anderen Moment, einen mehr mittäglichen, bezeichnet, und dem ebensowenig der zugehörige Nachsatz folgt. Die dritte Strophe hebt mit einem Bedingungssatz an, der aber durch das Wort „dann" den vorausgehenden Zeitsätzen angenähert ist; er bezeichnet offenbar einen wiederum fortgeschrittenen Zeitpunkt. Nun endlich kommt der lange hinausgeschobene Nachsatz, der, zunächst die Erwartung des letzten Nebensatzes befriedigend, notwendig auch das den beiden früheren Wenn-Sätzen Vorenthaltene nachholt. Wenn er sich aber so auf zwei oder drei verschiedene Zeitpunkte bezieht, bezeichnet er durch sich selbst – denn sein Zeitwort steht im Futur – wieder einen neuen Zeitpunkt. Dieser ist aber der eigentliche des Gedichts, sein Aspekt, seine Stimmung. Wenn das Gedächtnis eines Hörers nicht scharf ist, muß er sich das Gedicht wiederholen lassen. Denn erst mit den letzten Zeilen hat er eingesehen, daß der durch die Fügung der Zeitsätze erweckte Anschein trog. Der Nachsatz meint nicht denselben Moment wie die Vordersätze. Vielmehr wird der Taglauf in seinen Hauptmomenten geschildert; ihm steht unter einer Bedingung – nämlich der des Dankes – ein schönes Ende ganz nah bevor. Die letzte Strophe entdeckt auch dem, der die ersten beiden lesend noch im Wörtlichnehmen befangen war, wie sehr diese Momente über sich weg weisen. Morgen bricht an, heißt hier: Blumenkelche füllen sich dem seligsten Erwachen bunt; die Natur und ihre Gebilde entstehen erst für den Menschen, das Warten auf sie ist die Lebenserwartung selber. Auch tut die scheidende Sonne, was sie in diesem Gedicht tut, nicht aus sich; sie erwidert den menschlichen Dank; und dieser Dank gilt nicht der Sonne, wie sie jeder täglich kennt und sieht, sondern der Sonne dieses Gedichts und dieses Dichters: „der großen Holden!“ Die „reine Brust“, die vom Lebensdank erfüllt ist, läßt den Tag in seinem Scheiden schön werden. Der Taglauf ist der Lebenslauf; der Augenblick des Gedichts ist der des Rückblicks, der im Dank endet und so übergeht in den letzten Augenblick, in dem das Ganze, in dem die Welt dem denkenden Auge schön wird. Daher der seltsame Satzbau. Er kreist Anfang und Mitte des Lebens, die in seinem Ende gefühlt werden, mit ein im selben Kreis, so daß die verschiedenen Momente auch durch den grammatikalischen Bezug wie ein Moment sind.

Kehrreim und Überschrift „Um Mitternacht", an sich eine Zeitbestimmung, sind grammatisch so vielgestaltig, daß sie die verschiedensten Satzarten vertreten können. Dadurch wird man erst recht gewahr, daß der Satzbau der endenden Strophe zweideutig ist und eine Ergänzung fordert. Es kommt also wie in dem vorigen Gedicht die Syntax ins Wanken und wird geistig neu bestimmt, aber so, daß etwas offen bleibt. Die erste Strophe teilt in Hauptsätzen mit, wie dem Kind um Mitternacht zumut war. Die zweite Strophe teilt dasselbe mit über den Jüngling, durch aneinandergereihte Wenn-Sätze, denen kein Nachsatz entspricht (wenn man nicht „Ich ... Seligkeiten sog" zum Nachsatz erklären will, was aber der falschen Wortstellung wegen unschön wäre und also abzulehnen ist). Statt des nun erwarteten Hauptsatzes folgt einer jener Zeitsätze, die, obwohl abhängig, das eigentliche Ereignis enthalten; dies ist dem normalen Sprachgebrauch geläufig. Aber dieser Satz ist nicht der erwartete Hauptsatz, noch auch setzt er die vorausgehenden Zeitpunkte unmittelbar fort, wie es dem „bis"-Satz entspräche, sondern bezeichnet die Gegenwart als vom Inhalt der ersten und zweiten Strophe abliegend! Wie vielsagend wird also das letzte „Um Mitternacht"! Das eine Wort mischt jetzt in seinem Klang Finsternis und Überhelligkeit, so wie es einer mondhellen Mitternacht eigen ist; aber diese Macht hat nicht der Wortklang allein, er hat sie nur durch das, was voranging! Was erzählt nun eigentlich das kleine Gedicht? Wieder verständigt erst die letzte Strophe den Leser darüber, daß das Gedicht das ganze Leben in merkwürdigen Einschnitten erfaßt. Jeder Stufe, dem Knaben, dem Jüngling, dem Greisen ist ein besonderes nächtiges Leuchten beigegeben, als sein Kennzeichen. Der Knabe sieht im Grauen des Friedhofs die Sterne, zwischen Furcht und Lust; der Jüngling, über dessen magnetisierter Seele das Nordlicht spielt, mit anderem Licht kämpfend, ist selig als Liebender; der Greis ist durchaus Gedanke, und das Mondlicht wird ihm zur Macht des Gedenkens, die „sich ums Vergangene wie ums Künftige schlingt": ein Umfassen des Lebens, das noch den Tod vorwegnimmt.

Das Gedicht zeigt ein Gleiches am Verschiedenen. Das Gleiche ist die im Kehrreim gleich bezeichnete Mitternacht, die verschieden aufgefaßt wird in den verschiedenen Phasen des Wachstums. Aber alsbald entdeckt sich dies Gleiche, die Mitternacht, als ein auch in sich Verschiedenes, denn es strahlt verschieden aus in den verschiedenen Erscheinungen des nächtigen Leuchtens.

Wenn diese aber nun wieder die Phasen des Wachstums symbolisch enthalten, so weisen sie auf ein endlich und wirklich Gleiches, in dem dieser bezogene Wechsel ausruht: auf die geistige Individualität, die ihrer Einheit in all ihren Zeiten durch reine Besinnung froh wird. Mußte nicht die zweite Strophe durch das trügende ,,Wenn ich dann“ zu der letzten Strophe herangeholt werden, damit auch in der Syntax dies Knüpfen des Früheren ans Spätere, dies Hereinnehmen des Ganzen in ein Jetzt – sinnig und schnell, wie es heißt – vollzogen werde? War im vorigen Gedicht plötzlich eine neue, eine nur diesmalige Sonne da, so ist dies Gedicht so voll Mondes, als ob es nie vorher einen Mond gegeben hätte.

Sprachlich merkwürdig in anderem Sinn ist das Gedicht: ,,Dem aufgehenden Vollmond.“ Es stellt in den beziehungsreichen, vielsagenden Stil des Alters das Augenblickliche der Sprache wieder her, so jäh, so aufquellend, wie es nur je in der Jugend war – ein Vorgang, dem ein Vorgang in der Seele genau entspricht: und vielleicht ist diese ,,Wiederherstellung“ das heimliche Thema des Gedichts? Lauter Sprachgebärden: Fragen, Ausrufe, Befehle, unvollständige Satzformen; wie in dem Tagesgedicht die Sonne, ist hier der Vollmond mit Wendungen angeredet, die ihn sogleich als ein Unterpfand für das Herz erraten lassen. Ihn, den im Aufgehen einen Augenblick Entrückten, vermißt es mit hinreißender Wehmut. Wie die Sonne jenes Gedichts antwortet auch er dem Gefühl. ,,Blickt dein Rand herauf als Stern“ ist Hauptsatz; die nicht gewöhnliche Wortstellung betont das Augenblickliche. Nun wird das Zeichen gedeutet. Daß Goethe, wie man weiß, hier jene alte Verabredung mit der Freundin im Auge hat, gilt dem Verstehen nichts; das Gedicht will aus sich erraten werden. Der Mond verbürgt die erwiderte Empfindung. Darum die Wehmut des Anfangs. In dem leisen Jubel der letzten Zeile ist Entsagung verschwiegen. Fast ist es das Wesen der Geliebten, abwesend zu sein, und das Herz lernt am Denkbesitz genug zu haben. In den Schlußzeilen, die überdrängt sind vom inneren Leben wie kaum ein Jugendgedicht Goethes, ist ein schmerzliches Entzücken auf seinem Höhepunkt: die tausendmal gefühlte Liebe wird in einer letzten Umfassung, die jedes frühere Gefühl miteinbegreift, gepriesen. Welch ein Gedenken, welch ein Gedicht des Gedenkens!

Schwer verständlich, obwohl in der Sprachfügung glatt, ist der „Bräutigam". Auffallend, wie Goethe auch in diesen kurzen Gedichten dem redenden Ich einen Umriß zu geben, es von sich wegzustellen liebt! Als Pfarrerskind geht er über den Kirchhof, was ja doch seinem Leben widerspricht. Was aber bewegt hier den achtzigjährigen Mann, sich mit einem Bräutigam zu vergleichen? Und warum wird am Ende das Leben, wie es auch sei, als gut gepriesen? Gut ist es offenbar durch den Bezug des Herzens auf ein Herz, durch das Hingegebensein, einmal für immer. Und deshalb sieht sich der Dichter als Bräutigam. Es ist ein Name für einen Liebeszustand, wo das Verlöbnis die Stimmung der Liebenden beherrscht, wo die Liebe wartet und wo sie sich in der Demut des Vorsatzes erfüllt, wo man im größten Versprechen, das es geben kann, sich selbst dem anderen verspricht, wo statt der Vereinigung Gedenken waltet: das reine Schauen des anderen als einer Gestalt. Hier muß alles, was im Leben der Menschen als Verlobung, Hochzeit, Ehe und Tod unterschieden wird, ineinander übergehen; kein wirklicher Zustand entspricht dem, was auf dies Verlöbnis folgen müßte. Die Liebe selbst ist Verlöbnis, bis zum letzten Atemzug. Auch der Leser der Wanderjahre würde fehlfragen, wenn er fragen würde: Was wird aus Wilhelm und Natalie? Wo ist die Geliebte dieses Gedichts? Die Sterne leiten den Bräutigam zur Schwelle, wo sie ruht. Er will auch dort ruhen. Ehe oder Tod, das sind viel zu strenge Unterscheidungen für die Geborgenheit, die hier mit so geläufigen Worten in einer so einzigen Verbindung gemeint ist. Wieder werden im Gedicht die Tageszeiten durchlaufen: Mitternacht, im Traum des Liebenden der vollste Tag, das herrlichste Wachsein; Tag: die Mühsal der Arbeit und der Abwesenheit, im Vorblick auf sie ertragen; Abend: das zu Zweien sein, in welch wunderbarer, heiliger Gebärde vorgestellt, nämlich im Betrachten, ein Verehren der Sonne und ein Sprechen über sie. Und in diesem Sprechen wird sie Wesen und Wink, ein Zeichen, das den Liebenden die Wiederkunft ihres Tags verbürgt. Was ist das Schicksal des so Liebenden am Ende? Es ist nicht ausgesprochen. Wieder Mitternacht, wieder Fülle der Liebe im Gedenken, aber unendlicher,

geistiger; von Mitternacht zu Mitternacht das ganze Leben des Liebenden! Noch ist er Bräutigam, kein irdischer Raum sieht die Einigung. Die verbrauchteste aller Wendungen „Wie es auch sei" verschweigt ein Unsägliches an Schmerz und Schicksal.
Soviel Menschliches in diesen Gedichten mitbewegt wird, meist handeln sie von einer Zwiesprache des Auges mit der Natur; auch die Begebenheit zwischen Ich und Du ist Zwiesprache des Auges mit dem Auge, des Auges mit dem Gestirn. Wenn so Geist und Auge immer mehr dasselbe werden, wenn der Geist Organ der Welt und Leben ein geistigeres Sehen, wenn endlich diese Geistigkeit als Begeisterung zugleich Geschichte des Herzens wird und das lyrische Gedicht diese Geschichte schreibt, so muß im Sehenden schlechthin, im Sehenden von Beruf, im Türmer dies letzte Leben sein lyrisches Symbol finden. Zart und groß wird der Weltkreis umschrieben durch Gestirne, Wald und Reh. Die Welt wird gefeiert, das Auge wird gesegnet. Goethe ist, was er ist, durch das Auge, sein Dichten ist Augen-Blick. Was er unter anderen Bedingungen wäre, bleibt ungefragt. Auch dies Gedicht des sehenden Auges ist Mitternachtsgedicht; dieses Augenglück ist letzte Verinnerlichung; so fordert es die Stufe. Dreimal schließen Gedichte so ausdrücklich-bejahend, nachdem etwas, was das Bejahen hindern könnte, verwunden ist. Die Spur, die jenes Gewisse in der Sprache hinterläßt, heißt „Wenn auch". Einmal: „Schlägt mein Herz auch schmerzlich schneller", das andere Mal:

„Wie es auch sei, das Leben", und hier: „Es sei wie es wolle."

Es ist leicht festzustellen, daß diese kleinen und wenigen Gedichte einen eigenen, lyrischen Stil haben. Er ist so geistig als persönlich; eine ganz Geist gewordene Person macht ihr Eigentumsrecht am Wort herrisch geltend, ohne daß die Gewalt in Erscheinung tritt; es ist kein Aufwand gemacht, man könnte meinen, Dichten sei ein lässiger Behelf mit dem Bequemsten. Plötzlich merkt man, daß alles nur aus großer Ferne bezeichnet wird, von einem, der Seinesgleichen als Partner voraussetzt, und da es diese schwer geben kann, der Verständigung entweicht. Jetzt wirken die Worte anders: in der Lässigkeit ihres Gebrauchs spricht sich Ferne des Geistes aus. Übt Goethe doch auch ein Hausrecht am Satzbau! Die grammatische Beziehung wird unterlassen oder anders vollzogen, als zu erwarten war, und dadurch werden Verbindungen gestiftet, in denen sich der geistigste Lebenszustand darstellt. Die Art des Sehens ist allegorisch-perspektivisch: Alleen, Fluchten im durchsichtigen Ding, um jedes sein Raum; es gibt nichts, das nicht alles mitenthielte, an alles grenzte. Dabei verbraucht der Dichter keine Zeit, die Verbindungen sind sogleich da, ohne Rücksicht auf den Leser und sein Tempo. Das Licht ist schnell. Wer dieses geistigen Zustandes nicht wenigstens im Nachvollziehen mächtig ist, für den ist das Gedicht nicht da. Es durchläuft nicht Zustände, teilt keine Biographie durch Krisen ab, es verdichtet alle Lebensmomente zum

Auszug eines Gefühls; Gedichte, die nicht zahlreich sein können, da sie ganze Welten verbrauchen; Gedichte, wie ein winziges Flacon voll Duft!
Daher das Vorenthalten von überleitenden Begriffen, von Satzgliedern und ganzen Sätzen; daher überdichte Fügungen wie „willig, sinnig, schnelle"; daher aber auch die betonte Logik gewisser Partikeln: „So – denn" usw.; daher Umschweif, die gemilderte Behauptung „nicht eben gerne"; daher die Alltags- oder Kanzleiwendung, der Verzicht auf Ausdruck, das Vernutzte und das rührend Linkische „sie leuchteten doch alle gar zu schön", auch noch mit verdorbenem Reim! Alles an seinem Orte ein Kunstmittel höchster Kunst! Welcher innere Abstand in der Verwendung des Wortes „Liebchen" – das alte anakreontische Kosewort, das so anders von den magischen Lippen dieses Greisen tönt! Weil man dies andere im Gebrauch des Wortes spürt, so wie es dasteht, umgeben von diesen Zeichen des höchsten Verstehens, deswegen ersetzt es alle Bezeichnungen, die dieser geistigen Stufe angemessener wären, durchaus, ja überschwingt sie um vieles. Man errät Ferne, sagt sich: so kann es nicht gemeint sein, und ergänzt sich die wahre Meinung. Man wird dazu gezwungen durch die Sprache, die eben hier, wo es gar nicht mehr auf Sprache anzukommen scheint, etwas Unerwartetes leistet. Seelisches klingt fast wissenschaftlich. Der Liebende mußte zur Geliebten: „mußte, weil sie zog" Es ist der Goethe des zweiten Faust! Was dort Welt ist, ist hier ein Atemzug des Gefühls. Es ist nicht zu be-

greifen, wie diese sublimste Geistigkeit noch lyrisches Gedicht werden konnte.

Die Themen der letzten Gedichte Goethes sind: die Beweglichkeit des Herzens, die Entsprechung der Gefühle im Gedenken, die dauernde unverbrüchliche Widmung des eigenen Ich, die Ganzheit des Lebens in der Erinnerung, das Glück des Schauenden und der Lebensdank. Die Dinge, an denen dies ausgedrückt ist, sind geringfügig, aber sie werden so vollkommen zu Zeichen, daß die Welt in jedem vorhanden ist. Und wo ist Gott? Danach kann man nicht mehr fragen. Man müßte fragen: wo ist er diesem Herzen nicht, dessen Gehorsam war, an das täglich Begegnende zu glauben und niemals die vorgezeichnete irdische Erfahrungsweise zu überschreiten. So ist auch der Dank an das eigene Auge nichts anderes als ein Dank an Gott. Und kann der letzte Augenblick des Lebens als einer, in dem es ganz und begreiflich wird, frömmer begangen werden als so: kein Wort für den Tod habend?

8. Gruppe: Die Sphäre des Erlebnisses

Ist der Moment ein Moment der Zuneigung, so kann er sich in der Weise erweitern, daß sich der Dichter auf sein Gefühl besinnt und nicht nur zeitlich die Dauer einer Neigung überblickt, sondern ihr Gesetz durchschaut. Am Wesen der Geliebten und im Leben mit ihr geht dem Dichter sein eigenes Wesen auf, wie es sich durch diese bildete. Es kommt dadurch ein doppelter Ton in das Liebesgedicht: Gefangenschaft im Gefühl und Besinnung. Dafür, daß Goethe als Liebender zu solcher Besinnung ausholt, ist wohl ein Briefgedicht „An Mademoiselle Oeser zu Leipzig" das erste Beispiel. Es ist im Überwinden einer beinahe tödlichen Krise von einem ganz jungen Menschen leicht, fast spielerisch hingeschrieben. Der Beginn eine ironisch gescheite Selbstdarstellung: „Mamsell, so launisch wie ein Kind, das zahnt, Und schüchtern wie ein Kaufmann, den man mahnt." Hier ist noch einmal an die helle Selbstdurchdringung in „Lillys Park" zu erinnern. In der ersten Weimarer Zeit richtet Goethe an Frau von Stein das Briefgedicht: „Warum gabst du uns die tiefen Blicke", mit dem er die eigentliche und notwendige Form seines Liebesgedichtes entwickelt hat. Es wurde von Goethe nie veröffentlicht.

Gedicht und Brief stehen sich bei Goethe nahe. Im großen Jahrhundert des deutschen Briefes sind die Goethes die geglücktesten, weil sie dem Brief, auch dem Brief eines Mannes und sogar des Mannes an einen Mann, das frauenhafte Etwas beigeben, das ein Brief haben muß, um ganz Brief zu sein. Gehört er doch mit seinen ungeschriebenen Gesetzen dem Staat der Seelen an, dessen intimes Zeremoniell von den Frauen geordnet wird. So zurückhaltend man sonst sein mag, als Briefschreiber sieht man nie von sich ab, zahlt man mit sich, auch wenn man nur eine Nachricht gibt oder ein Problem erörtert. Alles ein wenig persönlich, ein wenig augenblicklich, ein wenig in der Weise zu sagen, wie es vermutlich einem bestimmten

Empfänger gerecht wird, dem Brief den Klang der Stimme mitzuteilen, das ist die Übung, das ist die Kunst, die hier gefordert wird. Der Brief ist von einem für einen, nur für diesen; und selbst wenn ein indiskreter Empfänger von vornherein im Verdacht steht, daß er den Brief herumzeigen werde, selbst wenn ein berühmter Schreiber mit dem Gedanken buhlen sollte, daß ihm Öffentlichkeit und Nachwelt beim Schreiben zusieht – diese Bestimmung für einen bleibt dennoch des Briefes eigentliche Kunstform. Unter Menschen, die Briefe zu schreiben wissen, wird der Brief Kunst und wird ein Teil der Literatur brief-artig; es ist die Zeit, da Geist und Liebe sich durch weibliche Federn verewigen, da im Salon entschieden wird, was klassisch ist, die Zeit der Memoiren, Tagebücher und der intimen Hofchronik. Wie die Menschen sich berühren – und im 18. Jahrhundert darf man wohl sagen: ihre Virtuosität darin – davon zeugt der Brief unwillkürlich. Er ist nächst dem Kuß die intimste Szene der Gesellschaft, und diese ist, obwohl eigentlich davon ausgeschlossen, doch geistig zugegen. Wenn aber dem guten Briefschreiber der Brief ein Mittel ist, einem anderen in Worten zu erscheinen – wie ähnlich ist er dann dem Dichten Goethes und wie sehr ist Goethe als Dichter Briefschreiber!

Der Liebesbrief zumal ist das Gedicht der Undichterischen! Auch das Milchmädchen oder der Bäckerjunge werden an ihm zum Dichter und schaffen sich im Kleinen eine Liebessprache. Zunächst ist er für die, die gerade nicht zueinander können, ein Ersatz. Und nirgends hat die Sehnsucht ihre Stimme größer erhoben als im Liebesbrief. Aber bei geistigen und sprachbegabten Menschen wird er mehr als Ersatz und ist selbst unersetzlich. Denn das, was die Liebenden mit allen Liebkosungen wollen: daß sich eines dem anderen gibt, das tut der Brief vielleicht noch unmittelbarer. Wenn nämlich die Schreibenden über das Wort verfügen, das ihr Wesen ist. Auch dann können sie's nicht absolut, sie können nur mitteilen, was jeder jetzt gerade ist, was er ist als der an sein Liebstes Denkende. Und ist die Liebe wirklich Liebe, so ist dies sein „An Dich" auch sein „An Sich"! Die Gebärde des Nehmens ist so gut Kunst wie die des Gebens. Der Schreibende muß daran denken, wie sein Couvert geöffnet wird. So wie Goethe in seinen Sonetten, die wahre Briefe sind. Der Liebesbrief ist schon dadurch, daß er im Glauben an die Liebe geschrieben werden konnte, eine Erfüllung, und darum für das reine innere Entsprechen, das Goethe an der Liebe liebt, ein so treffendes Beispiel. Dem Briefschreiber Goethe kommt das Jahrhundert zu Hilfe. In der Fertigkeit der Menschen, sich auszusprechen. Das Tagebuch ist der Monolog im Drama des Briefwechsels, oder eine Vorübung zu ihm. Briefartig, tagebuchartig sind damals sehr viele Dichtungen und der bequemste Ausgleich zwischen Brief und Tagebuch ist die Briefform, bei welcher der Empfänger verborgen bleibt. Unsäglich reiche und zarte Formen der Begegnung bildete das weibliche Genie dieses Jahrhunderts aus, gleich groß in der Intimität wie im Schein; auf beidem beruht die Ästhetik des geselligen Lebens. Besonders Ausnahmeverhältnissen wie dem eines Dichters zu einem Fürsten, gibt diese fühlsame Zeit einen hohen Anflug. Wenn ein Verwöhnter, Zärtlicher, den die Natur auf eine andere Art des inneren Verkehrs vorbereitet hat als die, die ihm das Jahrhundert anbietet, an dessen Ende über das seelenlose Leben der Menschen untereinander klagt, so darf man sich dadurch nicht täuschen lassen. Auch diese Klage ist in ihrer ganzen Schroffheit erst möglich, nachdem ein verhältnismäßig hoher Grad des von ihr Vermißten schon erreicht ist.

Wenn unsere Gesellschaft oder was wir gutmütig so nennen nicht mehr in diesem Sinn genial ist, wenn uns die Kunst des Briefschreibens verloren ging, so wollen wir uns nicht auf unsere größere Schamhaftigkeit hinausreden, als verböte sie uns, unser Inneres aufzudecken. Es gab zu allen Zeiten Verhüllungen und Entblößungen jeden Grades; man frage nach dem Wie? Sobald es für die intime Aussage eine Geste gibt, wird sie schicklich, ja anziehend. Man vermehrt mit jedem zarten Wort das Reich der Schönheit, nicht innerhalb der Kunst, nein, innerhalb des Lebens. Ein Leuchsenring, ein Lavater sind in Kauf zu nehmen. Das Reisen auf Briefe und das Hausieren mit Silhouetten sind Begleit-Erscheinungen; das Individuum fesselt und hat unendliche Ausdrucksformen zur Verfügung, um sich liebenswürdig zu machen und eine gleich unendliche Aufmerksamkeit zu erregen.

Viele Beziehungen, die an sich ohne Gehalt sind, beruhen auf diesem Charme nicht sowohl der Menschen als des Umgangs selbst.

So versteht man die stupende Bemerkung Goethes in den Noten und Abhandlungen zum westöstlichen Divan, daß das Dichten nicht zu den Künsten zu rechnen und eine Naturäußerung sei. Einzelne seiner Briefe sind vollendete Gedichte, Gedichte sind briefliche Eröffnungen und halten, obwohl weltberühmt, die Schwebe zwischen Intimität und Zugänglichkeit. Sie waren an ein Herz, und dies eine Herz muß im Verstehenden wiedergeboren werden. Die schönsten Briefe des jungen Goethe sind an eine Freundin gerichtet, die er nie gekannt hat. Der Liebeskraft Goethes ist es eigen, zwar in der Folge des Lebens sehr viele Gestalten, aber doch in allen das eine entsprechende Wesen anzurufen; darum erscheint die jeweils Geliebte immer als die ewig, die notwendig Geliebte und wird die Liebe nie durch Wiederholung stumpf oder verspielt. Die unbekannte Frau kann als Briefstellerin dieses namenlose Gegenüber am ehesten vertreten, sie kann das Empfangen am gültigsten verrichten, so wie er sich am unbefangensten äußern kann. Einmal aber hat sich die Idee eines im Gefühl ihn durchaus erreichenden Wesens mit einer ihm begegnenden Frau vollkommen gedeckt, in Charlotte von Stein, der Geliebten als Schwester.

Das Gedicht an sie ist ein Brief; es hatte den Zweck eines Briefes. Nicht durch die Verse hebt es sich aus den

Briefen heraus, sondern dadurch, daß es wegläßt, was ein Brief dazu sagen würde. Indem alles, was diese Liebe von außen festlegt, verschwiegen wird, erscheint ihre Urbedingung, ganz von innen: die Notwendigkeit zweier Seelen und ihres Bezugs. In ihr, der Mitwisserin, ist Goethes Wesen gelichtet worden, rein zu sich selbst gebracht – und doch ist diese Beziehung, ist das Lichtende selbst ein Rätsel. Das ist die Frage des Gedichts. Das Schicksal wird schmerzlich befragt, beinahe angeklagt, warum es diesen beiden Liebenden den kostbarsten Besitz aller Liebenden: das Nichtwissen umeinander und eines jeden um sich selbst, versagt habe, und sie dafür mit der Last der vollkommenen wechselseitigen Erkennung segnete. Erkennung – was liegt in diesem Wort, das von diesem Moment zu den fernen Momenten griechischer Mythen hinüberträgt! Das kleine Briefgedicht ist der Anfang der Klassik in Goethes Herz! Die Freundin durchdringt ihn, er durchdringt ihr Leben miteinander. Und ungesucht kommen die leisen, äußersten Worte auf die Lippen, mit denen der Mensch des Ostens ein besonderes Einverständnis zu erklären pflegt – Worte über das in einer früheren Verkörperung geteilte Leben! Die beiden Verhältnisse, in denen die nächste Nähe zum Schicksal wird, werden zusammen genannt, als wären sie ungefähr das gleiche, und beide zusammen machen ja auch das gegenwärtige Rätsel aus: „meine Schwester oder meine Frau“. Nicht bleibt es beim zündenden Blitz der Ahnung, der Dichter liest im Liebesleben der Gewesenen wie in den aufgeschlagenen Blättern eines Romans, liest Ähnliches wie das, was jetzt geschieht. Nur darin war es anders: „Und vergaukeltest ihm manchen Tag." Wie leicht klingt dies, wie selig, wie schicksallos! Etwas im dichterisch Liebenden neigt dazu, die Gewohnheit eines zarten Umgangs in einen absoluten Raum zu versetzen; zumal wenn dieser Umgang unter erschwerenden Zeichen steht. Das Freie, das Geniale des Verhältnisses kommt zur Erscheinung. Nachdem in seliger Reminiszenz das durchgangen ist, was dem Liebenden in jenem mystisch erratenen Verhältnis geschah, so ist alles genannt, was ihm auch jetzt geschieht, aber verwirrt, verschleiert und beschwert durch den Einspruch des Schicksals. Das Gewesene ist nichts anderes als der reine Zustand – er, auf den auch das gegenwärtige Verhältnis angelegt ist. Ihn zu wissen, ist Seligkeit und Schwermut. Und so kehrt man willig in eine Liebesgegenwart zurück, in der das höchste Wünschbare mit dem kaum zu Tragenden vereint ist. Je grenzenloser die Nähe, um so schmerzlicher jede Grenze. Und die Verdeutlichung des Schmerzes, die im Gedicht vor sich geht, wird wieder Schmerz, denn sie endet bei Unwiderruflichkeit. Und doch tröstet sie – denn Seligkeit und Schmerz haben ihren Grund eins im andern, beide in grenzenloser Nähe. Schwer und leicht ist der Ton; das Gedicht verleugnet bis zu Ende, daß das Wahrste der Gegenwart in ein früheres Leben zurückgespiegelt ist. Sie wird unsicher und halbwirklich, wie immer, wenn sie der Strahl einer Reminiszenz durch-

sichtig macht – wie immer, wenn Menschen sich anschicken, aus der letzten Wahrheit zu leben. Es gibt keinen Schluß des Gedichts; es geht ins Leben über. Und das heißt von jetzt an: begreifend hinnehmen. Denn wer wollte missen, was die Schwermut dieser Liebe ist? Der Dichter sagt uns in so einfachen Worten, was noch niemand gesagt hat: daß der Liebe dann das Schwerste aufgegeben ist, wenn die Liebenden sich ganz erkennen.
Welche Bildung, welcher Sinn für Beziehungen überhaupt, welche Geistigkeit der Lebensführung war nötig, damit so geheime und zarte Dinge Inhalt eines Gedichts werden konnten – eines Gedichts, an dem man weiter dichten könnte, eines Gedichts, das ohne eine einzige mitzuteilen, uns doch den Schlüssel zu allen Situationen dieser Liebenden gibt! Goethe hat diese Vorstellungen einer Geheimlehre der Seele nicht etwa fertig in sich, so daß er sie auf etwas anwendet, sondern die Bedrängnis des Herzens flüstert sie ihm ein, als ob er sie erfinden müßte: ein Indien des Herzens, so goethisch, so modern und so augenblicklich wie die Entsühnung Orests durch Iphigenie.
Die Verbindung dreier, recht verschiedener Gedichte zur „Trilogie der Leidenschaft" erklärt sich daher, daß der Ausgleich von Spannungen innerhalb der Dichtung für Goethe Bedürfnis ist; er liest aus Aristoteles, daß die Katharsis im dramatischen Gedicht, und nicht im Zuschauer vollzogen werde, und leitet aus demselben Gedanken eine Klassik des lyrischen Gedichts ab.
Er hat die Elegie auf Velinpapier mit der schönen, liegen-

den, stark geschwungenen Lateinschrift seines Alters geschrieben, sie in einem Einband aus rotem Maroquin geheftet, und behandelte sie als Heiligtum. Er nennt sie das Produkt eines höchst leidenschaftlichen Zustandes, und das Thema der Krise, der Lebensstörung eint die umrahmenden Gedichte mit dem bewegteren Mittelstück. Goethe war damals krank, Zelter mußte ihm sein Gedicht wieder und wieder vorlesen: das Heilmittel, das sich der Kranke selbst von diesem Arzt verschrieb! Werther und Tasso werden beschworen, und nicht umsonst; die Selbstheilung des schon verfallenen Dichters durch das Wort hat hier ein fast antikes Ansehen, und wieder muß man an Aristoteles denken, der von reinigenden Liedern spricht, mit denen krankhafte Unruhen eines dazu neigenden Gemüts hinweggebannt werden. Der Titel zeichnet die drei Gedichte vor anderen Rechenschaften aus durch die hohe Allgemeinheit, zu welcher der vorliegende Fall erhoben wird. Dies leistet die greise Sehart des Dichters, die sich von der unbewegten Mitte dieses Wirbels aus betätigt. So allgemein aber das Thema gefaßt ist, es selbst schränkt ein: nicht der Eros ist hier erschöpfend zu behandeln, nur das, was an ihm Pathos ist. Nicht die schöpferischen Wirkungen der Liebe, wie in dem Gedicht „Wiederfinden"; sondern die Störung, der Unfall. Was besonders überrascht: das hohe Alter des so Verstrickten, das wir weder von der Krise, noch von ihrer Bewältigung wegdenken können, ist so wenig wie in jenem Divangedicht auch nur erwähnt!

Die Aufgabe der Elegie innerhalb der ganzen Komposition ist einfach: sie behandelt die gegenwärtige Krise. Da sie tragisch ausschwingt, ohne Wahnsinn, Tod oder Selbstmord, aber ähnlich wie der Tasso mit den Anzeichen innerer Vernichtung, so ist damit dem Schlußgedicht vorgezeichnet, daß es an der Krise, die Vernichtung schien, ihr dennoch Heilbares erkennen lassen muß. Schwieriger ist es, das einleitende Gedicht „An Werther“ zu bestimmen. Enthält es einen früheren Fall, der den neuen Fall erklären, in der Wiederholung des Ähnlichen eine Gesetzmäßigkeit enthüllen soll? Jedenfalls wird, und nicht erst nachträglich durch die „Aussöhnung“, sondern sogleich am Anfang, die Unvergleichlichkeit des in der Mitte dargestellten Pathos eingeschänkt durch Rückblick, Zeitraum, Fassung, Geist. Das mittlere Gedicht selbst darf sich nicht einschränken, ohne zu verlieren. Aber die Weite dieser Seele mit ihren geheimen Hilfen erscheint erst im Ganzen. Es erschöpft dichterisch, wie im Titel versprochen wird, das Wesen der Leidenschaft, indem es sich ordnet um den gefährlichsten Moment, aber im Umblick ihre Erscheinung auf verschiedenen Lebensstufen, ihren Phasen, ihr dichterisches Denkmal und den Anteil der Poesie an ihrer Heilung, und endlich die ganze Breite der erschütterten Existenz darstellt.

Wir wissen von dem Mittelstück, wie spontan es entstanden ist; dennoch ist sein Bau gesetzlich. Kann es eine höhere Technik der lyrischen Kunst geben als die, die nicht vorrätig ist, sondern frei aus den Bewegungen einer von Natur rhythmischen Seele hervorgeht? In ein paar kleinen Gedichten derselben Zeit vergleicht Goethe die Frage nach dem Wetter mit der Erwartung des Liebenden. Im Herzen, dem beweglichen, ist jedes Gefühl bereit; das Schicksal, das trotz alles Zeichendeutens unberechenbare, bleibt hinzunehmen. Die herrliche Formel von der noch geschlossenen Blüte dieses Tages versetzt uns in ein Warten auf die Entscheidung. Das Verständnis des Gedichts hängt nun davon ab, einzusehen, wie diese Entscheidung zuerst mißverständlich mitgeteilt wird, nämlich als Gnade. Wie sie dann in ihrem eigentlichen Inhalt verschwiegen bleibt und man sie als verneinend und vernichtend erraten muß aus den furchtbaren Folgen für das Gemüt des Dichters, die zu schildern dem Gedicht hauptsächlich obliegt. Die Sonne, die menschlich gestaltete, geht auf und hebt ihn zu sich; sein Glück scheint entschieden. „So warst du denn im Paradies empfangen, Als wärst du wert des ewig schönen Lebens." Dann nichts als das Scheiden, so einfach, so schrecklich, wie es das – später entstandene – Einleitungsgedicht aussprach: „Wenn der Dichter singt, Den Tod zu meiden, den das Scheiden bringt." Kein Wort darüber, warum der Dichter scheidet. Die nicht eben seltene Metapher, daß er aus einem Paradies vertrieben wird, ist gewiß nicht so gemeint, daß wir aus ihr entnehmen sollen, daß seine Liebe zurückgewiesen worden sei. Auch entsteht eine Zweideutigkeit darüber, welches der gewählte Moment ist. Denn daß ein solcher zugrunde liegt, geht aus dem eröffnenden „nun" und der Wendung „von dieses Tages noch geschlossner Blüte" hervor. Der Moment also vor einem Wiedersehn, der Moment der Erwartung, der noch zu hoffen wagt – „wankelsinnig". Nun aber das Wiedersehen selbst, eine Reihe von Erfüllungen, der Abschied, nach dem nichts mehr zu hoffen bleibt; so daß der erstgewählte Moment jetzt schon als ein erinnerter Moment empfunden wird. Und dieses neue Nun, das Nun der 5. Strophe, das jeder Hoffnung bare, hält die zeitliche Bewegung des Gedichtes an und herrscht bis zum Ende vor. Nicht daß dieser Wechsel eine zu bedauernde Undeutlichkeit hereinbrächte, er trägt vielmehr dazu bei, uns vollkommen in den mitgeteilten Seelenzustand zu verwickeln. Über die Lebensumstände schweigt das Gedicht noch unverbrüchlicher als jenes andere an Frau von Stein. So bleibt der Abschied selbst als Schicksal; immerhin eines auch Geliebten, nicht nur Liebenden, ein Abschied nach reinster Verständigung; aber Abschied ist der Bereich des Gedichtes. Es sagt nicht mehr als ihn. Die Komposition ist dadurch bezeichnet, daß immer stärkere Aufgebote des Trostes und der Fassung vom anwachsenden Leid vereitelt werden; ein Herz sucht sich mehrmals zu ermannen und willigt am Ende rasend in sein Verlorensein. Sein Zustand erscheint als gottlos. Denn das Gedicht hat eine eigene Religion, eine Liebesreligion. Der Liebende ist nicht nur für die Liebe, er ist in jedem Geschäft des Lebens vollkommen. Diese Begnadung erinnert, obwohl sie aus der

Geschlechtsliebe hervorgeht, durchaus an christliche Zustände – an jenes Urchristentum des Herzens, wie es Goethe in sich ausbildete. Und auch darin wird der Liebeszustand zur religiösen Gnade, daß er den Liebenden in eine absolute Abhängigkeit versetzt. Nur die Anwesenheit der Geliebten spendet sie; das abwesende Herz ist gnadenlos. Selbstlos ist das Herz in ihrer Nähe, ihr fern ist es selbstisch. „Verschlossen in sich selbst", „Vor ihrem Blick ... zerschmilzt ... der Selbstsinn", „Kein Eigennutz, kein Eigenwille dauert". Zugleich aber erscheint die Gestalt der Geliebten als mustergültig, die das selige Leben Vorlebende, sie spricht nicht die Ordnung dieses Lebens aus, sie verwirklicht sie und teilt sie dem ungewollt mit, der um sie lebt. „Es ist als wenn sie sagte." Der Inhalt der Botschaft ist wieder im goethischen Sinn urchristlich: Kindlichkeit! Das ist: sich nicht teilen, ganz sein; kindlich ist der innige, hingegebene Ernst im Kleinsten und Größten; kindlich ist, nicht über den Augenblick hinausschielen. Ganz gewiß ist es Goethes Maxime, die hier von der Geliebten mittelbar, durch ihr Sein oder Tun ausgesprochen wird. Aber er selbst kann sie als Maxime so, wie sie geschrieben steht, erst durch ihre Nähe fassen, aussprechen und befolgen. Es ist mehr, als was ihm auch sonst in der Nähe eines Menschen geschah; er wird sich faßlich nicht nur in dem was er ist, sondern was er sein könnte: in der zartesten und reinsten Möglichkeit einer Lebensführung, auf die er zwar angelegt ist, zu der er sich aber ohne sie nicht fähig glaubt.

Wir müssen also, wenn wir dies feststellen, jedes Wort in seiner Tragweite nehmen: Seine höchste Möglichkeit also ist in ihr Gestalt geworden. Und das ist nicht der geringste Grund der Seligkeit, die er fühlte: daß ein Hohes, von ihm selber Gehegtes sich ihm greifbar in einem Menschen verkörperte. Daß das Herz Gestalt wurde in der Gestalt des Herzens, das ist Gnade, ist eigentliche Gnade des Dichters. Nachdem ihm diese Gnade einmal geworden ist, kann dieser köstliche, in einem Menschen verwirklichte Besitz nicht wieder in die bloße Innerlichkeit zurücktreten, ohne die Gefahr der Zerstörung für den Dichter. Der Zustand des aufgeschlossenen Herzens bewährt sich nicht bloß am Alltag; es wird überschwenglich durch die Liebesgnade und will danken; dem Dank aber wird der in seiner Unendlichkeit verhüllte Geber zur Person; der Dank, der Gott auffindet, ist Enträtselung. In den wenigen Worten dieser beiden so oft angeführten Strophen bekennt Goethe, inwiefern die Liebe für ihn eine religiöse Erfahrung ist. Sie gibt dem Herzen die Wendung auf Gott hin.
Man kann schwer folgende Auslegung zurückweisen. Wenn Aufgeschlossenheit hier ein Ausnahmezustand ist, in den der Liebende und nur der glücklich Liebende versetzt wird, so verrät sich darin das hohe Alter. Dies muß erst zum Schmelzen gebracht werden, um in einen der Jugend selbstverständlichen Zustand zu geraten. Irgendwann mußte auch Diesen, so vermutet man, so viele Verjüngungen ihm beschieden waren, die Alterung treffen.

Hängt er darum so abgöttisch an einer Liebe, weil sie ihm noch einmal und wie er weiß zum letztenmal das Vermögen des ganz hingegebenen Fühlens schenkt? Er besinnt sich auf das, was ihm blieb. Die Welt steht um ihn, wie sie immer stand. Aber was immer an ihr schön ist, das ruft ihm, statt ihn heilend abzuziehen, die Geliebte zurück. Die Wolken, das alte, liebe Beispiel! Und wird ihm doch ihr Bild zu schwankend, so ist die Erinnerungsgabe des Herzens aufgeregt, das die vergangenen Szenen zur Verschärfung seiner Hölle durchläuft und mit dem Glück seiner Liebe auch seine Teilhabe am Göttlichen verneint fühlt. Am Ende bietet das Gedicht noch einmal und deutlicher den höchsten Trost auf, den es für Goethe geben kann: die Naturbetrachtung. Man mißt eine Krise an dem, was ihr vergeblich entgegenwirkt. Im Verwerfen des höchsten Geschäfts wird erst sichtbar, was dies Leid vermag: es ist größer als das Größte, das Goethe denken kann. Und die so seltsam verschobene Frage nach der Entscheidung findet nun eine mythische Antwort, die endgültig von der Lebensgeschichte ablenkt: dem Dichter wurde Pandora verliehen. Das heißt, er wird durch das, was seine Seligkeit machen konnte, vernichtet; er erfuhr den Umfang dieser Seligkeit, um die Tiefe seines Leids zu erschöpfen. Früh hat er gesagt, daß die Götter ihren Lieblingen alles ganz geben. Sich selbst und die alten Mythen verdeutlichte er sich am Begriff des Götterlieblings, der einen eigenen Fluch und einen eigenen Segen hatte. Wie wahr wird dies jetzt noch einmal an ihm: „Der ich noch erst den Göttern Liebling war.“

Form und Sprache des Gedichts bezeichnen ebenso sehr wie bei den fünf Jahre späteren Dornburger Gedichten einen eigenen Stil, den ein anderer Dichter, wenn er ihn überhaupt erreicht hätte, zu einer Vielheit von Gebilden ausgenutzt haben würde. Daß Dichter ihre innere Vernichtung durch ein Liebesschicksal beschreiben, ist seit Petrarka, an den Goethe ja auch in einem seiner Sonette dieserhalb erinnert, traditionell geworden. Damit ist ein Brauch im Ausdruck der Leidenschaft festgelegt. Er ist unabhängig von der Art und der Heftigkeit der Unfälle, welche die Dichter treffen; man wetteifert darin, bestimmte Phasen des Erlebnisses maximal, überbietend darzustellen. – Goethes Elegie gibt nun keinem jener früheren stilisierten Gebilde an Stil etwas nach. Was Stil ist: der Abdruck einer festgefügten Geistigkeit auf jedem Wort, die eine Höhe des Ausdrucks sichert und ihr Verhältnis zum Leben endgültig bestimmt hat: das alles ist hier da, zugleich aber ist die Sprache dieses Gedichts vollkommen naiv und vollkommen spontan. Wie ist dies möglich, da doch der Stil der Gegensatz jeder Stegreifrede ist? Nur dadurch, daß er hier aus einem Individuum hervorgeht. Der alte Goethe verkörpert in der Tat eine Konvention individuellen Ursprungs. Keineswegs nur die Konvention des Jahrhunderts, die allerdings in ihn eingegangen ist und heute nur noch von ihm gelernt werden kann. Sondern er hat in seinem Geist alle Beziehungen so vollkommen geordnet, ihn in tiefer Weltlichkeit so durchaus mit der Welt gleichgesetzt und selbst zu einer vielseitigen Welt gemacht, daß daraus eine Gewohnheit, eine Manier, in allem zu verfahren, ebenso hervorgehen konnte, wie sonst nur aus einem Stand. Davon bleibt durchaus unberührt, daß er der Erschütterung des Gefühles grenzenlos ausgesetzt ist, und sie, immer neu, ihn als einen Neuen findet. Dadurch sind ihm im hohen Alter noch Gedichte möglich, die für ihn ja aus dem Augenblick, aus dem bewegt Bewegenden kommen. Während der Geist also ein festes Verfahren hat, übt das Herz alles zum erstenmal. Daher haben wir bei diesem Gedicht nie, wie bei den früheren Bekenntnissen von Todeskandidaten der Liebe, das beruhigende Gefühl: es wird schon nicht so schlimm sein. Zu dem Authentischen dieses Gedichts, sofern es Gefühle bezeugt, gehört die Litotes: daß nämlich im hohen inneren Pathos bewußt die geringere Tonstärke gewählt wird. Ungeschickte Leser glauben vor einer Trivialität stutzen zu sollen: „Du hast gut reden, dacht' ich ..." Die Allgemeinheit des Phänomens hindert nicht die schreckliche Gültigkeit dieses einzelnen Falles. Nichts liegt fest, alles wird am eigenen Zustand abgelesen und aufs genaueste bezeichnet, und wenn die Leidenschaft sich noch so sehr begreift, so ist doch kein Kraut gegen sie gewachsen. Höchst individuell sind die Trostversuche, ebenso ihr Scheitern. Auch das mythische Symbol, Epimetheus und Pandora, ist individuell. So entsteht ein stilisiertes Gebilde von zitternder Augenblicklichkeit. Wodurch aber hat die Bewegung des Moments diesen langen Atem, daß sie zu einer so breiten Komposition ausreicht? Weil das Dasein des Bewegten so vielseitig und weiträumig ist. Die Bezeichnung des Gedichts als Elegie führt dazu, auf die Töne zu achten. Denn auf das Merkmal des elegischen Verses hat Goethe verzichtet; um so energischer hielt er ein inneres Merkmal der Elegie fest, den starken Wechsel wohlgeschiedener Tonarten. Besonnenheit und Leidenschaft, die hier so innig beisammen ist, treten in Töne auseinander. Manche Strophen lassen den Ton des Schilderns vorwiegen; dabei können sie reflektieren, pointieren, traulich oder beschwörend innig sein, zumal durch die vielseitige Art des Satzbaues, der sich bald über mehrere Strophen hinwegbewegt, bald lapidar und abrupt ist. Wie geistig wirkt die Wiederaufnahme in der neuen Strophe „Ins neue Herz geschrieben. Ins Herz, das fest, wie zinnenhohe Mauer . . ." oder: „Ward es an mir aufs lieblichste geleistet; Und zwar durch sie." Der Ton, in dem der Betroffene sich selbst zuspricht, verständig beginnend im Großartigen endend: „Ist denn die Welt nicht übrig?" Dann der Ton der ungerufen beschleichenden Erinnerung: „Wie leicht und zierlich, klar und zart gewoben." Dann der Ton der Resignation, die sich die seligsten Stunden wiederholt, ein Ton durch viele Strophen hindurch: „Der Abendkuß, ein treu verbindlich Siegel"; der Ton der Lebensvorschrift, die in ihrer Einfachheit und schlichten Praxis etwas Heiliges hat: „Nur wo du bist, sei alles, immer kindlich", der unvergeßliche Ton jenes höchsten Bekennens, in dem die Strophen vom Frieden Gottes vorgetragen sind, und endlich der Ton des Leidens, der sich durch alle Stufen steigert und schließlich vollkommen fessellos wird. Hier ist eins zu bemerken. Daß ein Mensch gehalten und vornehm, so wie von einem Stern auf seine Qual sehend und sie doch im Innersten leidend, seine eigene Vernichtung erzählen kann: das ist Greisenalter; mittelbar, aber durchgängig ein Gedicht enthaltend verrät es sich auch dem, der nichts von Daten und Umständen weiß. Ebenso mittelbar verrät sich Größe! Im Umfang des Besitzes, der kaum ausgesprochen entwertet ist, und im Besitzrecht dieses eingeweihten Geistes an die Welt, das er verächtlich fortwirft: „Naturgeheimnis werde nachgestammelt". In dieser wegwerfenden Geste und in dem schlichten, so glaubwürdigen Zeugnis: „der ich noch erst den Göttern Liebling war" ist für jeden, der ein Organ für Größe hat, das Format dieses Leidenden enthalten. Und auch dieses Gedicht, das mit soviel Sprache begabte, verschweigt und ist mächtig durch Verschweigung. Warum ist dieser Schmerz so furchtbar wie kein früherer? Das Gedicht ist Goethes Abschied von der Liebe – und vom Leben und von sich selbst, sofern dies Leben und dies Ich Liebe sind. Das ist nicht gesagt, und steht doch im Gedicht; und der kongeniale Leser müßte es ihm abhören, auch wenn er es sonst nicht wüßte.

Teilnehmende Worte eines Davongekommenen über einen

nicht Davongekommenen, haben, man stelle sich wie man will, etwas Brutales. So alles, was Überlebende über einen Selbstmörder sagen. Es ist, als hörte man ihn lachen dazu, aber böse. Wie aber, wenn der Davongekommene und der nicht Davongekommene sozusagen eine Person sind? Wenn der Davongekommene sein Schicksal als ein schreckliches „Beinahe" von sich wegstellt und dies Wegstellen sein einziges Mittel war, davonzukommen? Genau das ist der sonderbare Fall des einleitenden Gedichtes, der denn auch das tödlich Kalte des Tons über ganze Strecken hin erklärt. Vielleicht wäre er unerträglich, wenn die Teilung in das pathologische Opfer und den gesunden Dichter aufginge. Nun ist aber der Davongekommene ein neuer Werther kaum geringerer Gefährdung und muß unerwarteterweise im Alter noch einmal das bewährte Arcanum des Dichtens anwenden. Nicht die Sicherheit, wie es zuerst scheinen möchte, sondern die neue Gefahr ist also der dichterische Moment, aus dem das fürchterliche Wort gesprochen wird: „Gingst du voran und hast nicht viel verloren." Fragwürdig erscheint da das überweise Bereden verliebter Zustände, das ähnlich schematisiert wie die „Urworte" – es ist die Weisheit eines trotz aller Weisheit hilflos Verstrickten! So entsteht der Eindruck, daß die zurückgelegte Lebensstrecke sehr lang ist und die Teilnahme an dem früheren, durch Literatur weltläufig gewordenen Ich schon frostig wurde –, der Eindruck des Alters, das auch hierin mittelbar enthalten ist. Die oft bemerkte Fähigkeit Goethes, sich selbst gegenständlich zu werden, wird hier nicht wenig gesteigert dadurch, daß das gegenständlich gewordene Ich so ganz losgelöst, so allen bekannt und greifbar, als der berüchtigte Werther für sich besteht, unabhängig vom Dichter. Zweideutiges Gefühl, so noch einmal außer sich selbst zu existieren! Wie sanitär mag dies anmuten und dann wieder – wie dämonisch! Hier braucht es keiner Erfindung, wie in dem Gedicht „Ilmenau", wo dem Dichter ist, als sähe er dieses und jenes. Den Werther gibt es, und der wartet nicht, bis Goethe sich an ihn erinnert, er tritt eigenmächtig auf ihn zu! Eine Jubiläumsausgabe! Und zwar ein angesichts des Gegenstandes etwas heikles Jubiläum! Aber wie ist dieser Anlaß benutzt! Er wird Begegnung, wird Anrede, wird Gespräch, wird Gebärde. All dies läßt uns Werther anders aufleben, als er war; so, genau so, wie er jetzt dem Dichter auflebt: „Du lächelst, Freund, gefühlvoll, wie sich ziemt." Welche Geste! Wir merken schon: es gibt doch wohl außer dem Jubiläum einen anderen, einen dichterischen Grund dieses Besuchs: Werther vertritt Goethe den Weg, weil das Werther-Schicksal ihm wieder den Weg vertritt, so wie ihm Tasso-Worte in den Sinn kommen und ihm Prometheus, das alte Symbol seiner Person einfällt; er ist in Gefahr, von neuem Werther zu sein, und so leitet das Gedicht über zur Elegie.

Wird das alte Mittel noch einmal verfangen? „Geb' ihm ein Gott", heißt es diesmal, statt „gab mir ein Gott". Das Gedicht „Aussöhnung", könnte man denken, sei diese Frage zu bejahen geschrieben. Doch Töne und Worte sind nicht dasselbe, wenn auch der Ausdruck „Singen" zwischen beiden vermittelt. Es würde ja auch der Trilogie der Fortgang zum Ende fehlen. Nein, daß der Dichter sein Leid dichterisch ausgesprochen hat, das ist im Dasein der Elegie und in der Vorbereitung auf sie enthalten, und wird nicht weiter erwähnt. Und warum bringt gerade beim alten Goethe Musik die Aussöhnung? Wir wissen nun aus dem Briefwechsel mit Zelter, wie zugänglich Goethe in dieser Zeit den Tönen war; was im hilflosen Moment beinahe zerstören könnte, kann in einem Moment der wiedergewonnenen Fassung heilen. Als was ist hier die Musik erfahren? An die entseelte und an die verschmähte Welt der Naturbetrachtung – diese Anzeichen der Katastrophe – wird noch einmal erinnert: „Die hehre Welt, wie schwindet sie den Sinnen!" Heilung also kann nur aus dem kommen, was nicht von „dieser Welt" ist. Musik bedeutet hier die Möglichkeit eines sonst wesentlich der Welt zugewandten Menschen, sich vollkommen ins Innere zurückzuwenden, sich der innen gegebenen Unendlichkeit anzuvertrauen. Die Wolkenformen führten wieder zur Geliebten zurück. In der Bildlosigkeit der Musik liegt das Rettende. Sie lebt aus den stoff- und bildlosen Regungen des Inneren und zeigt es darum in seiner Allmacht am Werk. Daß das Herz noch Herz ist, daß es noch Herzgewalten übt, dessen vergewissert in einem durchaus lösenden Moment die Musik den Dichter. Das dritte Stück der Trilogie nimmt das religiöse

Thema des mittleren auf: das Thema des begnadeten und unbegnadeten Herzens. Die noch zitternde Stimme lernt wieder den Dank, der dort das Bekenntnis der Liebe zum Gebet heraufstimmte.

9. Gruppe: Der eigene und der fremde Lebenslauf

Obwohl vor Goethe Menschen ihr eigenes Leben beschrieben haben – z. B. Cellini, dessen Lebensbericht Goethe mit so großer Liebe übertragen hat – eine Lebensbeichte, wie sie Goethe in Wahrheit und Dichtung und in einigen anderen autobiographischen Schriften ablegte, hat es nie zuvor gegeben. Was der Lauf eines menschlichen Lebens überhaupt ist, das wurde von Goethe neu gedacht; und dieser Gedanke des Lebenslaufs, der das verborgene Schema seines gesamten, auch erzählenden und sogar dramatischen Schaffens geworden ist, schöpfte aus der Erfahrung des eigenen Lebenslaufes, seit dieser überblickbar wurde. Wann, ist vollkommen deutlich; in den ersten Weimarer Jahren bildet sich in Goethe als Privatreligion, als Kult einer für ihn gültigen Gottheit seine Schicksalsverehrung aus, und im Einklang mit den beiden Lieblingsworten „dumpf und rein", deren eines den Verzicht, mit dem Bewußtsein die zugewiesene Lebenssphäre und den ihr entsprechenden inneren Zustand zu überschreiten, deren anderes das immer selbstlosere Einswerden mit der Bestimmung ausdrückt, lernt er sich entschieden als unter einer Lenkung stehend betrachten. Aus dem Führen des Lebens und dem Geführtwerden in

Schicksalsdingen setzt sich der Lebenslauf zusammen. Aber schon ehe der im Rückblick, gedichtweise oder briefweise, Ganzheit gewinnt, wird sie im Vorblick vorausgeahnt, zumal in dem Jahr vor der Reise nach Weimar. Das Schicksalsgefühl ist Geborgenheit und Aussetzung; auch die Möglichkeit des Untergangs wird gesegnet, da in ihm die Treue zum eigenen Wesen absolut würde. Im Alter hält Goethe an der geheimen Übereinstimmung der persönlichen Anlage mit den Lebensschicksalen fest. Die Einheit beider ist Verwirklichung der Anlage; die Entwicklung einer Anlage ist niemals nur aus sich selbst tätig, die reifenden Mächte arbeiten daran mit, und wie jene ein besonderer Fall des Typus ist, sind diese ein auf ihn bezogenes und also wieder selbst individuelles Schicksal. Sofern der Lebenslauf die Verwirklichung einer Anlage in der Zeit ist, wird die Zeit absolut verstanden. Aber auch sie kann individualisiert werden, im geschichtlichen Sinn des Zeitalters. Dieses stellt sich dar in der Gesellschaft, der Schule des Jahrhunderts. Was ist sie anders als wiederum ein Bezug von Individuen? Der Lebenslauf ist also eine Wechselwirkung zwischen einem und vielen. Hat aber die Gesellschaft in Sitte, Überlieferung und Ideal ein nicht beliebiges Dasein, so gilt auch die individuelle Bahn als Variante eines schematischen Aufrisses, der naturgesetzlich als eine Folge von Altersstufen, Reifungsvorgängen und der jeder Stufe zukommenden Leistung entworfen ist. Man könnte bei der Erwägung eines Lebenslaufes lediglich von der individuellen Anlage, oder lediglich von der Schulung, oder lediglich vom Schicksal ausgehen, ja man könnte ihn aufzeichnen als die Erfahrung eines namenlosen Etwas, was in ein Chaos geworfen wird (dies wäre etwa der „Lebenslauf“ im Schelmenroman, der in der neuen Weltentwicklung des Romans wieder aufzuleben scheint); jeder dieser Auffassungen würde etwas zu der Summe von Relationen fehlen, die im goethischen Lebenslauf mitgedacht sind. Besonders fesselnd wäre die Frage, ob die Entsprechung zwischen Individuum und Schicksal, die zu Goethes Grundüberzeugungen gehört, nur mit gelingendem Ausgang gedacht wird, oder ob gerade sie auch zu einem neuen Verständnis des Tragischen führen könnte. Aus früheren Werken und Äußerungen scheint eine Ansicht hervorzugehen, wonach es das Format ist, das die Teilnahme der Götter am Geschick des Individuums erregt; später wird dieser Gedanke dahin weitergebildet, daß sich gerade dies Dämonische zum großen Individuum zweideutig verhält; indem es dasselbe benötigt, hat es seinen Weltzweck im Auge und läßt es, nachdem dieser erreicht ist, wieder fallen. Zuletzt wird die Annahme der Providenz auf das Leben unbedeutender Individuen ausgedehnt; der alte Sternengedanke, modern aufgehellt, wird durchgehend für gültig befunden. Prägnantes darüber in einem Aufsatz von 1821 „Der Deutsche Gil Blas“, wo das Wort „Vorsehung“ ziemlich oft vorkommt. Goethe, wie er sagt, zu frommen Betrachtungen angeregt, fügt ohne weiteres den Lebenszufällen eines beliebigen Abenteurers ein paar merkwürdige Fälle aus eigener Erinnerung an: „Johann Kaspar

Steube, Schuhmachermeister in Gotha, seine unruhigen Irrfahrten erzählend, sowie Plutarch, ein weiser, gelehrter Mann von Chäronea, die größten Helden vorführend; beide wissen sich, jener in eigenen, dieser in Weltverhältnissen, nicht zu helfen, wenn sie nicht ein über alle waltendes Höchstes, unerforschliches Wesen annehmen."

War in vielen anderen Gedichten ein Trieb, Momente zum Lebenslauf zu ergänzen, rege, so sind einzelne im strengeren Sinn Lebenslaufgedichte. Freilich nicht so, daß sie wirklich das Leben von der Geburt bis zum Tod erörtern würden; man muß sich vielmehr an die lebensgeschichtliche Betrachtungsweise halten, die Früheres und Späteres vergleicht, eine Summe zieht, das Schwankende einer Krise zur Entschiedenheit einer neuen Wendung verdeutlicht. Wie der lyrische Moment durch seinen Gegenstand immer Welt hereinzog, so tritt nun das Ich als Held des Lebenslaufs in Beziehung zu fremden Lebensläufen; Lebenslauf hebt sich am Lebenslauf hervor, und wenn der fremde Lebenslauf gleichfalls Thema des Gedichtes wird, tritt das eigene Ich zu ihm in Beziehung und bestimmt ihn im Gedicht mit. Naturgemäß ist hier die der Idee nach immer geforderte Ganzheit am fremden Leben leichter darzustellen, da es eine viel geschlossenere Ansicht bietet und der Tod: dieser mächtigste Bildschöpfer, Ausleger und Vereinfacher der labyrinthischen Lebensgänge, bereits seine evozierende Kraft entfaltet.

Von dem Gedicht „Ilmenau", einem Gedicht des vierunddreißigjährigen, läßt sich kaum sagen, ob mehr die fremde Vita an der eigenen oder mehr diese an jener erklärt wird. Da es sich wesentlich in schildernden Tönen und berichteten Inhalten bewegt, könnte man bezweifeln, ob es ein Moment ist. Und doch ist der Zeitpunkt, wo einem der Sinn langer Lebensverläufe aufgeht, nicht beliebig. Zu einem bestimmten Reifegrad kommt Neigung und Fähigkeit, sich auf frühere Lebensstufen zurückzubesinnen, was beides weder vorher noch nachher in gleicher Weise vorhanden ist. Zumal bei Goethe ist dergleichen augenblicklich, und wird bisweilen dem Zusammensein mit einer Freundin oder einem Freund verdankt; hier muß die Rückbesinnung etwas plötzlich Eingegebenes sein; denn sie wird beschrieben als eine Vision, die, wie wir sie auch auffassen mögen, ein Augenblick ist: das eigene Ich, andere Personen, wie sie gewesen sind, Szenen, wie sie zwischen ihnen gespielt haben, wiederholen sich dem inneren Gesicht und machen das Bewußtsein der Gegenwart schwankend.

Das Gedicht gehört als Huldigungsgedicht zum Geburtstag einer fürstlichen Person einem überlieferten Typus an und kann in einigen Teilen gar wohl mit Renaissance- oder Barockgedichten verglichen werden. So könnte man auch die Vision als eine der üblichen Einkleidungen auffassen, wodurch das Einst dem Jetzt gegenübergestellt wird, geschickter als je, weil die Sprache Portraits entwerfen lernte. Aber wer wollte in dieser Vision, in der das eigene Selbst angesprochen wird und Rede steht, das eindringlichste Beispiel verkennen für Goethes Fähigkeit, sich selbst gegenüberzutreten? Sie grenzt an das Unbegreifliche und mag sehr wohl zum Ereignis eines solchen Gesichts geführt haben. Dem Ton nach entfernt sich das Gedicht von eigentlicher Lyrik. So erzählt z. B. jenes Lied an den Mond nicht ein geführtes Leben, es durchfühlte es nur. Das erzählende Versgedicht war damals eine allbeliebte Gattung. Bei Goethe wird sie halb lyrisch dadurch, daß sich das Lebensgefühl einer bestimmten Epoche sehr merkbar der Sprache mitteilt. Und zwar ist, im Widerspruch zu dem Wert, der beiden Epochen gegeben wird, die Schilderung der Gegenwart nüchtern oder, wo sie preist, konventionell, während die verworrene Vergangenheit in der Sprache faszinierend wird. Das Ersprießliche ist eben manchmal langweilig. Die beiden Lebensläufe nun, der eines jüngeren Fürsten, der Brotherr und Gönner des Dichters ist, und der des Dichters, der diesen Fürsten erzog, sind nicht erst vom Dichter, sie sind vom Schicksal selbst durcheinandergeschlungen und aufeinander bezogen worden; die Rettung des einen folgte schnell auf die Rettung des andern, und die Krisen glichen sich durchaus; erst als ein selbst Geretteter wurde der Dichter zum Retter und vollführte im Retten des andern den letzten Akt seiner Selbstrettung. Die Not ging bei beiden hervor aus der Triebgewalt der inneren Anlage, die sich unbedingt auslebte; bei Goethe in Schöpfungen, so daß er dem eigentlichen Chaos nie ausgeliefert war; beim Herzog in Entladungen, die kein Bewußtseinsakt zu erhellen vermochte. Schon darin war gegeben, daß Goethe den Ausweg fand und ihn dem anderen zeigte. Auch ohne daß der Entwicklung als dem biographischen Grundbegriff so bedeutende Zeilen gewidmet wären, würde man ihre Wichtigkeit für das Gedicht einsehen; doch verläuft sie nicht stetig. Sie nimmt durchaus, wie im Wilhelm Meister, den Weg des Umwegs; und das Gleichnis von der (Schmetterlings-) „Puppe", die am Boden liegt, weist daraufhin, daß man sich stoßweise im einzigen Moment zum neuen Leben hindurcharbeitet, und setzt eine scharfe Zäsur zwischen der frühern Gefahr und dem neuerlichen Gelingen. Sind sich also die beiden Lebensläufe parallel und gleichen sich ihre Verwirrungen, so sind nicht umsonst noch andere Figuren herbeigerufen: wir leben Lebensgefühl des jungen Goethe, des jüngeren Karl-August, und das einer Menschengruppe mit; sie läßt sich mit Namen bezeichnen und war Goethe geschichtlich gegeben, doch hat sie noch ein anderes Recht im Gedicht. Denn die persönlichen Verwirrungen waren zugleich geistige Wirbel des Jahrhunderts; von ihnen gibt die dem Jagdvergnügen ergebene, in der Wildnis sich behagende Runde eine Vorstellung. Zugleich vergegenwärtigt sie, mehr hingerissen als zielstrebig, in ihrem anonymen Wesen die möglichen Verbindungen, die Goethes überlegener Geist damals eingehen konnte. Er trat zu einem solchen Freundeskreis, der mehr einer Zusammenballung von Kräften als einem Verein von Personen glich, und entfesselte dadurch erst die Gärung – wohl möglich, daß er sogleich erschrak vor dem, was er angerichtet hatte. So erlauben die Jagdgenossen den Übergang zu dem Gericht. das Goethe über seine frühere Wirkung hält, und das Gedicht wird Jahrhundertgedicht, zugleich autobiographisch und geschichtlich.

Man kann sich übrigens über dies „Ilmenau" nicht genug wundern. Eine Landschaft am Anfang, wie sie sich nicht so leicht wieder in der Lyrik findet: ökonomisch, mit dem nüchternen Blick eines gebildeten Landwirts oder Amtmanns gesehen – wie sie in die Romane Goethes passen würde. Demgegenüber ist die Umgebung der Zeltbrüder zauberhaft; jedes Wort der fragenden, tastenden Versuche, sie zu benamsen, bebt von der Anwesenheit eines unter diesen Menschen hausenden Geistes – ihr Dasein untereinander ist vom Chaos inspiriert. Und wer seit Dante durfte es wagen, in ein paar Zeilen menschliche Figuren hinzuwerfen, daß sie da sind, in unvergeßlicher Geste? Dann das Selbstportrait, wie liebenswert in der zarten Sorgfalt für den Freund, den die Geburt zu einem Schicksal für so viele macht! Wir vergessen alles, was an diesem Verhältnis säkular ist: den staunenswerten Aufstieg des jungen Dichters, der Weltmann wird und ein Land lenkt, und der sich so erzog, daß er noch als Jüngling zum Bildner eines Fürsten werden konnte – wir vergessen die umfassende Weite dieses Lebens, und die mächtige Botschaft, die von dieser Freundschaft an das Jahrhundert erging, über der bescheidenen und leisen Herzenssprache, die hier das Schicksal für den Liebling bittet. Der Herzog selbst wird nur in den bangen und zärtlichen Gedanken des Dichters sichtbar; aber mit keinem späteren Wort konnte Goethe die Jugend dieses Jünglings mitreißender schildern.

Man vergleicht gerne des dreiundzwanzigjährigen Mörike „Besuch in Urach“ mit „Ilmenau“. Es ist nicht bloß ein Unterschied der Individuen, wenn in Mörikes Gedicht das Dichterische so rein aus sich selber lebt und dafür die Lebensverhältnisse, die in Ilmenau so gewaltig sind, fehlen. Mörikes Landschaft ist nicht ökonomisch, sie ist geheimnisvoll. Und gerade weil sie den erwachsenen Menschen nicht ansieht, bannt sie den Dichter so, daß ihm sein eigenes Bild „ein fremd und hold Gesichte“ wird. Welche Umkehrung der goethischen Begriffe, denen erwachsen werden wesentlicher werden heißt. Sehnsüchtig, wie der Dichter die sich entziehende Seele der Natur beschwört, beschwört er sein knabenhaftes Ich. Gleich sehnsüchtig und gleich vergeblich. Weder vermag er seinen Busen dem Wasserstrahl aufzuschließen, der an ihm abtropft, noch erscheint ihm der Knabe, der ihm beinah heilig wird: „Umsonst, daß ich die Arme nach dir strecke, Den Boden, wo du gingst, mit Küssen decke!“ Die Verzweiflung ist doppelt und grenzenlos: das geführte Leben nichtig, kein Zurück mehr. Man ahnt, warum dieser Dichter Christ sein muß. Er findet Bergung, aber sein poëtisches Wesen kann in ihr nicht aufgenommen werden. Es lebt für sich, unbefragt, namenlos schön, aber leidvoll. Wie erlöst den Dichter da das Gewitter, das alles Ge-

wordene einen Augenblick in sein herrliches Chaos zurücknimmt. Ein Augenblick, ein Schauspiel. Nur eines gewann er für sein noch zu lebendes Leben: daß ihm fortan die Erinnerung die Kindheit offen hält, eine Schwelle des Heiligen, die immer winkt. Wie fern ist dem Goethes gedeutete Natur und gelingender Lebenslauf, wie fern sein großartiger Verein von Ich und Welt; und doch webt hier in dem Zusammenbruch aller Bestrebungen, in der Vereitelung der Persönlichkeit der unnütze dichterische Geist und das unenträtselte Naturgeheimnis so innig, daß es uns für eine Weile fast der Lebensvernunft Goethes entfremden könnte.
Dem Gedicht „Ilmenau“ nahe benachbart ist das Gedicht „Zueignung“, das das Werden Goethes nicht im Vergleich mit einem anderen Leben sondern in sich selber als geglückte Selbstfindung übersieht, und ihn durch den dichterischen Beruf aus der Reinheit seiner Sonderung zu den Freunden zurückführt. „Der Dichtung Schleier“ deutet wohl auch auf eine Einschränkung. Das gefühlte Wahre ist unmittelbar. Die Kunst läßt es durchscheinen; sie ist gesellig. Und wenn ihre belebende Wirkung gepriesen wird, ist ihr zugleich die wegweisende Befugnis abgesprochen. – Sind dies Rückblicksgedichte, so nimmt ein etwas früheres Gedicht in Trochäen das Ganze des Lebens vorweg: die Seefahrt. Es erinnert an den Schluß von Dichtung und Wahrheit, wo die Egmont-Worte von den Sonnenpferden der Zeit und dem Schicksalswagen zitiert werden. Gibt es noch ein Führen des Lebens, gibt es noch

den Willen, wo das Schicksal so vorwiegt? Den Willen nicht, aber die Kraft. Denn der das Schicksal vernehmen lernt, findet es in sich als Müssen wieder und ist stark, wenn er ihm folgt. Da das Schicksal ein persönliches Schicksal ist, glaubt der daran Glaubende an sich. So kennt das Gedicht zweierlei Sicherheiten: die gemeine Sicherung der Menschen und die Geborgenheit im Schicksalsgefühl, die unrein würde, wenn sie sich mit jener einließe. Das ist die zugleich eigenmächtige und fromme Lebensstimmung des jungen Goethe. Daß es keinen eigentlichen Weg gibt, daß aller Weg Umweg ist und daß die Entwicklung der Natur durch Einwirkung des Schicksals in Krisen fortschreitet, diese Grundeinsichten Goethes über den Lebenslauf enthält das Wort von den „gottgesandten Wechselwinden" und von dem Steuermann, der dem Zweck auch auf dem schiefen Wege treu ist. Dichterisch ist es, sich zu bergen, indem man sich grenzenlos aussetzt. Ganze Briefwechsel, ganze Beziehungen sind zusammengerafft im Bild der am Ufer Zurückbleibenden, für die leben sich sichern heißt, und die mit einer Art von Schauder in der Stimme die Schicksale des vom Sturm verschlagenen lieben Irrfahrers erwägen. Eine leise Andeutung des Schlusses „Scheiternd oder landend" läßt ahnen, daß im Schicksals-Sinne auch der Untergang fromm ist.

Die beiden großen Gedichte, in denen Goethe das Ganze eines fremden Lebenslaufes gestaltet, „Euphrosyne" und „Auf Miedings Tod" finden im Tod sowohl ihren Anlaß als auch den zur Überschau notwendigen Moment des Entwurfs. Noch mehr als bei Selbstdarstellungen fällt hier auf, daß das Individuum nicht an und für sich, sondern in seiner Atmosphäre lebend, in Umwelt und Betätigung gedacht ist. So daß jedes einführt in den Kreis ihm zugehöriger Dinge. Goethe hatte in den römischen Elegien gelernt, diese Gattung weiterzubilden, indem er sich ihren Stil zueigen machte und auch an ihren überlieferten Gehalt, wo es ging, anknüpfte. Während er in der Marienbader Elegie die Versart aufgibt. ist sie hier bewahrt. Der Seelengeleiter Hermes, die Vorstellung, daß Götter, an sich unerkennbar, aus Wolken hervor oder in solche zurücktreten; der schwirrend versagende Ton der redenwollenden Schatten, der Hades überhaupt und der Wunsch der Toten nach Rühmung, das alles ist antikes Zubehör.

Eine Reminiszenz ist auch vielleicht die Annahme des Gedichts, daß ein Verstorbenes, ehe es in die Unterwelt eingeht, einem Lebenden erscheint, zu dem es in naher Beziehung stand. Wie modern ist dennoch das Ganze, zunächst einmal darin, daß die „Erscheinung", die ganz gut eine dichterische Usance sein könnte, durch Einzelheiten überhaupt zur gefühltesten Wirklichkeit wird. Der Dichter trauert nicht nur um die Gestorbene, er erfährt ihren Tod in diesem Augenblick, kurz nachdem er erfolgte, und zwar verkündet ihn der Schatten der Gestorbenen selbst. Mag man es als eine Umschreibung auffassen: irgendwie erfuhr der Dichter von diesem Tod.

Vielleicht ist es dennoch näher, gilt wörtlicher! Er erfuhr nicht von ihm, er erfuhr ihn! Die Wanderung durch das Hochgebirge, das am Anfang vom Abend so friedlich verschönt ist, dann der nächtliche Hintergrund der Erscheinung, und am Ende, vom Morgenrot gezeichnet, die Szenerie entfesselter Trauer – dies hat, so wirksam es als Erfindung wäre, seinen Grund in der Wahrheit. Es soll Ort und Stunde bedeuten, da den Trauernden dies traf, und so geht er, in seiner damaligen Verfassung, durch das Gedicht. Es ist fast ganz angefüllt mit der Rede der Freundin, die sich zu erkennen gibt, sich über die Beziehung ergeht, in der sie zu dem Dichter stand; der Beruf der Schauspielerin, ihre Lebenssphäre, und Goethe inmitten derselben, tritt im Relief hervor. Schließlich tut sie ihre Bitte; sie möchte durch eine dichterische Verewigung vor dem Entschwinden ins Gestaltlose gerettet werden. Die gestaltende Trauer des Dichters ist die Erfüllung der Bitte. Das alles ist weniger nach Themen getrennt als innig verwoben, und der besondere Stil des Gedichts entsteht daraus, daß durchaus ein biographischer Zug das Konkrete hervortreten läßt, aber die Genauigkeit der Umrisse gemildert wird durch die klassische Neigung, sich im Übergeschichtlichen und Allgemeinen zu bewegen; dabei sind die Schilderungen in jeder Einzelheit so herzbewegend und geht der Atem der Trauer so groß durch das ganze Gedicht, daß es vielleicht das stimmungsgewaltigste in Goethes ganzer Lyrik ist. Man lernt hier das Rührende in seiner reinen Gestalt begreifen. Ohne Mühe errät man alle Details aus dem Gedicht selber. Goethe, der Intendant und Erzieher der Schauspieler; die überjunge Künstlerin in der Knabenrolle Arthurs; er probt mit ihr, indem er in zwei Szenen den Partner Hubert darstellt. Aber ergriffen durch ihre Kunst und ihren Liebreiz tritt er aus der Rolle des Lehrers heraus; Theater und Leben gehen ineinander über; auch Hubert, der den Knaben nicht töten kann, ist in seinem Bann, und als sich Arthur dann totfällt, trägt er das Knaben-Mädchen hinweg – so recht die Situation eines nicht unverfänglichen Einverständnisses! Aufrichtig und mit Anmut schildert Goethe sich selbst, und alles Heikle ist entfernt durch den gemeinsamen Eifer für die Kunst und die knospende, mehr kindliche als weibliche Zuneigung, die durchaus dem Lehrer gilt. In bewußter Komposition deutet dieser gespielte Tod auf den wirklichen, sehr frühen Tod der Künstlerin voraus, und dieser Bezug wird verstärkt durch eine hier eingeschaltete Betrachtung, daß die Regel der Natur, das Alte sterben zu lassen, im menschlichen Kreis so viele Ausnahmen leide. Ein Beispiel für den besonnenen und gestuften Wechsel des Tones, der hier in die Reflexion übergeht; der Tonwechsel wird als für die Elegie kennzeichnend noch in der Marienbader Elegie festgehalten. – Zwar besaß die Künstlerin selbst die Kraft, sich berühmt zu machen, aber durch das frühe Abreißen ihres Lebens bedarf sie der Ergänzung durch den Dichter. Er hat an ihr zu vollenden, was ihr „das Leben versagt“. Damit beschließt

sie die Worte, in denen ein neuer, ein goethischer Hades erscheint: ein Hades, in dem sich das Namenlose von der verewigten Gestalt unterscheidet, und in dem sich Euphrosyne durch ihren Beruf zur Familie der tragischen Heldinnen und Helden zählen darf. Und welche Selbstschau Goethes! Wie fruchtbar wird hier seine geschulte Fähigkeit, sich selbst am anderen gewahr zu werden! Nirgends sonst besitzen wir eine Selbstdarstellung Goethes gerade in dieser Umwelt und Verrichtung: Goethe einem genialen Wesen gegenüber, das kaum eben Weib, zu ihm wie zu einem Meister oder einem Halbgott aufblickt, und er, wie er halb Lehrer, halb Liebender, diese Spannung löst im begeisterten Bilden des Talents und im innigen Verehren hoher menschlicher Grazie; zugleich Goethe als Theaterleiter, als Dichter und als Deuter Shakespeares, der sein reineres Gefühl für die Dichtung den Darstellern mitteilend eine wahre Erscheinung des dichterischen Geistes auf der Bühne herbeiführt. Und kann sich Antikes und Modernes glücklicher begegnen als da, wo das Verhältnis so geordnet ist, daß das seelische Leben modern, die plastische Verbildlichung dieses Lebens aber antik ist? Die Gebärde des Lebenden gegen die Psyche ist so einfach und innig wie auf einer Lekythos.
Noch entschiedener tritt die Sphäre als Lebenswelt eines biographischen Helden in dem Gedicht „Auf Miedings Tod“ hervor, wo Goethe nicht im selben Grad wie bei jener jungen Künstlerin persönlich erschüttert war, und

ihn der Tod eines unentbehrlichen, nahe an den Künstler reichenden Handwerkers veranlaßte, dessen Gestalt und Leistung liebevoll abzubilden. Das Gedicht ist ein poetischer Nachruf und gehört als solcher einer Konvention an. Welch zauberhaftes Kunstwerk geht hier aus dem sonst fürchterlichen Genre hervor! Wie bedeutend ist es, daß der Tod zum Anlaß des Bildes wird, zur Andacht vor dem Individuellen, das mit einem großen Verdienst zusammenfällt – vor jenem Individuellen, das uns im Leben so lieb geworden ist, auf das es der Tod abgesehen hat und das ihm zu entreißen eigentlich Sache des Künstlers ist. Heiterkeit, die gelegentlich Humor wird, erlaubt sich der Dichter mit Absicht angesichts des Todes; es ist ein Siegenwollen darin. Hier, wo ein Dienender verherrlicht ist, verletzt sie nicht! An der Stätte, wo Kunst in Leben übergeht, nämlich auf dem Theater, war dieser Bescheidene unentbehrlicher als die lauten Namen! Goethe hat den Ebenisten, den Kunsttischler, aufs Theater gezogen, er ahnte in ihm den Werkmeister der großen Täuschungen, der oft recht ungebildete Sinne zur Dichtung zu überreden hat. Als starker Segen begleitet ihn die Gediegenheit seines Handwerks. Gerade er soll unsterblich werden, weil gerade er anonym blieb; und doch war er der spiritus rector jeder Aufführung, bei dessen Hingang das Ganze des Theaters entseelt und gnadenlos daliegt. „Wie? Mieding tot? erschallt bis unters Dach Das hohle Haus, vom Echo kehrt ein Ach! Die Arbeit stockt, die Hand wird jedem schwer, Der Leim wird kalt, die Farbe fließt nicht mehr ..." Komisch rührend wird er zu einer Art Weltseele des Theaters, ja zu einem magischen Schöpfergeist übertrieben, und erhält aus Goethes „Triumph der Empfindsamkeit" den Necknamen „Direktor der Natur". Wie ist er vergegenwärtigt! „Wenn er aus Draht elast'sche Federn wand, Vielfält'ge Pappen auf die Lättchen schlug, Die Rolle fügte, die den Wagen trug, Von Zindel, Blech, gefärbt Papier und Glas, Dem Ausgang lächelnd, rings umgeben saß." In der Tat: Technik im Dienst des Geistes ist Magie, nur schade, daß die Menschen diesen Zusatz gewöhnlich vergessen. Von Goethe ist wenig die Rede; immerhin – dies „Hinter den Kulissen" – für den Theaterkenner keineswegs die Entzauberung, sondern der Zauber selbst – erinnert an die Lage des Dichters, der ja auch ganz allein weiß, wie er „es" gemacht hat. Selbst der hyperbolische Vergleich des gediegenen Meisters mit dem Staatsmann hat irgendwo recht; und eine Art Heiligkeit gewinnt der Unermüdliche durch seinen Selbstverbrauch. Ein Stück Weimarer Theatergeschichte, deutscher Literaturgeschichte und goethischer Lebensgeschichte führt dann der Thespiswagen auf, dessen Besetzung erheblich modernisiert wird: „Ihr Schwestern, die ihr bald auf Thespis' Karrn, Geschleppt von Eseln und umschrien von Narrn, Vor Hunger kaum, vor Schande nie bewahrt, Von Dorf zu Dorf, euch feil zu bieten fahrt." Und ein persönliches Bedürfnis bringt Goethe auf den glücklichsten Einfall, um dem Nekrolog, der sich so behaglich an die Schilderung verliert, am

Ende zu dem denn doch geforderten Pathos zu verhelfen: Corona Schröter senden die Musen, sich durch sie am Sarge ihres treuen Arbeiters vertreten zu lassen. Die Darstellerin der Iphigenie huldigt dem Handwerker „Nur absichtslos, doch wie mit Absicht schön", und allein die Schilderung des Kranzes, den sie für den Toten mitbringt, würden den Moment unsterblich machen: „Und durch den schwarzen, leicht geknüpften Flor Sticht eine Lorbeerspitze still hervor." Trotz der humoristischen Tönungen ist dies Gedicht kaum weniger rührend als das auf Christiane Becker. Es ist Goethe gelungen, die Einzelheiten einer technischen Umwelt zu verzaubern, der Tod wird Anlaß, daß man sich in sie verliebt, und auch auf den Geringsten, der an ihr teilhat, ein Abglanz fällt. Das Thema der stufenweisen Unsterblichkeit wird in beiden Trauergedichten gestreift, und es ist wohl kein Zufall, daß die von Goethe zweimal so liebevoll verherrlichte Welt die Welt der Bretter ist, die Welt auch seiner ersten großen Romanidee! Vielleicht darf man hinzufügen: es war das Liebhabertheater, an dem dieser Mieding sich betätigte – und ist es nicht dieselbe Theaterform, aus der wir uns die hohe Intimität unserer eigentlichen Klassik, der Iphigenie und des Tasso, hervorgegangen denken?

Den Theaterdichter par excellence, nämlich den Freund Schiller, hat Goethe gleichfalls durch einen dichterischen Nachruf verherrlicht. Der dichterische Nekrolog ist der Einzelkampf des Dichters mit dem Tod, dem er eine Gestalt abkämpft. Hier freilich ist der tote Freund durch sich selbst unsterblich. Nicht gilt es, ihn der Vergängnis, sondern die Trauernden dem Tod zu entreißen, sie am Gedanken des lebendig fortwirkenden Genius aufzurichten. Ihn also, in seiner reinen, durch sich bestimmten Wirkung, hat der Dichter neben und über dem menschlichen, dem getreuen Abbild vorzurufen; und befreit sich so, ohne es zu sagen, vor der eigenen Frage und dem eigenen Grauen. Der Epilog zu Schillers Glocke ist Goethes Versuch zum Siegerbild, zum geistigen Bild eines geistigen Siegers, auch darin klassisch, daß er viel Leben aufopfert. So schön dieser Epilog ist, so hat er doch längst nicht die Unwiderstehlichkeit der vorgenannten Gedichte. Auch hier wird die Sphäre und Betätigung des Verewigten umschritten: am lebendigsten der gesellige Schiller „Rasch gewandt, geistreich und sicherstellig" – offenbar dahin zu verstehen, daß er von dem erhöhten Standort einer eigenen Geschichtsdeutung die politische Gegenwart überblickt; der Denker, der von der Gartenzinne das Wort der Sterne vernimmt und so der Vernichtung begegnet, der große, noch immer verkannte Historiker, der Willensmensch weltverwandelnder Kraft, der Theaterdichter und leidenschaftliche Theaterbesucher: „Doch hat er, so geübt, so vollgehaltig Dies bretterne Gerüste nicht verschmäht", der Tragiker, der eingeweiht ist in die Entwürfe des Schicksals, und endlich: Der große Leidende – so kommt die Gegenstrebigkeit dieser beiden Geister zum versöhnlichen Abschluß, wenn Goethe dem durchaus anderen, dem er so starke Einwirkung auf sich verstattete, in völligem Absehen von sich selber das Denkmal dieser Worte setzt.

Die Terzinen bei Betrachtung von Schillers Schädel sind ein naturphilosophisches Gedicht, gehören aber durch die Beziehung auf Schiller und durch die in diesem Gedicht enthaltene Selbstdarstellung doch auch zu den Lebenslaufgedichten. Sie sind ganz Moment, ein kaum glaublicher, kaum erträglicher Moment, dem Goethe eine dichterische Ewigkeit abzwingt, ohne sich dem Anfall seines Grauens irgend zu entziehen: nicht Beschönigung, sondern Sieg! Durch einen seltsamen Zufall hält Goethe eines Tages den Schädel in Händen, dem er anzusehen glaubt, daß es der seines verewigten Freundes ist – „Wie mich geheimnisvoll die Form entzückte!" Eine Erkennung der seltsamsten Art, nur dem esoterischen Vermögen des Adepten erschwingbar, der von der Natur aus wissend ist. Was ist Größe im naturphilosophischen Sinn? Und was Schönheit? Es ist der Fall, wo der Typus vollkommen individuell wird und kein Widerspruch mehr zwischen beiden stattfindet, daß heißt das Maximum einer Gattung, das geschichtlich hervortritt. Dafür einen Blick zu haben heißt Adept sein, heißt die gottgedachte Spur in einer erhaltenen Form anzuerkennen, und jenes Meer, das flutend gesteigerte Gestalten strömt, könnte zwar der schaffende Geist Schillers sein, ist aber doch wohl eher die Potenz der Natur, die zur Steigerung, zur Maximalerscheinung drängt. Nur so kann dem Totenschädel ein Lebensquell entspringen, kann er Orakelsprüche spenden

– ein anderer Schädel könnte es nicht, er würde den Angriff der Vernichtung auf das Individuelle bestätigen. Gewisse Märchen verstehen sich auf den Gegensatz des vom Zauber des Lebens zusammengehaltenen, aber verborgenen Knochengerüstes und der nackt und entseelt umherliegenden Knochen – ein Wundertäter besitzt das Mittel, sie durch Ordnung und Spruch wieder aufleben zu lassen. Das ist der esoterische Punkt: am Beispiel des Knochens, der den uneingeweihten Betrachter als das Symbol der Vernichtung anwidert, die dauerhafte Arbeit der Natur einzusehen. Die Unzerstörbarkeit des Typus; hier aber in der Form, die anatomisch die höchsten geistigen Operationen ermöglichte, die Ewigkeit der geistigen Individualität. So ist die Natur in den beiden polaren Bewegungen Tod und Leben erfaßt: das Leben verzehrt sich, indem es Geist wird, und der Geist erbaut sich eine körperliche Form, die beharrt. Das sind die Gedanken; doch sie werden in diesem Gedicht bei weitem überwogen von der Geste. Das ungeheure Dasein dieses Überlebenden, der den Schädel eines vor gut zwanzig Jahren verstorbenen Freundes, mit dem zusammen er eine dichterische Überlieferung begründete, in der Hand hält, und dabei nicht vom Grausen geschüttelt wird, sondern seine Stimme zu einem beinah dröhnenden Naturgebet erhebt – das ist wohl der größte autobiographische Moment in Goethes Gedichten.

Enorme Geschmeidigkeit ist der Ruhm eines Gedichtes, in dem der junge Goethe Dasein und Umwelt eines um

Jahrhunderte früheren Dichters aufzurufen unternimmt, das Gedicht „Erklärung eines alten Holzschnitts, vorstellend Hans Sachsens poëtische Sendung". Das eigene Verhältnis zu dem wackeren Altvorderen bleibt unausgesprochen; es ist in der Sprache enthalten. Hans Sachs hat dem jungen Goethe eine Sprache ermöglicht; dafür sagt ihm Goethe Dank in dieser Hans Sachsisch-goethischen Sprache, die für Goethe das lebendige Weiterleben des für ihn gar nicht geschichtlichen Dichters ist. Man darf dies Verhältnis nicht unterschätzen! Die totale Weltansicht in genialer Verkürzung, das freie Aneinanderreihen in sich bestehender szenischer Bilder, die humoristisch verkleinernde Perspektive, kurz dies so mittelalterlich-barock anmutende und noch heute so verheißungsvolle subjektive Welttheater des jungen Goethe ist ihm der Form nach durch Hans Sachs inspiriert worden; und selbst wenn Hans Sachs nicht allzuviel dafür kann, hat er Goethes divinatorischer Gabe einen Durchblick auf mittelalterliche Dramenformen erlaubt. Besonders die Auffassung der Historia als eine der Hans Sachs begeisternden Musen „Man nennet sie Historia, Mythologia, Fabula" und die darauf folgenden Verse sind erschöpfend. Kongenial ist auch die Veränderung des Lebenslaufs in eine symbolische, nicht eigentlich der Zeit nach fortschreitende Handlung; es werden Personifikationen, die seine Entfaltung bestimmen, um den Dichter aufgestellt und man könnte darin den späteren Schematismus vorgebildet sehen, auf den die „Urworte" jeden Lebenslauf zurückführen. Von

Hans Sachs kommt Goethe unmerklich auf sich; denn mehr sein als Hans Sachsens ist die Vielseitigkeit des dichterischen Sehens, die den Dichter verwirren könnte, wenn ihm seine Liebeskraft nicht die Einfalt zurückgäbe: jene Vielseitigkeit, die es vorzieht, das Welträtsel Sprache werden zu lassen, statt es zu lösen, und die, so schön für strotzende Lebenskraft Partei nehmend, vom Jahrmarkt Plundersweilen zum Weltspiel Faust führt.

10. Gruppe: Berührungen

Mehrmals wurde für Goethe die Begegnung mit einem Menschen Anlaß eines großen Gedichts, und hin und wieder dichtete der Tod daran mit, der das Wesen eines Menschen greifbar hervorhob. Es beweist dies jedoch nicht, daß nur diese Menschen für ihn ein Schicksal waren und daß andere, die nur in wenig Versen oder gar nicht vorkommen, für ihn weniger bedeutet hätten. Die Bedingungen, die zusammentreffen mußten, damit eine Be gegnung dichterisch auflebte, sind für uns nicht zu ermitteln. Aber gewiß ist, jene Fälle entschiedener Dichtung ragen doch nur heraus aus einer sehr großen Reihe dichterischer Erwähnungen. Ist der lyrische Moment eine Weltberührung, so entsteht das Gedicht an eine Person aus einer menschlichen Berührung; es gestaltet bald mehr das eigene, bald mehr das andere Wesen, und mit Vorzug den Gehalt, der beide zusammenbringt. Zunächst erschrekkend durch ihre Zahl, enthalten gar nicht wenige dieser Widmungsverse einen wirklich poëtischen Moment oder doch ein unvergeßliches Wort. Es sind dies die eigentlichen Gelegenheitsgedichte Goethes, ohne daß Gelegenheit durchaus innerer Anlaß wäre – sie ist oft genug Forderung des Tages. Man ist nicht ungestraft weltberühmter Dichter, Hofmann und geselliger Mittelpunkt zugleich, und es gibt gar viele Geburtstage, Feste, Durchreisen hoher Personen, bei denen ein schickliches Wort des dafür zur Verfügung stehenden Mannes ungern vermißt würde. Hier ist die alte, höfisch gesellschaftliche Stellung des Dichters noch in Geltung oder, da das 18. Jahrhundert ja eigentlich allein die Gesellschaft um ihrer selbst willen, ohne den Bezug auf Gott oder Weltregiment, die unfeierliche Gesellschaft, die Gesellschaft als Kunst kennt, und es allein versteht, ihr Zeremoniell in eine Seelensprache übergehen zu lassen, so sagen wir besser: der gesellschaftliche Dichter erscheint hier in einer Form, wie sie lange vorbereitet, aber so weder früher noch später möglich war. Goethe hat um den Unterschied solcher dichterischer Verbindlichkeiten und eines Dichtens, das das Gehör der Nachwelt beansprucht, wohl gewußt, aber auch um die Übergänge zwischen beiden; und jedenfalls hat er jenes erste, ohne mit der Unsterblichkeit seines Namens zu liebäugeln, als eine zarte Sitte höheren Umgangs zur Meisterschaft entwickelt: er nennt dergleichen „Festliche Lebensepochen und Lichtblicke traulicher Verhältnisse, vom Dichter gefeiert". Was für ihn das Dichten ist, wird auch darin eindringlich, und deswegen würden uns diese Sachen angehen, auch wenn sie dichterisch ganz unbedeutend wären. Ja, den Dichter als honnête homme und die Breite seiner Welt, wie sie an Zahl und Rang der angeredeten Personen und in der weltmännischen Sicherheit jeder Anrede erscheint – die vollendete persönliche Kultur Goethes – lernen wir hier wie nirgends kennen.

Anders in der Jugend. Auch da finden sich Gedichte an Personen. Manchmal ist es ein übermütiges Selbsterkennen am Ungleichen, was hier den Moment der Berührung bezeichnet. Der Dichter ißt einen Hahn auf zwischen zwei eifernden Weltverbesserern. Manchmal ergießt er sich gegen einen Gleichgesinnten, ohne dies sonderlich zu beachten, in der üppigen Gesetzgebung eines Bachanten. Das Leben horcht auf, aber nicht die Gesellschaft. Er ist wie ein Nackter, schön zwar und leuchtenden Leibes, aber mit seinem ungeregelten Erscheinen alles in die Flucht schlagend. In weit vorgreifender Sprachgestaltung, nämlich in den männlichen Rhythmen einer trilogisch aufgebauten freien Ode, die zur Zeit der Leipziger Liederbücher ganz unerwartet ist, wird die Trennung von dem Freund Behrisch besungen, auf dessen Umgang der Dichter verzichtet, um ihn gerettet zu sehen; so früh taucht die Vorstellung auf, daß ein Mensch in ein falsches Klima verpflanzt ist und daran zugrunde gehen muß, wenn er bleibt! Episteln und Sendbriefe der folgenden Jahre, die gelegentlich eine Dichtung begleiten, schwelgen im derben und altertümlichen Wortgebrauch, der scherzhaft Mysterien umschreibt: alles ist im Namen des Lebens, im

Namen des Erdgeists gesagt. Der Weg zum anderen ist durchaus der Weg nach innen. Die Lebensfülle des Herzens mißversteht sich, wenn sie die äußere Welt durchschweift; hier ist die Natur immer nur als Teil und von außen da; sie selbst, gefühlt und begriffen, findet der Dichter in sich, in seinen geistig-leiblichen Zeugungsgewalten, wo sie gleichfalls aufzusuchen er seinen Freunden rät:

Und wie muß dirs werden, wenn du fühlest,
Daß du alles in dir selbst erzielest,
Freude hast an deiner Frau und Hunden,
Als noch keiner in Elysium gefunden,
Als er da mit Schatten lieblich schweifte
Und an goldne Gottgestalten streifte.
Nicht in Rom, in Magna Grācia —
Dir im Herzen ist die Wonne da!
Wer mit seiner Mutter, der Natur, sich hält,
Findt im Stengelglas wohl eine Welt.

In den späteren Gelegenheitsgedichten wird die Dichtung eine verinnerlichte Konvention. Der Dichter erscheint im Gedicht nur, soweit er sich dem anderen zuwendet, dieser wiegt vor; dessen Stellung, Leistung, Platz in der Gesellschaft, Anrecht auf das Gedächtnis wird zart, fast gewissenhaft erwogen. Wo es sich um Weltleute handelt, hat man den Vorzug, den hohe Personen genießen, als Snobismus oder versteckte Bürgerlichkeit bemäkelt; ich sollte meinen, mit Unrecht. Goethe hatte den reinsten Sinn für alles Nachbarliche, für Stand, Abkunft, für jede Art von Tätigkeit, zumal die staatsmännische; ihm entging nicht, daß der höchste Typus des Jahrhunderts der gebildete Weltmann ohne Beruf an einem Hof war: ein Typus, der in vielen Freunden und zeitweise auch durch ihn verkörpert so stark Atmosphäre bildet; er, dem das Wirkungsleben mindestens so hoch stand wie das Dichten und Forschen, ehrte Herrschaft in jeder Gestalt. Sie ist Geblüt, Tradition, Weihe hohen Amtes, und um sie ist Schicksal; denn an hoher Stelle stehen heißt ihm ausgesetzt sein, auch wenn man persönlich nicht groß ist. Nicht dem Schicksal des Dichters, das in inneren Dramen zu Ende geht, sondern dem Schicksal, das die Völker verändert und das einen so kalten Atem hat. Herrschende hatten für ihn das Gewicht der großen, durch sie und an ihnen geschehenden Begebenheit. Nach Lebensbereichen geordnet setzen diese Gedichte aus Bestrebungen der Kunst und der Wissenschaft, aus Spaziergängen, Staatsgeschäften, Amoureusem oder Festlichem, insbesondere Maskenfesten, aus hohen Familienbeziehungen und ereignisreichem Badeleben den ganzen Umkreis der höheren ständischen Kultur zusammen. Der Sinn solcher Verse ist in denen an Graf Paar ausgesprochen. ,,Behagen schaut nicht vorwärts, nicht zurück Und so verewigt sich der Augenblick.“ Das vornehm vage Bezeichnen, das sich des Einverständnisses rühmt, gehört zum Stil, und läßt gelegentlich Eigenes im fremden Schicksal durchblicken. Winckelmanns und Goethes eigene Italienreisen kommen uns in den Sinn, wenn der Kurprinzessin Auguste von Hessen-Cassel die Sixtina in Dresden den Weg zur Kunst

Italiens weist. Ein Gedenkvers an die Gräfin O'Donnell: „Nur ist, wenn wir sie erneuen Unser Leben etwas wert" bezieht sich auf die jung verstorbene Kaiserin Maria Ludovica von Österreich; Goethes Gedichte an Kaiser und Kaiserinnen sind wohl einer besonderen Betrachtung wert, auch da, wo sie ganz konventionell sind. Maria Ludovica aber wurde von Goethe geliebt und hat ihn in ihre Nähe zugelassen; das Gedicht „Geheimstes" im Divan bezieht sich auf sie, und Goethe drängte keineswegs eine solche Neigung als Unmöglichkeit ins Innere zurück, sondern gab ihr einen in der Grenze der Schicklichkeit wahren Ausdruck – als Dichter, der sich durch Naturell und hohe Kultur eine gesellschaftliche Ebenbürtigkeit unter dem Hofadel erworben hat und sich des näheren Umgangs mit einem so erlauchten Wesen versteckt rühmen darf. In diesem einen Fall, wo geistreiche Anmut der Person zu dem höchsten Rang hinzukommt und ihn für Goethe zu einem sichtbaren Wunder macht, wird auch das Zeremoniell zur Herzenssprache. Die höchste weibliche Erscheinung geht für Goethe immer mehr in die Hoheit des Standes über, der sein Ideal im bevorzugten, aber auch tragisch gezeichneten Individuum gelegentlich offenbart: nach Iphigenie Eleonore, nach dieser Eugenie! Denen, die sich an seine Kaiserin herandrängen, als sie das Weltbad besucht, ruft er zu, daß sie sich jetzt einen Schatz der Erinnerung gründen; er besingt den Becher, der mit dem heilsamen Sprudel gefüllt sich ihren Lippen nähern durfte, und ihren Lieblingsplatz, dessen Nymphe sich wie alle und er selber an sie „verwöhnt" hat. Die Landschaft zittert ihr in Sehnsucht nach. Dem Gedichtende merkt man an, wie er's an der Zeit findet, in die Konvention einzulenken: „Sie wiedersehn – sie sehn mit dem Gemahle". Groß, siderisch ist der Ausdruck für das Zusammentreffen mehrerer kaiserlicher Personen: „Doch wenn, in seltnen lang ersehnten Fällen, Ein herrliches Gestirn zum andern rückt, Die nah verwandten Strahlen sich gesellen . . ." Eines Shakespeare, eines Racine Sinn für Majestät scheint wiederzukehren. Verehrt wird auch das Genie der Taten, das sich selber seinen Rang gibt, und an das Goethe durch seine Leistung heranreicht; das Gedicht an eine andere Kaiserin, an Marie Luise von Frankreich, gibt ihm Gelegenheit, seinen Begriff von Napoleon dichterisch auszusprechen; den Endiger der Revolution feiert die große Prägung: „Was tausende verwirrten, löst der eine." Es scheint, daß Karlsbad und Teplitz Goethe Weltreisen ersetzen; fast alle freien Umblicke werden dort getan. Und das Gedicht an einen Kaiser, über den er vielleicht nicht allzuviel zu sagen wußte, gibt ihm Gelegenheit, das heilungsgewaltige Genie der Gewässer, die alljährlich eine Versammlung so vieler männlicher und weiblicher Hoheit bewirken, anzusprechen in Versen, wie sie seiner naturhistorischen Einsicht möglich waren: „Weil dieses Tal, von Bergen rings umfriedet, Ein ungeheures Wunder sich erzeugt Wo heimlich, seit Urjahren unermüdet, Heilsam Gewässer durch die Klüfte schleicht In tiefen Höhlen ohne Feuer siedet

Und ohne Fall hoch in die Lüfte steigt, Und wenn des Wirkens Leidenschaft gestillt Die Felsen bildet, denen es entquillt." – Nicht geringer als die Formel für Napoleon ist die für Byron: „Ihm, der sich selbst im Innersten bestreitet, Stark angewohnt, das tiefste Weh zu tragen." Zunächst scheint damit ein Gegenbeispiel zu Goethe entworfen; sinnt man ihm nach, so hat es manches mit ihm, noch mehr mit seinen Helden, mit Werther und Faust, gemein. Was er ihm wünscht, ist noch goethischer: daß er vom Leiden an sich geheilt werde durch ein Wissen um sich, das er erwirbt, indem er sich selbst durch andere, durch Goethe sieht, durch ihn bejaht. „Und wie ich ihn erkannt, mög' er sich kennen." Wie persönlich! Wie abstandvoll! Der Dichter an den Dichter, der deutsche an den englischen Dichter, Goethe an Byron. Ein Zeremoniell wie zwischen Herrschern, eine Zartheit, die wie Liebe ist. Wer auf Erscheinungen der Sprache merken mag, wird in diesen Gedichten jede Stufe zwischen einer kaum mehr goethischen, halbpoetischen Gebrauchssprache und einem vornehmen persönlichen Stil finden, der zum Umgang mit den Würdigen der Welt erfunden ist. Es ist genug Gesellschaftliches in ihm, daß er verbindlich werden könnte. Man kehrt zu vielen dieser Gedichte um einer einzelnen Wendung willen zurück. Einer Prinzessin wird Rafaels Gärtnerin überreicht mit den Worten: „Denn ein äußerlich Zerstreuen, Das sich in sich selbst zerschellt, Fordert inneres Erneuen, Das den Sinn zusammen hält." Das Gedicht, das die Rückkehr hoher Amerikareisender begrüßt, endet mit der Losung: „Die Erde wird durch Liebe frei, Durch Taten wird sie groß.“ Beiläufig wird dem politischen Zeitereignis eine große Gebärde gegeben: „Haben sich die Allgewalten Endlich schöpferisch entschieden.“

Unvergleichlich sind die vier Strophen an „Herrn Staatsminister von Voigt“, denen Schopenhauer das Motto zur Welt als Wille und Vorstellung entnommen hat, und die Verse an einen Enkel, der kurz nach seiner Geburt scherzhaft in die mineralogische Gesellschaft von Jena aufgenommen wurde „Wiegenlied dem jungen Mineralogen Wolfgang von Goethe“ (1816 und 1818). Wenn im ersten Gedicht der Gehalt beschrieben ist, auf den sich die lange Beziehung gründet, so ist dem geselligen Ergötzen, dem Genuß der Kunst, ist dem schönen Müßiggang so viel Raum gelassen wie den Geschäften; man erkennt das deutsche 18. Jahrhundert an seiner großen Eigenschaft, eine späte Renaissance zu sein. Der anfangs erwähnte Bergbau ist mehr als dies, nämlich: „Ein gemeinsam köstliches Betrachten, Ob nicht Natur sich doch zuletzt ergründe?“ Der so oft wiederkehrende Reim Geister auf Meister, der namenlos hilfreiche Genien als Vormunde des menschlichen Strebens herbeiruft, beschließt die zweite Strophe, wo im Stil einer ganz hohen Konvention die Annäherungen des Dichters und des Staatsmannes an ältere Poesie behandelt sind, aber nicht in Gemächern, sondern in Gärten und unter Frauen, ein Stück Tasso in der Gegenwart: „Gefahrlos nicht vor luftigen Geschossen

Wie sie Eroten hin und wieder schicken.“ Eine weitere Strophe behandelt näher die den Taglauf krönenden geselligen Abende: „Dort fanden sich, zu gleicher Lust geladen, Der Männer Tiefsinn, Frauengeist und -sitte, Und Wissenschaft und Kunst ...“ Die letzte Strophe deutet auf das Chaos, in dem jeder nur dem eigenen Sinn folgt, und schließt, wie Goethe in seinen Begleitsätzen sagt, mit der „Notwendigkeit des Zusammenhalts geprüfter Freunde in einer Zeit, wo eine Verwirrung aller Begriffe die hohe Kultur des Vaterlandes zu vernichten drohte.“ Wäre sonst kein Zeugnis übrig, so könnte diese aus dem einen Glückwunschgedicht erraten werden. – Nun aber neigt sich die kaum glaubliche, schon in den Ruhm entrückte Ahnengestalt über die Wiege des Enkels und singt ihm ein Lied, für das die Weisesten gerade weise genug sind: es soll ihn durch die Spiele, die er spielen wird, einweihen in die Welt, soll ihm zeigen, was der kleine Stein ist, der ihm achtlos aus dem Finger gleitet. Denn immer fort werden ihm ewige Dinge durch die Kinderhände gehen. „Kindischen Händchen entschnickt sich so fein Knöchlein und Bohnen und Edelgestein.“ Und so weise der Ahne ist, er bedarf doch des Enkels; denn nie hätte er den Gedanken dieses Gedichts gefaßt, wenn er sich nicht zum Versuch entschlossen hätte, für einen Augenblick aus dem Kinderauge in die Welt zu blicken. Nicht anders ist der Verkehr zwischen den Anachoreten und den seligen Knaben am Schluß des Faust. Blumen und Tiere dem Schlafenden im Schlaflied, dem Wachenden der Stein! Steine des Schusserspiels, Steine, mit denen man Häuser baut, der Stein der mineralogischen Sammlung, der Edelstein, das Wachstum der Kristalle, und der Mensch als Baustein, dem sein richtiger Ort im Gefüge angewiesen wird durch den Stiftenden, den Dichter: So sind im luftigen Scherz äußerste Fernen durchmessen „Oben die Geister und unten der Stein".

Das ist freilich Geistersprache! Sonst bleibt diese Gattung dem, was wir heute Gedicht nennen, wohl eher fern. Der Dichter erscheint in bescheidener Gestalt, das Leben schmückend. Aber gerade in der braucht ihn die Gesellschaft, die seiner tieferen Eigenschaften entraten zu können meint und – gerade in der ist er uns völlig verloren gegangen! Diese Verse wirken durch Masse, sie setzen zusammen; und zwar nicht ein Ganzes der Selbstdarstellung, sondern der Lebensbeziehungen, das uns kaum geringere Ehrfurcht abnötigt: so weit war die Welt dieses Dichters! Klassik ist eben mehr als die Vollkommenheit des Dichters. Der Klassiker verkehrt mit Königen und ist Meister darin; seine persönliche Erscheinung wird dadurch weltmännisch, seine Dichtung verleugnet nirgends die Lebenskunst eines Hofes, der ein vornehmes Betragen ausgebildet hat. Und sind diese Gedichte wirklich kalt? Nein, sie sind in feiner Weise herzlich. Tausendmal gerät man zusammen, hier und da bleibt ein Nachglanz. Immer wieder im formlosen Menschengewühl sieht Gesicht in Gesicht, und man denkt gern daran. Einer begreift den anderen, beide begreifen sich in einem Dritten.

Etwas biderb sind Goethes Gesellschaftslieder – sollte er auch der Klassiker des Kommersbuches sein? Man verhöre sich nicht! Die Tradition des Trinkliedes ist festgehalten; sodann hat die Heiterkeit hier das Besondere, daß sie aus einem Entschluß hervorgeht. Der Entschluß eines hoch Differenzierten zur Derbheit; der Entschluß eines vielfach Lebenswunden, unter Männern zu tun, als ob er der Gesündeste wäre; der Entschluß, die Zerfallenheit der Epoche in das Behagen einer Tischrunde übergehen zu lassen.

Um das Lebensgefühl dieser Rundgesänge durch ein Sprichwort zu bezeichnen: Man macht gute Miene zum bösen Spiel. Wenn man also genauer den kernhaften Brusttönen dieses Gaudeamus igitur zuhört und auf die übermäßig betonte Abwehr verneinender Stimmungen achtet, so werden sie philiströsem Behagen ganz unähnlich. Ein eigener Fall: Für den Dichter ist die Leistung, unter anderen einfach zu scheinen, ein Gleicher unter Gleichen. Je nach Art der Runde unterscheidet man zwei Gruppen. Hier die Erprobten, Tüchtigen, die ein Wort mit dem Leben sprechen dürfen und die sich gemütlich voreinander gehen lassen. Dort die wenigen, die ein ergründeter Lebenssinn und ein in Taten ausgeprägtes, in Symbolen angedeutetes, aber eigentlich verschwiegenes Ziel des Strebens vereinigt. Beide Kreise sind weniger durch die Menschen, als dadurch verschieden, daß hier eine Stimmung, dort eine Haltung in Worten aufbewahrt wird. Die innerlich geforderte Gemeinschaft, der wir oft in den Lehr- und Wanderjahren begegnen, erdichtet Goethe nicht frei kraft inneren Gesichts, er benutzt die Maçonnerie als Mystik der Aufklärung und nicht wegzudenkende Zuflucht der damaligen Gesellschaft für das Gedicht. Prägt er in jenen Tisch- und Trinkliedern kernhafte, vom Chor bestätigte Wahlsprüche, so legt er hier Vermächtnisse nieder, bald Sprecher der anderen, bald aus gründendem Beruf. Der Tod steht im Zentrum sowohl jener derben, wie dieser geistigen Gesänge. Dort wird er als Zerfall, Wechsel, Vergängnis und Müdigkeit hinweggejauchzt und hinweggeschwemmt, hier verweist er die Tatkraft schöpferisch auf das Leben zurück; die rüstige Lebensregung des Gemüts gibt sich selber ein Recht zu hoffen. Verläßlicher jedoch als Jenseitsverheißungen ist die Tradition; in ihr ist jedem, der etwas tat, irdische Fortdauer verbürgt. Bescheiden genügt der Dichter einer ihn fordernden Stunde, aber sein Bekenntnis überschreitet weit den geselligen Anlaß. Die Entlassung ist der eigentliche Moment dieser Gedichte. Die Glieder einer esoterischen Gemeinschaft sind so vorgestellt, daß ihnen die Grundform ihres Wirkens in höchster Reinheit enthüllt wurde, und sie sich derart ausgerüstet in die Welt zerstreuen. Das Künstlerlied in den Wanderjahren, noch mehr das Wanderlied hat etwas davon. Dieses deutet eine allgemeine, den Einzelnen ereilende Katastrophe der Gesellschaft als Grund des Wanderns an und schließt mit dem Axiom: „Daß wir uns in ihr zerstreuen Darum ist die Welt so groß."

Es war ferner für den alten Goethe die Vorstellung vollziehbar, aus der Person herauszugehen, sich als Weltkraft unter Weltkräften zu denken und von denen aus das menschliche Sein als einen Durchgang neu zu setzen. So erkühnt sich sein Gedicht zu einer Umkehrung, in der die geheime Gesellschaft nicht von Personen, sondern von Potenzen gestellt wird – was heißt hier der Augenblick der Entlassung? Es fand ein Festmahl statt, in einer Frist der Allvermischung, in welcher die Rhythmen der sich selbst produzierenden Welt hie und da ausruhen; von ihm bricht man auf, wird Stern, formt Erden, kommt auf ihnen über Stein und Wasser zum Leben, spaltet sich in Geschlechter, um im Liebesakt die Einheit wieder zu finden und eine Wiederholung dieses Liebesmahles zu begehen: „Verteilet euch nach allen Regionen Von diesem heiligen Schmaus!"

11. Gruppe: Das Schema des Erlebens

Zu den beiden Arten, aus denen das Lebensgedicht besteht: dem kleinen lyrischen Gedicht, das zur Ganzheit des Lebens kommt durch einen begreifenden Blick, und dem mehr schildernden Gedicht, das Verläufe und Krisen abschließt, fügt die besondere geistige Stufe des goethischen Alters eine dritte. Es ist schwer, Goethes philosophischen Beruf zu erfassen; jedenfalls liegt er in einer Verbindung von Sehen und Denken, in einem eigentümlich denkenden Sehen, das in der Erscheinung das Urbild, im Fall den Grundfall sieht, und dies wiederum nicht im bleibenden Umriß, sondern im Fließen der Veränderungen – ein Vermögen, das man ebenso in einer bis an die Grille streifenden Neigung Schemata zu entwerfen, wie in gewissen Spielen des inneren Auges, die ihn insbesondere vor dem Einschlafen erfreuen, wiedererkennt. Den individuellen Lebensverlauf zu durchschauen, übt sich Goethe nicht nur in einzelnen Gedichten, sondern in seinen autobiographischen Schriften. Der Lebenslauf wird urbildlich in seiner reinen Gliederung. Das individuelle Sein kann sich nur in der beständigen Verflüchtigung seiner Baustoffe fristen. Und so wie sich im Stoff, der beständig Todesbeute ist, der Bauplan – ungreifbar vorhanden – beständig wiederherstellt, so behauptet sich in der Flüchtigkeit der Lebensmomente, im Zerrinnen des Wirklichen und im Vorübergehen der eigenen Phasen der Geist, der aristotelisch als Form gedacht ist: Form des Seins, Form des Schauens, Form des Fühlens, die sich am jeweils Flüchtigen verwirklicht. Sie hat sich auch an den unvergleichlich starken Verwandlungen Goethes zu bewähren. So regte ihn der 1803 bei einem Psychiater gelesene Satz, daß der menschliche Körper sich von Zeit zu Zeit vollkommen erneue, zu einer Schematisierung des Erlebens an, wie sie in dem Gedicht „Dauer im Wechsel" niedergeschrieben ist. Es setzt ein mit dem Moment der lebensreichsten Jahreszeit, um dann dem Schauer vor der Vergänglichkeit ausgiebig das Wort zu leihen. Die Veränderungen ordnen sich zur Reihe: Jahreszeit, Landschaft, Gebäude, die Person selbst, der nicht nur ihre

Körperlichkeit, sondern auch ihr innerer Besitz hinwegzugleiten droht. Das Gedicht stellt sicher, vielmehr die Kraft, die es hervorbrachte und immer wieder hervorbringt; denn jedes Gedicht bestätigt im Erleben die Form des Erlebens als die Einheit der Person mit sich selbst. Goethe sagt, sein Gedicht: „Urworte, orphisch" fasse in uralten Wundersprüchen über Menschenschicksale zusammen, was von älteren und neueren orphischen Lehren überliefert sei. In der Tat hat er viel dabei benutzt. Zunächst ein Gedicht seines Freundes Knebel, worin die Reihe: Dämon, Glück, Liebe, Not aufgestellt ist. Sodann Abhandlungen von Creuzer, Hermann, Zoega. Er fand ein Makrobius-Zitat des Inhalts, daß bei der Geburt den Menschen vier Gottheiten umstehen: Dämon, Tyche, Eros, Ananke. Auch der Wagemut, als die einzige Macht, die der Notwendigkeit nicht weiche, wurde ihm nahegelegt, sowie die Bezeichnung „orphische Wörter" und „Urwort" im Sinn alter, heiliger Worte. Eigentlich aber hat Goethe persönliche und moderne Einsichten, die für ihn das Gesicht der Unabweisbarkeit hatten, in die angemessene Feierlichkeit alter Sprüche gehüllt, und da niemand weiß, was orphisch ist, darf offenbleiben, wie weit sie orphisch sind; vielleicht ist die Bezeichnung mit einem Unterton leiser Ironie gewählt. Was wir daran verehren, ist jedenfalls goethische Orphik. Eine zeitliche Ordnung läßt sich in den fünf Begriffen oder Mächten nicht verkennen, und was bezeichnen sie in ihrer Gesamtheit anderes als den Lebenslauf? Nicht irgendeinen, nicht das goethische Leben, sondern jeden Lebenslauf in den Mächten, die ihn miteinander, gegeneinander, nacheinander bestimmen, unentrinnbar, gemeingültig. Goethes letztes Wissen um den Lebenslauf überhaupt, wie es sich aus seinem ganzen biographischen Schaffen ablesen läßt, und wie es dieses als ein Bemeistern und Durchschauen des Vielfachen ermöglicht. Die aufgestellten Begriffe sind die Begriffe von Kräften; damit sich der Lebenslauf auf sie zurückführen läßt, muß er durchschaut werden. Das ist die Orphik des Gedichts. Es ergeht sich keineswegs in Rätseln, mit Ausnahme der Hoffnungsstanze: damit alles ineinandergreift, muß in ihr mehr als die Kraft des Menschen erkannt werden, welche die Bedingungen der Wirklichkeit immer neu durch Entwürfe überfliegt; sie ist zugleich bildschaffende Überwindung des Todes. Der Tod müßte der letzte dieser Begriffsdämonen sein; statt seiner die Hoffnung! Ein solches Verfahren dem Tod gegenüber ließe sich vielerorts als goethisch erweisen. Man denke nur an seine Winckelmann-Schrift, wo ein fremder Lebenslauf so glücklich durch übergeordnete Begriffe schematisiert ist: dort wird die, in jenem Fall entsetzliche, Vorstellung des Endes gebannt durch das Monument des eben im Gipfel seiner Entfaltung Stehenden. So bemerkt Goethe zu der letzten Strophe, jedes feine Gemüt werde sich den Kommentar sittlich und religiös zu bilden gern übernehmen. Souverän, wie er orphische Vorstellungen benutzt, zieht er das astrologische Symbol heran, ohne daß er sich daran bände. Wie könnte er glücklicher das menschliche Werden beschreiben, sofern es sich selber bedingt? Mit dem Horoskop meint Goethe die Selbstverwirklichung einer Anlage in der Zeit; Entwicklung ist ein Analogon des pflanzlichen und tierischen Wachstums; das Entwickelte ist Form: ebenso kenntlich, ebenso unentrinnbar wie der Typus, der im Samen des Tiers oder der Pflanze steckt. Entschiedener ist die Individualität als ein unverrückbarer Befehl der Natur, so zu sein, nie erklärt worden. Wo bliebe da ein Raum für Freiheit? Ja, ist sie auch nur wünschenswert? Tyche ist das Hin-und-her zwischen dem Heranwachsenden und dem Jahrhundert. Fremdes einzulassen, erst wehrlos, dann es sich anbildend, ist die Lebensregung dieser Stufe, die dadurch ihren Abschluß findet, daß in einem bestimmten Fremden ein Eigenes wiedererkannt wird und sich ein Mensch von Wert an diesem Punkt zur Bindung entscheidet. Hier wird die Modernisierung der überlieferten Begriffe Tyche und Eros leicht durchschaubar; der Eros ist die Zusammenfassung der polaren Mächte Dämon und Tyche; Liebeswahl bestätigt als freiestes Wollen ältestes Müssen; das Ich, unter der Einwirkung des Fremden so lange gefährdet, findet über das Du, das notwendige Du, zu seiner Notwendigkeit zurück. Unvermittelt geht der kosmogonische Eros in den anakreontischen Amor über: „Er stürzt vom Himmel nieder, Wohin er sich aus alter Öde schwang, Er schwebt heran auf luftigem Gefieder Um Stirn und Brust den Frühlingstag entlang.“ „Nötigung“ ist ein Aspekt späterer Jahre – sie geht als Folge aus dem freiesten Zustand der Liebe hervor, wenn, wie Goethe sich selbst auslegt, der Liebhaber Gatte, Vater, seßhafter Staatsbürger wird und sich in einem Netz von Bedingungen verstrickt sieht. Hier könnte, wie in den Wanderjahren, der Übergang vom Werden zum Leisten freiwillig vollzogen werden. Dies ist in den Urworten nicht enthalten. Sie sind ein Schicksalsgedicht und handeln von dem, was alle Menschen müssen. Auch hoffen müssen sie.

12. Gruppe: Naturphilosophische Lyrik

Umfaßte jene Schematisierung des Erlebens oder des Lebenslaufs nicht mehr die einzelnen Momente, sondern bloß noch ihre allgemeinste Möglichkeit, so ist diese neue Gruppe überhaupt nicht mehr aus dem Moment zu entwickeln und steht daher am Rande dieser Überschau als Grenze und Gegensatz. Es gab von alters her das Lehrgedicht. Lukrez ist durch Wieland erneuert worden, und wenn Goethe in seiner Naturansicht den Stoff zu einem solchen fand, so ist nichts natürlicher, als daß er, seiner mehr zerstreuten Arbeitsweise folgend, statt des geplanten Universalgedichtes einzelne Themen gesondert behandelte und unter dem Zyklus „Gott und Welt“ diese Versuche zusammenfaßte. Dabei hat die neuere Ästhetik zum Lehrgedicht ein unsicheres Verhältnis, und die Leserschaft hält es allgemein nicht mehr für genießbar. Wenn also einzelne dieser goethischen Lehrgedichte dennoch mit Andacht gelesen werden, so scheinen sie durch einige für das Fortleben von Gedichten sehr günstige Merkmale von anderen Lehrgedichten abzustechen. Dem nachfragend geht man am besten vom Ton aus. Woher kommt die Stimme dieser Gedichte? Wir sind unwillkürlich erinnert an alte, halb dichterische Naturdeuter, Parmenides oder Laotse, Bürger derselben Zeit, wo die gestiftete mythische Antwort von der gefundenen Antwort einzelner abgelöst wurde. Altertümlich in der Tat ist dies einfache Hintreten vor das ganze Sein und dies Vertrauen auf die eigene Befugnis des Deutens. Modern freilich ist die Stimmung. Diese Gedichte drücken einen Lebenszustand aus, und er ist so wichtig wie die mitgeteilten Einsichten, ja, er zuerst nimmt uns beim Lesen gefangen und macht uns jene Einsichten beneidenswert. Was für ein Zustand aber? Es ist in dieser Stimme nichts von Aufschwung, nicht die Ekstase Klopstocks, nicht die hohe Einfalt Hölderlins. In tiefster Einsicht kräftiges Behagen! Der Dichter mutet sich nichts zu, er überschreitet bei dieser Aussage nicht die ihm natürliche innere Fassung. Ein solcher Zustand kann nur aus einer langen und sorgfältigen Kultur hervorgehen. Er ist eine nicht gegen Menschen, sondern am Weltall geübte Selbstlosigkeit. Der Verkehr mit dem Nichtmenschlichen ist so zum Brauch geworden, daß das Ich sich vergesellschaftet mit den Seinsgewalten und wie ein Engel unter Engeln um den Thron Gottvaters steht. Es darf zeugen von der Natur, denn sein Mitwissen kommt aus dem Mittun. Auch das liegt im Ton, der deutlich zwei Stufen hat. Der eine ist die Person im Behagen ihres Selbstbesitzes, im bewußten Betätigen ihrer hohen Eigenschaften; der andere scheint aus den Kräften selbst herzudringen, in die diese Person zu anonymem Verweilen hinübergeht; dieser Teilhabe erscheint das persönliche Leben nur noch als Symbol, das Behagen desselben wird Ironie. Die Gedichte schwingen mit, so daß sich die Kunde im Verkünden bestätigt. Das Silbenmaß dient dazu, die Rhythmen des Allebens zu wiederholen, und die Stimmung beruht darin, daß sich der Eigenwille freudig auflöst in das gefühlte Gesetz. So hat denn doch der Moment einen gewissen Anteil. An ihm wird die Gleichförmigkeit des eignen Wesens mit der Welt, die dem Begriff nach immer vorhanden ist, überschwänglich erfahren, wird eine Wirklichkeit des Gemüts, und so entsteht das Gedicht. Wenn man nun dem Medium nachgeht, in dem sich gewöhnlich ein lyrischer Moment darstellt, so ist es bei allen Dichtern das, was ihnen besonders nahe ist: landschaftliche Eindrücke, innere Zustände, die ewig gleichen, immer anderen Leiden und Freuden des Lebens. Darin kann man sich ausdrücken, darin wird man verstanden, denn dies Medium ist auch allen denen, die Gedichte lesen, natürlich. Daß aber dies Medium durch naturwissenschaftliche Phänomene gebildet wird, das ist in der Lyrik ein neuer, theoretisch unmöglicher Fall, und es bleibt die Frage, ob ein Gedicht wie „Entoptische Farben an Julien" auch nur dem Leser, der in Goethes Farbenlehre bewandert ist, als Gedicht jemals aufgehen wird. Gerade darum ist es ein Schlüssel.

Goethe ging mit diesen Phänomenen so häufig und so innig um, daß sie für ihn fühlbar wurden und genau denselben Ausdruckswert bekamen wie das, wovon sich die Menschen sonst gerne rühren lassen. Eine Mehrzahl von Personen scheint im Dichter dieser Gedichte versammelt. So hört man deutlich mit verschiedenen Stimmen aus dem Gedicht „Wiederfinden" den Dichter als Liebenden, den altertümlich-kosmogenischen Seher und den hochwissenschaftlichen Verfasser der Farbenlehre sprechen; verbindendes Mittel ist in diesem Gedicht das große Gefühl, in anderen Fällen die geistige Beweglichkeit, die als Ironie eine Existenz in der anderen aufhebt. – So konnte eine wissenschaftliche Wolkenlehre für Goethe zum Anlaß eines kleinen lyrischen Zyklus werden: es sind Momente, aber nicht der Person, sondern der Wolkenbildungen! Was ist alles für Goethe Wolke! Vielleicht hat ihn Shakespeares herrliche Beschreibung der Wolken begeistert, in Antonius und Kleopatra, als Antonius den Eros ihn zu töten bittet; aber man muß bis zur chinesischen Tuschmalerei zurückgehen, um einer gleichen Bezauberung des Auges durch Wolkenphänomene zu begegnen. Dort ist ganz eigentlich der Nebel der Schöpfer des Raums in der Kunst. Im Zueignungsgedicht tritt die Wahrheit aus Wolken hervor und reicht dem Dichter den Schleier der Dichtung aus dunstigem Flor gewirkt! Euphrosyne tritt aus einer Wolke, in der Marienbader Elegie sollen die Wolkenformen trösten und erinnern aufs schmerzlichste an die Geliebte, Faust sieht Helena und

Gretchen von zwei Schwesterwolken nachgeahmt, und das ist nur ein Teil bedeutender Beispiele! Hier zeigen die Wolken dem Weisen zweierlei. Einmal Gottheit Kamarupa, das beständig in Umbildung begriffene Sein. Denn für die Metamorphose kann es kein genaueres Gleichnis geben. Nur die Wolken haben Gestalt genug und Wechsel genug, um sie zu vertreten. Dann bezeichnen die Wolken aber, als Verdampfung des Wassers, Leben, das Geist wird, seine Steigerungen, seine Läuterungen, und von daher, im Kreislauf des Auf und Ab die Polarität der Vergeistigung und Verstofflichung. Stratus steht der Phantasie nahe, die Möglichkeit zu aller Gestaltung, noch näher dem unentschiedenen menschlichen Schicksal. Kumulus ist das Dasein, das sich selber wagt, indem es sich zur Form entscheidet, und je mächtiger es wird, um so mehr anderes mitgefährdet. Zirrus ist die Bewegung des Lebens zum Geist hin, seine unsäglich schön ausgesprochene Rückkehr zu Gott. „So fließt zuletzt, was unten leicht entstand, Dem Vater oben still in Schoß und Hand." Nimbus ist vielleicht die einzige dichterische Parallele, die man zur Erklärung jener so schwer verständlichen Ehrfurcht in den Wanderjahren, jener Ehrfurcht vor der Erde, die auch die Ehrfurcht vor dem Leiden ist, heranziehen kann. Mit Erde ist alle Verstrickung bezeichnet, in die sich das geistige Wesen des Menschen irdisch verliert. Die Erde selbst formt sich daran. Nun wird aber etwas an sich Geistiges, nämlich die Macht der menschlichen Rede, von diesem Gedicht auch zur Erde gerechnet, als eine Verwirklichung des Geistes, die sich an der Erde übt und damit unter ihre Bedingungen begibt. Goethe läßt sich durch die ihm anvertraute dichterische Magie nicht verleiten, das Wort für unbedingt zu nehmen; es steht zum Geist wie das Abbild zum Urbild und nimmt, indem es den Geist herabbringt, auch das Trübe in sich auf. „Die Rede geht herab, denn sie beschreibt, Der Geist will aufwärts, wo er ewig bleibt." Wissenschaft wird Lyrik, Goethe geht den Weg uralter Mythen zurück, wenn ihm Wolken die Bahn des Geistes bedeuten und er im Wolken-Gedicht das Leben vom Geist aus schlichtet. Er konnte es sich leisten, die Schlußzeilen des Gedichtes Eins und Alles: „Denn alles muß in Nichts zerfallen, Wenn es im Sein beharren will" als dumm zu bezeichnen: So tat er, gegen Eckermann am 12. Februar 1829 im Ärger darüber, daß seine Berliner Freunde diese Verse in goldnen Buchstaben ausgestellt hatten; und er widerrief 1829 das 1821 Geschriebene durch das Vermächtnis: „Kein Wesen kann zu Nichts zerfallen!" Worin sind sich die beiden Gedichte entgegengesetzt, denen die Zeile „das Ewige regt sich fort in allen" gemeinsam ist? und was trieb Goethe an, das eine durch das andre nicht so sehr zu widerrufen, als zu ergänzen? Noch ohne genau zu überlegen, wird sich der Leser im zweiten Gedicht wesentlich in einer bekannten, im ersten Gedicht wesentlich in einer unbekannten Welt fühlen. Auch die Kenntnis der wissenschaftlichen Schriften hilft ihm nicht aus der Verlegenheit; schwere, entscheidende Grundwerte sind dort wie etwas allen Vorhandenes ausgesprochen und doch von Goethe mit neuer Geltung versehen. Welcher Überdruß hat sich zu lösen? Wer ist die Weltseele? Wer der Weltgeist? Was unserer Kräfte Hochberuf? Um nur beim Anfang zu bleiben. Scheint hier nicht eigentlich das Menschtum abgestreift? Das spätere Gedicht redet, wenn auch in eigenen Ausdrücken, von der Tradition, von der Gesetzgebung im Gemüt, von der Erkenntnis durch die Sinne, von der Geselligkeit; wir finden uns selbst und unsre bekannte Welt wieder in dem zweiten Gedicht. Vielleicht ist also der Widerspruch in beiden nicht unbedingt – wenn nämlich beide Gedichte zwei Aspekte, beinahe könnte man sagen: zwei Momente wären, und wenn das goethische Weltverhältnis erst ganz würde im Widerspruch dieser beiden Momente? Ist doch das polare Verhältnis als ein Verhältnis des Lebens etwas ganz anderes als der logische Widerspruch! Die Wendung „Sich aufzugeben ist Genuß" schließt das erste Gedicht auf. Aspekt eines Geistes, der ganz in die Rastlosigkeit des Weltwerdens hinübergegangen dieses als seiend fühlt in der fortwährenden Auflösung des einzelnen; dieser Aspekt ist für den Menschen Ausnahme, denn ohne Selbstbehauptung gibt es keine höhere Bildung. So muß dieser Aspekt aus sich selbst seine Umkehrung hervorbringen. Beide Gedichte stimmen zusammen in einem Satz: In Anwendung auf das erste bedeutet die Zeile „das Ewige regt sich fort in Allem", daß das fließende Werden den teilhabenden Geist in sich hereinnimmt; in Anwendung auf das zweite Gedicht aber, daß der Mensch seinerseits durch erkennend-tätige Aufnahme des Seins an Kraft und Gehalt unzerstörbar wird. Die persönliche Unsterblichkeit ist auch im zweiten Gedicht nicht entschieden erklärt. Der „Überdruß" ist also das Mißbehagen des Teils, für sich zu sein, das die bittere Erfahrung der Endlichkeit zur Neige auskostet; gerühmt ist dagegen die Kraft zur Selbstversetzung, die der Dichter hat und die er den Seinigen mitteilt – ein freudiger Freitod des Geistes, der in die Natur zurückgenommen werden kann und muß. Wenn zwischen Weltseele und Weltgeist unterschieden wird, so ist Weltseele das All, sofern es Leben ist und sich dem Geöffneten schenkt, Weltgeist, sofern es Geist ist und sich dem Menschengeist, der durch andere Wesensstufen bis zu ihm aufsteigt, zum Wettkampf stellt. In der Vorstellungsart der Menschen heißt beides: Gott; der Wissende aber beschreibt ihn genauer: das ewige, lebendige Tun. Es wirkt, und was wirkt es? Verwandlung! Denn alles Gebildete (so auch die menschliche Persönlichkeit) behauptet seinen Werdenszustand, der nur als Übergang gemeint ist, mit Trotz als seiend und verschreibt sich so dem Tod; es trägt eine Waffe gegen das Werden. Diesem wirkt das Tun entgegen und der menschliche Geist ringt insofern mit dem Weltgeist, als er sich dieses Tun mitzutun vermißt, sich gleich jenem – gegen die eigene Tendenz zur Erstarrung – im Werden erhält. Der Vorrat, aus dem in jedem Moment neues Werden anhebt, ist unerschöpflich, weil ihn das Vergehen auffüllt. Der Tod ist Mittel zum Leben und die Rückkehr ins All die einzige Unsterblichkeit. Alles, was wir als beständig denken, auch die Gestalt, ist ein Trug, ist nicht mehr als ein willkürlich festgehaltener Moment des Werdens: ,,Nur scheinbar steht's Momente still.“ – Die erste Strophe des zweiten Gedichts, das sich sonst in geläufigen Inhalten bewegt, enthält doch einiges Esoterische. ,,Schmücken“ braucht Goethe in altgriechischem Doppelsinn: Schmuck ist das Reizende der Ordnung, Ordnung das Gesetzliche der Welt. Goethe liebt es, sich die Natur wirtschaftend zu denken: sie wirft ein Vermögen aus, dessen Fond ,,lebendige Schätze“ sind. Gesetze stellen sie sicher gegen das Vergehen. Ein Schatz, der zugleich lebt, bedeutet ein höchstes Besitztum der Natur, das selbst Leben ist. Schätze sind also schaffende Zentren der Gestaltung, Formen für die Organisation des Stoffes, die als unzerstörbar gedacht sind, auch wenn ihre körperlichen Substrate zerfallen. Es ist aber die Frage, ob sie mit der Individualität gleichzusetzen sind. Goethe scheint eine Rangordnung aufzustellen: als Leben sind sie immer unzerstörbar, als persönliches Leben nur in den höchsten Fällen. ,,Am Sein erhalte dich beglückt“ kann Doppeltes bedeuten. Entweder: erhalte in dir das Glücksgefühl, das durch das Sein erregt wird. Oder ,,beglückt“ ist ein Zusatz: in beglückter Weise, als Beglückter erhalte dich selbst durch das Sein, erhalte dich seiend, indem du viel Sein in dich aufnimmst. Den Vorzug verdient wohl die zweite Erklärung, obwohl man bedenken muß, daß die Mehrzahl möglicher Bedeutungen, die an Prosa zu tadeln wäre, das Bedeuten aufhebt in einem Lebensgefühl. Durch die Tätigkeit, die ein Mittun des Ewigen ist, behauptet sich die Person als Leben gegen den Angriff des Nichts. Kopernikus wird insofern Goethes Gewährsmann, als die Sonnenmitte auf Goethes Denken übertragen die Mitte des Wahren bedeutet, auf die hin sich die Individualität ordnen muß, um der Willkür zu entgehen; es kündigt sich auch im Innern jedes Menschen an und erlaubt ihm, in sich zu gründen. Eine der wenigen goethischen Sätze, die eine Verbindung schlagen zwischen der Unbedingtheit des Sittengesetzes und dem Lebensgesetz der individuellen Anlage. Die beiden Worte „Sicher und geschmeidig" bezeichnen wohl, als eine mittlere Tugend des Erkennenden, der den untrüglichen Bescheid der Sinne richtig auslegt, den Ausgleich zwischen dem Festhalten der Grundform und der Anerkennung des Konkreten. Die letzten Strophen regeln das Verhalten des Menschen unter seinesgleichen. Er hat das Recht, in der ihn selbst steigernden Wirkung eines Gedankens dessen Wahrheit verbürgt zu finden, und kann sich im Chaos des Zeitalters nur retten durch die engste, in Einsicht und Wirken einhellige Gemeinschaft. Goethe begreift sich mit Ähnlichgesinnten unter einem Stand, der keinen festen Ort im Aufbau der Gesellschaft hat: „Geselle dich zur kleinsten Schar." Was er, sei es Pflicht, sei es Vorrecht, seit langem übt, wird diesem Stand übermacht. – Es ist das „Vorfühlen" – das musterhaft gestaltete Gefühl, das die Edelsten vertritt.

Trotz aller Lehrhaftigkeit bleiben diese Gedichte Lyrik durch die Sprachform, in der sich ein Lebensgefühl ausprägt. Es ist persönlich und schwingt zugleich in großen Weltbewegungen mit. Und diese Weltbewegungen selbst! Nirgends erscheint uns die Natur so rastlos, so grenzenlos bewegt, nimmt uns so mit herein in beständige Umwälzung, wie in diesen Gedichten Goethes, besonders in „Vermächtnis, Wiederfinden, Weltseele"; sie ist darum Gott, weil sie das Tun ihres Selbst ist – ein modernes, ein, wie man heute sagt, dynamisches Weltbild, das wir übrigens schon in der Konzeption des Erdgeistes antreffen: das Weltbild eines selbst grenzenlos Tätigen.
Die naheliegende technische Auskunft, deren sich Schiller bedient: das Lehrhafte mit dem Dichterischen durch die Metapher zu versöhnen, wird von Goethe verschmäht. Indem die Metapher Begriffe verbildlicht, soll sie diese populär machen, sie auf Affekte beziehen, für das Ideal werben: so ist Schiller in seiner Gedankendichtung Mann des Wirkens und geborener Seelenführer. Goethe spricht auch hier nur seinen Zustand aus, mit dem Gehalt, der denselben bestimmt oder, wenn „Zustand" zu beharrend klingt: er vollzieht in Worten einen geistigen Akt. Was Metapher scheinen könnte: „Denn das selbständige Gewissen Ist Sonne deinem Sittentag", ist es nicht. Es wird hier gar nichts verglichen, nur das an sich Entsprechende als entsprechend gezeigt; der gleichförmige Aufbau der inneren Welt und des Gestirnhimmels besteht ohne dichterisches Zutun und das Sichtbarmachen des Denkens

kommt nicht als ein Zweites zu dem Denken hinzu, sondern das Denken ist ein Sehen. Wie aber erlangen die Begriffe, die Goethe sich erarbeitet hat und die man esoterisch nennen darf, Deutlichkeit für den Leser? Durch den Zusammenhang! Nicht des Satzes – das wäre zu wenig und würde wieder der Ergänzung durch Goethes ganze Wissenschaft bedürfen; sondern durch den Zusammenhang der rhythmischen Zeile, die sie dem Leser als überzeugendes Lebensgefühl mitteilen; sie versetzen ihn in denselben Zustand des Denkens und des Mitschwingens mit der Lebensbewegung. Und ein merkwürdiges Mittel, gerade den esoterischen Gehalt populär zu machen, besitzt Goethe in der Spruchform, die von ihm verblüffend gemeistert im Alterswerk immer wieder häufiger begegnet, in hundert unvergeßlichen Glossen, die bündige Derbheit der Prägung vereinigen mit dem sublimsten geistigen Standort. So gut wie für Volkslied, Ballade und Märchen hat auch Goethe für diese volkstümliche Form einen höheren Vorwand. So wie der Spruch ein Niederschlag unendlicher Erfahrung ist, aber in schöpferischer Fassung, die durch sich, nicht erst durch den Inhalt überzeugt, ein aufgefangener Augenblitz der Wahrheit – so hat der Spruch für Goethe eine Verwandtschaft zum Urphänomen, das er innerhalb der sittlichen Erfahrungen vertritt – ein Erfahrungsextrakt, und also seiner Denkart höchst gelegen. „Was fruchtbar ist, allein ist wahr" ist solch eine Prägung unter vielen.

Wenn man das Ganze dieses Zyklus „Gott und Welt"

im Auge hat, so kehrt er das autobiographische Schema, das unmerklich Goethes lyrisches Schaffen gliedert, eigentümlich um. Das sind nicht Momente Goethes, es sind Momente des Weltlebens, das sich auf sich selbst besinnt, wenn im Geist eines bevorzugten Menschen diese Einsichten aufblitzen. Ist es zu kühn, zu denken, daß das Weltleben wie der Mensch der Selbsteinkehr dieser Momente bedarf, und daß in diesem begeisterten Alter eines weisen und frommen Menschen es sich selber zum Geiste lichtet? Goethe ist da einen großen Weg gegangen. Er hat damit begonnen, die Natur zu durchfühlen – und es gab kein Objekt mehr. Alles war innen. Nun gibt es kein Subjekt mehr. Der Geist nimmt sich aus dem Stoff zurück und behandelt sein Dasein in der Wirklichkeit als Beispiel seiner selbst. Frei hin- und hergehend weiß er sich heimisch in den übermenschlichen Verläufen; er hat ihre Ordnung für sich entziffert, ihr Leben in sich aufgenommen und findet sich von hier aus im menschlichen Umkreis zurecht.

GOETHES GROSSE GEDICHTKREISE

Mit ,,Römisch" und ,,Westöstlich" – Worten, welche im Titel zweier Gedichtkreise stehen, bezeichnet Goethe zwei Kulturen, die hier bewältigt sind, oder die Haltung bestimmen. Worin sind denn die Elegien, die Goethe seit 1806 ,,römisch" nennt, römisch? Sie ahmen die römischen Elegiker nach, sie sind in Rom gedichtet und verraten überall den Ort. Aber das ist nicht alles. Sie sind ein Einschnitt in Goethes Lebenslauf und heißen vielleicht gar deshalb römisch, weil Goethe selbst in ihnen römisch wird. Warum heißt der Divan ,,westöstlich"? Doch wohl, weil er dichterisch den Westen mit dem Osten verständigt. In welchem Medium aber, wenn nicht in Goethes Geist? Was also verständigt, ist die Person, in höchster Tragweite genommen.

Man hört es diesen gewiß stolzen Namen ab, daß die Anordnung von Gedichten zum Kreis, die älter ist und näher liegt als das Dasein eines Gedichts für sich selbst, hier Neues bedeutet. Wenn Goethe Gedichte derselben Gattung zusammenstellt, erneuert er die Gattung, und wir werden auch deren Begriff neu bilden müssen. Die Elegien sind eine Gattung. Das ist nur Name – was verbindet sie? Die Divangedichte sind keine Gattung. Da Rom und Persien und Arabien fern sind, hält die beiden

Sammlungen etwa eine Reise zusammen? eine wirkliche? eine vorgebliche? Das wäre nicht ungoethisch, zumal er nach Rom gereist ist, und im Divan manche Gedichte auf eine Reise deuten. Hier also eine vorgebliche, dort eine wirkliche Reise! Der Biograph fügt hinzu, daß der Dichter des Divan auch auf Reisen war, wenn auch nicht so weit und nicht nach dem Osten. Auch ein Roman des Herzens könnte die Gedichte verbinden; ein solcher fehlt weder hier noch dort. Er könnte im einen Fall tatsächlich auf fremdem Boden durchlebt, im andern Fall auf ihn verpflanzt sein. Warum aber verpflanzt? Sind diese Neigungen so getönt, daß sie nach einer solchen Szenerie verlangen? Wieder fügt der Biograph hinzu, daß, was für den Roman im Divan gilt, auch für den Roman der römischen Elegien gelte: geliebt worden sei Goethe auch in Rom, dennoch habe der in Deutschland Dichtende eine deutsche Liebe ,,versetzt" oder jedenfalls ein einheimisches Erlebnis und eines auf fremdem Boden seltsam vermischt. Die Gedichte beider Zyklen zeigen an, daß sich der Dichter auf eine vorhandene Dichtung bezieht, die jener fremden Kultur angehört. Nachahmungen also? Ja; nur muß der in Verachtung geratene Begriff des Nachahmens in seinem Ansehen erst gehoben werden, ehe er auf solch eine Dichtung angewandt werden kann. Goethe ahmt nur dann nach, wenn die erreichte Stufe seines eigenen Daseins mit der Eigenart des Vorbilds zusammenfällt, so daß er sich als Nachahmender, weit entfernt sich zu verleugnen, verdeutlicht. Wenn Goethe aber in diesem Sinn nachahmte, warum ahmte er damals gerade dies nach? Er muß in einem Zustand gewesen sein, in dem Properz und Hafis leicht bei ihm Zutritt fanden. Wenn dieser Zustand in den Gedichten eher verschwiegen als ausgesprochen ist, so muß ihn der Verstehenwollende um so mehr erfragen; dann aber zeigt sich, daß er mittelbar doch in jedem Gedicht enthalten ist. Dieser Zustand ist eine Verfassung des Geistes und ein Augenblick der Seele. Denn diese Gedichtkreise, die durch ihren Plan eine Ausnahme von Goethes lyrischem Verfahren scheinen, bestätigen doch das Gesetz der Entstehung aus dem Augenblick. Sie sind augenblicklich nicht nur, weil sie, durch einzelne Gedichte, Augenblicke beschreiben, sondern weil sie einen allen Gedichten übergeordneten Augenblick haben. Sollten sie vielleicht nur durch diesen Augenblick möglich sein? Also aus demselben Akt hervorgehen, aus dem das kleinste lyrische Gedicht hervorging? Wie vertrüge sich aber der Augenblick als Thema und als Entstehungsweise mit dem geschlossenen, zyklischen Entwurf? Denn schon bei der ersten dieser römischen Elegien war Goethe gesonnen, eine Reihe zu verfassen, und bei den ersten Divangedichten hat er schon hingeblickt auf eine „Versammlung deutscher Gedichte im steten Bezug auf den Orient“. Ist dieser Quasi-Augenblick nicht eher eine Spanne oder Stufe und wäre es dann nicht Willkür, wenn man bloß um eine einheitliche Betrachtung zu sichern auch dafür den Ausdruck „Augenblick“ wählte? Vielleicht doch nicht: eine Spanne kann Jahre dauern, sie hat aber ihren entschiedenen Einsatz und vielleicht ebenso deutlichen Abschluß, und wenn eine „Stufe" nicht selbst augenblicklich ist, so kann sie doch augenblicklich in Sicht kommen, und zwar in die Sicht dessen, der sie betritt. Auch der Gegenbegriff zum Augenblick bleibt derselbe wie früher bei dem scheinbar genaueren Wortgebrauch: nämlich der Lebenslauf. Nur daß die Gedichte meist bloß mittelbar auf ihn verweisen, während er schon im Entwurf der Zyklen mitgedacht werden mußte. Denn was allein zu einem solchen Entwurf führen konnte, ist Goethes Begegnung mit sich selber in einem Wendepunkt seines Lebens. Das ist hier Augenblick, auch wenn man nicht mit der Uhr in der Hand dastehen kann und sagen: jetzt ist er, jetzt ist er vorbei. Wenn wir beide Zyklen nach diesem Augenblick fragen, so gibt der Divan ihn schärfer, bewußter an. Wir finden es natürlich, da hier der Fünfundsechzigjährige, dort der Vierzigjährige dichtet. Fragen wir aber das Tagebuch und die Briefe der italienischen Reise, so konnte auch dieser Wendepunkt gar nicht bewußter durchgestanden werden. Es muß also an der Dichtart liegen, die im Falle der sonst so viel und gern entblößenden Elegien zurückhaltender ist. Vielleicht ist gerade dies römisch an ihnen, die Scheu vor Selbsteröffnung.

Der Augenblick, durch den Zyklen möglich werden, ist wichtig, ein Einschnitt im Leben. Er scheidet ein Vorher und ein Nachher; so ist er in sich selbst entschieden, ist in seiner Entschiedenheit bewußt: Wissen eines Menschen um sich selbst. Kann sich aber ein Mensch in einem Augenblick gegenständlich werden ohne eine Veränderung seines Wesens? Er fällt sich auf ..., irgend etwas ist anders geworden mit ihm. Freilich, wenn dies schon der Grund der Begegnung eines Menschen mit sich selbst ist, so kann der Grund verborgen bleiben. Genug, wenn einer sich selbst deutlich wird – er glaube immerhin, daß er von jeher so war, und nur das, was er von jeher zu sein glaubte, mit unvergleichlicher Schärfe empfindet! In Goethes Fall mit Behagen! Denn solche Augenblicke sind glückhaft, ein Gelingen des Lebens, eine Vollendung der Person. Schweifte er vorher ab? War er sich entzogen? Ging dem Behagen ein Mißbehagen voraus, drohte ein Verfehlen der Bestimmung, war das Ich selbst in Gefahr? Unterzugehen, sich im Ausweichen zu verfälschen, an einer Störung zu erkranken? Nun, dann ist der Augenblick die Krisis selbst, aus der man hervorschreitet mit dem Gefühl der Heilung und des Heils. Ist das nicht Augenblick? Gegen Ende des 11. Buches berichtet Goethe in Dichtung und Wahrheit, er habe, nachdem er Friedericke Brion noch einmal vom Pferd herab die Hand gereicht, im Wegreiten auf dem Pfad nach Drusenheim „nicht mit den Augen des Leibs, sondern mit den Augen des Geistes“ sich selbst in hechtgrauem Anzug mit etwas Gold daran genau so in umgekehrter Richtung reiten gesehen, wie er dort tatsächlich nach acht Jahren ritt. Ein höchst ehrwürdiges Zeugnis. Zur Deutlichkeit des Gesichts ist gesteigert, was ihn auch sonst betraf. Dieses klare und plötzliche Schauen seiner selbst gibt ihm Gewißheit darüber, daß ein Augenblick einschneidend ist. Diesmal die Schau seiner selbst als eines Künftigen! Öfter wird er sich als Gewesener bündig, Auch dies ist dichterisch. Das Gemeinsame ist die Selbstbegegnung. Alles bezieht sich auf das Ich, das durch ein Schicksal geht. Da träumt es sich. Man denke nur an Ilmenau. Sieht sich der Dichter als Gewesenen, so ist damit gegeben, daß er eine neue Gestalt hat, daß er sie eben zu haben beginnt. Sieht er sich als Künftigen, so ist damit gegeben, daß er eben aufhört, zu sein, was er eine Zeitspanne lang gewesen war. Die Selbstschau dessen, der sich als frisch Gewandelten erkennt, hat etwas Freudiges. Die Zyklen Goethes also sind Selbstanschauungen in einem Wendepunkt. Sie sind schön, weil sie authentisch sind, wie das einzelne Gedicht. Authentisch sind sie durch das Genaue des in ihnen wiedergegebenen Augenblicks, sofern er der eine gründende Augenblick dieser Gedichte ist.

Die Person bedarf eines Einschnitts im Werden, um sich selbst zu fassen. Diese Begebenheit betrifft das Ich; aber sie gewinnt in dem Maß eine sachliche Breite, als sich Goethes jeweilige Phase mit einer Geistesstufe und mit einem Bildungsinhalt gleichsetzt. Sich selbst fühlen und gebildet sein, einen Zustand haben und Welt begreifen werden eins. Zart und streng hängt jener Augenblick der Seele mit einer bestimmten geistigen Welt zusammen. Die geistige Welt wird Stoff, an dem sich der Zustand darstellt, und der Zustand erschließt eine geistige Welt.

Beides ist Augenblick. Denn beides ist Eröffnung! Nicht also stellen die Zyklen einen Zustand dar, sondern den Beginn eines solchen; nicht eine geistige Welt, sondern die Erschließung einer solchen. Damit ist der Augenblick, fast könnte man sagen: die Plötzlichkeit auch als Gesetz der Zyklenbildung aufgefunden. Allerdings schafft eine gewisse Zahl von Gedichten, wenn sie einmal da ist, dann eine eigene Sicherheit des Schaffens, die Varianten erfindet und Lücken ausfüllt, bis neue Eingebungen erlitten werden. Beides zusammen macht den Stil. Im gewöhnlichen Leben empfinden wir die lange Dauer eines Zustands als prosaisch, seine Eröffnung als poetisch. Darin behandeln also die Zyklen eine Wirklichkeit poetisch, daß sie sich in ihnen eröffnet. Indessen kannte Goethe auch die schreckliche Poesie der sich entziehenden Wirklichkeit.

Welt also gehörte immer mehr zu Goethes Person, und der spätere Goethe kann ein Kapitel der Geschichte seiner Seele gar nicht darstellen ohne die Beschäftigungen, denen er damals oblag, und ohne die Bilder, mit denen er damals Umgang hatte. Mit großer Sicherheit findet er in den Elegien sogleich die eigentliche Form seiner zyklischen Kunst, deren Besonderes ist, eine Verwandlung Goethes an einer in ihm erneuerten geistigen Welt zu zeigen. Bestimmte Dichter und eine durch sie vertretene Dichtart machen ihm eine geschichtliche Welt zugänglich; zugleich aber bieten sie ihm das Mittel, sich dieser Welt zu bemächtigen, indem er Dichter und Dichtart als Schaffender fortsetzt. Vielleicht könnte man eine geistige Welt auch anders nachbilden; die Nachbildung könnte sich unmittelbar auf das Leben, auf Geschichte oder Sitten beziehen ohne Vermittlung eines Dichters. Aber das Umbilden vorhandener, für musterhaft befundener Dichtung gehört zur Tätigkeit dieses Geistes, der sich innerhalb der Überlieferung denkt und Überlieferung ist: ihr Auszug, ihr dichtestes Leben. Dies ist Humanismus und mehr! Er selbst sein heißt für ihn auch, daß Dichter in ihm neu werden, und daß er sich dichterische Ahnen gibt. Wenn ein Dichter und eine Dichtart eine geistige Welt vertreten, so vertritt den seelischen Zustand eine Liebesbegebenheit. Wie einzig ist die Liebe geeignet, das Beginnende eines Zustands hervorzuheben! Ist nicht jeder Liebesaugenblick ein Anfang und erschließt? Die Liebesbegebenheit steht also mit der geistigen Welt eines Zyklus in nahem Bezug. Wie sehr sie immer Leben sei, sie hat Teil an Kunst und Geschichte. Ist es die Liebe, die den Geist auflockert für das Begreifen einer bestimmten geschichtlichen Welt, oder ist es diese Welt, die einer Liebe ihre eigentümliche Tönung gibt und sie also im geistigen Sinn möglich macht? Eines durch das andere.

In alledem gleichen sich Römische Elegien und Divan. Vergleichen wir mit ihnen den frühesten Zyklus Goethes, die Leipziger Lieder, so fehlt denen zwar nicht die literarische Vermittlung, wohl aber die „Ferne“; sie bekennen sich mehr oder weniger deutlich zu einer bestimmten Urbanität des damaligen Leipzig, die zu einer deutschen und schließlich europäischen Liebeskonvention zurückführt und die vielleicht mit der Länge der Zeit ein wenig seicht geworden war. Sie sind also im Lebensgefühl künstlich und verbinden damit die persönliche Wahrheit, die sich schon damals nicht verschweigt, in kaum ausgeglichenem Widerspruch, ohne daß er Goethe wohl ganz zu Bewußtsein kam. Er konnte dies erst wissen, als es nicht mehr so war, und da hörte das Dichten – dieses Dichten – auf. Es wäre nur noch ironisch und aus großer Distanz möglich gewesen. Die zyklische Form ist ein Muster, das auszuführen ist und dessen Ausführung dann manches Persönliche enthält, aber sie hat noch nicht die Entschiedenheit des eigenen Fundes.

Die römischen Elegien

Goethe besaß, ehe er so jählings und lautlos in den Süden aufbrach, eine gründliche Kenntnis der lateinischen Dichtung, und wußte, was Rom ist, so gut es ein damaliger Deutscher, belehrt durch Kunst, Geschichte und Reiseliteratur, wissen konnte. Als er aus Italien zurückkehrte, hat er eine Überzeugung gewonnen, die ihn bald mehr, bald weniger in seiner noch übrigen Lebenszeit bestimmte. Aber die für ihn umwälzenden Einsichten in Kunst und Natur, die unvergeßlichen Eindrücke südlicher Landschaft und Lebensweise, kamen ihm in Momenten der Reise, und sein eigenes Verhältnis zur antiken Welt gründete er in Rom selbst, unmittelbar mit dem Betreten des römischen Bodens. Das demütige Beginnen von vorn, die Folgen dieser Eindrücke für seine Person, deren Römischwerden, vollzog sich spontan, einmal, mit kaum zu denkender Wucht. Was heute der Gebildete einen „Markstein in der Geschichte des deutschen Humanismus" nennt, überfiel damals eine Seele, die einsam und selig hilflos war. Dadurch *sind* die Elegien; und so gut sie das Entstehen einer Welt in Goethe abbilden, beginnt in ihnen eine Liebesneigung. Wie wenig ist hier die Dichtung Lebensbericht! Es hilft nicht viel, zu wissen, daß in Weimar geküßte Küsse auf den römischen Aufenthalt zurückdatiert werden; sogleich die erste Elegie ersetzt einen uns bekannten Zusammenhang des Lebens durch einen Zusammenhang der Kunst. Es ist nicht wahr, und kein Mensch, der sich in Goethes Leben auskennt, wird glauben, daß für Goethe die Steine Roms nicht redeten und die römischen Kunstwerke seelenlos blieben, ehe er sich daselbst verliebte. Die Aufregung seines tiefsten Wesens durch Rom und Römisches begann sogleich, nachdem die Einfahrt in die ewige Stadt eine Sehnsucht stillte, die im Lauf der Jahre fast Krankheit geworden war. Was Goethe in der Folgezeit dort mit einer Frau oder mit Frauen erlebte, steht für sich, und war jedenfalls nicht die Bedingung jener großen Einsicht und jenes großen Eindrucks. Wohl aber setzt das erste Gedicht die Beziehung zwischen Kunst und Liebe fest, die den ganzen Zyklus durchwaltet. Damit ist freilich eine literarische Konvention aufgenommen und neu begründet: Amor, der Gott der Elegiker, ist es, der dem Dichter sein neues Schicksal zubereitet. Seltsam, daß der Dichter durch die für ihn noch ausdruckslosen Straßen gehend, bereits weiß, daß er sich demnächst verlieben wird. Und ist es nicht im Divan ähnlich? „Doch wirst du lieben!" Man könnte sagen: ein Kunstgriff der dichterischen Einführung? Goethe erzählt in Dichtung und Wahrheit, er habe bald nach seiner Ankunft in Straßburg von der Plattform des Münsters das Elsaß betrachtet, in dem er künftig ein Schicksal haben wird: er schildert das ahnungsvolle Gefühl einer solchen Betrachtung mit den Worten: „Und noch haben weder Neigung noch Leidenschaft diese oder jene Stelle besonders herauszuheben; aber eine Ahnung dessen, was kommen wird, beunruhigt schon das junge Herz und ein unbefriedigtes Bedürfnis fordert im stillen dasjenige, was kommen soll und mag, und welches auf alle Fälle, es sei nun wohl oder weh, unmerklich den Charakter der Gegend, in der wir uns befinden, annehmen wird." Die Worte haben etwas Allgemeines. Merklich, wie der alte Goethe zum Deuter des jungen wird! Ein solches, von der neuen Umgebung eingeflößtes Ahnungsgefühl traf Goethe, wenn sich ihm eine Lebensperiode eröffnete. Die Fremdheit der neuen Umgebung ist versprechend. Bald wird sie Raum des Schicksals sein. Jene erste Elegie kehrt die Zeitfolge um: zuerst erschloß sich Rom und das erschlossene Rom gab einer Neigung den einmaligen heidnischen Glanz. Im Divan Ähnliches: der Ring des Dogen. Wir wissen, daß die Umrisse des eigenen dichterischen

Orients gezogen waren, ehe Goethe Marianne kennenlernte.

Amor prahlt in der so kunstreich angelegten dreizehnten Elegie, er habe alle diese Gebäude gebaut, diese Kunstwerke hervorgebracht. Er scherzt wohl auch, und nicht ohne Tücke. Wenn er Schalk heißt, so möchte man darin sein altes Beiwort „Improbus" erkennen. Ein anderer Dichter hätte den Satz, daß alles Große der alten Kunst nur durch Liebe groß war, als ein Mysterium mit Pathos vorgebracht. Amor rühmt sich weiter – und nun ist er deutlich der Schutzherr der bisherigen Liebschaft des Dichters –, er danke dem Manne, der sein Leben dem Dichten der Liebe gewidmet habe, dadurch, daß er ihm in Rom für gutes Quartier sorge. Und so, wie die Liebe in der ersten Elegie nötig schien, damit die Größe Roms zum Dichter rede, so ist sie hier der Ursprung dieser Größe selbst, was Amor dem Dichter an seiner Vita anschaulich macht. Undichterisch sei er geworden, seit er dem Amor lässiger diene; nun er in den alten Dienst zurückgekehrt, denke er wieder „zu bilden". Dieser Ausdruck ist gewählt, weil er eine Näherung zwischen Dichtung und Plastik und zwischen Antike und Moderne bezeichnet. Schalk ist Amor, da er das Dichten ermöglichend es hindert: er raubt dem Dichter durch Liebe die Zeit, das ihm inspirierte Liebesgedicht zu machen. Nachdem diese Sophismen einer Situation des Lagers wichen, lenkt ein kühner Tonwechsel zur Kunst zurück. Was an der Bewegten, der Erwachenden die Begierde entfesselt, ist im Schlaf ruhende Form, an der sich die höchste Betrachtung begeistert. Der herrliche Eingang einer Properz-Elegie: „Qualis Thesea iacuit cedente" klingt an, und der Körper der Geliebten lebt unter mythischen Beispielen und klassischen Kunstwerken. Unwillkürlich schweift der Leser vom Schluß dieser dreizehnten Elegie zurück auf die fünfte, die so üppig mit dem heimlichen Ernst des Dichters spielt. Der Tag den klassischen Studien, die Nacht der Geliebten! Aber ist dies nicht auch ein Studium? „Und belehr ich mich nicht, indem ich des lieblichen Busens Formen spähe, die Hand leite die Hüfte hinab? Dann versteh ich den Marmor erst recht ..." Dies am Leib der Geliebten gelernte Verstehen des Marmors, dieser erotisch geschärfte Tastsinn des Auges wird Dichtung, eine Dichtung, deren Ehrgeiz die Vollendung plastischer Formen ist. Amor und seine Prahlereien sind genau das, was der Dichter vor dem Humanismus voraus hat. Ein Glanz muß auf alles Leibliche fallen, damit die Menschengestalt in der bildenden Kunst aufgehe; diesen Glanz entdeckte zu allen Zeiten der Liebende, sehend, was schön ist, es als Hingerissener sehend; so entdeckt ihn auch der Liebende jetzt und versteht, was an der alten Kunst Leben ist: ihre Geburt aus Liebe. Freilich mußte Goethe nach Rom gehen, um dort diesen Amor zu finden. Nie vorher hat ein deutscher Vers die Weihe des Fleisches gesungen, und das Bonmot Amors entlarvt großartig den Widerspruch zwischen Humanismus und Antike: „War das Antike doch neu, da jene Glücklichen lebten!" Wer ist nun der Amor der goethischen Elegien? Der Amor der lateinischen Elegien kann er nicht sein; denn daß „der Barbar römischen Busen und Leib beherrsche", dies konnte ja kein Alter von sich behaupten. Es ist also nicht jener alte Amor selber, sondern ein Amor, der auf ihn blickt und ihm zu gleichen denkt. Amor, der alte Amor, haust in der Elegie; sie ist sein Gedicht und er ist ihr Gott; so muß er aus ihr verstanden werden. Sein Besonderes in der alten Göttergesellschaft – das neue Wehen, das er mit sich führt, und überhaupt die so abschließende, überleitende und eröffnende Welt der lateinischen Elegie zu erforschen, wäre eine Aufgabe von unendlichem Reiz. Sie fordert indessen den berufenen Deuter der alten Gedichte; und auch über ihr Nachleben in Goethe wäre ihm das meiste zu sagen vorbehalten. Die Elegien des Properz berührten Goethe wohl stärker als die des Tibull. Ihr moderner Zug ist deutlicher: es sind Gedichte, die ganz dem leidenschaftlich bewegten Zustand des Liebenden gewidmet sind. Freilich sind sie nicht spontan wie die Gedichte Goethes. Sie haben, neben vielen vorrätigen Sprachwendungen, einen Vorrat von Grundtönen, deren Wechsel innerhalb des breit angelegten Gedichtes seinen Bau bestimmt und seine Wirkung ermöglicht. Dies ist ebenso altertümlich wie die Situationen der Gedichte, die persönlich und erfahren scheinen, bei näherem Betrachten aber vielfach als geeignete Anknüpfungen dichterisch überliefert werden. Altertümlich ist auch, daß die Gedanken vom leidenschaftlichen Zustand abschweifen zu mythologischen Vergleichen, die sich zu ganzen Szenen erweitern können, oder zur Vorgeschichte der großen Stadt, oder zum höfischen und politischen Leben, oder zu dem von der Hirtendichtung herüberwirkenden Lieblingsthema der goldenen Zeit und der Frage nach dem ersten Anstifter irgendeines die Gegenwart behelligenden Übels. Auf diesem Umweg kommt nun das Spontane in die Dichtung und wirkt in der Elegie bis heute fort: spontan ist die Art der Gedankenverbindung! Der Affekt des Liebenden ist daran erkannt, daß die geordnete Folge der Gedanken zum Schweifen wird. Man macht vielleicht zum erstenmal einen gewissen Naturalismus in der Darstellung des Gefühls, der planmäßig die Gedanken durcheinanderbringt, zum Gesetz einer Dichtart: Schein der Absichtslosigkeit als höchste Absicht. Es ist wohl nicht nur Goethes Meinung, daß die beiden Erfinder dieser Kunst des Kunstlosen, dieser Ordnung der Unordnung zugleich ihre höchsten Meister waren. Vielleicht überwiegt bei Properz der leidenschaftliche Zustand, bei Tibull die Idee der weichen, gleitenden Verbindung des Vielfachen zu einem abgestimmten Ganzen, so daß die eigene Leidenschaft oft nur gestreift wird. Natürlich finden sich bei Goethe beide Fälle und aus seinen Nachbildungen ist auch zu erschließen, daß er der größte, der kongenialste Leser war! Wenn man einzelnen Anregungen nachgeht, die er seinen Meistern verdankt, werden sie alsbald zum Kontrast; Goethe begriff das verdeckte Baugesetz dieser Gedichte und auch er wollte nicht nur sein Inneres, sondern ein dichterisches Ideal offenbaren. Und Klassiker waren ja nicht die Griechen, sondern diese Lateiner, und sie formten ihr Gedicht wie Goethe im Hinblick auf eine gewesene, wenn auch etwas nähere Kunst. Sonst aber – was ist nicht alles verschieden! Das Wesen der Situation, das nun autobiographisch ist, und die Situation selbst! Bett, Straße und Schenke finden sich bei Goethe, nicht aber die Weite des ganzen römischen Weltlebens vom Bordell bis zum Krieg in fernen Provinzen. Vor allem der Amor selbst, als Liebeszustand, ist so verschieden, wie die Geliebte, die ihn regiert. Cynthia ist eine so wilde als gescheite, sogar dichterische Hetäre und bleibt, auch wenn sie leidlich gezähmt scheint, ein gefährliches Raubtier. Wenn der neue Elegiker seiner Geliebten des Hexameters Maß mit fingernder Hand auf den Rücken zählt, so hat sie einen guten, beinahe deutschen Schlaf. Cynthia ließe sich das schwerlich gefallen. Wenn Properz, von ihr beleidigt, Ersatz sucht bei zwei Käuflichen, Phyllis und Thea, und sich die Lust mit ihnen noch durch einen ägyptischen Flötenspieler und die Tänze eines Buckligen würzen läßt – dann wehe den Mädchen, wenn Cynthia plötzlich vor ihnen steht, und wehe ihm selber, der nach dem Verscheuchen der anderen zerhauen, zerkratzt und zerbissen wird, bis sie wieder lächelt und mit ihm zu Bett geht. Und wenn Goethe in dem Gedicht „Besuch", das eine Situation des Properz nachbildet, die über dem Strickzeug eingeschlafene Freundin betrachtet, in deren

Busen sich die Unschuld eines guten Herzens hin und wieder regt, so läßt Properz aus ganz anderen Gründen das Wecken sein: „Doch wagt' ich nicht die Ruhe der Herrin zu stören, da ich die Scheltworte ihrer bereits erprobten Wildheit fürchtete.“ Gefährlich ist der Umgang mit ihr, gefährlich ist auch Tibulls Leidenschaft für eine verheiratete Frau, während der Dichter der römischen Elegien sorglos eine Witwe liebt. Man kann sogar sagen, daß jenen lateinischen Gesängen kaum ein Gefühl abgeht, es sei denn das eines gesicherten und behaglichen Besitzes, das gerade von Goethe gepriesen wird: „Ich liebe Mich des versicherten Guts lange bequem zu erfreun.“

Die Frage nach Amor aber, dem sich noch Venus und Cupido gesellen, ist zugleich die Frage nach den Göttern überhaupt. Goethe konnte seine eigene Art, zu den antiken Göttern zu stehen, in den lateinischen Elegien wiederfinden. Ihm waren diese Götter Ideen, und zwar künstlerisch aufgefaßte. Sie bedeuteten die Natur außerhalb und innerhalb des menschlichen Kreises, wie sie aus sich selber in reiner Deutung hervorgeht; und wenn in ihnen das Wesen des Lebens oder einzelner Lebenssphären erscheint, so sind sie damit nicht erschöpft: alles, wodurch eine Begebenheit oder ein Lebewesen über sich hinausreicht und an Höheres grenzt, heißt gleichfalls Gott, so daß die Götter nicht nur das Wesen des Lebens aussprechen, sondern es steigern. Das ist der eigentliche Grund des goethischen Verhältnisses. Dazu kommt die emblematische Bedeutung der Götterwelt als eines Bildungsapparates. Daß man sich auf Schritt und Tritt auf ein Beispiel der antiken Mythologie bezieht, ist Zärtlichkeit für das Alte und wird mit dem sinnreich Bildhaften dieser Vorstellungen begründet. Dies wäre für uns nicht mehr bindend, wenn es nicht durch jene andere Grundansicht gehoben würde. Das Herübernehmen des griechischen Erbes ist aber auch der Stolz der augustäischen Dichtung, und so bewegt sich die lateinische Elegie, eine verpflanzte griechische Gattung, unbeschadet ihrer kühnen Selbständigkeit, in den Mythen des verehrten fremden Volkes. Schon dadurch, daß die griechischen Götter mit römischen Gottheiten verglichen, mit deren Namen benannt werden, findet ein Ausgleich statt, denn sicher lag es eher im Sinn der Elegiker, den Unterschied zwischen einem literarisch angetretenen Erbe und einer genuinen religiösen Überlieferung zu verwischen, als ihn zu betonen. Dennoch, er ist da. Es wäre übereilt, in dem alten Elegiker nur einen Aufgeklärten zu sehen, der sich göttlicher Vorstellungen zu künstlerischem Zweck bedient und im übrigen einer spätantiken Denkerschule anhängt. Daß die Götter zum dichterischen Schmuck werden, ist bereits in der hellenistischen Poesie vollzogen; auch sie verbindet schon eine Liebesgottheit mit einer erotischen Gattung. So gewiß das gewaltige Rom, seine Geschichte, die Verwaltung der Welt und die Ordnung des Hauses, insbesondere das bäuerliche Jahr für den elegischen Dichter eine mehr als künstlerische Wirklichkeit war, so gewiß bezeichneten für ihn einheimische Gottheiten, im Unterschied zu den griechischen, das eigene Erbe und das Fest des römischen Namens. Anderer Art sind Cupido und Venus, zumal Amor, bald Namen von göttlichen Personen, bald Namen für seelische Vorgänge. Bei Venus findet ein übertragener Wortgebrauch statt, Amor heißt an und für sich Liebe. Daß Amor sowohl Liebe wie Gott der Liebe ist, das ist für die Dichtung von unendlichen Folgen und wirkt sich ebensosehr im romanischen Kulturkreis wie in der englischen Liebespoesie (love und Love) aus: die Leidenschaft ist immer bereit, sich zu vergöttern, der Gott ist immer bereit, ein Gefühl zu bedeuten. Damit hat der Elegiker einen besonderen Gott und ein besonderes Verhältnis zu ihm, das weder in der griechischen noch in der einheimischen Religion gegeben ist und das man modern nennen könnte. Jedenfalls wirkt es bis heute fort. Dieser Amor ist, wenn man will, ein allegorischer Gott, ja ein psychologischer Gott. Es gibt den rein allegorischen Gebrauch der drei Namen, und auch den stumpferen rhetorischen, bei dem sie als synonyme Begriffe auswechselbar sind und nur noch die Begierde, die Leidenschaft oder eine bestimmte Leidenschaft bezeichnen. Aber der Gebrauch der Worte ist beweglich; Amor kann in anmutiger Fabel personifiziert, er kann in einem Kult- und Dienstverhältnis des Dichters zu ihm deifiziert, er kann im Schauder vor seiner Macht, ja in Furcht und Flucht, dämonisiert sein. Das sind seine göttlichen Formen. Seine menschlichen Formen aber sind: der Liebeszustand, das

Liebesschicksal, und die bestimmte Leidenschaft eines Dichters zu einer Person: dieser mein Amor! Schwierig ist wohl das Verhältnis der drei göttlichen Mächte zueinander zu bestimmen. Durch die europäische Liebesdichtung, zumal die in Sonetten verfaßte, zieht sich eine herkömmliche Unterscheidung der Venus und des Amor, ihres Sohnes; so sagt Camoens, daß er die Geschosse des kleinen Knaben leicht nehme, während er die Mutter fürchte. Ein platonisierender Gedanke wird Götterfabel: Venus ist auch die Schönheit, und also das in der Geliebten geschaute Abbild, das die jeweilige Leidenschaft erregt. Unterscheiden die alten Elegiker grundsätzlich und scharf? Venus scheint mehr auf den Genuß und die Werke der Liebe zu deuten, so in der 5. Elegie des 1. Buches von Tibull: „Deseruitque Venus", was Goethe als Motto über sein „Tagebuch" setzt. In der herrlichen Schilderung eines ländlichen Festes, der 1. Elegie des 2. Buchs von Tibull, werden am Ende Amor und Cupido entgegengesetzt. Cupido sei zwischen Feldern und Herden geboren worden und es werden die bedauert, welche dieser Gott schwer bedrängt. Glücklich aber wird gepriesen, wen der gelinde Amor sanft anhaucht. Ist dann Amor der Erreger des veredelten Gefühls? Wie dem nun sei: der Verkehr der Dichter mit Amor ist höchst vielfältig. Properz beginnt seine Elegiendichtung mit ihm. „Amor senkte mir die Blicke beständiger Hoffart und drückte, mir auf mein Haupt tretend, es mit Füßen nieder, bis mich der Schlimme gelehrt hat, die keuschen Mädchen zu meiden und unbesonnen zu leben; und mich läßt schon ein ganzes Jahr diese Raserei nicht mehr frei.“ Ähnlich erscheint er in den Elegien des Tibull, nämlich in der sechsten seines 1. Buches: „Immer zeigst du mir, damit ich mich verleiten lasse, ein freundliches Gesicht, bist aber nachher mir Elendem traurig und herb. Was für Grausamkeit übst du an mir? Ist es für einen Gott so großer Ruhm, einen Menschen in seine Falle zu locken? Denn hier werden Netze gespannt . . .“ Zu seinen vielen Verrichtungen gehört auch die, den Dichter zum Liebesgesang zu inspirieren, und hier knüpft Goethe an, wenn er den Schalk in der 13. Elegie prahlen läßt. Die Fruchtbarkeit dieser Idee des Amor ist groß für den alten Dichter. Wenn den modernen ein solcher Vorrat von Vorstellungen im genauen Bezeichnen des Gefühls stören würde, so ermächtigt er gerade den alten Dichter dazu. Amor ist ihm ganz unentbehrlich zum Begründen, Schildern und Unterscheiden der Zustände, so daß der Gott auch eine bestimmte Liebesart bezeichnen kann und die Fabel psychologisch wird. Was Amor dem Dichter, dem Gegenstand der Liebe und dem Schicksal beider antut, liefert Ausdruck um Ausdruck zu einer Seelensprache, insbesondere dafür, daß die Liebe furchtbar und ein Schicksal ist. Unter anderen, aus fremdem Erbe übernommenen, und eigenen, vielleicht nicht mehr streng gültigen Göttern ist Amor der wesenhafte und wahrhaft wirkende, der erfahrene und neue Dämon der Elegiker, der Gott des Dichters schlechthin. Wenn aber dem neuzeitlichen Liebesdichter das dämonische Müssen

die eigentliche Beglaubigung der echten Liebe ist, wieviel beginnt dann von unserer Sprache und unserem Gefühl in diesem Amor der Elegien!
Eines, was Amor für den neuen Elegiker ist, konnte er dem alten nicht sein: der antike, als antik begriffene Amor! „War das Antike doch neu, als jene Glücklichen lebten." Indem Goethe also die Möglichkeit, daß Amor eine Liebesart bezeichnen kann, benutzt, meint er mit seinem Amor, dem „nacketen Amor", die Liebesart, zu der er sich hier auf dem alten Boden entschließt, und die er ausdrücklich der modernen, sonst auch von ihm gepflogenen Liebesart, der labyrinthischen Seelenliebe entgegensetzt. Aus dem Abstand des modernen, nördlich und christlich geborenen Menschen, der überhaupt diese Elegien erschließt, wird erblickt, was dem antiken Menschen Liebe war. Wie betont Goethe, daß diese antike Liebesart sich für ihn erneuert, daß er sich zu ihr vereinfacht! Sein Amor ist derselbe, der einst Catull, Tibull und Properz befeuerte. „Amor schüret die Lamp' indes und denket der Zeiten Da er den nämlichen Dienst seinen Triumvirn getan." In der dritten Elegie macht Goethe von der elegischen Sitte, die eigenen Zustände unmittelbar an hohe mythische Begebenheiten zu knüpfen, einen überraschenden Gebrauch. Er tröstet die Geliebte darüber, daß sie sich so schnell ergeben habe, mit dem Verweis auf göttliche und halbgöttliche Liebschaft, bei der es immer sehr rasch ging. Im Tempo unterscheidet sich also moderne Liebe von alter! „In der heroischen Zeit, da

Götter und Göttinnen liebten, Folgte Begierde dem Blick, folgte Genuß der Begier. Glaubst du, es habe sich lange die Göttin der Liebe besonnen . . ." Die Beispiele führen echt elegisch in die Gegenwart zurück; die Gründung Roms – dieses den Dichter jetzt begeisternden Roms – wird einer alten Liebschaft solchen Tempos zugeschrieben. Kein Zweifel, der Dichter hält von den modernen Verschleppungen des Tempos jetzt nicht mehr viel! Er verrät ein Stück eigener Geschichte im Anfang des Gedichts, der dem Topos der alten Elegie „Pfeile des Amor" eine neue Bedeutung abgewinnt. Es gebe Amorpfeile, die nur ritzen und das Herz von einem schleichenden Gift auf Jahre erkranken machen. Es scheint, daß der Dichter diese Pfeile kennt! Eben darum zieht er die anderen vor, die „mächtig befiedert mit frisch geschliffener Schärfe" ins Mark dringen und „behende" das Blut entzünden. Diese Erotika entstehen zur gleichen Zeit, als an den Tasso die letzte Hand gelegt wird. Unvergeßlich hat Goethe später im zweiten Teil des Faust die Liebe der Gestalt und die Seelenliebe unterschieden in den beiden Wolken, deren eine sich über Faust verflüchtigt und deren andere in seinem Innern dauert. Aus Spannung und Grundsatz steigern die römischen Elegien das bloß Körperliche ihres Amor über den antiken Charakter hinaus; denn die alten Elegiker kennen eine reichere Skala der Gefühle und eine größere Innerlichkeit der Liebe, als die, die Goethe hier entfaltet. Das ist ja das Schicksal, das Goethe erraten läßt: Vereinfachung, indem sich die Liebe vereinfacht. Man muß zum Verständnis hinzunehmen, welch manchen inneren Tod Goethe als Märtyrer der Seelenliebe vorher starb. Kann man es diesen Elegien nun vorwerfen, daß ihre Voraussetzung erst aus dem übrigen Werk Goethes oder gar aus dem Wissen um sein Leben erschlossen werden muß? Keineswegs! Daß sie verschwiegen wird, ist ein Vorzug. Gerade so kann sie viel anziehender, mittelbarer in den Gedichten enthalten sein: nämlich in jener Gründlichkeit der Wollust, aus der hier beinah ein Prinzip gemacht wird. Das tut kein einfacher, kein derb gesunder Mensch, sondern einer, der gesunden will und für den sich zu vereinfachen die höchste Leistung ist. Mit einem Jubel ohnegleichen entdeckt Goethe in dem, was man schmäht oder gering schätzt, eine unschätzbare, ihm heilige Quelle, an der nicht nur der Mensch, an der die ganze Natur trinkt. Noch deutlicher spricht eine unterdrückte Elegie Verschmähtes heilig, und da wissenschaftliche Ausgaben nicht für Pfarrhäuser und Mädchenpensionate veranstaltet werden, wäre es Zeit, eine so herrliche Dichtung in ihnen zu dulden! Gott Priapus dankt seinem Dichter persönlich dafür, daß er sein Bild wieder aufhob und es vor der Schmach rettete, daß Knechte über ihm ihre Bedürfnisse verrichteten. „Nun, durch deine Bemühung, o redlicher Künstler, gewinn ich Unter Göttern den Platz, der mir und andern gebührt." Er verspricht ihm diejenigen Belohnungen, die ein solcher Gott versprechen kann. Gewiß hatte Goethe Gründe, das zu Lebzeiten nicht zu veröffentlichen. Wir mögen es nicht missen unter den römischen Elegien – was spräche ihren Sinn einfacher und verblüffender aus als die köstliche Gebärde des Dichters, der den alten Gartengott wieder aufrichtet. Das ist zynisch-fromm!

In diesem Amor fällt also die erschlossene geistige Welt und das Schicksal der Seele zusammen; sie wird neu durch ihn. Die autobiographischen Züge des Gedichtkreises, die mit Anmut versteckt sind, treten in Zusammenhang. Elegie 2 zeigt den Dichter auf der Flucht vor seinem Ruhm, dem er sowenig entgehen kann, wie der reisende Malbrough dem auf ihn gemünzten Lied. Das wurde noch deutlicher durch die gestrichene Stelle, die sich auf die lästige Nachfrage nach den Vorgängen des Werther bezieht. Nicht nur den Ruhm floh er, er floh die Gesellschaft, die bürgerliche, die höfische, sogar die kleinen Zirkel, er floh die geistigen Erörterungen so gut wie die aristokratischen Familiengespräche; er floh vor allem die Politik und – ein terminus post quem des Dichtens – er floh die Erinnerung an die für ihn nicht zu verwindende französische Revolution. Was floh er nicht alles! Daß er flieht, daß seine Reise eine Flucht ist, und zwar eine Flucht zum Heile, sagt diese zweite Elegie fast so deutlich wie das Gedicht „Hegire", das den Divan einleitet. Welch schönes Verhältnis hat der Dichter zum Ruhm, wenn ihm nichts verhaßter ist als die Beschäftigung der Menschen mit seiner Person, nichts wünschenswerter als Anonymität, die ihm der neue Amor verschafft. Und so war es: Goethe ließ sich nicht kennen auf seiner Reise.

Dieselbe Elegie ist eins der verblüffendsten Beispiele der Kraft zur Selbstschau. Mit welchem Behagen entwirft Goethe das Bild seiner Erscheinung, wie sie sich in Menschen spiegelt, die nicht nordisch, nicht problematisch sind, die ihn nicht als Dichter nehmen, und die durch das einfachste Interesse der Welt, durch Liebe und durch den Wunsch, zu Geld zu kommen, an ihn gebunden sind. Er vereinfacht sich selbst in dem Blick der Einfachen auf ihn; er genießt sich selbst in dem Staunen der andern über den Fremdling, und vor allem: er spricht das tiefe Anderssein aus, das erst seine Annäherung an die altrömische Welt so innig macht.
Das große Dankgebet an das Schicksal, das uns allein den wichtigsten Gehalt der „Italienischen Reise" ersetzen würde, wenn uns dies Lebensbuch verloren wäre, ist die siebte Elegie. Goethe hat, Rom verlassend, in mächtiger innerer Bewegung nach einem Lied des Abschieds gesucht; es hätte in einem hohen, heroisch-elegischen Ton schwingen sollen. Er fand ihn nicht, weil das Entstehenwollende verdrängt wurde durch die Tristia des Ovid, unter denen ein Abschied aus Rom war. Diese siebte Elegie enthält nun zwar keineswegs einen Abschied, im Gegenteil, sie weiß von keinem, aber sie allein besitzt jene Steigerung des Tons, die Goethe heroisch-elegisch nannte. Zu Anfang gesteht er, daß ein fast hoffnungsloses Leiden hinter ihm liegt und das Betreten dieses Bodens ihm Rettung bedeutete. Wie benennt er die Krise, der sein reicher Geist in einer nicht zu ihm stimmenden

Umwelt und unter einem falschen Schicksal verfiel? Selbstbetrachtung. „Und ich über mein Ich, des unbefriedigten Geistes Düstre Wege zu spähn still in Betrachtung versank.“ Daran, daß sie gestillt wird, erkennt man die Sehnsucht. Daran, daß hier Formen und Farben in einem herrlichen Licht hervortreten, so erst sind, erkennt er, daß der Tag des Nordens grau und formlos ist, und daß er, ohne es zu wissen, auf diese Rettung von Natur angewiesen war. Vom Anderssein über die Liebe zum Ähnlichwerden geht der Weg der Sehnsucht zum Altertum; er ist nur gangbar für einen, der einen Anflug davon vom Beginn her mit sich trägt, und die Sehnsucht mischt sich zu gleichen Teilen aus Anderssein und Vertrautheit. Zwei Zeilen vergegenwärtigen in ihrem magischen Klang die neue Umgebung: „Sternhell glänzet die Nacht, sie klingt von weichen Gesängen, Und mir leuchtet der Mond heller als nordischer Tag.“ Nun glaubt er, durch einen ihm günstigen Irrtum der Hebe, die einmal einen kämpfenden Halbgott zu den Göttern führte, selbst im Olymp zu sein und bittet Jupiter, ihn nicht wieder zur Erde hinabzustoßen. Durch den Zuruf des Gottes ernüchtert will er nur hier auf dem römischen Boden, der kaum geringer ist als der Olymp, geduldet werden und sterben dürfen. Ein unbegreifliches Gedicht, in dem die Fülle der mythologischen Reminiszenzen aufs schönste belebt, der Wechsel der Töne auf engem Raum hinreißend wird. Am Anfang die ganze innere Geschichte, dann die Vision selbst, ein dichterisches Herkommen, aber hier doch

Vorrecht eines so einzigen Gefühls; dann die Ernüchterung und endlich der stillende Abschluß durch den vorausgenommenen Tod, der an diesem Ort ein Geschenk wäre. Welcher Dank, welche Demut, welches Erkennen der Führung! Und wenn gerade Hebe versehentlich den Menschen zu den Göttern geleitet, so ist schon der Sinn dieser Gedichtreihe: Verjüngung.

Das Nachgeahmte, in diesem Fall die mythologische Einkleidung des Gedichts, wird, ohne daß ein Rückstand bliebe, Bekenntnis. Auch sonst bleibt das mythologisch Beladene, kunstvoll Gegliederte intim und bezieht sich überall zurück auf die eigene Erfahrung. Die vierte Elegie ahmt eine Personifikation oder Deifikation, wie sie die alten Elegien voraussetzen, goethisch nach. Er hat von seinen Vorbildern gelernt, im Anfang des Gedichts das Ziel zu verleugnen, unmerklich darauf zuzugehen. Die Frömmigkeit der Römer habe darin bestanden, daß sie alle Götter bei sich wohnen ließen. So glaubt der Liebende ebenfalls römisch zu sein, wenn er alle Götter ehrt. Der Gott aber, dem er besonders zugeeignet sei, ist hier nicht etwa Amor, obwohl ihm nahverwandt – sondern die Gelegenheit, die Goethe als Gottheit in dieser Elegie einführt. Die Deificatio wird vollständig dadurch, daß sie ihm in der Gestalt eines schnell zur Liebe bereiten Mädchens, übrigens im Norden und nicht hier, erschien. Nun ist aber die Gelegenheit für Goethe nicht irgend etwas unter vielem! Sie ist auch nicht eine Macht, die er besonders oder nur in der Liebe erfuhr! Sie ist ihm das

Leben überhaupt, das Leben als ein Anerbieten und das Leben als ein Ergreifen des Anerbietens; Leben, Kunst des Lebens und Dichtkunst! Was Goethe ist und was er dichtet, ist Gelegenheit. Gerade das Gedicht, das in seinem Fortgang literarisch und beinah verspielt schien, ist Bekenntnis. Erfahren wir aus ihm, wie Goethe den Winken des Schicksals gehorcht, so erfahren wir aus einem anderen, das auch personifiziert, aus der letzten Elegie, wieviel Goethe schwieg. Auch die neunzehnte Elegie mit dem Streit von Fama und Amor weiß davon. Warum schweigen? Liebende schweigen überhaupt, denn reden beleidigt die Geliebte nicht nur, sondern gefährdet auch den Liebeszauber. Diesmal ist Schweigen besonders ratsam. Der Freund, der der Liebe Gefahr bringt – nun, der ist vielleicht dichterische Konvention; aber die Freundin, die ihn schelten würde, wenn er spräche – die ist gewiß nicht erfunden. Freilich, wir lesen in dem Gedicht auch, was es nicht ausdrücklich sagt. Es betrifft den Zyklus und seine Dezenz! Es ist etwas an der Umwandlung, die Goethe auf dieser Reise erfuhr, was sich gar wohl aussprechen läßt und einen guten Sinn für viele hat; es ist auch an ihr etwas Befremdliches, was er besser für sich behielte, und was auszusprechen gerade verlockend, vielleicht gar nötig ist! Dies hängt wieder eng mit der dichterisch ausgeplauderten Liebe zusammen und mit der unbekümmerten Art dieser Liebe. Schweigen war die Bedingung der ganzen Reise von Anfang an – ein fast beleidigendes Schweigen über alles gegen alle. Und Schweigen wäre auch fernerhin gut, wenn Goethe die antikischen Lebens- und Liebesgewohnheiten im Norden fortzusetzen gedenkt! Das Gedicht ist nun ein halb gebrochenes Schweigen, ein Sagen, in dem noch verschwiegen wird. Verschweigt es auch genug? Der Herzog, für den erotische Unregelmäßigkeiten seines großen Freundes durchaus nichts Anstößiges hatten, fand doch die Veröffentlichung dieser Elegien bedenklich. Und in der Tat – wie weit gingen sie über die ärgsten Nuditäten eines Wieland oder Heinse hinaus! Denn dort erzählte der Dichter irgend etwas von irgend welchen, hier erzählte der Dichter die Intimitäten seines eigenen Liebeslagers und jedermann wußte, daß sie nicht erfunden waren. Das ist für die Dezenz ein ganz anderer Fall. Goethe, so unbefangen als aufrichtig, wußte wohl, daß das sonst Unmögliche möglich war durch die Form der Elegie. Sie, als Gattung, als ausgesprochen erotische Gattung, forderte und rechtfertigte im Namen der Kunst, was sonst nur stofflich wirkt und vom modernen Empfinden als schamlos gescholten wird. Der erneuerten Elegie mußte erlaubt sein, auch den Liebesvorgang antik zu stilisieren. Die Zeitgenossen sahen dies nur zögernd ein, und es bedurfte eines Schiller und eines Friedrich Schlegel, um über eine stoffliche Betrachtungsweise hinauszuführen. Goethe ließ sich beraten und schloß das Anstößigste aus. Erscheinen mußten freilich diese Gedichte; denn sie waren geschichtlich notwendig, da sie die Iphigenie ergänzend unsre Klassik über die Veredelung des Gemüts hinausführten zu einer mehr plastischen Vollkommenheit, und was man beanstandete, betraf gerade das Eigentliche der Botschaft; am Beispiel der Liebe hatte Goethe seine Sinnesänderung dargetan. Wieviel Grund hatte er also, die Verschwiegenheit als Städtebezwingerin anzurufen und sich bei ihr zu entschuldigen, daß die Muse und der Schalk Amor ihm den verschlossenen Mund löse . . .

Dem Stil nach sind diese Elegien so beweglich wie die alten; er nimmt eine mittlere Lage ein, die den Übergang zu jedem Ton zuläßt. Die hymnische und heroische Gangart ist vermieden, doch nähert sich Goethe besonders in einigen Abschlüssen und in der siebten Elegie der Erhabenheit einer religiösen Aussage. Der darstellende Ton wiegt vor und neigt zur Idyllik, so daß das Ausmalen kleiner Situationsbilder immer möglich bleibt. Behagen und Sarkasmus, sogar Obszönitäten liegen noch innerhalb der Skala, auch erlaubt sie – dies erinnert an das lyrische Genie des Catull – den Ausbruch des Temperaments. Die Verherrlichung des Orts mit geschichtlichen Rückblicken, an die Vorbilder angelehnt, ist einer der Anlässe zu erhöhtem Ton. Ebenso erlaubt der Stil die Ausweichung ins Gedankliche oder Lehrhafte, das aber vorsichtig zurückgedrängt wird. So kann der ganze Reichtum des Ausdrucks, den Goethes Wesensbreite forderte, in der Elegienform durchmessen werden, und in dem Augenblick, wo man die Stimmung gefährdet glaubt, stellt sie Goethe überraschend wieder her. Diese Stärke und Schnelligkeit der Übergänge ist wohl einzig, wenn man den geringen Umfang in Betracht zieht, zumal in der siebenten und dreizehnten Elegie. Die empfänglichen Zeitgenossen mußte überwältigen, was hier der deutschen Sprache gelungen war. Wir sind in Gefahr, es zu überhören, weil wir es zu gut kennen. Es ist etwas wie Glanz und Schimmer in diesen Versen, etwas wie reine Formen in scharfem Licht. Zum erstenmal darf ein Gedicht, so schien es, sich neben ein antikes Kunstgebilde stellen. Dies Neue ist da mit den ersten Distichen des Elegienkreises, und gerade in ihnen trifft es uns noch immer stark und unvermittelt, ein Anfang! Und wurde der Anblick des Vollkommenen für Goethe fernerhin zur Schule, an die er seinen Geist gewöhnte, damals war er Neuling, der um Einlaß flehte und ihn erhielt, und sein eigenes seliges Erschrecken vor dem, was ihm neu und fremd war, macht diese Verse noch immer fremd und neu.

Die Kunst des Abschweifens ist einbegriffen in jener Kunst der Kunstlosigkeit, in der sich die schlanken und beseelten Gebilde der alten und des neueren Dichters gleichen, und wenn es schon immer für meisterhaft galt, das Thema zu verhüllen und unmerklich zu ihm zu gelangen, so wird dies Kunstmittel nun wieder bei Goethe zur Seelensprache: sein Thema, nämlich das, was ihm innerlich geschah, kann nicht hingesagt werden; wunderbar, wie es ist, kann er es nur dem Erraten aufgeben. Zur Abschweifung gehört, daß nicht nur überhaupt das Thema versäumt werde, sondern daß der Grund der Versäumis selber anziehend sei, und man schließlich schwanke, was Haupt- und was Nebensache ist; und nicht zuletzt, daß sich in diesem Schweifen der Seelenzustand des Dichters male. So beginnt die fünfzehnte Elegie mit dem Schmähen des Nordens und dem Preis der Osterien; dann schildert sie eine heimliche Verständigung der Liebenden in Gegenwart der Mutter, am Tisch „den Deutsche vertraulich umgaben". Wie in Elegien des Tibull wird mit dem Finger, den im Wein getauchten, auf den Tisch geschrieben – es gilt die Stunde des Treffens! Dann das Warten! Die Tageszeit! Die Sonne! Sie beschaut Rom, und während sie aufgefordert wird, sich dem Dichter zuliebe das Vergnügen dieser Ansicht zu kürzen, entrollt er die Ansicht selber und bereichert sie um Geschichtliches. Einst war hier noch keine Stadt. Dann Zerstörung, Wiederaufbau – Renaissance. Hatte Tibull die Landfeste der Campagna und das Goldene Zeitalter verherrlicht, so ist Properz, in der elften und zweiundzwanzigsten des vierten und in der ersten Elegie seines fünften Buchs der Meister solcher Rühmung Roms. Ihm folgt Goethe. Dies alles war dichterisches Geschäft, nun sind die schweifenden Gedanken eine Elegie geworden und die Zeit des Wartens verstrich. Nun machen die Musen dem Amor Platz.

Dies zärtliche Anspielen auf die Meister der Liebeselegie, dies neue, tief innerliche Wiederaufnehmen ihrer Künste, diese bescheidene Teilhabe an ihren Rechten und Besitztümern hat doch nur den einen Sinn, umschreibt doch nur das eine Gefühl: daß er, der Fremdling, im rechten

Augenblick zugelassen worden ist zur Freude des sinnlich schönen Lebens und zu einer Kunst, die der Geist dieses Lebens ist, und daß er darüber sein unter falschem Klima verkanntes Selbst endlich entdeckt hat.

DER DIVAN

Die Bedingungen des Gedichtkreises sind für den Divan dieselben geblieben wie für die Römischen Elegien, und dieselben wie für das einzelne Gedicht Goethes, sobald wir nur den Augenblick in einem erweiterten Sinne fassen. Entschiedener als das einzelne Gedicht fordert der Zyklus den Lebenslauf als begründende Vorstellung – den gedeuteten Lebenslauf. Denn wenn der Augenblick in erweitertem Sinn gedacht wird, als ein Zustand der Seele und als eine Verfassung des Geistes, die sich beide freilich über Jahre erstrecken können, aber bündig werden in ihrem Anfang, so ist darin ein Werdegang durchmessen und im Rückblick begriffen.

Der Vergleich des Divan mit den Elegien läßt sich weiterführen. Damit, daß verlaute, was der Seele geschehen ist, begnügt sich auch der neue Gedichtkreis nicht; sie ist so reich mit Welt gesättigt, daß auch ihr Geschick weltlich, daß sie selbst in einem sich eröffnenden Horizont des Geistes und der Bildung in ihrem Neusein begreiflich wird. Diese sich erschließende Welt war das eine Mal Rom, das andere Mal der Orient; Bildungswelten gewiß, aber leidenschaftlich ergriffene, so daß die Genesung der

Seele oder die Verjüngung des Wesens davon abhingen, ob sie erreicht wurden oder nicht. Der Gedanke Rom begleitete freilich längst den Gebildeten, ja ganze Völker, während persische und arabische Lyrik im Wissen des Gebildeten kaum vorhanden waren, und Goethe, der dem wissenschaftlichen Vorstoß eines Kenners und Verdeutschers als Dichter sogleich folgte, hier viel mehr als in den Elegien Eroberer ist. Freilich, Eroberung bleibt es immer, wenn ein Dichter eine nur gewußte Welt zu einer gefühlten, eine fremde zur eigenen macht, wieviel oder wie wenig vor ihm getan ist. Beide Male ahmt Goethe nach im Vollbesitz der Eigenheit. Die neue Verfassung seiner selbst wird entschiedener, indem sie nicht nur den eigenen Ausdruck sucht, sondern sich wiedererkennt in einer gegebenen Manier, die freilich unbegreiflich schnell dem eigenen Wesen angebildet wird. Daß er nachahmt, warum, wieweit und wo nicht mehr – das zu erraten konnte der Verfasser der Elegien dem antikisch gesinnten Leser überlassen. Die „Versammlung" west-östlicher Gedichte traf keine ausgebildeten Vorstellungen im Leser an, so daß sich Goethe, der sich des Getanen so sehr bewußt war, entschloß, in einem Anhang zu sagen, was er getan hatte. Woraus ein zweites Ganzes entstand, kaum weniger unvergeßlich als das erste. Ein Schicksal des Liebenden ist Mitte beider Gedichtkreise. Zart und vielfach erinnert es an einen Horizont des Geistes. Es ist nicht in ihn „versetzt", sondern in ihm heimisch: es beseelt die jeweilige Welt und eignet sie dem Dichter persönlich zu, und wie in jeder wirklichen Liebe das Denken und die Sitten der Menschen ihre Spur lassen, so wird dort römisch, hier orientalisch geliebt, so ist hier wie dort das Kostüm nicht Maske, es stellt dar. Beide Male ist dies von großen Folgen. Denn wenn römisch oder östlich Stile dieses Dichtergeistes sind, so schränken sie die Dichtung als Bekenntnis ein. Sie sind Gesetz und Freiheit; sie verhängen eine Dezenz und bestimmen die Auswahl der Motive und Kunstmittel; ihre Freiheit ist, daß Goethe Bedingungen des Lebens durch die Bedingungen des Geistes ersetzt. Er erzählt nicht sein Leben. Aber er hätte die Art des Liebens, die ihm damals schmeckte und recht war, nicht genauer bezeichnen können, als dadurch, daß er im Gedicht römisch liebte; dasselbe gilt für die östliche Liebesart: sie ist öfter Manier als Geschichte. Beide Male geht ihr die Entdeckung einer geistigen Welt voraus. Der Horizont dieser Welt ist gezogen, bevor die aufgesuchten Stätten zu Liebesstätten eingeweiht werden. Es gibt einen Geist der Liebe, und gibt ihn erst recht in der so körperlichen Liebe der Römischen Elegien! Dieser Geist ist Goethes Gestalt unter einem bestimmten Schicksal; er heißt in der Dichtung Genius loci.

Zeugnisse genug, daß die „Reise" der römischen Elegien, eine wirklich gereiste Reise, von Erschütterung und Jubel begleitet war. Eine neue Gedrungenheit des eigenen Wesens, die vorher unter Schmerzen als möglich empfunden wurde, verwirklichte sich mit dem Betreten des römischen Bodens; die kaum zurückgehaltenen Tränen beim Lesen lateinischer Verse oder beim Anblick römischer Stiche weissagen die Wiedergeburt, die uns Goethes italienische Bekenntnisse beschreiben. Nun hat Goethe die Reise, die das erste Divangedicht als Vorsatz ankündigt und die hie und da unverbindlich Sujet des Gedichtkreises wird, nicht getan. Umgekehrt kann man sagen, daß seine Reise nach Rom mehr als die Reise irgendeines Menschen ein Reisen des Geistes war. Beide Reisen waren heilige Fluchten, Hegiren, vor Verschiedenem in Verschiedenes, ausdrücklich als solche bezeichnet. Und so seltsam es klingt: Fluchten aus dem Fremden zu sich! Den Einfältigen, die darüber ein Geschrei erheben, sei es gesagt: ein Dichter kann gar nicht fliehen. Aber dann: wieviel hintersinniger und eigenmächtiger ist dies west-östliche Verhältnis Goethes als jene vom Humanismus eingesegnete Ehe, die sein Geist mit Rom schloß: eine Buhlschaft, ein Traum und ein Rausch! Welche Möglichkeiten für die Dichtung ergaben sich daraus, daß *diese* Reise nur erdichtet war, und die Hand höchstens arabische Lettern nachmalte, statt römische Monumente zu durchstöbern!

Und Hafis! Morgenrötlich muß es Goethe zumute gewesen sein beim ersten Lesen der von Hammerschen Nachbildungen, die schon, indem er sie las, schöner wurden. Etwas so Aufjauchzendes wie diese sublime Begegnung eines Dichters mit einem Dichterschatten, die in der Weinseligkeit zweier Zechkumpanen vor sich geht

– war ja wohl noch nie erhört! Da versagt der Vergleich mit den Elegien. Man kann diesen Liebesbund persönlich oder geschichtlich verstehen. Wir lassen beiseite, was Goethe dem wirklichen Hafis für seine Dichtung verdankt. In der Hafis-Gestalt des West-östlichen Divan wird Goethe sich selbst gegenständlich, wie er damals war – wie er damals zu werden sich anschickte. Welche selbstherrliche Umkreisung der eigenen Existenz in den an Hafis gerichteten Strophen! Man muß sich die ursprüngliche Fassung des Gedichtes „Auf den Eilfer" laut vorlesen, wo der Dichter unbedingt seinen vergötterten Hafis zum Teilhaber des größten irdischen Vergnügens machen will, Eilfer zu trinken ..., wo er ihn nicht etwa im Paradies, sondern im Hades auftreibt und sich erbietet, solange den Leib zu verlassen und als Geisel zu bleiben, bis Hafis das oben bereitstehende Glas ausgetrunken hat und zurückkehrt ..., wo dann die Freundin über die Gleichgültigkeit des von seiner Seele verlassenen Leibs, den keine Küsse aufregen, entrüstet, dem Eilfer Schuld geben wird, dem andern Nebenbuhler, den sie nicht minder fürchtet als den Schenken ..., wo auch eine Randglosse zur Zeit nicht fehlt: er möchte den Eilfer gerne noch etwas älter werden lassen, „denn gegenwärtig Ist er allzu rasch und jung, der Eilfer". Wie Kastor und Pollux sind sie hier: Hafis „an der Tagseite des Rheingaus Wo verherrlicht der Eilfer", Goethe an der Nachtseite. Unter höchst treffenden Bezeichnungen orientalischer Dichtweise überhaupt, die natürlich Goethes eigener

Manier entspricht, er ihr Echo, sie sein Echo, findet sich auch dies, daß die Folge, das Nacheinander, das Bauliche und Logische der Dichtung, zumal der klassischen, jubelnd weggeworfen wird und ein Alles-zugleich, ein Immerwieder, eine Wiederkehr des Alten im Neuen als Lust der Welt an sich selber, als Lust der Dichtung an sich selber in sie einzieht. Aber dann finden sich doch auch die Themen streng nach dem wirklichen Hafis bezeichnet; sie sind die Themen Goethes, wobei freilich der Schenke hinzukommt. Wie ist da mit einer zauberkräftigen Strophe der Reifungsvorgang beschrieben, den das Zeitalter der Pädagogik nicht mehr kennt, und der erst ganz wird, wenn die Anzeichen der seelischen Reifung mit den körperlichen zugleich gezeitigt werden, wenn der Reifende, dem die Brust schwillt und dem der Flaum bräunt, durch persönlichen Unterricht des dichterisch Weisen und dichterisch Liebenden in eine ungemeine Ansicht des Lebens eingeweiht wird und so dem Orden der Wissenden angehört. Darf man die folgende Strophe nicht so deuten, daß es auch für den Dichter, der soeben als Lehrer auftrat, noch den Verwalter eines andern Wissens gibt, dem er ebenbürtig und zutraulich, des eigenen Wissens froh, sein Verständnis andeutet? Ein selten freundliches Zeugnis dafür, wie Goethes Art die führenden Denker des neuen Jahrhunderts aus der Ferne begleitete. Also auch im Schenkenbuch viel Goethisches! Die Manier führt zu nichts als zu einer verschärften Kontur des Eigenen. Noch bestimmter als die Themen wird der Habitus des

Dichters angegeben. Dabei wird das zarte Ehren und jauchzende Begrüßen des schattenhaften Kumpanen beinahe ein Ja Goethes zu sich selber! Das Dichten des Einen wie des Andern ist ein savoir vivre, ein Meistern des Lebens, ein Leben des Lebens, darf man sagen, Triumph und Dank, lebenstrunken bis zum Dusel und geistiger als aller Geist, und ein Bekenntnis zur Liebesgewalt, die jeden Tag die Welt schön macht und alternde Seelen verjüngt.

Dazu kommen ein paar Sachen, die über Goethes Charakter nachdenken lassen: Aufgeschlossenheit, besser: Aufgeben der Zurückhaltung in einem an List so reichen Leben, und Unvorsichtigkeit, besser: das Fallenlassen der Vorsicht, in der Liebe, die Gefahr, die Goethes Gefahr ist! Beides wird auffällig gerühmt. Vielleicht darum, weil Goethes Maxime in späteren Jahren auf dem Gegenteil beruhte. Vielleicht hatte er, seit langem ein Virtuos im Setzen von Distanzen, die frisch quellende Mitteilung fast verlernt, und es fiel ihm auf, daß sie ihm noch, daß sie ihm wieder möglich war. Denn er verstand sich auf die Maske, und es mag Augenblicke gegeben haben, wo er das bedauerte, wo es ihm ein Symptom des Alterns schien. Und hatte er die Mitteilung verlernt, so hatte er gelernt, in den Krisen, die jeweils eine neue Neigung in ihm hervorrief, bis ins hohe Alter die eigentliche Bedrohung seines Daseins zu sehen; hatte allerdings auch gelernt, daß sich ihr auszusetzen die Bedingung eines neuen Anfangs und einer neuen Ergiebigkeit war. Und wer den Lebensdaten folgt – wieviel Vorsicht in der Unvorsicht sieht der den Freund Mariannens in jenen Tagen üben! Um so mehr, als der Umfang des Erworbenen, die Herrschaft über sich selbst, über seine Kräfte und Mittel, ihn zum Verharren und zur Dauer stimmen mußte. Das war nicht einfach Lebenstrieb. Er hatte in jedem Sinne einen Haushalt, und diesen Haushalt zu verwalten war Aufgabe genug für Jahrzehnte. Auch dichten ließ sich allenfalls so. Nein, dichten tat er anders. Und noch die Lieder des Achtzigjährigen sind neue Lieder.

Goethe mußte erst den Geist Hafisens heiraten, ehe er sich selbst zu Hatem umarbeitet und mit seinem östlichen Liebchen auf dem Purpurkissen kost. Und er erzählt uns, was es diesmal hieß, ein Buch zu lesen, worin Gedichte eines alten Dichters aus ferner Welt in mäßiges Deutsch übersetzt waren. Es waren nicht stille, wählerische Lesefreuden eines Freundes von Wissen und Bildung, der sich unterrichtet, indem er sich ergötzt. Nein, die fremde Dichtgewalt packt ihn und verzehrt ihn, den Wehrlosen, und er greift zur äußersten Metapher, um uns den Sturm und die Inbrunst dieses Vorgangs zu beschreiben: zum Brand Moskaus! „Denn wie ein Funke fähig zu entzünden Die Kaiserstadt . . .“ Die Wirkung ist: „Ein deutsches Herz von frischem zu ermuten.“ Eine Chiffre der Divansprache für Verjüngung! Nicht bloß hat hier die Liebschaft Geist – aller Geist wird Liebschaft. Sterntrunken rollen, weinselig lallen die Verse, wenn auf Hafis die Rede kommt. Goethe mit ihm allein, und zechend – die Welt soll versinken, sie verstehen sich in allem und blinzeln sich zu über das Glas. Und Goethe kann unter diesem Vorwand seine Liebe zu sich selbst ungescheuter bekennen. Auch über göttliche Dinge verstehen sie sich: „Der du, ohne fromm zu sein, selig bist!" Eines der wirklich abgründigen Worte, die Goethe im Divan so hinwirft. Selig ist mehr als die höchste Stufe des Glücks. Selig ist froh in Gott. Dann heißt fromm sein hier: zu Gott auf eine überlieferte Weise stehen. Indem man einer sichtbaren oder unsichtbaren Körperschaft angehört, wohl auch, indem man Gott außerhalb oder über dem Lebendigen denkt! Dieser aber, Hafis, ist froh in Gott aus eigener Kraft und selbst gewagter Annäherung, er braucht kein Oblatensurrogat wie der Romantiker; er hat Gott in der Mücke und im Auge der Geliebten, und es gibt keinen feierlich abgesonderten Gottesdienst. Die schönsten und liebsten Lüste, das Verliebtsein, das Gedenken, das Umarmen, das ist auch, gerade das ist froh in Gott, wie alles, worin sich der Mensch verschwendet. Nie ist so leichthin von hohen Dingen geredet worden in deutscher Sprache und nie waren sie wahrer als hier.

Der neue Formenvorrat, den Goethe bei Hafis fand, ist, wie er selbst sagt, Nebensache. Immerhin, wenn Goethe vielleicht nicht einmal wissenschaftlich zum genauen Begriff dieser Technik vordrang und jedenfalls sie mit Sorgfalt anzuwenden verschmähte, so war ihr unbestimmter Eindruck doch ein Reiz, der Goethe aufstachelte, in seinen Sagbarkeiten herumzuwühlen und Unversuchtes zu versuchen. Was bedeutet Reiz nicht im Alter! Zumal für diesen Mann, der erschöpft zu haben schien, was Menschensprache vermag. Wichtiger ist: Goethe dachte geschichtlich, verkörperte Geschichte; steht man, wo er stand, so kann man nicht mehr originell sein, ohne in den Typen des geistigen Verhaltens, welche die Geschichte aufbietet, irgendwo den Gegenwert zu entdekken, und man bedauert dies nicht, sondern begrüßt es. Wenn großartige Individuen zu sich selbst finden, kann man sich dies zweifach erklären: aus dem, was sie selbst tun und sind, und aus Gewesenem, das wiederaufleben will. Am Ende lebt man im Geisterverein. „Denn du bist älter, du bist neuer."

Auch hier gilt: nicht der Orient überhaupt oder die Dichtart des Hafis ermöglicht den Divan als Zyklus, sondern der Moment, wo diese Welt entdeckt wird. Nicht der Zustand des Geistes und die Verfassung der Seele, deren Merkmale aus den Selbstaussagen des Divan zu entnehmen sind, ermöglichen den Divan als Zyklus, sondern der Beginn dieses Zustands und dieser Verfassung. Ein Moment; dieser Moment aber heißt: Verjüngung.

Über den Geist des Divan haben sich die Einsichtigen niemals getäuscht, und da von Nietzsche hierüber das schlechthin Bündige gesagt worden ist, erübrigt sich die Wiederholung. Er ist zwischen den Gedichten, vor den Gedichten, über den Gedichten; er macht die Gedichte möglich, und die Gedichte erzeugen ihn im Hörer. Er ist ein Geist der Sinnlichkeit, der Schärfe des Sehens, eine Durchsichtigkeit der Luft, ein hellstes Wissen in glühendem Gefühl, ein Geist von Übermut, Spiel und Verzauberung; immer wieder wird man zu Worten wie „Luft, Atmosphäre" greifen; was Nietzsche mit seinem Schlüsselwort „afrikanisch" bezeichnet, beginnt im Divan. Aber auch sein Begriff des Dionysischen wird umgedacht nach dem Divan-Goethe, der so großartig in der Götzendämmerung evoziert ist. Freilich, im Unterschied zu Zarathustras Gesang unter Töchtern der Wüste wird die Höhenlage des Geistes, die Nietzsche zu messen liebt, ohne Anstrengung eingenommen. Sie ist Nonchalance. Alles in allem enthält der Divan das Sein eines einzigen Menschen in seiner vollkommensten Zeit, ein Sein, das unverkennbar sein Vorrecht ist, aber durch Verse gesellig wird und uns zu sich einlädt – ein Sein, das mit dem Schicksal spielt und das sich so wenig schwer macht, daß wir seine Einzigkeit nur daran erkennen, daß es uns beseligt, an ihm teilzuhaben.

Was heißt es demgegenüber, daß Goethe das Motiv einer Orientreise am Anfang des Zyklus einführt? Daß es gelegentlich wiederaufgenommen wird? Die Lücken in der Durchführung – und ist nicht fast alles Lücke? – sind gerade die Vollkommenheit! Er reist als Dichter, er reist als Kaufmann, beide Male als deutscher Gast. Er spricht auf Erden fließend arabisch und wird im Paradies zuvorkommend auf Deutsch angeredet. Stirbt er also auf dieser Reise? Wen kümmert es. Der Schenke scheint humanistisch gebildet, denn der Dichter macht ihn in einer mythischen Travestie, die aus der begabtesten aller Weinlaunen entsprungen ist, auf das Liebesschnaufen der Strohwitwe Aurora aufmerksam. Verfallene Ritterburgen neben wüstendurchschiffenden Kamelen, Hades und Paradies durcheinander – wen kümmert es? „Und noch einmal fühlet Goethe Frühlingshauch und Sommerbrand". So reimt sich's auf Morgenröte; man soll merken, daß es eigentlich nicht „Hatem" heißt. Augenscheinlich und ohrenfällig, das ganze Geheimnis der Maske – sie ist da, um gelüftet zu werden! Es gehört mit zu dieser Höhe des Geistes, daß er sich verhüllt, indem er sich zeigt, sich zeigt, indem er sich verhüllt. Dies Durchbrechen der Illusion ist aber unromantisch, denn in dem scheinbaren Zeigen, das Spiel bleibt, findet ein wahres Zeigen statt, und der gezeigte Goethe ist.

Im Grunde können wir nicht fragen: Was war die Verfassung Goethes, als er sich einlebte in diese östlichen Gedanken, Farben und Tonfälle – wir müssen diese Verfassung herausbuchstabieren aus dem Neuen, das so entstand, und haben außerdem kein Zeugnis dafür. Nicht weil es in dieser Zeit keine andern, von dieser Verschmelzung unabhängigen Selbstzeugnisse gäbe. Aber die enthalten wieder einen anderen Goethe! Mit der simplen Feststellung: den Divan-Goethe gibt es nur im Divan, rührt man doch an etwas Wahres, das das Wesen der ganzen goethischen Lyrik betrifft. Nämlich an das Verhältnis Goethes zu sich selbst. Die Gabe Goethes, sich gegenständlich zu werden, steht ihm nicht immer und uneingeschränkt zu Gebot. Das gegenständliche Ich ist jeweilig; ein Schicksal (oft die Begegnung mit einem lieben Menschen) macht die Selbstbegegnung möglich. Es ist ein Unterschied zwischen dem fortdauernden Selbstbewußtsein, das ausgleicht und überleitet, und dieser jähen Bündigkeit, mit der die Gestalt des eigenen Selbst aus dem Verborgenen hervorspringt, Gabe des Moments. Das ist mehr als der ruhige Selbstbesitz der Persönlichkeit; es ist ein *Empfangen* des eigenen Wesens.

So überreich ist das Buch an Selbstaussagen und so unermüdlich umschreiben sie ein bestimmtes Daseinsgefühl, daß man darin den Kern des Buches sehen darf. Dies Daseinsgefühl ist Souveränität! Wenn wir in der deutschen Sprache einen Ausdruck dafür besäßen, so müßte er aus dem Divan entnommen sein. Übermacht – das käme am nächsten; gelegentlich wird es Dreistigkeit, gelegentlich Übermut genannt. Im Anerkennen der Übermacht, als des eigentlichen Gewichts, das einer in die Waagschale des Lebens zu werfen hat, erkennt Goethe sich selbst an, und so sucht er die auf, die in der Welt sind, was er im Geist ist: „Mir gefällt zu konversieren Mit Gescheiten, mit Tyrannen.“ Und es freut ihn, auch für das Daseinsgefühl der Subalternen (der ebenso schwer zu verdeutschende Gegenbegriff) Formeln zu prägen, Formeln eines Unmuts, der Übermut ist: „Die Dummen, Eingeengten, die Halben, die Beschränkten, die Knitterer und Zersplitterer“; ja auch die Dogmatischen im philosophischen und theologischen Lager fallen darunter: „Doch bleib ich weislich weit entfernt Vom Streit der Schulen und Katheder." Die Übermacht des Daseins, die sich innen als Selbstgefühl ankündigt und nach außen lebenskräftig um sich greift, ist die gültige Stimme der Natur, und wer dagegen eifert, verrät das Unbehagen des Verkürzten. Da spricht der Dichter gern im Namen des Propheten, im Namen des Welteroberers, und gibt denen, die ein solches Dasein nicht freut, den Rat, sich aufzuhängen.

Hinter allem steht Kraft. Sie wird meist verschwiegen, wie die Größe. Es ist Geist des 18. Jahrhunderts und es ist Goethes gesellige Kultur, die Kraft zur Großmut, die Größe zur Zartheit zu verhalten. Aber hie und da ahnen wir den wahren Umriß! Welche arbeitende Riesenkraft in den Naturakten, die das aufgeregte Gemüt des Dichters in „Wiederfinden" entwirft. Kraft ist Seele und Körper. Die unausgesprochene Wirklichkeit des Divan ist, daß einer in hohem Alter den Zufluß eines enormen Kraftübermaßes erfährt und in seinem ganzen Wesen schwillt und prangt – ein Vorgang, den wir, ob wir ihn physisch oder geistig nennen, als eines der Wunder dieser Veranlagung und dieses Lebenslaufs hinnehmen müssen.

Mit Anmut verbreitet sich Goethe in den Noten und Abhandlungen über das Prahlen, das er nicht umhin könne als östliche Eigenheit in seine Dichtung einzuführen. Man merkt: diese östliche Gepflogenheit kommt ihm nicht ungelegen. Wurde je etwas Reizenderes über die

Bescheidenheit gesagt? „Bescheidenheit ist eigentlich eine gesellige Tugend, sie deutet auf große Ausbildung; sie ist eine Selbstverleugnung nach außen, welche auf einem großen inneren Wert beruhend, als die höchste Eigenschaft des Menschen angesehen wird. Und so hören wir, daß die Menge immer zuerst an den vorzüglichsten Menschen die Bescheidenheit preist, ohne sich auf ihre übrigen Qualitäten sonderlich einzulassen. Bescheidenheit aber ist immer mit Verstellung verknüpft ..." Die Gedichte bewährens. Der Dichter trägt wie der Kaiser einen Tulbend: „Sie nennens Krone." „Was ist denn Hoheit? Mir ist sie geläufig!" Wenn er sich wiederverkörpern würde, würde er „allenfalls der Kaiser" sein. Wie in den Noten verteidigt er das Selbstlob: „Nur dem Neide stinkts', Wohlgeruch Freunden Und eignem Schmack!" Ein nicht wie sonst bei Goethe gelassenes, ein ausgelassenes Selbstgefühl! Doch wird es, und das ist das Hintergründige des Divan, ausgeglichen durch eine Fähigkeit, sich zu vergessen, eine Bereitschaft zur Hingabe, die überhörend man den ganzen Divan verkennen würde, wie man über der Schätzung der Persönlichkeit, die Suleika vertritt, die vielleicht wichtigere Antwort Hatems zu wenig beherzigte. Und sind denn dies Gegensätze? Der Selbstbesitz in so gelöster und leichter Form verrät die heimliche Lust, sich zu verschwenden, und die Meisterschaft darin. Beides ist ein Luxus des Lebens, wie er nie einem Dichter in den Sinn kam. Er ist sich wert als Liebender. Doch halt, die ihm „geläufige" Hoheit rührt daher, daß *sie* ihn anschaut. „Allein sobald ich dein gedenke, Dehnt sich mein Geist erobernd aus.“ In der Kunst der Selbstverschwendung setzt er sich über den Kaiser, der nicht einmal seine Städte hergeben würde. „Er ist herrlicher und weiser; Doch er weiß nicht, wie man liebt.“ Er vernichtet sich in seiner Liebe: „Findet sie ein Häufchen Asche, Sagt sie: Der verbrannte mir.“ Das sind Hyperbeln. Aber Hyperbeln sind bei einem Dichter immer das Eigentliche. So auch das Lob des Zechens und der nicht so sehr benebelten als erleuchteten Zustände, die daraus hervorgehen – das zielt auf einen anderen Rausch, den feinen Rausch des Lebens, der im Luxus der Selbstverschwendung schwelgt. Und ist die Schwelle zum Mysterium der „seligen Sehnsucht“, die nicht vom Tod redet, sondern von den Liebesnächten, die den Gewürdigten mehr als einmal im Leben den Tod der Verjüngung sterben lassen. Verjüngung aber – das ist es, was Goethe erfuhr – um ihretwillen ist von seinem Alter die Rede! Wieder einmal befolgt die Dichtung das Gesetz, daß sie von ihrem eigentlichen Thema nicht handeln kann, und wird groß, indem sie es befolgt. Aber das Wort fällt immerhin, schon im ersten Gedicht, und man kann es aus andern Worten heraushören. „Unter Lieben, Trinken, Singen Soll dich Chisers Quell verjüngen.“ „Ein deutsches Herz von frischem zu ermuten.“ „Wie aus dem Lebensplunder Erwarbst du diesen Zunder, Der Funken letzte Gluten Von frischem zu ermuten?“ Und dann im selben Gedicht, dem ersten im Buche des Unmuts: „Ich war wie neu geboren." Der Prophet sandte zu Suleika „ein Jugendmuster alles zu verjüngen". Auch auferstanden hofft sich der Dichter verjüngt, in „Höheres und Höchstes". Der Jahrhundertschlaf in dem Gutenachtgedicht spielt auf eine innere Erneuung des Ermüdeten an, und eines ihrer Gleichnisse ist der vom Gewitterregen angefeuchtete Staub. „Heile mich, Gewitterregen, Laß mich, daß es grunelt, riechen!"

Der Divan handelt vom Dichter. Hat sich Goethe eine Kultur erwählt, in der das Dichten allgemeinste Übung ist, so entspricht dies nur dem Primat, den das Dichten in den Selbstaussagen einnimmt. Und zwar ist es, wie die Noten und Abhandlungen überraschend verkünden, Naturäußerung. Es ist Leben selbst und dessen Kundgabe, wann immer es zu frohem Bewußtsein seiner selbst kommt. Darum wird Dichten als Übermut gepriesen und nur als Folge des Lebens aus dem Vollen anerkannt. Verneinungen, Störungen sind verbannt als undichterisch: „Eh er singt und eh er aufhört, Muß der Dichter leben." Das gibt den Gedichten den runden Ton. „Und so mag des Lebens Erzklang Durch die Seele dröhnen." Sollte der Schmerz, dies nicht minder tiefe Lebensgefühl und dieser Anfang so vielen, auch goethischen Dichtens, durchaus verleugnet werden? Ihm gebührt Verhaltenheit. Er bleibt ungesagt, gibt aber dem Lebensjubel seinen tiefen, echten Klang, und wenn man ihn über dem Hauptton verhören kann, so bebt er in der Erinnerung nach. Der Dank gegen das Leben ist, wenn es hier überhaupt eine gibt, die Sittlichkeit des Dichters, und sie bändigt den Unmut. Im dichterischen Moment ist sie nicht nötig, da weicht der Dank der Trunkenheit. Überall, auch ohne daß vom Dichten die Rede ist, wird fühlbar, woraus es kommt: die Hingabe an den Moment, die selige Haft in ihm, ein weltliches Verhalten, das doch in seiner Besinnung fromm wird. Denn Gott reicht sich im Augenblick beständig hin, die Mücke ist so gut sein Gleichnis wie Suleika, und diese überwindet durch ihre weisere Weisheit die Lehren von Wahn und Allvergängnis: „Vor Gott muß alles ewig stehn, In mir liebt Ihn, für diesen Augenblick." Liebenden ist das Leben jederzeit vollständig, und wem es seinem Gehalt nach ewig ist, der fragt nicht nach Dauer. Die Liebe ist der weiseste Zustand: denn der Liebende genießt sich selbst und ist ein Vorbild im Danken; er ist aber auch am bereitesten sich aufzugeben, und also ein Vorbild in der Sehnsucht, die Goethe, als eine zwar unendliche, aber auf Gestalt gerichtete, von der Sehnsucht des Mystikers unterschieden hat und mit der er den unentbehrlichen Begriff des Eros westöstlich zu verdeutschen glaubt. „Denn Sehnsucht hält, von Staub zu Thron, Uns all in strengen Banden." Dies alles ist Bewußtheit; ohne sie könnte jene Selbstverschwendung des Liebenden nicht wie eine weise Kunst, wie ein köstliches Ballspiel geübt werden, und durch sie wird die Trunkenheit des Zechers erst dichterisch: „Daß ich mir bewußt sei, Darauf kommt es überall an." „Freude des Daseins ist groß, Größer die Freud' am Dasein." Was zwischen den Begeisterungen der einzelnen Gedichte ver mittelt und sie umgibt als Element, ist ein heller, mitwissender, leichter Lebenszustand. Der Lebenszustand eines Greisen, der sich gar wohl als den ernstesten und tiefsten der Menschen betrachten durfte.

Der Orient im Divan besteht darin, daß Goethe eine Form ergreift und darin, daß er sich in dieser Form begreift. Etwas dem Ähnliches, was der Divan-Leser erfährt: daß ihn auf einmal das Gesicht Goethes – eines bestimmten, unverwechselbaren Goethe – aus dem zerteilten Duft morgenländischer Schattierungen anblickt, mag den Dichter selbst überfallen haben. Was östliche Dichtart schien, war plötzlich sein ihm geschenktes neues Selbst. Gar zu groß ist der Unterschied zwischen den Noten und den Gedichten nicht: auch in jenen wiegt, trotz ihrer wissenschaftlichen Tragweite, die Person gewollt und entschieden vor; sie decken den Vorgang der produktiven Aneignung auf, durch den der Divan entstand.

Das Stoffliche, Motive und Vorstellungen, die die Gedichte orientalisch anfärben, sieht jedermann. Desgleichen die Entlehnungen, die in Kommentaren Wort um Wort nachgewiesen sind. Aber welch ein Entlehnen! Man nehme einen Text des Hammerschen Hafis und eine Umbildung desselben Textes im Divan vor! Bisweilen bleibt fast alles, das Gedicht wird abgezeichnet. Aber welche Konturen! Welche Hand! Nichts belehrt gründlicher über Dichtkunst als eine solche Kopie. Leise Veränderungen im Tonfall, Rhythmus oder Satzbau, ein eigeneres Wort, und schon belebt die Grazie einer vollkommen persönlich gewordenen Sprache das neue Gebilde. Merkwürdig ist Goethes Verhalten gegenüber dem Starren und Fertigen, jenem Vorrat an dichterischer Wendung, der den Neuling an orientalischer Poesie so sehr ermüdet. Wie dem Leser von Tausendundeiner Nacht geläufig ist, steht dieser Vorrat in einer Wechselbeziehung zum Spontanen; gerade er ermöglicht die Improvisation. Auch dies findet eine Entsprechung in Goethes damaligem Zustand. Er hatte Stil, er griff in seinem Ausdruck wie in seinem Handeln auf Gepflogenheiten zurück. Es war ja alles bei ihm schon so oft da, sogar im Lieben, und auf die etwas bedenkliche Frage der Suleika, die sich auf diesen Punkt bezieht, hilft sich Hatem mit der Auskunft, daß in allen Vorgängerinnen Suleika prophezeit war. Aber seine Fähigkeit, auch hierin immer wieder spontan zu sein, gleicht nicht der Virtuosität eines Casanova; er vermag es, weil sein Wesen schmolz, und *wie* er es vermag, überrascht ihn vielleicht selbst. Spontan zu sein ist das Prinzip seines Dichtens; auf Ausgebildetes zurückzugreifen ist das Prinzip des Alters und der Kultur, und erst recht der Kultur dieses Gealterten! Goethe benutzt jetzt den Tropenreichtum, die Fertigkeit verblümten Sprechens, die Phrasen und die Variantenbildung der Dichtersprache – Dinge, die er schon als Jüngling an der Anakreontik zu schätzen wußte, er schwelgt darin. Aber Schwelgen ist mehr als Benutzen, ist fast wieder spontan! Kann man ein Herbarium in einen Blumengarten zurückverwandeln? Er tat so mit den getrockneten Redeblumen! Auch wenn die Seele des alten Mannes so dankbar blieb wie die des jungen – sie hat sich schützen lernen, sonst lebte sie nicht mehr, und es bedarf also nun besonderer Reize, um sie aufzuregen. Das leistet die fremdländische Sinnlichkeit im Divan, die alle Lüste und sogar die „Nachtgespenster" so anlockend macht. „Oh du mein Phosphor, du mein Mondgesicht!" Manches deutet auf den zweiten Faust vor. Das Spontane, das selbstverständlich ist und unbestritten vorherrscht, wirkt anders auf uns als ein Spontanes, das sich erst durch Starrheit hindurcharbeitet. Spontan zu sein in einem ausgebildeten Stil: das ist hier Altersdichtung. Die Gedichtanfänge – vielleicht darf man darin einen Anklang an das Improvisieren der Orientalen sehen – steigern dies Spontane. Der Übermut der Stimmung, der für die Divangedichte gewissermaßen vereinbart ist, erleichtert es. Das Gedicht schäumt auf, man hat noch den Knall des Champagnerpfropfens im Ohr. „Ja die Augen waren's, ja der Mund." „O wie selig ward mir!" „Die Sonne kommt!" „Komm, Liebchen, komm!" „Ist es möglich! Stern der Sterne."

Eine reizende Entsprechung besteht zwischen dem Chiffrenwesen, das Goethe sorgfältig und mit Einfügung einer chiffrierten Liebesbotschaft intimen Gebrauchs in den Noten und Abhandlungen beschreibt, und zwischen Goethes eigener Lust am Geheimnis. Es ist dies seine Sitte im Gespräch, seine Haltung im Wissen, sein Verfahren mit entstehenden Dichtungen, sein Schutz in der Liebe, seine Weisung an junge Leute und schließlich die Geste vieler Divan-Dedichte. Ein Mann, der sprach und sprach, mit Tausenden und von den zartesten Dingen, ein Mann, dessen persönliches Leben so öffentlich war und der doch bis ins hohe Alter Dinge erfuhr und Dinge tat, bei denen er keinen Zeugen leiden mochte: welche Gefahr lief er, sich abzunutzen, die Unschuld zu verlieren, auch vor sich selbst öffentlich zu werden! Daß er ihr nie erlag, sie vielleicht nicht einmal spürte, das dankt er seiner Kunst der Selbstentziehung. Und wie vorher zwischen Formel und Spontanem, so waltet hier wieder ein belebender Gegensatz zwischen der Kunst der Maske und dem arglosesten Aufdecken des Busens, das eine Lust des Menschen und des Dichters ist. Dazu kommt noch ein anderes, auch wieder „Orientalisierendes". Schaeder *) erhebt von neuem die Frage, die schon Goethe verneinte: ob die mystische Auslegung erotischer Poesie bei Hafis am Platze wäre? Goethe hat ein Gedicht darüber gemacht, also ging ihn das an. Hat man nicht auch die Frage erhoben, ob Goethes erotische Poësie mystisch auszulegen sei? Unter seinen Auslegern hat es immer zwei Riegen gegeben: solche die ängstlich gebückt waren auf Theosophisches, Astrologisches, Alchemistisches, auf das einzelne Zeugnis eines Geheimsinnes, und solche, die vergnügt mit Goethes Weltlichkeit dergleichen zur Unverbindlichkeit der dichteri-

*) H. H. Schaeder, Goethes Erlebnis des Ostens, 1938, S. 116 ff.

schen Phantasie rechneten. Es ist sehr möglich, daß Goethe die Mystik wirklich verwarf. Die Ausbildung eines besonderen Organs für ein besonderes Wissen nimmt der natürlichen Organisation des Menschen ihren einzigen Wert, und für Goethe war es ausgemacht, daß diese für die Dauer unseres irdischen Lebens auch den Weg höherer Erfahrungen vorschreibt, nicht Schranke, sondern Möglichkeit. Stufen des Wissens erkannte er freilich an, und er unterschied eines, das er und seinesgleichen auf der Höhe der Entfaltung erreichten, gar wohl von jedermanns Wissen. Dies bemaß auch die Mitteilung. Der Weise hat ein Wissen für alle, eins für wenige, eins für sich. Ohne also selbst mit dem Wissen eine Weihe zu verbinden, ohne einem Kreis anzugehören oder einen solchen zu stiften, findet Goethe dennoch Ursache, das Zeremoniell und die Umständlichkeit, die jeden Geheimdienst auszeichnen, zu bejahen, und die Geheimbündler seiner Dichtung treffen Maßregeln solcher Art. Ähnlich steht Goethe zu den Symbolen, zu denen sich Völker oder Gemeinden bekennen. Die Gegenwart im Zeichen überschreitet den Begriff und schränkt ihn ein; beides ist zu seiner Zeit wünschenswert. Gewiß also meint Goethe, wenn er sich solcher Symbole bedient, etwas Ernstes, aber seinen Ernst, nicht den Ernst, den sie mitbringen: Er will unter „Orphischem" nicht den wirklichen Zusammenhang der alten orphischen Lehren entwickeln, sondern eigene Einsicht angemessen mitteilen. Von persönlichen Mysterien Goethes kann man sprechen, sofern seine Gewißheiten

für andere mystisch sind, nicht aber in dem Sinn, als ob er sie auf mystischem Weg erworben haben wollte. Er trennt nicht Heilig und Profan und sieht oft dort, wo die Gläubigen und Eingeweihten Profanes und Schlimmeres sehen als dies, ein Tun von Gott aus und ein Wissen um Gott. Auch das Lieben, einfach und menschlich, wie es ist. Im Divan begibt sich Goethe des Schutzes, daß er ein Wissen mit erhabener Wendung vorbringt, wie in der Paria-Trilogie, wie am Ende des zweiten Faust. Es gehört zum Übermut des Divan, daß mit Mysterien gescherzt wird, daß der helle und spielende Geist noch über seinem höchsten Wissen, jedenfalls über dem Wort dieses Wissens lebt. Oft wird es in der Trunkenheit herausgesagt, wie im Übermut der Unart. Und das lesen nun wir Philologen! „Sagt es niemand, nur den Weisen . . ."
Und wenn die Chiffre den Verkehr der Liebenden bestimmt, so ist dies nicht nur Spiel – es ist auch Not. Große Herzen in schiefen Situationen – wie sollten sie sagen können, was allein zu sagen wäre! Wie wichtig ist da die Kunst, etwas so zu verschweigen, daß es doch vernommen wird! Wie überschwänglich kann man so einen Herzenstribut entrichten, den man im Zwang des Lebens schuldig bleiben mußte! Das Kapitel „Chiffre" in den Noten schließt mit einem Gedicht, das nur aus den Hafis-Zitaten besteht, die Marianne in einem Brief durch Seitenzahlen bezeichnete. Es schließt: „Will ihn umarmen und kann es nicht." Wie kommt solche Verständigung dem Lieben, dem Dichten gelegen! Gibt es

doch keine engere, keine glühendere Sprachgemeinde als das liebende Paar!

Die Chiffre ist Stil, auch wo sie nicht ausdrücklich vorkommt: ein Einladen und ein Ausschließen. Der Dichter dichtet für Dichter, für die Verstehenden. Die Liebenden sind zu allererst Verstehende. Früher wäre die Innigkeit des Verstehens, wie das große Gedicht an Frau von Stein sie ausspricht, fast beleidigt worden durch Worte des sinnlichen Verlangens. Jetzt ist alles nebeneinander möglich. Das Verstehen dringt in die Sinnlichkeit – eine geistreiche Sinnlichkeit ist die, mit der hier geliebt wird. Liebkosungen, die das Neckische und Tändelnde streifen, werden ein Spiel, das die Geister mit der Liebe, das die Liebe mit den Geistern spielt. Das Verstehen der Geliebten steigert sich zum Erwidern: dasselbe Wesen, das in seiner leiblichen Jugend den alten Dichter verjüngt, wird durch ihn wissend und begreift ihn; sie kann ihm auf der Höhe dieses Begreifens die Gabe zurückgeben, die nur ihm eigen scheint: das dichterische Aussprechen der Neigung; und sie vermag es so, daß die Verwechselung der Wesen darin vollkommen wird! Nicht nur, daß Suleika Lieder dichtet, von denen manche meinen, daß sie die Hatems übertreffen – sie lebt mit ihm in derselben Durchsichtigkeit des Lebens, sie ist das Gegenteil des „ahnenden Weibes"; auch ihr bleibt von der Leidenschaft nur das Geniale, Begeisterte, nicht aber, auch nicht im höchsten Jubel und Schmerz, die sonst anhaftende Schwere, das dunkle Müssen und Getriebensein. Das für diese Phase Goethes so unendlich treffende Bild des Balles gilt auch ihr, eigens von ihr: „Deine Leidenschaft mir zuwirfst Als wär's ein Ball." Es geht nicht darum, ob bei Marianne dies wirklich so war. Und gewiß erfuhr Goethe auch diesmal das Furchterregende der Leidenschaft. Es geht darum, was die Gedichte behalten, was der Geist bejaht und verewigt. Und da kehrt in einem individuellen Können die Verfeinerung alter Liebeskünste wieder, die zu großen Konventionen geführt haben. Das Lieben wird Kunst. Nicht weil man nicht genug lieben würde, sondern weil die Form der Reiz alles Lebens ist, und früher das Glück wohlgeborener Menschen nicht im Haben überhaupt, sondern im Haben auf eine bestimmte Weise bestand. Und wenn Liebeskonventionen anklingen, sind sie doch nicht das Tragende; dieses ist vielmehr die Anmut des einen, sich vollkommen besitzenden Menschen, die auch das zwingende Gefühl noch zu gestalten weiß. Und auch sie! Beide sind Meister im Lieben, beide betreiben es wie ein hinreißend schönes Spiel, in dem sie einander übertreffen. Es läßt sich dies mit dem Lächeln vergleichen, das chinesische Akrobaten bei den schwierigsten Aufgaben auf den Lippen haben. – Es ist nicht alles Suleika, aber alles ist Chiffre! Ein Einvernehmen mit einer jungen Kaiserin, die einem zudem das Wort verbot, öffentlich im Gedicht zu äußern, ist eine gewagte Sache, wobei wohl das Dichterische der Chiffre: der anglänzende Geheimsinn, in ihr Undichterisches: in die Neckerei des Verstandes umschlagen kann. Dennoch: wie freut sich

Goethe am Versteckspiel. Man kann seine Superiorität kaum wohlfeiler behaupten, als indem man darauf hinweist, daß man weiß, was die andern wissen möchten. „Ungehindert, liebe Herren, Sucht sie auf!"

Das Wahrnehmen, das Festhalten des östlichen Stils führt dazu, das Wie des Sagens gerade bei federleichtem Gegenstand für die Kostbarkeit der Poësie zu halten. Mit dem Schwebenden dieser Sageweise kommt der herrliche Leichtsinn Goethes zusammen. Man kann die Freude des gefundenen Stils und ihren Anteil an diesem Gedichtband gar nicht überschätzen. Nie hat Goethe so in seiner Eigenheit geschwelgt. So daß man oft, wie man sonst von ihm als vom wahrsten Menschen spricht, hier ausrufen möchte: so dichtet, so spielt ein Gott, der Mensch ist nur ein Scherz, selbst seine verzweifelten Klagen! – Wenn der Stil sich selbst genießt, wird er Manier. Und Manier gibt es hier, oft in der Weise kleiner Handzeichnungen, die fast bloß noch Handschrift sind, die einem Nichts Umriß geben, bloß damit man sieht, wie diese herrliche leichte Hand Konturen zieht. „Kleine Nippsache, verspielte Sinnlichkeit, Leckereien des Geschmacks" ruft wohl ein Ausländer der Poesie aus! Gewiß, das Tändeln ist nichts. Wenn aber der Geist tändelt, das ist ein seltener, ein hoher Anblick. „Hudhud auf dem Palmensteckchen." „Und die Nachtgespenster Mit langen Gesichtern Zogen vorbei."

Wie schön ist das Moderne, wie unangetastet vom Laster der Übertreibung, wo es zum erstenmal entsteht! Manchmal leidet die moderne Dichtung daran, daß die Sprache in sich selbst eine Möglichkeit der Verzauberung entdeckt hat und darüber die Demut verliert. Sie ist nicht mehr Medium. Im Divan beginnt das, aber in köstlicher Frische und Unschuld. Nie hatte das Gefühl ein solches Tempo! Es wird manchmal abgespielt wie ein Stück von einem herrlichen Künstler; manchmal abgebrannt, wie ein rasch verloderndes Feuerwerk. Der Dichter freut sich dieser Raschheit der Impulse, die ihm eine völlig neue, oft brilliante, ja gauklerische Sprachbewegung ermöglicht; die Bemühung um den Gegenstand hört auf, statt dessen läßt die Virtuosität Verbindungen zwischen einem Gefühl und einer Farbe, einem Gefühl und einem Geruch aufblitzen, und die Spur eines Entzückens ist da, wörtlich, wie man es nie für möglich hielt. „Gerüche winden sich durchs Glück Unsichtbar wolkig ziehend." Ist dies östlich? Ist dies Goethisch? Wenigstens nicht Goetisch ohne den Osten! Dergleichen bezeichnet in der Sprache das Intimste dieses neuen Stils. „Gemüt" paßt da nicht hinein. Goethe kann sich nicht enthalten, es zu haben; gottlob hat er es nie kultiviert. Gemüt ist aber die andere Nuance, durch die sich Mariannes Gedichte, die nicht ganz Suleika ist, von denen Goethes unterscheiden. Denn – eine wie andere Suleika finden wir in dem Gedicht „Vollmondnacht", als die ist, die das Lied vom Ostwind verfaßt hat. Der Stil dieses Nachtgedichtes ist, gerade sofern er östlich ist, ein Studium wert! Das Östliche daran ist keinem Hafis-Gedicht abgelauscht;

wollte man ein Vorbild dieser Stimmungskunst namhaft machen, so müßten es gewisse lyrische Einlagen Calderons sein. In der Tat hat sich Goethe zu dessen „Östlichkeit“ in einigen Versen bekannt, wie in Prosa zu der Östlichkeit Jean Pauls. Der Stil dieses Gedichtes ist dadurch vorhanden, daß der berührte Osten etwas bislang Verborgenes in Goethes Seele aufregt und hervorlockt, das sogleich zu schwingen beginnt; und je ausgesprochener das Ferne vorwiegt, um so mehr fühlt Goethe, sich zuhörend, sich von Eigenstem überrascht. Man kann es bestimmen als ein Freiwerden der Klänge und Farben; Wirkliches ist dafür nur Vorwand; es wird wahrgenommen, insoweit es zum Reiz wird, die im Reiz heftig und bis zum Entzücken angesprochenen Sinne vermischen ihre Sphären, so wie es der Sprache und nur ihr möglich ist. In dieser Mischung wird ein Vermögen der Sprache entdeckt, und sie kann gar nicht bereitet werden, ohne daß das feinste geistigste Glück der Seele wie ein irrender, gehauchter Klang von den berührten Sinnen aufsteigt. Nur Reiz, nur Seele; nicht Umriß und Dichtigkeit der Dinge; dies zu verlieren, ist hier der Reichtum der Kunst. Es ist nicht gerade neu, dergleichen mit Impressionismus zu bezeichnen. Der Ausdruck mag hingehen; man muß nur angeben, was man damit meint. Und was ist der Zustand der Seele, die hierbei belauscht wird? Ein seliges Schauern, eine schwelgerische Hingegossenheit – und soviel Wachheit des Geistes, um jede Sekunde einer langen Minute bewußt zu atmen und zu schmecken. Freilich der Widerruf antikischer Kunstgesinnung! „Aber uns ist wonnereich In dem Euphrat schweifen . . .“

Goethe begnügt sich nicht damit, diese allermodernsten Kunstmittel ganz gelegentlich und mit Nonchalance zu meistern; er gleicht im Gedicht die Schwelgerei mit der sonst beliebten Gegenständlichkeit aus, indem er, unabhängig von dem Wechsel der Stimmen, die verschiedenen Künste auf verschiedene Strophen verteilt; sie werden verbunden durch den Kehrreim, den Goethe aus einer ganz leise umgebildeten Hafiszeile gewinnt. Die erste Strophe rettet die Gestalt, die dritte Strophe das Motiv gegen den aufgelösten Stil der mittleren, die ganz der verliebten Sommernacht gehört. Hierbei kommt ihm die Dienerin zustatten, sie kann, erst nach dem Sinn der Geste fragend, sie und durch sie Suleika vollkommen vergegenwärtigen; sie kann am Ende, als Erklärung des Gedichts, die Verabredung des wechselseitigen Gedankens in Anrede berichten; sie kann die Entzückung der Herrin bezeichnen, indem sie diese durch ihre Schilderung der schönen Nacht in die Wirklichkeit vergeblich zurückruft; und endlich: Suleika, nur den verlangensvollen Kehrreim wiederholend, bleibt im magischen Kreis ihres geheimen Gefühls.

Nun sieht man freilich Suleika ihre Lippen spitzen, aber doch viel mehr als dies. Mag wer will die Regel ausfindig machen, nach der hier i- und ü-Laute und zischende Konsonanten zu einem verführerischen Klangspiel aufgeboten werden! Die Frage, mit der die erste Strophe endet, ist nicht mehr beschreibend – sie ist Inneres: eine Sinnlichkeit, die Geist hat; eine Anmut, die nach außen leicht und neckisch, heißblütig ist und im Innersten auf Verschwendung sinnt. Da bricht denn der Osten aus in der zweiten Strophe, in der die Nacht selbst verliebt ist und mit ihren Lichtern flüstert, in denen der geisterhafte Schein der Blüten, die niedrigen Sterne und die Scheine der Leuchtkäfer, Bewegtes und Unbewegtes sich nicht scheiden läßt. Welche Wirkung tut hier das Wort „zweifelhaft"! Sonst ein Schwanken des Geistes oder des Gemüts, erwirbt es sich hier sinnliche, koloristische Valeurs. Der vervielfachte, fliegende Karfunkel ist der echte Tropus dieser Stimmung. Dies wird nur übertroffen durch die Entrücktheit der Liebenden. Sie wird beharrlich im Refrain, der im Zusammenhang jeder Strophe anders klingt. Die Sachlichkeit der dritten Strophe würde vielleicht stören ohne ein Wort von demselben köstlichen Wert wie jenes „zweifelhaft". Wäre das entsprechende Gefühl der Anwesenden und des Abwesenden mit „Sehnsucht" bezeichnet worden, so könnte sich die Strophe nach der vorigen nicht halten. „erprobet Gleicherweis' im Sauersüßen." Ein sonst auf der Höhe lyrischer Stimmung bedenkliches Wort. Hier kann, hier muß es stehen; der Geist der Leidenschaft statt ihrer selbst – wie spielt er mit allen Erschütterungen! Die Liebende darf das Wort nicht sagen, wohl aber der Dichter durch die Dienerin, und es ist wohl nicht zuviel behauptet, daß das

Gedicht auf dieses Wort hinzielt. Dies alles in dreimal sechs Zeilen und einem Kehrvers!

Die West-Östlichkeit gipfelt aber nicht im Buch Suleika, wo der Stern der Sterne, nämlich „Wiederfinden" einen rein hesperischen Glanz hat, sondern im Buch des Schenken. Es ist voll der ausgesuchtesten Überraschungen. Einige Gedichte genügen, um auch dem gewiegtesten Weintrinker zu beweisen, daß er bisher nicht wußte und auch schwerlich bei einem Anakreontiker oder einem Vaganten gelesen hat, was ein Rausch ist, vielmehr wie die Götter von dem Rausch der Menschen als einer besondern, nur auf der Erde zu habenden Gabe in ihrer Sprache sprechen. Auch hier kann man sagen: berauscht waren viele, aber selten war der Geist berauscht. Dann ein anderes. Gewisse Briefe Winckelmanns lockten aus Goethe Worte über einen altertümlichen Begriff der Freundschaft hervor, die er sonst kaum gesprochen hätte. Es gibt also auch den möglichen, den unausgesprochenen Goethe. So riß ihn hier der orientalische Vorwand zur Darstellung eines Einvernehmens hin, von der niemand geahnt hätte, daß sie in der Gewalt Goethes stand. Daß das Behagen eines solchen mehr von ferne gesehenen Einvernehmens nicht etwa in seinen Hauptzügen ausgemalt, sondern daß es plötzlich da ist: ein beduseltes Hinblinzeln über den Kelchrand nach dem Knabengesicht – das ist ein Wunder, in dem sich die Weinlaune zur Inspiration versteigt – das ist westöstlich! „Du kleiner Schelm du! Daß ich mir bewußt sei, Darauf kommt es überall an.

Und so erfreu' ich mich Auch deiner Gegenwart, Du Allerliebster, Obgleich betrunken.“ Und noch einmal kommt im Widerspiel der Maske und der übermächtigen Mitteilungslust die Chiffre zu ihrem Recht. Mit Suleika lebt Hatem Höchstes, dem Schenken teilt er es mit. Er ist der Lehrer, der weise Freund dieses Schenken; aber es kommt nicht zu dem Pathos, das sonst im Schwang ist, wenn Verhältnisse dieser Art dargestellt werden – gewissermaßen mit dem Siegel der Antike darunter, bei Winckelmann, Schiller, Hölderlin, Jean Paul! Es wird zu viel getrunken. Die Verjüngung geht so weit, daß sich die Rollen umkehren; der Knabe wird zum Wärter des alten Dichters, ernüchtert ihn, schwatzt ihm seinen Katzenjammer hinweg. „Sag' mir nur warum die Jugend ... Klüger als das Alter sei“. Goethe behandelt das Thema vom Knaben aus, der auf den Dichter sieht. Wir haben Goethe zweimal: wie er für Suleika, wie er für den Schenken ist. So werden die Momente des Schenkenbuchs viel zentraler, als von dem mehr beiläufigen Verhältnis zu erwarten wäre. Überall beobachtet man die Lust Goethes, sich von sich wegzustellen. Goethe ist Hatem, er sieht sich in Hafis; sein Gefühl findet nicht nur den Sprecher, sondern auch die Sprecherin, und ihre Worte sind teils Mariannens, teils Goethes Worte; oft bilden Gedichte ein Gespräch, und wenn der Dichter im Paradies, nachdem das Leben heruntergelebt ist, so dasteht, wie er gemeint war, so hat im Buch des Schenken der Dichter die Gestalt, in welcher er für Saki vorhanden ist. Das Buch des Schenken muß da sein. Denn aus der Liebenden spricht zu sehr die Liebe, als daß sie sagen könnte, wie der Geliebte ist; seine Weisheit, seine Welt kann sich weder in ihren Worten noch in den zu ihr gesprochenen Worten aussprechen – sonst hörten ja diese Lieder auf, Liebeslieder zu sein. Der Schenke sieht den Dichter trunken. Er sieht seinen Geist in der tobenden Lust der Mitteilung, im Übermut der Gesetzverleugnung, in der Pracht der Blasphemie, wo Kalauer und Bänkelsang in Mysterien übergehen. Durch leichte, leicht behandelte Motive: den Wein des Einsamen, den wegen murrköpfigen Wesens entlassenen Kellner, die dem neuen Schenken ins Ohr geflüsterten Ketzereien, den Katzenjammer, das Gespräch über das Dichten, das immer Verrat ist – durch diese Themen nimmt Goethe den Durchgang zu dem halbgeflüsterten, halbgekicherten Wechsellied, das die Überschrift „Sommernacht" trägt. Der Dichter fragt den Schenken, wie lange die Abendröte wohl noch dauern wird. Es läßt sich nichts Genaues darüber ausmachen; denn die Sommernacht ist, wie sie ist: Leuchten geht in Leuchten über, eins ist da ehe das andere weg ist, der Himmel weiß nicht, welchem Licht er gehört, es ist ein Zögern, ein Kampf von Seligkeit in Seligkeit. „Solches hast du mich gelehret, Oder etwas auch dergleichen." Der Knabe schildert die Nacht, wie er es vom Dichter gelernt hat; in den herrlichen Wendungen, die ihm ganz zu eigen geworden sind, aber doch ein wenig lallend; denn es schläfert ihn. Es ist ihm nichts zuviel für Hatem, er wird Eule sein und auf der Terrasse kauzen, bis er die gewünschte Auskunft geben kann. Der Lohn, den er dafür erhofft, daß nämlich der Dichter das All mit ihm bewundere, wird ihm auch. Aber während Saki über die schöne Nacht andächtig und überschwenglich redete und sich unsäglich in die Gebärden der Natur hineinschmiegte, belehrt ihn der Dichter, seinen Auftrag zurücknehmend, in ganz anderem Ton. Nämlich durch einen aus dem Stegreif entworfenen Mythos, der von dem Halbwüchsigen eben darum nicht ganz verstanden werden kann, weil er ihn heimlich angeht: er handelt von Vorreife und Überreife des Körpers. Aurora, eine Dame, die wohl schon in höheren Jahren ist, verliebte sich in den enteilenden Abendstern, und eilt ihm nun (das sind die wechselnden Scheine zwischen Osten und Westen) über den Himmel nach; der Schenke möge sich vorsehen, daß sie ihn nicht mit Hesperus verwechsle. Wir denken sie in der Üppigkeit einer Rubens-Schönen, wenn man sie im Eifer ihrer Liebe hinlaufend so keuchen hört. Der Dichter horcht mit dem Schenken auf den Nachtwind: „Fühlst du nicht ein Liebeschnaufen?“ Die heitere Bezüglichkeit dieser Alterstöne ließ den Knaben einschlafen, der vorher im Enthusiasmus dem Schlaf noch eben standhielt. Er wacht erst daran auf, daß der Dichter schweigt, und glaubt, er sei von ihm wie früher belehrt worden. So wiederholt er schlaftrunken die Essenz dieser Lehren: „In allen Elementen Gottes Gegenwart.“ Das hat der Alte diesmal gar nicht gesagt! Er schweigt im Trinken, damit der Knabe weiterschläft.

Das Buch des Paradieses gehörte zum Plan; aber sich selbst in diesen seltsamen Himmel kommen zu lassen, fiel Goethe wohl erst später ein. Wenn er hier also sein Gestorbensein besingt – wie anders fällt dies aus, als irgendwer erwarten konnte – wie leichtsinnig! Man denke zum Vergleich an den Tod, den Faust, die symbolische Person Goethes, in der Dichtung stirbt. Hier geht es nicht um das Todesrätsel noch um eine neue ars moriendi, eher um das Seligwerden nach eigener Façon, und vor allem um den Blick auf die eigene Existenz: einen abschließenden Blick aus überlegenster Distanz. Das Gestorbensein ist ein Bild und meint Ferne; Ferne als den äußersten Grad des Vermögens, von sich wegzutreten, sein Leben verkürzt zusammenzufassen. Goethe im Paradies, mit einer Huri Mysterien scherzend, das ist das Freieste an Selbstauslegung, was der Divan enthält. Auf den Übermut dieser Stücke, der ohne Zynismus und Schauer bloß Zuversicht ist in die eigene Richtigkeit und in das richtig geführte Leben, bereiten uns zwei Gedichte etwas hinterhältigen Tones vor. Das erste von beiden beschreibt das Küssen als Glaubensstärkung des zweifelnden Neuplatonikers. Danach sollte der schöne Begriff „berechtigter Männer" einigen Ernst versprechen. Aber die Schlachtfeldstimmung, die so groß und heroisch in der ersten Strophe gegriffen ist, hält nicht vor. Ein süßer Wind von Osten bringt dem toten Helden die Himmelsmädchenschar heran, die zu unbegrenzter Teilung ihrer Gefühle ebenso bereit ist wie die Männer. Paradies heißt die höchste Wünschbarkeit irdischer Zustände ohne anhaftende Fehler; hier also Harem und doch Friede der Frauen, die sogar einander zu bewundern bereit sind. „Viele Frauen hast und Ruh im Hause, Wert daß man darob das Paradies gewinnt!“ Über das Los der Menschenfrauen läßt sich wenig ausmachen; von fern spielt Goethe auf das Faustthema der verklärten Büßerinnen an, wenn er hier die vier aufzählt, die sich einen Platz im Paradies verdient haben. Aber ein Blick in den Nachlaß zeigt, welch verdächtigen Seitengedanken Goethe aus diesem Gedicht getilgt hat – Gedanken, die allerdings seinen persönlichen Anteil an ihm verstärkt hätten! Es scheint, daß Goethe an diesem fremden Glauben eines zusagte: die Liebe zur Erde, das immer neue Begehren der alten Erdenfreuden. Da Capo, ad infinitum. Noch einmal: hat Nietzsche den Divan nicht gründlich gelesen? – Nun, das alles war Vorspiel. Er kommt: die wachehabende Huri macht Umstände. Gehört er denn hier herein? Wie er überall sich als ein Fremder anpassungsfroh und seiner selbst gewiß in das östliche Leben gemischt hat, so beträgt er sich nun auch hier. Ein „Andersgläubiger“ – das ist er ja nicht nur im mohammedanischen Himmel, das ist er in jedem Himmel jedes bestehenden Glaubens! – Das Thema hat den doppelten Reiz, Goethes Verhältnis zum Osten und zugleich sein Verhältnis zu jedem Glaubensbekenntnis, insbesondere zum christlichen, zu behandeln. „Nicht so vieles Federlesen." Eine der markantesten Äußerungen der Souveränität im Divan. Er ist, der er ist – das wirft die besonderen, hier bestehenden Vorschriften über den Haufen, denen er in einem weiteren Sinn übrigens durchaus genügen wird. Die religiöse Eigenmächtigkeit, zu der sich Goethe schon in seinen jugendlichen Dichtungen das Recht nimmt, setzt die Aufklärung voraus, aber überschreitet sie. Aufklärung ist ein Recht für alle, während hier von Privilegien die Rede ist. Prometheus berief sich auf sein Schöpfertum und auf seine Unmittelbarkeit zum Schicksal. Faust beruft sich auf sein Maß an Selbsttätigkeit. Hier genügt es, Mensch gewesen zu sein, in einem umfassenden Sinne – aber wofür? Es ist ein Unterschied zwischen Unsterblichkeit und „in den Himmel kommen". Er geht hier nicht darum, ob man fortdauert, sondern ob man recht gelebt hat. Er paßt sich dem besondern hier geforderten Nachweis des Kampfes für den Glauben damit an, daß er sein Leben als Kampf, sein Wesen als gutgläubig zusammenfaßt. Menschsein ist ein Leiden; gerne deutet er es ins Tun um. Der Glaube, für den Goethe Kämpfer war, ist der Glaube an die Liebe, ist der Glaube an die Welt; die Wunden, die er in ihr empfing, sind Wunden, die erlitten sind durch Hingabe. Als Liebender rechtfertigt er sich, wo nach der Ehre des religiösen Kämpfertums gefragt war. Und als Freund, als einer, der es mit den Guten hielt und eine Spur des Dankes in den Besten hinterließ. Daß Mensch sein kämpfen heißt, ist ein Ge-

meinplatz geworden, und darum ist bemerkenswert, welchen Inhalt Goethe genauer seinem Kampf gegeben hat. Auch er ist der „berechtigten Männer“ einer, und das Verhältnis der beiden Gedichte zueinander ist ein Beispiel statt vieler für die zwanglose Art des Zusammenhangs, den ein Motiv, ein Begriff, ein Wort zwischen Gedichten und Gedichtgruppen stiftet. Denn auch dort wurden die Eintretenden nach der Art ihrer Kämpfe gefragt: „Daß du Held seist sehn sie, weil du kamest; Welch ein Held du seist? sie forschen's aus.“
Die Huri ist neugierig, aber auch der Dichter möchte manches wissen. Z. B. warum sie Suleika so ähnlich sieht. Sie erzählt, daß sie alle nur ihren Liebhabern zuliebe so greifbar sind und die irdische Stofflichkeit ihnen durchaus zuwider ist. Aber früher waren die Seligen unzufrieden, weil sich die Huris merklich von ihren irdischen Freundinnen unterschieden. Dies zu schlichten mutete ihnen Mohammed zu, fürderhin den gewesenen Freundinnen der „Berechtigten“ zu gleichen: „Gegen uns waren's garstige Dinger, Sie aber hielten uns doch geringer.“ Der Wille des Propheten war Befehl. Seither scheint jede jedem die Seinige. „Du aber bist von freiem Humor, Ich komme dir paradiesisch vor.“ Der Dichter also durchschaut, und was er durchschaut, ärgert ihn nicht. Auch sie scherzt über die besondere Art, wie sie dem Propheten gehorsamt; kann sich eine Huri mehr anpassen, als indem sie „einem Deutschen zu gefallen“ in Knittelreimen spricht. Das erinnert an den dritten Akt

des zweiten Faust. Helena war erstaunt, in der seltsam verwirrten Zeitrechnung dieses dritten Aktes über die „Sprechart" der nördlichen Menschen, und der Liebesdialog mit Faust wird Gelegenheit, sie in den Gebrauch des Reims einzuweihen. Dieses Gespräch ist so geistig und rührend zugleich, daß es jedes Lachen und selbst ein Lächeln hindert. Die genannten Divanzeilen hingegen sind ein Witz. Und indem wir lachen, verflüchtigen sie die tiefsinnigen Ahnungen, die uns beschleichen möchten vor jenem Anflug irdischer Erinnerung auf einem himmlischen Gesicht. Nicht wie Dantes Begegnungen mit Beatrice im irdischen Paradies, nicht wie Una Poenitentium, die dem Gretchen gleicht, soll uns diese Ähnlichkeit der Huri mit Suleika im Innersten treffen; wir werden nur zum Mitgenuß am superiorsten Lebensgefühl eingeladen. Denn was ist dieser Himmel? Der Wunsch der Liebenden! Kein Wunsch, der unerfüllt blieb; er ist die Liebe, wie sie geliebt hat, nur ohne Schicksal; der dichterische freigewordene Geist ihrer seligsten Momente. Die Liebenden hatten diesen Himmel; nur das anhaftende Hindernis, die Bedingung – das verflüchtigte sich. Jene platonisierenden Gedankengänge, die übrigens als Kern mohammedanischer Mystik erkannt sind, werden in dies Glück hereingenommen ohne ihre spezifische Schwere. In der Gestalt der Geliebten ist etwas da, auf das sich auch alle frühere Liebe zu beziehen schien, und im Gespräch mit ihr ist ein Reich der Vereinigung gestiftet, in dem das Herz sich selber die Welt dichtet – welch

leichte Welt! Wie wenig ist ein Moment, und man braucht doch den Ausdruck „Himmel", um seine Grenzen zu ziehen! Die Geister spielen mit ihrer Verkörperung und kehren lächelnd in ihre Greifbarkeit zurück.
Auch die Lieder wollen ins Paradies; eines der letzten Gedichte spinnt den Einfall fort, der den Schluß des ersten Divan-Gedichts bildete. Statt der Personen, die Einlaß begehren, will eine klingende Wolke herein. Auch ein Goethe, aber in anderem Aggregatzustand – der in seinem Lied enthaltene! Während man die Person dabehält, werden die Töne wieder hinuntergeschickt. Der Liebende soll in den Himmel, weil er recht gelebt hat. Seine Lieder sollen fortdauern, weil sie schön gedichtet sind. Sie haben ihr Recht auf Unsterblichkeit dadurch erwiesen, daß ihr Schwung heraufreichte, und sollen nun zu den Menschen zurück, freilich verstärkt um das himmlische Echo – sie haben ihren Durchgang durch die Seligkeit der Liebenden genommen und sind jetzt würdig, sich an den Busen des Volkes zu legen, das Goethe in dem letzten Divangedicht als *sein* Volk bezeichnet. – Der Dichter erscheint abwesend. Denkt er an die Erde? Vielleicht. Offenbar hat er eine dichterische Eingebung! Die Huri beschwört ihn bei den mächtigsten Sangesgewalten, die er je entfaltete: „Hast in dem Weltall nicht verzagt, An Gottes Tiefen dich gewagt!" – also bei den Weltliedern, wie er sie gedichtet hat und noch dichten wird, beschwört sie ihn, jetzt sein Bestes vor ihr zu tun, muß aber an die klingende Wolke denken, und will lieber

die alten Lieder noch einmal hören: „Sing mir die Lieder an Suleika vor: Denn weiter wirst du's doch im Paradies nicht bringen.“ Es ist ein großes Zugeständnis, wenn sie, ein geistgeborenes Wesen, die Unübertrefflichkeit jener irdischen Momente anerkennt.

Nach der Groteske der „Begünstigten Tiere“, die im Übermut fortfährt, widerruft Goethe nun doch die Entschlossenheit, mit welcher er sich gut muselmanisch vom Paradies nur die Summe des irdisch Wünschbaren erwartet hatte. Zwar scheint am Anfang des Gedichtes „Höheres und Höchstes“ das Paradies durchaus darauf eingerichtet, „daß der Mensch, mit sich zufrieden, Gern sein Ich gerettet sähe“. Nun aber wird zugestanden, daß dies Wunsch ist; er muß der Wirklichkeit, die sich auftun wird, weichen. Möchte man dort gern auf deutsch „Paradieseswortе stammeln“, so haben die Geister eine andere, crschöpfendere Sprache: „Doch man horcht nun Dialekten, Wie sich Mensch und Engel kosen“; ihre Grammatik ist umfassend, Blicke, Düfte sind in ihr einbegriffen, ja etwas spöttisch wird ein Ursinn statt aller Sinne vorgesehen. „Und entschiedener empfindet Der Verklärte sich unendlich.“ Plötzlich wechselt der Ton und die beiden letzten Strophen entfalten ernstlich den Gegentrieb nach Entselbstung. Statt der Menschensprache, die metaphorisch bleiben muß, ist Gottes Wort – die Sprache, die ein Tun ist – Quell der Verständigung. Durch den Ernst dieser Strophen, durch dies reine Vor-Gott-stehen werden nun die Hurigespräche nachträglich in ihr Bereich verwiesen. Sie sind kein „echtes“ Jenseits, sie sind der Himmel, in den die Liebesmomente den Liebenden versetzen. – Die Verserzählung „Siebenschläfer“, die aus heiterer Distanz eine Legende vorträgt, und liebevoll eine patriarchalische Landschaft malt, ist da, um das Gutenachtgedicht möglich zu machen – eine jener geheimnisvollen Selbstbeschreibungen Goethes, bei denen man schwankt, ob er sich noch als den sinnlichen Menschen oder schon als seine eigene Verewigung empfindet. Als ob er nur zum Scheine sei, sieht er sich in der Geste des Entschreitens, gleichsam den Mantel raffend, so wie in einigen Xenien. Dort: „Und wandle neubelebt und jung Im frischen Götterreich.“ Hier: „Um des Paradieses Weiten ... Im Genusse zu durchschreiten.“ Er macht sich selbst zum Helden der eben vorgetragenen Legende; er, ein anderer Epimenides, ist durch einen magischen Schlaf, den man sich denke, wie man will, belebt worden, und so sieht er sich, seine Lieder zurücklassend.

In „Wiederfinden“, dem größten der Liebesgedichte des Divan, verläßt Goethe den Kreis östlicher Vorstellungen. Allenfalls darin, daß das Erotische unmittelbar in die höchsten Zusammenhänge übergeht, könnte man ihn vertreten finden, so wie in dem Wort Allah, das aber wahrlich für Goethes Gott steht. Die erste Strophe, plötzlich, wie das Auffahren aus einer Umarmung, gehört dem Wiedersehen; ohne jeden Übergang und in ganz anderem Ton beginnt die zweite Strophe den Vortrag einer Weltschöpfungsmythe, die anzustimmen einer der alten jonischen Naturseher wiedergekehrt scheint; die letzte Strophe bewegt sich wieder in dem persönlich durchlebten Moment der ersten, und der vorletzten ist es aufgegeben, in den Anfang zurücklenkend den vorher vermißten Übergang herzustellen. Dient der Augenblick der Liebenden dazu, die Mythe zu enträtseln? Nein. Das Umgekehrte entspricht dem Alter Goethes. Die Mythe ist die feste tragende Gewißheit, sie erklärt, sie rechtfertigt die Liebe der Lebenden! Wir sollen also diese Mythe glauben? Glaubt sie denn Goethe? Griechische Götter schaffen keine Welt. Der Gott des mosaischen Schöpfungsberichtes tut es. Wohl aber haben griechische Denker die Frage nach der Entstehung des Seienden gefragt. Hat also Goethe eine Lehre von der Entstehung dichterisch sagbar gemacht durch einen Welt-schaffenden Gott, mit dem ihm sogar noch das Trennen des Lichts von der Finsternis überliefert wurde? Aber auch so entspricht die Mythe noch nicht dem Denken Goethes, der ja behauptet, der Begriff der Entstehung sei uns versagt. Und fragten jene griechischen Denker nicht im Grunde nach dem Wesen des Seins, wenn sie nach seiner Entstehung fragten? Goethe verlegt also – wiederum der Dichtung zulieb – mythologisierend an den Anfang, was sich im Rhythmus des Naturgeschehens immer neu vollzieht. Das Gesetz dieses mythischen Alsob ist formuliert in dem Aufsatz von 1817: „Geistesepochen, nach Hermanns neuesten Mitteilungen.“ „Indes die Autochthonenmenge staunend ängstlich umherblickt, kümmerlich das unentbehrlichste

Bedürfnis zu befriedigen, schaut ein begünstigter Geist in die Welterscheinungen hinein, bemerkt, was sich ereignet und spricht das Vorhandene ahnungsvoll aus, als wenn es entstünde. So haben wir in der ältesten Zeit Betrachtung, Philosophie, Benamsung und Poesie der Natur alles in einem." – Welche Auslegung des Lebens der Welt hat Goethe nun dieser Mythe anvertraut? Es ist die Lehre von dem Lebendigen, das sich durch Entgegensetzung steigert, um sich wieder zu vereinigen. Am bündigsten enthält sie der Aphorismus: „Grundeigenschaft der lebendigen Einheit." Es ist ein Lebensbegriff, der keinen Unterschied zugibt zwischen dem Leben der Natur und dem des Geistes.

Dieser Prozeß ist also dichterisch erzählt mit Zuhilfenahme eines doppelten modus dicendi: des Schöpfergottes und des „Einmal, am Anfang der Zeiten" – aber auch so bedarf Goethe noch einer weiteren Metapher, um die vielen Bereiche des Seins zusammenzuraffen: nämlich der Farbenlehre. Es ist leicht, die gehörigen Stellen aus den „physischen Farben", der „allgemeinen Ansicht nach innen", den „nachbarlichen Verhältnissen", der „sinnlich-sittlichen Wirkung der Farbe" anzuführen, die das jeweils im Gedicht Gesagte begründen. Wir befinden uns im Bereich der physischen Farben; das geht aus den beiden Hauptbegriffen: der Trübe, die als Atmosphäre die leichteste bewegliche Materie ist, und der Morgenröte hervor. Die „nachbarlichen Verhältnisse" berechtigen dazu, mehrmals die Tonlehre als zweite Metapher, ja als Metapher der Metapher heranzuziehen. „Ohne Sehnsucht, ohne Klang.“ „Ein erklingend Farbenspiel.“ Man wird die Schönheit dieser Ausweichung nicht leugnen. Aber sie hat auch einen sachlichen Grund: Gehörseindrücke scheinen die Seele noch mehr zu fesseln, noch geistiger zu sein, da sie innen treffen, ohne Ferne – so tritt die zweite Metapher ein, damit die Mythe durchaus ein Ereignis des geistigen Lebens sei. Nun ist ja aber der Prozeß selbst in ein metaphorisches Verhältnis zur Liebe gebracht, ohne daß wir wüßten, ob sie die Metapher des Prozesses, ob er ihre Metapher ist. Ist aber das metaphorische Verhältnis wechselseitig, bezeichnet das Bezeichnete zugleich das Bezeichnende, so findet der gesunde Wortverstand der Metapher nicht mehr statt, und dieser Begriff erwies sich als für Goethes Gedicht unzulänglich. Es wären noch viele sogenannte Metaphern möglich, und um die atmosphärischen Farben als eigentlichen Bereich der Bildlichkeit vorwalten zu lassen, also aus einem künstlerischen Grund hat Goethe den Dualismus: Feuerwasser – Wellenwasser *) und den des Oben und Unten fallen lassen. In Wahrheit vermittelt alles hier Behandelte die Anschauung desselben Gesetzes: der Steigerung des Lebens durch Polarität, und es genügt nicht zu sagen, daß ein Phänomen das andere verdeutliche, sondern sie sind so, wie sie im Naturgeschehen vorfallen, schon aufeinander bezogen: dasselbe in Verschiedenem. Der hier sprechende Dichter ist also ein zusammenfassen-

*) Im Entwurf.

des Ich und darin vielleicht wirklich eine Auferstehung jener von ihm so tief begriffenen „begünstigten Geister“: es spricht ein Mythenbildner, ein wissenschaftlicher Mensch, nämlich eben der Verfasser der Farbenlehre, ein Dichter und ein Liebender – daher die beinah ängstigende Spannweite dieses Gedichts.

Nun zu der Mythe selbst! Wie bewegt, wie demiurgisch ist sie. Die Natur in der Umwälzung grenzenloser gegeneinander arbeitender Gewalten, Wirkung in Wirkung übergehend, rastlos, und doch göttlich: ein Tun mit Sinn, das sich steigert und vollendet. Und eine Sprache, die wetteifern darf mit Michelangelo, dem Bildner des Schöpfers, der eine Gebärde hat groß genug, um arbeitend in das Chaos der Welt zu greifen! Die dichterische Formel dieser Schöpfungsmythe für die Einheit der Welt, die Natur als Idee, ist, daß sie „im tiefsten Grunde an Gottes ewiger Brust lag“. Das verwirklichte Sein, das fortan „Welt“ heißt und auch in der Zeit verläuft, ist ein Werden und gliedert sich in drei Akte: in das Setzen der absoluten Trennung, in den Eintritt einer vermittelnden Macht und in der Vereinigung. Das Sein in der Zeit beginnt mit einem schmerzlichen Aufschrei des Weltalls, das „mit Machtgebärde“ in die Wirklichkeiten, die als solche der Idee gegenüber ein Plural sind, auseinanderbricht. Nun ist Chaos, das erkannt wird im reinen Auseinanderstreben der Elemente. Für die absolute Trennung, in der der Lebensprozeß zu stocken droht, steht nun im Gedicht das Beispiel aus der Optik: Licht und

Nicht-Licht, die ebenfalls reine Gegensätze sind. Nun bedarf es wieder der Initiative Gottes, der Morgenröte schafft. Sie könnte aber nicht wirken, wenn das Trübe nicht wäre, dem sie das Farbenspiel „entwickelt": die Farben gehen aus dem Trüben hervor, welches ihr Medium ist, und in welchem Dunkel und Licht den ganzen Farbenkreis hervorbringen. „Wir sehen auf der einen Seite das Licht, das Helle, auf der andern die Finsternis, das Dunkle, wir bringen die Trübe zwischen beide, und aus diesen Gegensätzen, mit Hülfe gedachter Vermittlung, entwickeln sich ... die Farben" (Zur Farbenlehre § 175). Mit dieser Trübe, die also das überall in dem Natur- und Seelenreiche aufzusuchende Vermittelnde innerhalb der Optik vertritt, und der im Menschen das durch den Eros aufgeregte Grenzbereich des Sinnlich-Seelischen entspricht, ist das Rot schon gegeben: nicht das Licht unmittelbar (wie es nach der Farbenlehre gar wohl möglich wäre), sondern das getrübte Licht „erbarmt sich der Qual". Insofern deutet Rot auf Liebe, auch wenn rot nicht die populäre Liebesfarbe wäre. Denn Liebe wirkt sinnliche Vermittlung. Dies Rot ist Morgenröte: Stimmung des Anfangs. Mit der großartigen Erfindung des einsamen Gottes und mit dem mythisch-personifizierten Rot der Morgenröte ändert sich der Ton des Gedichtes wiederum ohne einen Wechsel der Vorstellung, und wenn bisher der Mythos als Wissensquelle aufgefaßt wurde, woraus die Liebe zweier Menschen ihre Rechtfertigung und ihren Gehalt schöpft, so muß nun doch auch auf das umgekehrte Verhältnis hingewiesen werden: das Gefühl des Liebenden erhellt die Naturrätsel mit seiner Erhellung, so daß die Mythe zugleich ein Symbolon des Liebesbundes wird. Beide Verhältnisse sind so ausgebildet, daß es vielleicht von der Anlage des Lesers abhängt, welches er vorwiegen läßt. Rot, die Krone der Farben, die Farbe der Mitte, in der sich die beiden Farbenreihen, deren eine vom Dunkel durch das Blau zum Blaurot, deren andere vom Licht durch das Gelb zum Gelbrot ihren Durchgang nimmt, begegnen; Rot, die Farbe, die durch Vereinigung des Gesteigerten entsteht! Denn wohl ist es von der Mischung der entgegengesetzten Grundfarben Gelb und Blau, dem Grün, unterschieden; und den Fortgang des Gelb zum Gelbrot, des Blau zum Blaurot faßt Goethe als Verdichtung, als Steigerung auf. Die Steigerung, die Vereinigung kann nicht sein ohne die Trennung, und so steckt denn im Rot die von Goethe gefundene Auslegung des Geschlechts, das als die höchste Polarisierung des Lebens durch die Steigerung des Besonderen die körperliche Möglichkeit der Vereinigung und der Zeugung erwirbt. Das alles ist Rot: es stellt die Beziehung der Geschlechter an das Ende einer Klimax. Für dies Vermittelnde, das alle Phänomene der Anziehung von der dumpfen metallischen bis zur geschlechtlichen und seelischen umfaßt und in der körperlichen Zeugung und dem, was ihr im seelischen Leben entspricht, seine höchste Leistung vollbringt, steht im Gedicht außer der Morgenröte noch ein abstrakter Name: Sehnsucht. Es ist Goethes dich-

terische Übersetzung für den kosmisch verstandenen Eros, wie schon das Gedicht An Hafis zeigte. Das Gedicht, das vor dem persönlichen Leben ins Weltall auszuweichen schien, wäre dann im Zentrum der Liebe angelangt. Und so wirft Goethe die Metapher der Zeit beiseite. Die Liebenden tun ja jetzt, immerfort, was Gott tat. „Allah braucht nicht mehr zu schaffen, Wir erschaffen seine Welt."
Wieviel muß zusammenkommen, damit der Wurf eines solchen Gedichts gelingen, damit sich in einem Menschen seine Liebe zugleich als schaffende Weltseele fühlen und damit er uns dies glaubhaft machen kann. Offenbar ist ihm der Übergang vom persönlichen zum universalen Leben leicht, eingeübt und selbstverständlich – denn sonst zerfiele das Gedicht in einen Erguß und einen Lehrkursus. Gewiß ist es der Puls eines übermächtigen Liebesgefühls, der das Lehrgedicht durchdringend die kühne, ja unglaubliche Verbindung der beiden Teile möglich macht. Aber der Typus des Lehrgedichts an sich ist von Goethe – abgesehen von dieser Verbindung – so erneuert worden, daß die Lehre schwingt. Ihre Schwingung ist das Mitschwingen der Seele mit den Weltbewegungen; so ist das Lehrgedicht aus sich dichterisch und bedarf keines erhöhenden Stimmungsmittels. Goethe faßte Wiederfinden als ein Lehrgedicht auf, denn er hat es auch der Reihe „Gott und Welt" eingegliedert. Als Liebesgedicht hat es nicht seinesgleichen. Die Liebenden tun – unbewußt, hier aber weiß es ein Liebender und sagt es der Geliebten – was Gott in allem Seienden tut; sie

tun es am innigsten, so wird Gott in ihnen unmittelbar handelnd und sie sind heilig von der Natur aus. Nie hat ein Mensch so seine Liebe gestanden.

Ist es aber recht, ein Gedicht so beim Wort zu nehmen? Man sollte es eine Weile tun – damit überhaupt die Tragweite des Gesagten einmal ermessen werden kann. Aber man muß es hernach dem Gedicht wieder abbitten. Gedichte sind nie wörtlich. Auch dieses ist wohl intimer, als es scheint. Genügt es zu sagen: „ein hoher geistiger Zustand, eine Neigung des Gefühls, in Weisheit überzugehen“, wenn sich so der Überschwang des Wiedersehens in einer kosmogonischen Mythe entlädt? Man sollte dies nicht zu natürlich finden! Und dann – das Gedicht zeugt ja nicht bloß vom Wiederfinden, es zeugt von der Nacht der Ferne, die ein Abgrund ist, und vor welcher der Dichter beim bloßen Erinnern zittert. Man überhöre doch nicht, wie das Gedicht diesen Schmerz der Trennung in die scheinbar freie Höhe seiner Natursage mit hinauf nimmt, wie er dort das Weltall in Stücke schlägt und noch im Busen des vereinsamten Gottes aufschluchzt. Ist nicht auch die heftig arbeitende Dynamik dieser Naturprozesse eine versteckte Sprache der Leidenschaft? Der Schluß, der den Gedanken der Trennung fortweisende, ist dunkel genug. Heißt er: kein zweites „Es werde“ wird erschallen, um uns zu trennen? Heißt er: auch wenn es erschallt, uns trennt es nicht? – Jedenfalls gibt er dieser Liebe eine kosmische Weihe, ohne daß ihr menschlicher Verlauf irgend gebahnt schiene. Ist es nicht eine verborgene Bestürzung, die den Dichter zwingt, beim Weltanfang auszuholen; ist es nicht die Kargheit des dieser Liebe im Leben gegönnten Raums, die ihn drängt, ihr den Raum des Weltalls anzuweisen? Zwischen der ersten Strophe und der den Ton so unvermittelt wechselnden zweiten läge dann eine Pause, in der Qual verhalten wird. Auch das Wort „musterhaft" ist verräterisch. Spätere Verse aus der Umgebung der Marienbader Elegie lauten: „Kein Mißbilligen, kein Schelten Macht die Liebe tadelhaft." Wann ist man geneigt, sein Gefühl (und das Gefühl des liebenden Gegenüber) musterhaft zu nennen? Doch wohl, wenn es angefochten ist, wenn es sich selber anficht, weil es sich keine Wirklichkeit denken kann, in der es sich fristet – und wenn es sich im Widerspruch zu allen Bedingungen doch unbedingt weiß! Daher also das Ausweichen in die Mythe! Der Jubel dieser Strophen wird wahrlich nicht geringer, wenn sich ein Aufschrei in ihn mischt.

Nur so kann man übrigens das Gedicht mit dem reimen, was wir aus Goethes Leben wissen. Denn nach dem gewöhnlichen Begriff des „Erlebnisses", dem die biographisch aufgelegten Erklärer nachgehen, löge dieses Gedicht einfach drauf los. Während jenes letzten Wiedersehens in Heidelberg, das für Goethe überraschend kam, war er bereits entschlossen, sich endgültig zu lösen. Das Gedicht, das aus diesem Moment hervorgeht, will nichts von Trennung wissen. Warum riß sich Goethe los? Weil er in das geraten war oder zu geraten fürchtete, was man eine „schiefe Situation“ nennt. Mochte diese leidenschaftliche Neigung immer für andere anstößig sein – aber konnte er sich für sich und Marianne irgendeinen Verlauf ihres gemeinsamen Lebens vorstellen? Ja, diese Beziehung war – und Goethe gestand sich solches nicht zum erstenmal – in einer keinem Menschen auseinanderzusetzenden, in einer geradezu schrecklichen Weise individuell. Und da bezeichnet der Dichter sich und die Geliebte als musterhaft.

Schon einmal faßte ein großes Gedicht Goethes den ganzen Gehalt einer Neigung zusammen, indem es alle Bedingungen verschwieg und bloß das innere Verhältnis aussprach: das Gedicht an Frau von Stein: „Warum gabst du uns die tiefen Blicke?“ Eine tiefe Ratlosigkeit verbergen beide Gedichte; das erste weicht ihr in das Erraten einer gemeinsamen Präexistenz aus, die so selig frei war, als man jetzt verstrickt ist; das neue Gedicht in den weltschaffenden Beruf der Liebeskräfte, die beide in sich wissen; ein ferneres Gedicht, in dem der höchste Trost: die Teilhabe an der Natur, zuschanden wird, bleibt Goethe vorbehalten. Die Marienbader Elegie ist ein tragisches Gedicht; „Wiederfinden“ verdankt einer verleugneten Tragik den tiefen unheimlichen Glanz seiner Freudigkeit.

Man hat die Gedichte an Suleika als spielerisch aufgefaßt und sowohl gepriesen als getadelt; man hat dann die geschmäht, die solcher Meinung waren *), und wieder die

*) Hans Pyritz, Goethe und Marianne von Willemer, S. 28 ff. u. a.

Echtheit der Leidenschaft hervorgehoben. Sind sie etwa nicht spielerisch? Und sind sie etwa nicht leidenschaftlich? Wieviel Schattierungen gibt es! Der Dichter ist gottlob nicht an unseren psychologischen Kanon gebunden. Eines ist deutlich: diese Gedichte sind nicht gelebte Momente, sondern der Geist gelebter Momente. Deren freie Fortsetzung im Gedicht. Die Dichtung hilft dem Schicksal nach; und dies heimlich Bildende, Ergänzende hat wohl auch schon Goethes Lebenskunst in diesem menschlichen Verhältnis bestimmt. Er war kein Unbedingter, wie sich so oft die Freunde der Zerstörung nennen. Er hatte Sinn für das Vollkommene. Er lebte behutsam; indem er auswich, gab er den Momenten ihren reinsten Umriß. Wie anders ist auch die Sprache der Sinnlichkeit als etwa in den römischen Elegien! Sie ist nicht mehr wörtlich, und auch die Lüste werden zu Verständigungen, zu Chiffren, die der Geist zieht. Gibt es etwas Verspielteres als folgende Zeilen über das Ohr: „Das Ohr versagt sich nicht dem Spiel, Hier ist nicht Fleisch, hier ist nicht Haut, So zart zum Scherz, so liebeviel!" Das zarteste Seelenhafte verträgt sich in denselben Versen mit einer fast konventionellen Beschreibung körperlicher Vorzüge. „Hüfte schmal, der Leib so rund Wie zu Paradieses Lüsten." Die Momente glücken, und sie glücken im Gedicht, das immer wieder eines beschreibt: das Zusammenstimmen. Wer aber stimmt zusammen? Eine sehr junge Frau und ein sehr alter Dichter stimmen zusammen in jenem rätselhaften Medium: der Jugendlichkeit des Dichters, der sie als Jüngling umarmt, sie als Greis zu seiner Geistigkeit erweckt. Er muß, um dies zu vermögen, durch seine Liebe in die Sphäre ihrer Jugend versetzt werden; sie muß seine Töne in sich selber finden, ihm als Dichterin antworten in einem nie gekannten Umfang ihres Wesens. Ein Antworten ganz anderer Art als das Verständnis der Frau von Stein. Damals war die Seele der Geliebten gesetzgebend und leitete ihn zu sich selbst; hier ist er der Gott, der Erwecker.

Es ist etwas von Verabredung in diesen Liebesgedichten. Man hat dies vergröbert, man hat eine List darin gesehen, die unschön, um nicht zu sagen krank wäre: als hätte Goethe zum Dichten eine Anregung gebraucht, sich eingelassen soweit nötig, hierauf sich zurückgezogen, planmäßig. Ebenso falsch ist es zu sagen: der Dichter war ein alter Mann, der einer jungen Frau nicht mehr gefährlich ist. Goethe war fünfundsechzig ohne Abzug, nicht ein fataler ewiger Jüngling, der sich um den Anspruch seiner Jahre herumbetrügt, sondern ein Greis, an dem das Greisentum vollwürdig in seinem eigentlichen Vermögen erscheint. Die Selbstgestaltung ist vollendet wie ein Kristall. Das gibt freilich ein Draußen- und Darübersein auch in der Verstrickung. Der Mensch liebt, leidet, wird alt, verjüngt sich; der Geist durchschaut, denkt das Gelebte, liebt und dankt, bildet alles um in seine Sprache, im Tiefsten unverletzbar. Dem entspricht die dichterische Form des Divan. Indem dieser Geist die Geliebte anrührt, fordert er sie und sich selber auf, die Spiele der

Liebe nach der ihm vorschwebenden Regel herrlich zu spielen. Es werden Rollen ausgeteilt: sei du Suleika, laß mich Hatem sein. Die Verabredung ist nicht ausgesprochen, sie ist Zauber. Ehe Marianne Goethe kannte, hat sie sein Geist bestrickt; sie, die Musikalische, hat seine Stimme aus seinen dichterischen Sprachen vernommen. Sie hat ihm aber auch mit ihrem genialen Gehör den einzig ihr gewidmeten Ton seines damaligen Gefühls zurückgegeben, ohne es zu wollen; sie konnte nicht anders. Darum schlagen wir immer wieder im Divan die Seiten auf, da sie ihm seinen Ton erwidernd zusingt. Geist haben, Geist sein in der Leidenschaft, Phönix, Salamander, Delphin sein – darin ist der Dichter geübt, und sie übt es auch; das ist die Verabredung. Denn Goethe sagt ja von ihr, daß sie ihm ihre Leidenschaft zuwerfe, als wärs ein Ball. Zur Verabredung gehörte auch, das Unmögliche zu vergessen. Es war die Selbstherrlichkeit des Dichters, daß er winkte, als dies beginnen, und winkte, als es enden sollte. Eine Liebesbegebenheit, die nie beschrieben wurde, auch von Goethe nicht, und deren Geheimnis nie ein Mensch wird lüften können. Sie konnte sich nicht vollziehen ohne eine tiefe Verletzung des Lebens. Und nicht dies war die Gefahr, daß die Leidenschaft alle Grenzen überstieg – das war dem einen nicht gegeben, dem andern nicht fürchterlich; sondern daß der Erwecker, der ein so großes Gefühl hervorrief, es irgendwann mit sich allein ließ. Es mag dies eine Frau ihr Leben, Goethe tiefes und langes Leid gekostet haben. Beides steht nicht in den

Gedichten; auch dies ist Verabredung. „Er verbirgt die traurigen Gesichter.“ Worauf geht die Verabredung zuletzt? Auf Vollkommenheit. Im Buch des Paradieses spielt die Liebe die Spiele, die sie meinte. Also doch Spiel? Wann wird man aufhören, die Liebe für „Ernst“ zu erklären! Spielen nicht die Tiere Liebesspiele? Hat nicht die Liebestradition aller Kulturvölker die Werke der Liebe immer wieder mit Worten des Spiels benannt? Ist die Kunst nicht Spiel? Und ist das Spiel nicht Ernst? Es freute Goethe, für sein so Eigenes soviel Zierrat und Ranke vorzufinden in den Stilmustern östlicher Gedichte, und er vermischte gern das eine mit dem andern; wir aber schelten nicht die Konvention und loben nicht das Einmalige, wir stellen uns in der noch so künstlichen und verspielten Wendung die übermenschliche Person vor, die zu ihr kondeszendiert.

Es liegt im Wesen gewisser Kunstmittel, daß ein Äußerstes versucht wird – das Mittlere wäre schal. So bei angestrebter Ferne. Eben diese Ferne, die Seltenheit der gewählten Bilder, das Verstiegene der Übertreibung gibt dem Gedicht „Hochbild“ seinen Reiz. Aber es erschöpft sich nicht in der Manier. Eine Vielfalt von Beziehungen läßt kaum Sagbares, das zwischen den beiden Liebenden ist, erraten; und ebenso das Folgende „Nachklang“, wo der Dichter die Selbsterhöhung zum Kaiser und Gott zurücknimmt. Hier tut der Geist westöstlicher Vergleichungskünste sein Äußerstes; Gefühlsübergänge einer neuen Einsamkeit, die ein zusammengesetzter und schwieriger Zustand ist, werden dem Erraten aufgegeben. Wenn schon gespielt wird, kann gar nicht genug gespielt werden, und eher als der zu weit getriebene Reiz könnte in dieser Region der Ton einer gewissen Traulichkeit als störend empfunden werden: „Ich bin so gern gesellig Und das ist hier der Fall.“ Das letzte Gedicht des Buches Suleika ist, wenn man sich so ausdrücken darf, unbeschreiblich groß, und gerade da schwelgt der Spieltrieb metaphorischen Preisens am unersättlichsten. „Allschöngewachsene, allbuntbesternte, allbelehrende.“ Keine Wendung zuviel für den immer neu begleitenden Gedanken, daß der Dichter ihre Gestalt brauchte, damit sich ihm alle Seelen der Natur erschlossen.

Warum hat Goethe Mariannens Gedichte unter den seinigen veröffentlicht? Daß die Geliebte antwortet, daß sie antworten kann – daß sie nicht nur liebt, sondern den so seltenen, so geistigen Zustand des Dichters frei aus ihrer Natur zu teilen vermag, das war einzig an diesem Verhältnis, und hier bedeutet das Dokument alles. „Dilaram schnell, die Freundin seiner Stunden, Erwiderte mit gleichem Wort und Klang.“ Sie antwortete. Und so antwortete sie: „Das Mädchen hatte was gelernt.“ Wäre wohl irgendein Kenner auf den Gedanken gekommen, daß einige Divangedichte einen anderen, weiblichen Verfasser haben? Schwerlich! Es gibt aber auch Verse und Prosa Goethes, die vielleicht niemand ihm zugeschrieben hätte, wenn er nicht als Verfasser verbürgt wäre. In einer Zeit allgemeiner dichterischer Übung sticht das Eigene nicht immer hervor, es läßt auch einen gewissen Ausgleich zu. Für uns, die wir nun einmal unterrichtet sind, unterscheiden sich diese Gedichte doch merklich von denen Goethes. Sind sie wirklich den schönsten des Divan ebenbürtig? Daß sie so überaus beliebt waren, rührt daher, daß sie Gemüt haben und an der Superiorität des Spiels, an dem die Sprache auflockernden und umbildenden Klangzauber, am ganzen subjektiven Orient Goethes kaum teilnehmen. Sie sind sehnsüchtig, herzlich, verhalten-werbend. Goethes Änderungen können wir nicht immer genau verfolgen. Die Wendung „Denn das Leben ist die Liebe, Und des Lebens Leben Geist" ist doch wohl von ihm! Da nun der Leser Mariannens Gedichte als Goethe-Gedichte lesen sollte, so war der Sinn dieser Täuschung nur für die Liebenden vorhanden und sollte den Leser nicht erreichen. Dennoch, auch dem Leser wird das Seine. Die Gedichte Mariannens konnten nicht durch eigene Gedichte Goethes ersetzt werden. Schon lange drängte das Liebesgedicht Goethes dazu, seinem Moment eine doppelte Wirklichkeit, eine Wirklichkeit in zweien zu geben, und die Gebärde der Geliebten in sich hineinzunehmen. Aber wie konnte der Greis, dessen Geist so kristallen war, eine weibliche Schwingung in sich zulassen? Wie entfernt ist ein Gedicht, in dem Goethe Suleika sprechen läßt, etwa „Vollmondnacht", von Mariannens Art, ein Gefühl auszudrücken! Aber er kann die Geliebte sprechen lassen – wie sie wirklich spricht; nachdem er ihre Seele zum Tönen gebracht hat. In der

Marienbader Elegie wird es heißen: „Es ist, als wenn sie sagte." Und da hören wir Goethes Stimme. Der Divan aber erinnert an Goethes Sonette, einen merkwürdigen, weit unterschätzten Gedichtkreis. Hier entdeckt Goethe das Spiel und findet im Sonett die Dichtart des Spiels, die er eben darum bisher verschmähte. Man weiß, daß Goethe Wendungen aus Briefen der Bettina an ihn, ohne daß Bettina das in den Sonetten gemeinte Mädchen wäre, in Strophen einfügte, welche Briefe des Mädchens an den Dichter enthalten sollen. Wer genau hinhört, kann sich nicht darüber täuschen, daß Stimmen und Stimmungen hier reizvoll verwirrt sind. So haben die Gedichte „Wachstum" und „Das Mädchen spricht" einen verschiedenen Gegenstand und zeugen für ein verschiedenes Gefühl. Warum half sich Goethe durch dies Hereinnehmen von Briefstellen? Er flößte den Gedichten, die als Äußerung eines Mädchens wirken sollen, die weibliche Schwingung ein, deren Deutlichkeit und Echtheit ihm genügte, auch wenn sie nicht individuell treffend war. Darin überbietet der Divan die Sonette weitaus: Marianne sagt mit ihrem eigenen Wort ihr eigenes Gefühl. Und so muß es sein, nach der Geschichte der Seelen. Der Goethe dieser Sonette blickt schon durch die Augen der Geliebten auf sein Ebenbild: welche überscharfe Deutlichkeit im Sehen seiner selbst! Wie weiß er seine Wirkung auf sie: er verewigt, er verschönt sie vor sich selbst! Und er darf es, durch sie, aussprechen. Schon in den Sonetten gibt es Alter, oder genauer müßte man sagen: Alterung, so wie im Divan Verjüngung, und in der Marienbader Elegie noch einmal und schrecklicher: Alterung. Die Gefahr des sich verhärtenden Wesens wird wahrgenommen. Großartig naiv ist die Selbstschilderung des Spaziergängers; er ist ganz Unmitteilsamkeit: „Im weiten Mantel bis ans Kinn verhüllt Ging ich den Felsenweg, den schroffen, grauen." Noch drastischer begreift er sein unzugänglich gewordenes Wesen, wenn er die Liebende zugleich ihm selbst und seiner Büste gegenüberstellt. Ein fast heimtückisches Symbol, der monumentalisierte Goethe, der Feind der ihn liebenden Frau: „Sollt ich von beiden Kälte leiden müssen, Da dieser tot und du lebendig heißest." Der Dichter versöhnt das Mädchen, das mit dem Scharfsinn des Verdachtes nicht nur die Zweideutigkeit des Sonetts, sondern des in ihm geäußerten Liebeszustandes durchdringt; er eröffnet ihr die Aussicht auf seine eigene Katastrophe: Feuerwerker, den seine eigene Mache in die Luft sprengt. „Irrgänglich klug miniert er seine Grüfte." Die Sonette zeigen die Kluft zwischen liebevoller Nähe und der Unerreichbarkeit des seltenen einsamen Geistes. Das ist Altersstil der Liebe, und um diesen Preis erreicht Goethe in einigen Sonettschlüssen die reine gesättigte Spiegelung.

GOETHES BALLADEN

Sich über einer Sache vergessen ist nicht weniger dichterisch als sich seiner selbst erinnern; und eben dies reifte in Goethes Liedern zur Meisterschaft. Über der Begebenheit seiner Balladen vergißt er sich, so scheint es. Sie strahlen manchmal von der Würde des Symbols, die nie ein einzelner Mensch vergeben kann. In einer Zeit, die nicht fragt: Was offenbart sich in einem Ding, sondern: wozu ist es nütze, müßte man das Wort Symbol sparen für das Seltenste und Strengste. Gar die Idee, ein Mensch könnte ein symbolisches Leben führen, ist von beinah erschreckender Gewagtheit. Dies würde bedeuten, daß er ein Leben des Gehorsams führt. Daß er, unabsichtlich, weil Vielfaches und Gegensätzliches sich zu seinem Dasein sammelt, in einem tiefen Bund stünde mit allem, was verborgen dauert. Daß keine Eigenheit seines geistigen Lebens ihn herausnähme aus den welthaften Abläufen. Und dazu noch, daß dieser Reichste auch unserer, der Spätgeborenen Armut teilen würde: ein Mensch zu sein, dem die menschlichen Verbände nicht mehr seinen Ort anweisen, und der ihn aus sich selber finden muß. Hat es einen solchen Menschen gegeben – und es gab ihn – so konnte er im Gedicht zwiefach von sich zeugen: Von seinem Wesen und von seinem Anteil. Er ist nicht nur Gestalt; Umläufe des Seins erstrecken sich durch ihn, ohne in ihm ihre Mitte zu haben. Und wenn er dies dichterisch kundgäbe, so erstünde statt des Liedes, das die Person vertritt, ein Symbol, auf das Ordnungen und Gewalten ihren Stempel gedrückt haben. Was ein goethisches Gedicht ist, wird bei allem vielgestaltigen Reichtum des lyrischen Werkes deutlich, so daß ausgesprochen werden kann, wie Goethes Geist dabei verfährt, und ebenso wie es eine neue Dichtart gründet. Ihm ist die Ballade entgegengesetzt. Auch über sie liegen uns höchst entschiedene, freilich seltenere Aussprüche Goethes vor, die sie teils als Gattung festlegen, teils ihre Entstehung schildern. Gerade in ihr tritt die Polarität von Ballade und Lied hervor, wenn man Goethes Worten glaubt. Aufschlüsse, die uns willkommen sind. Denn die Volksballade, von der Goethes Balladendichtung im Unterschied zu Schiller entschieden und zu ihrem Glück ausgeht, hat bis jetzt noch niemand erschöpfend zu bezeichnen gewußt, und das im Grund neue Genre, das Goethe mit seinen Balladen aufbringt, hat kaum einen Deuter, geschweige einen Fortsetzer gefunden. In dem auch für die Lyrik so wichtigen Aufsatz: „Bedeutende Fördernis durch ein einziges geistreiches Wort", wo Goethe, durch einen Anthropologen angeregt von seinem gegenständlichen Denken handelt, heißt es: „Mir drückten sich gewisse große Motive, Legenden, uralt geschichtlich Überliefertes so tief in den Sinn, daß ich sie 40 bis 50 Jahre lebendig und wirksam im Innern erhielt; mir schien der schönste

Besitz, solche werte Bilder oft in der Einbildungskraft erneut zu sehen, da sie sich denn zwar immer umgestalteten, doch ohne sich zu verändern einer reineren Form, einer entschiednern Darstellung entgegenreiften. Ich will hiervon nur die ‚Braut von Korinth', den ‚Gott und Bajadere', den ‚Grafen und die Zwerge', den ‚Sänger und die Kinder' und zuletzt noch den baldigst mitzuteilenden ‚Paria' nennen." Für Goethe bedeutete der Umgang mit solchen Bildern ein Glück; ungern bequemten sie sich der Verwandlung ins Wort und das Machen des Gedichts war ein Abschied, den er hinausschob. Die gewaltige Reifungsdauer, die Goethe angibt, trifft auf einige Stücke, soviel wir wissen, wörtlich zu. Zählen wir vom Jahr 1816, in dem Goethe die Grafenballade endet, 45 Jahre zurück, so gelangen wir in die Zeit, wo ihn Percys Reliques beschäftigten und er dort die Ballade „The beggar's daughter of Bednall-Green" fand. In einem Brief an Frau von Stein vom Jahr 1783 gesteht er, daß ihn indische Legenden anziehen. Eben war Sonnerats Reise nach Ostindien und China auf deutsch erschienen. 40 Jahre später liest Eckermann die fertige Paria-Legende. Anders entsprungen, stehen die Balladen auch anders zur Sprache als das Lied, das Ton und Schwingung schon mitbringt, nicht die Wahl hat, sich in dieser oder jener Wendung zu verkörpern, und sogleich in eine entschiedene Sprachgestalt übergeht. Das, was der Ballade zugrunde liegt und was Goethe, wie er selbst sagt und wie wir es in den meisten Fällen erwiesen finden, nicht schaffen, sondern

der Überlieferung verdanken will: die Begebenheit, besteht jenseits der sie ausdrückenden Worte, und so lebt sie auch wortlos im Dichter. Vielseitig, wie sie ist, läßt sie verschiedene Auffassungen zu; wenn sie nicht bestimmte Worte an sich heranzieht, so weist sie doch oft die ihr angetragenen Worte von sich; das Wort kann ihr gegenüber nur einen Vorzug verneinender Art besitzen, nämlich den, nichts hinzuzutun, das Faktum rein erscheinen zu lassen. So hält das Wort den Abstand des Berichts und hat den Wert des Zeugnisses. Ein anderer Sprachzustand, eine andere Leistung der Sprache als im lyrischen Gedicht! Je mehr ungesagt bleibt, je mehr dadurch vorhanden ist, daß die empfundene Lücke von der verknüpfenden Vorstellung des Zuhörers ergänzt wird, desto vollkommener ist die Ballade.
1821 schrieb Goethe eine kurze Erklärung zum „vertriebenen und zurückkehrenden Grafen", der unter seinen Gedichten mit dem Titel „Ballade" schlechthin erscheint, und nicht umsonst! Anlaß war, daß man sich beim ersten Hören nicht zurechtfand, und diese „Dunkelheit" des Berichts, wo der Sachverhalt klar und das Gedicht keinen anderen Zweck zu haben scheint, als ihn wohl auszudrucken, erklärt er hier zum Gattungsmerkmal. Der Aufsatz legt den Grund zu einer neuen Poetik. Goethe betrachtet zwar die Ballade als Gattung und fragt nach ihren Gattungsgesetzen, wie es der Brauch ist. Doch verfährt er dabei anthropologisch; und so wäre denn wieder einmal das Neue ein richtig aufgefaßtes Ur-

altes: was an der Poëtik des Aristoteles unverstanden blieb, war ja eben ihr Ausgehen davon. Die Ballade als literarische Form geht aus einem bestimmten Verfahren des Geistes hervor, das gesetzlich ist, Gesetz gibt und unter jeder Bedingung zu dieser Form führen muß. Damit sind freilich sehr wesentliche Unterschiede nicht nur innerhalb der Volksballade selbst – wie verschieden ist doch, was wir aus Spanien, Serbien oder Schottland an Balladen oder Balladenartigem kennen! – sondern auch zwischen der Volksballade und dem, was ein moderner Dichter hervorbringt, geleugnet. Der alte Goethe widerruft mit diesem aufgeklärten, weltliterarischen Denken seine Jugend. Dem jungen Goethe war die Ballade gerade schätzbar durch einen Erinnerungsbesitz, der dem gegenwärtigen Leben abging, und wenn er selbst Balladen schuf, so fühlte er sich zurück in ein älteres Dasein. Die naturwissenschaftliche Methode dieses Aufsatzes, der die Ballade als eine Naturform des menschlichen Geistes beschreibt, geht so weit, in ihr einen alle Dichtarten umfassenden Urtypus zu sehen, aus dem diese erst durch Differenzierung hervorgehen: ein Vorgang, der indes ebensowenig geschichtlich vorgestellt werden braucht wie die biologische Entwicklung von Arten aus einer Urart. „Übrigens ließe sich an einer Auswahl solcher Gedichte die ganze Poëtik gar wohl vortragen, weil hier die Elemente noch nicht getrennt, sondern wie in einem lebendigen Urei zusammen sind, das nur bebrütet werden darf, um als herrlichstes Phänomen auf Goldflügeln in die

Lüfte zu steigen.“ Woher schöpft Goethe denn die genauen Angaben über den dichterischen Vorgang, der in der Seele des Rhapsoden die vorgetragene Ballade gebiert? Offenbar aus sich selbst. Dies ist nicht eben ungewöhnlich; nur fragen wir, mit welchem Recht? Bei genauerer Prüfung muß man zugeben, daß Goethe nicht einfach den Vorgang nach eigenem Beispiel modernisiert, sondern daß er tief in ihn eindringt, und zwar deswegen, weil er selbst als Balladendichter nicht schlechthin modernes Individuum ist, sondern ohne es zu wollen einen älteren und ganz unpersönlichen dichterischen Prozeß in sich selbst, freilich in starker Abwandlung, wiederholt und also etwas hervorbringt, was wir als ein Mittleres bezeichnen dürfen zwischen der alt-überlieferten Form und der modernen Persönlichkeit Goethes. Es erscheint in diesen Gedichten nicht nur er selbst, es erscheinen in ihr Zeitalter und Bereiche der Symbole träumenden Völker, an die er in der Breite und Tiefe seines Wesens noch eben grenzt. Fast scheint es, als dächte Goethe bei jenem Sänger, der „nicht weiß, wie er ihn (seinen Gegenstand) ans Tageslicht fördern will“, an einen Improvisator. Aber nein, damit würde er ihn scharf vom eigenen Dichtertum unterscheiden, würde er selbst nicht mehr „kontemporal oder sukzessiv bei gleichem Geschäft immer gleichartig“ mit ihm verfahren. Davon abgesehen, daß Goethe kein „Sänger“ ist, improvisiert er ja in der Ballade am allerwenigsten. Daß Goethe nach jahrzehntelanger Überlegung eine Fassung aufzeichnet, das ist eben eine jener starken

Abwandlungen. Er hat ja auch kein greifbares Publikum, vor dem er vortrüge. Was ihn aber dem improvisierenden Balladendichter ähnlich macht, ist dies: daß die in beiden Fällen gesuchte Sprachform nur eine Annäherung an den sprachlos als Kette von Motiven im Dichter vorhandenen Vorgang ist. Und gerade die verschiedenen Dichtarten, welche die Ballade ungeschieden in sich vereinigt, leitet Goethe aus der Ratlosigkeit des Sängers her, der seines Stoffes mit Worten habhaft zu werden sucht. Im Jahr 1775 befaßt sich Goethe als Nachdichter des „Klaggesanges der edlen Frauen des Asan Aga" mit serbischer Volksdichtung, die ihm bis in seine letzten Jahre lieb geblieben ist. Sie hat vor dem, was wir sonst an rhapsodisch vorgetragener Volksdichtung kennen, den Vorzug, daß sie bis ins vorige Jahrhundert hinein mündlich im Schwange blieb. Hier sind genauere Beobachtungen möglich; sie ergeben eine ziemliche Übereinstimmung des modernen, goethischen Verfahrens mit dem Verfahren jener Vortragskünstler, die zugleich Dichter und mitunter auch Held ihrer Begebenheit sind, und bereichern uns um die Vorstellung, daß Goethe durch jenen, auch mündlich überlieferten „Klaggesang" mit den Guslaren in lebendigen Wettbewerb tritt. Der Slawist Gesemann teilt in der Slawischen Rundschau 1932, im Jahr des Goethe-Jubiläums, mit, was er über die mündliche Überlieferung des Asan Aga-Liedes in Serbien feststellen konnte. Auch er versucht den dichterischen Vorgang zu klären. Obschon man gewarnt ist, das hier Gesagte auf die Balladendichtung anderer Völker zu übertragen, ist es so neu als wichtig und deckt sich überdies mit Goethes Behauptungen. Jedes vorgetragene Lied ist Stegreiflied, nicht nur, wenn der Dichter es zum ersten, auch wenn er es zum sechzigsten oder sechshundertsten Male vorträgt. Der Rhapsode hält sich nicht an seine eigene, jeweils letzte Fassung. So kann auch von keinem Zersingen die Rede sein, weil sich ja kein Text, sondern nur eine Geschehnisfolge, eine innerlich auszulegende, bewegte Bilderreihe fortpflanzt. Die Variantenbildung erstreckt sich soweit, daß auch die Deutung der Vorgänge, sogar Entscheidungen und Abschlüsse, die für die Handlung wichtig sind, verschieden sein können. Gesemann nennt das, was der Guslar in sich trägt und dann in Worte prägt, das Urlied. Ich würde diesen Ausdruck lieber vermeiden und ihn ersetzen durch den „überlieferten Zusammenhang der Motive". Es wird improvisiert; welche Wichtigkeit werden vorgeprägte Formeln für diese Sänger haben! Sie erleichtern das Geschäft. Es liegt nahe, auch die außerordentliche Freiheit, die der germanische Stabvers in seiner beweglichen rhythmischen Anlage gewährt, aus einer Bestimmung für den Stegreifvortrag herzuleiten. Geht man nun den einzelnen Fassungen nach, so stufen sie sich in einer Rangordnung. Irgendwo kulminiert das Lied und verwirklicht dichterisch seine letzte Möglichkeit. Wenn in allem andern das mitdichtende Volk und das Überindividuelle dieser Dichtung wirksam wird, so ist hier der Spielraum des Individuums und des hervorragenden Talentes. Die Fassung, die in Goethes Hände gelangte, läßt sich aus den fünfzehn vorliegenden Fassungen erweisen als der Gipfel, den dieser Gedichtstoff in der Sprache erreicht hat. Ein solcher Gipfel braucht ebensowenig am Anfang wie am Ende zu liegen. Das langsame Reifen, der innere Widerstand des Stoffes gegen die sprachliche Form, die Ferne zwischen Sprache und Gehalt, der immer neue Versuch, die tiefgreifende Umbildung und endlich die Weite der Möglichkeiten: das sind die Punkte des Vergleichs, der einen mehr volks- und altertümlichen Prozeß mit dem goethischen Verfahren zusammenhält.

Eine Behauptung Goethes muß genauer geprüft werden, in ihr verrät sich eine gewisse Entfernung von der volkstümlichen Denkart. „Die Ballade hat etwas Mysterioses, ohne mystisch zu sein; diese letzte Eigenschaft eines Gedichts liegt im Stoff, jene in der Behandlung. Das Geheimnisvolle der Ballade entspringt aus der Vortragsweise." Auch von der eigenen Ballade versichert Goethe, daß sie keineswegs „mysterios" sei. Goethe meint mit der geheimnisvollen Behandlung dies: Die wirkliche Abfolge der Begebenheit in der Zeit ist verwirrt, Späteres erscheint als früher, Voraussetzungen werden zuletzt mitgeteilt, das Enthüllen ist auf weite Strecken ein Verhüllen. Da Goethe hier so sehr auf das Naturgesetz der Ballade dringt, ist merkwürdig, daß er kein Ziel dieser Verrätselung angibt. Fast scheint es, als lasse er sie aus der Verlegenheit des Dichters hervorgehen, dem sich der

Gegenstand nicht fügt. Daß die Verwirrung der Zeitfolge eine höhere kompositorische Ordnung ist, die der Schönheit des Gebildes und der Spannung des Vortrags dient, braucht ihm nicht entgangen zu sein; es ist ihm vielleicht zu selbstverständlich, um es eigens zu erwähnen. Wie die Handlung in einen bedeutenden Moment gerafft ist, erinnert in der Grafenballade an die Odyssee. Jedenfalls hat Goethe das Kompositionsgesetz der Volksballade entdeckt: sie verrätselt. Aber wenn sie verrätselt durch den Vortrag, läge es nicht näher zu sagen, daß sie dies muß, weil auch ihre innere Welt an Rätseln teilhat, als die Vortragsart vom Gegenstand so scharf zu trennen?

Die Gestalt der Ballade, der der junge Goethe vor allem begegnete und die ihm von Herder am großartigsten erschlossen wurde, ist die schottische und englische; am tiefsten ergriff ihn die Edward-Ballade, die Herder bereits in den Blättern von deutscher Art und Kunst kongenial übersetzt hatte. In ihr hat, was Goethe dramatisch nennt, der Dialog, jeden Anteil des Erzählens verdrängt; auch der Kehrreim: „Mutter, Mutter" und: „Edward, Edward" und vielleicht auch das angehängte „oh"; also alles das, was Goethe lyrisch nennt, gehört mit zum Dialog. Lyrisch könnte man auch die Verlängerung der Strophe nennen, die sie durch jene Kehrreime und durch die regelmäßige Wiederholung einer Zeile unter zweien erleidet. Auch sie dient dem Verzögern der feierlich-schrittweisen Enthüllung. Der Kehrreim, den man sich gesungen, vielleicht vor- und nachgesungen denken darf, erinnert nicht mehr an die Einlagerung des Lieds in eine tanzmäßige Aufführung, wie sie als Vorstufe der Ballade vielfach angenommen wird; er ist in ihre Sprachgestalt hereingenommen, und es gibt nichts mehr außer dieser. Nur der lebendige, feierlich-wild gesprochene oder auch musikalisch geregelte Vortrag vor Hörenden, allenfalls den Refrain Singenden unterscheidet sie von einem Gedicht. Diese Sprachgestalt verrätselt freilich! Das Seltsame aber ist die Sinnlosigkeit dieses Verbergens, denn da wir am Schluß erfahren, daß die Mutter selbst den Sohn angestiftet hat, den Vater zu töten, ist ja ihre Frage nach dem Blut an Edwards Schwert ebenso leer wie die Ausflüchte, die er gebraucht. Würde aber einfach das Faktum mitgeteilt, so verlöre die Ballade nicht nur ihre Spannung, sie wäre poetisch vernichtet. Erwuchs *) sie aus Vorstufen, wo ein solcher Dialog erst auf die epische Erzählung eines Mordes folgte? Uns geht an, was Goethe anging: die Ballade als Gedicht, das in sich eine Notwendigkeit hat. Und das hat diese, gerade in der von Herder überlieferten Gestalt. Wenn also ein furchtbarer Sachverhalt in der Klimax der Ausflüchte langsam erfragt wird – ein Sachverhalt, der sowohl dem Fragenden von Anfang an so gut wie dem Antwortenden bekannt ist, so spannt dies scheinbar nichtige Spiel den Hörer,

*) Dies macht Wolfgang Schmidt wahrscheinlich: Die Entwicklung der englisch-schottischen Volksballade, und: Entwicklungsgeschichte der Edward-Ballade. Anglia, N.F. Bd. 45, 1933.

der (aber nur beim ersten Hören!) den Sachverhalt nicht kennt. Wenn andere Balladen eine andere Anlage zeigen, und diese Ballade inhaltlich und formal sich als Spätform erweisen sollte, sogar die Hand eines, allerdings dann hochbegabten, Bearbeiters verriete, so macht uns dies nicht irre. Sei der Weg, auf dem eine solche weder rein volkstümliche noch rein literarische Form ihre höchste Erfüllung findet, so umständlich und gewunden als er will! Immer läßt sich dieser Fassung ablernen, was die Ballade vom poetischen Bericht irgendwelcher Art unterscheidet. Sie ist ein Bericht, der spannen soll. Sie zielt als Gattung auf jenes sinnlich-heftige Aufwühlen, das wir mit dem Wort „sensationell“ bezeichnen. Weniger durch eine fortschrittliche Kultur des seelischen Auslegens, wie wir es gewiß im Heldenlied feststellen dürfen, sondern in einer eher zurückschreitenden Weise soll das an der Begebenheit haftende Grauen übermächtig gestaltet und in einen poëtischen Überfall dem Hörer eingeflößt werden. Es erheben sich zwei Fragen: Kennt der Hörer den Stoff nicht unter Umständen schon beim ersten Hören? Und verflüchtigt sich das Sensationelle durchaus, wenn der Zusammenhang vorher durchschaut wird? Indessen ist auch, als Szene zwischen den beiden sich Unterredenden gedacht, dies Spiel von Frage und Antwort nicht sinnlos, so wie es scheint. Man denke sich die schreckliche Mutter, die den Vatermord riet, den schrecklichen Sohn, der ihn ausführte – er vor ihr mit dem blutgeröteten Schwert, beide starr und wortlos; und nun muß etwas gesagt werden. Man spürt den Worten an, daß sie ein schweres Schweigen brechen. Der Versuch des Sprechens hält sich an das Symbol des Getanen, der Flecken Bluts. Situationen, Stimmungen, an die wir auch im hohen Drama gemahnt sind, im Macbeth, in der Orestie. Wie muß der Stil der einsilbigen Worte sein, die zwischen den beiden fallen? Ist es geschehen? Es ist geschehen. Sicher nicht nach dem logischen Schema. Das ist gestaltet, groß und notwendig ist es gestaltet in jener Klimax. So entsteht der Stil dieser Ballade als ein Drittes aus der Darstellung selbst und aus der Berechnung auf den Hörer, und wenn wir Goethes Blickweise fortsetzen, so ist die Ballade der poëtische Bericht einer grauenvollen Begebenheit, der seiner Form und Haltung nach Grauen einzuflößen geeignet ist. Und wie steht es mit dem Geheimnis? Hier wird man Goethe nicht ganz zustimmen können, weder von dem nordischen, schottisch-dänischen, noch von dem serbischen Kreis her, man wird ihn vielmehr einer leisen antiromantischen Voreingenommenheit schuldig finden. Von dieser Edwardballade kann man wahrlich nicht sagen, daß ihr Geheimnisvolles bloß vom Vortrag herrührt. So wäre es freilich, wenn die Ballade in vollkommenem Enthüllen zu Ende schritte. Ihr Schluß teilt das Faktum mit, aber damit beginnt erst das Rätsel. Statt es aufzulösen, macht sie es in seinem ganzen Umfang fühlbar. Atemraubend rasch wird enthüllt; kaum wagen wir den Vatermord zu fassen, so müssen wir vernehmen, daß die fragende Mutter, von der wir fast hoffen, sie wisse nichts, ihn auftrug. Warum aber reizte diese Mutter diesen Sohn, den Vater zu töten? Und was hilft es uns, den Namen zu wissen? Es ist der Edward, der uns aus dieser Ballade schrecklich entsteht – ein durchaus unverknüpfter – er geht nun in sein Grauen; eine andere, vielleicht ältere Fassung enthüllt statt des Vatermords einen Brudermord aus nichtigem Anlaß, wodurch das Fragen und Antworten sinnvoller, dafür weniger großartig wird. Aber wer will beweisen, daß sie älter ist? Und was soll uns der Beweis angesichts unserer Edwardballade, der köstlichen, unersetzlichen, von Herder und Goethe so geliebten?

Das Eigentümliche der Volksballade ist, daß sie zurückverweist. Herder empfand dies und Brentano empfand es ebenso, der von einer Amme die Großmutter Schlangenköchin hörte, jene auch nach der heutigen Sichtung deutscher Balladen einzige und unvergleichliche Kostbarkeit. Dies nennt man Romantik. Aber auch Shakespeare fühlte sich zurückverwiesen; in Was ihr wollt, im Othello fallen unüberhörbare Worte über den Reiz einer wilden Einfalt, der an solchen Versen haftet. Und noch deutlicher redet Shakespeare durch die Art, wie er Balladen und Balladentrümmer roh oder verarbeitet seinen Dramen einverleibt. Das ist kein romantisches, das ist schon ein fast zeitgenössisches Verhältnis. Und wenn wir die Balladen selber fragen: nicht nur fühlen sich die späteren Menschen durch sie zurückverwiesen, das Zurückverweisende ist die Ballade selbst. Nicht wie jeder poetische Bericht, der von Vergangenem, auch wohl von einer Vergangenheit spricht. Die Vergangenheit der Ballade ist nicht chronologisch; sie ist Altertümlichkeit des Geschehens, Altertümlichkeit des Fühlens. Daher erwächst auch der Forschung eine Gefahr: die Ballade reizt beständig dazu, ihre Vorstufen zu erraten und wieder herzustellen, und über diesem Versuch entgleitet sie selbst. Das Faktum der Ballade, die Art, wie es empfunden wird, ist den Hörern fremd, und dadurch lockend. Eine Wirkung, die sich notwendig mit den Zeiten steigert, so daß es sehr wohl möglich ist, daß wir die Balladen immer besser verstehen. Aber zu den Bedingungen, unter denen, was wir Ballade nennen, erscheinen konnte, muß eine Kreuzung der Überlieferungen gehören. Es gibt wesentlich getanzte, wesentlich gesungene, wesentlich gesprochene Balladen. Ob die englische nun den Tanz als Entwicklungsstufe hinter sich ließ oder ihn gewissermaßen vor sich hat: sie ist eine Übergangs- und Mischform mit einem Rest von Chorgesang. Das Sprechen überwiegt. Ihre Stoffe sind teils zugewandert, teils ausgewandert und wieder zurückgekehrt. Manche gingen von einer Schicht in die andere über. Denn die Volksschicht, die Balladen schafft und überliefert (und wie sollte man zwischen beidem trennen?), ist hier nicht einheitlich; manches deutet auf Höfe, manches auf das Bauerntum, manches auf Kleinadel und Hochadel; was aber irgend den großen Wurf der Ballade zeigt, verweist auf begabte Individuen, die kaum von ganz geringer Herkunft sein dürften, in sich Vortragskünstler und Dichter vereinigen und immer in einer uns freilich wenig bekannten Situation des Vortrags unter Hörenden, den Kehrreim Mitsingenden gedacht werden müssen. Diese verschiedenen Volksschichten denken, fühlen und werten verschieden; die Ballade aber bringt eins zum andern; in dem sonderbaren englischen Überlieferungsgewebe, das Volk und Adel im Austausch ihrer Überlieferung vergegenwärtigt, konnte sie zu ihrer höchsten Vollkommenheit gedeihen. Aus einem bestimmten Umkreis geht sie hervor, indem sie ihm ein Eigenes verfremdet, ein Fremdes zueignet, und immer vertritt sie im Gegensatz zu einem Ordnungsgefüge etwas Schauriges, Unendliches, Maßloses, dem der Mensch ausgeliefert wird. Kein Zweifel, daß Rassen und Landschaften von altersher ihr Wort mitsprechen. Sie hebt nicht den Helden als den Träger der hohen Eigenschaften hervor. Sie zeigt den Menschen, wo er das Menschsein verlernt, zur Verdichtung von Zwischenreichen wird und ganz in einer Begebenheit aufgeht, die ein böses, altes Müssen durch ihn verwirklicht. Der Mischkrug des Blutes, maßlose Gefühle und Fluch bereitend – die Toten, die noch tun, leben und wirken wollen, – Elementarwesen, die sich dem Menschen nähern, und Menschen, die in Dämonen übergehen – aber auch Eindrücke höherer Art, die zurückfallen ins Zauberhafte, so das Verlockende der Musik, endlich die weite und schreckliche Welt des Verbrechens: dies sind die Themen der Ballade, und ihre Helden treffen wir in unseren Dörfern und Großstädten noch immer an: äußerste Menschen, in jedem Verband fremd, auch wenn sie sich freundlich zu ihm stellen. Es gibt Figuren in den Romanen von Dickens, die den Dunstkreis von Balladen um sich haben, und der Roman des modernen Amerika kehrt manchmal fühlbar in diese Sphäre zurück.

Dies ist das Zurückverweisende der Ballade; ihr Adel, der sie über den Bänkelsang erhebt. Denn der bringt nur einen einzelnen, womöglich allerneuesten Greuel wirksam vor. Jene verhält sich zu diesem wie Dichtung zu Zeitung. Das Faktum der Ballade ist nicht für sich; sie gibt ihm seine Landschaft, gründet um das Faktum die Sphäre eines menschlichen, seelischen und natürlichen Elementarreichs. Dies ist die in der Ballade erinnerte, die eigentlich balladeske Wirklichkeit, die sich dem Bewußtsein als altertümlich darstellt. Darum ist das Zurückverweisende auch in den Balladensänger mitaufzunehmen, der als Figur zu dieser Dichtart gehört und durch Goethe so großartig erraten wiedererstand: als Vermummung des Grafen in jener „Ballade" genannten Ballade und im Harfner. Einst war der Sänger auch der Dichter; ist er nur noch Träger der Überlieferung, so wird er doch durch Vortrag und Umbildung „zurückverweisen". Auch die Hörerschaft wirkt mitgestaltend auf die Ballade ein; ein Teil des von Percy gesammelten Materiales ist z. B. bürgerlich umgeartet. Noch aus dem Spectator erfahren wir, wie balladenfroh das Bürgertum war. Bürgerlich kann die Dämpfung des Schrecklichen zur Sentimentalität, ein etwas blöder Hang zum Gruseligen und endlich der Balladenhumor sein, wenn er gemütlich ist statt frech. – Es ist mit diesem allem auch gesagt, warum die Ballade kaum an Mythen Anteil hat. Die Mythen sind die ein Volk formende, urbildliche Welt, die, geglaubt und erfahren, keine Wirklichkeit außer sich zuläßt. Fragt man nach den religiösen Bedingungen der Ballade, so gehört ein Element unterdrückten Heidentums mit zu ihrem Wesen.

Am Anfang der Balladendichtung Goethes stehen das Heidenröslein und der König in Thule. Gewiß steht das Heidenröslein dem Volkslied, vielleicht dem Kinderlied näher als der Volksballade; aber es gehört zu der neuen Gattung der Goethe-Ballade. Beide Gedichte weisen von Goethe weg auf die Volksdichtung selbst, die in ihnen wiedergeboren wird, und verstehen sie; beide Gedichte handeln von Goethe und dem Altertum des Lieds so gültig, daß seine dichterischen Altersgenossen mitbetroffen waren. Die ungenaue Wiedergabe in Herders Blättern von deutscher Art und Kunst verwischt gerade die Merkmale, in denen die Sprache des jungen Goethe ihr Vermögen, altertümlich zu sein, erweist. „Ich suppliere diese Reihe nur aus dem Gedächtnis." Also „mündliche Überlieferung" in diesem späten und literarischen Fall! Sie ist sehr wahrscheinlich. Denn wir hören in Dichtung und Wahrheit, daß Goethe derlei Gedichte damals nicht etwa aufschrieb, sondern mündlich mitteilte an sehr Vertraute. Er erneut also nicht nur die Ballade, sondern auch das balladeske Verhältnis, indem er selbst zum Rhapsoden seiner Gedichte wird. Auch sonst ist die Wiedergabe des Gedichts durch Herder merkwürdig. Er hat den Ehrgeiz, es als ein altes Kinderlied auszugeben. Wer verkennt in dieser sublimen Lüge das Frohlocken, daß die Ursprünglichkeit eines solchen Gebildes in der Gegenwart und durch seinen jungen Freund noch möglich sei! Die „Quelle" ist ein langweiliges, lehrerhaftes Produkt, in dem die Gleichung Röschen-Mädchen mehr als erschöpfend durchgeführt ist. Vielleicht hat der unglückliche Verfasser ein schönes altes Lied damit verdorben, wer weiß? Goethe hat also nicht ein Volkslied modern umgeformt, sondern aus dem Späteren das Frühere gemacht, die Verbildung zu kindlich edlem Leben verjüngt. In ähnlicher Gesinnung ruft Herder öffentlich dem Dichter Gottfriedens von Berlichingen am Ende seines Shakespeare-Aufsatzes einen Dank zu, daß er Shakespeares Denkmal „aus unseren Ritterzeiten in unserer Sprache, unserem so weit abgearteten Vaterland" herstellen konnte. Denn nicht nur die eigentliche Volksdichtung, sondern auch „dieser große Schöpfer von Geschichte und Weltseele" werde, so fürchtet Herder, immer mehr veralten, weil er für eine überbildete Zeit außer Hörweite gerät. Der schöne Vergleich der Ballade mit dem lebendigen „Urei" stimmt für dieses Gedicht durchaus: erste und dritte Strophe erzählt, mittlere ist Gespräch. Der Kehrreim tritt in jeder Strophe zweimal auf, das zweite Mal mit der Steigerung, daß aus dem „Röslein" eine eigene reimlose Zeile entwickelt wird. Der wiederholte Kehrreim verbindet sich mit einem, also durchgereimten, Reim zur Dreizahl, und dem entspricht der dreifache Gegenreim. Ein nicht ganz einfacher und so überzeugender Strophenbau, eine wahre Musik der strophischen Form! Das Weglassen oder Apostrophieren des Artikels, die Voranstellung des Verbs sind äußere Mittel; aber ein Ton des Vortrags ist gefunden, der nicht Goethes Ton ist und doch nur ihm gelingen konnte. So erzählt die Einfachheit, so die Ergriffenheit. Nur das Wichtige sagend. Ein Knabe und eine Rose sprechen miteinander. Ist dies ein Gleichnis? Nein. Obwohl man an die nahe Ferne der Geschlechter und ihr bittersüßes Spiel denken muß – man würde das Gedicht töten, wenn man es amourös auslegte. Ist es eine Fabel? Nein. Denn es hat keine Pointe. Statt etwas zu bedeuten, ist es geheimnisvoll. So unscheinbar immer sein mag, was sich hier begibt – nichts unter uns sich Begebendes gleicht ihm. Es ist eine Begebenheit anderer Ordnung, eine Urbegebenheit. Ein Verkehr von Mensch mit Pflanze, der in wenigen Zeilen eine Welt erbaut, in der dieser Verkehr möglich ist. Die Pflanze ist mehr als Pflanze, und bleibt dennoch ein anderes als der Mensch. Was ist der Knabe? Der neugierige, kecke, gewaltsame? Es ist die Rede von einem gewaltsamen Besitzergreifen. Er bricht ein in die Selbstgenügsamkeit dieses Blühens. Wieviel ist in diesem dargestellt! Wird man es nie müde werden, überall die Beichte goethischer Liebesverlegenheit zu wittern? Selbst wenn so etwas den Antrieb gegeben hätte: der Nachdruck des Gestaltens liegt auf anderem. Ist das Röslein ein Dasein in Einfalt, so ist der Knabe die Freude an diesem, aber die Freude ist nicht rein. Er will nicht bloß betrachten, scheu und entzückt, er will haben, brechen. Und wenn hier Mensch und Pflanze miteinander reden, sind sie sich zugleich fern. So ist in das kleine Drama, in diese anfängliche Begebenheit etwas Modernes gelegt. Und für das geschulte Gehör fällt ein Wort aus der Einfalt des Sagens heraus: morgenschön. Hierin liegt der Abstand des sich verbergenden Dichters, sein und seiner Epoche Abstand zu dem, was sie als früh, als jugendlich empfindet. Und so, wie es herausfällt, läßt dieses Kernwort die innere Entzweiung des Gedichtes erst ganz deutlich werden; es ist in zweifacher Weise Symbol, Symbol des alten Lieds, der frühen Zeit und der frühen Seele, und Symbol des modernen Verhältnisses zu ihr.

Auch der „König in Thule" ist eines altertümlichen Stiles mächtig, und auch da trifft uns ein Wort, das herausfällt und herausfallen soll, um mit dem übrigen ein gültiges Ganzes zu bilden, das vor dem Schicksal gilt. Es ist das Wort „Lebensglut"; dies Trinken letzter Lebensglut, das ist weniger eine alte Gebärde, als der Hinblick auf eine alte Gebärde. Der König lebt im Nachglanz. Was er hat, ist so wahr Vermächtnis als er König ist. Er ist es durch diesen Becher, er ist der König dieses Bechers zum Unterschied zu anderen Königen. Das Gedicht erzählt von Überlieferungen. Der Becher ist ein

Pfand, das ihm die sterbende Geliebte übermacht hat. Er lebt sich selber in diesem Becher mit seiner Jugend und seiner Liebe. Er gibt ihn nicht weiter, er verbraucht ihn für seinen Abschied vom Leben, und der Becher sinkt im Meer „trinkend" wie ein Wesen. Niemand wird nach ihm diesen Becher haben; er ist ein König, mit dem eine Welt stirbt. Das Land dieses Königs ist verschollen, das Gerücht von seinem Becher pflanzt sich fort. War er dem König ein Pfand: Gegenwart von viel Gestorbenem in einem Ding – ist da nicht dieses Gedicht ein Pfand des Pfandes? Für den Dichter und die ihn hören? Und was ist denn so unwiederbringlich hinab? Vielleicht etwas, in dem Dichtung und Leben zusammenfließt, etwas wie Liebe, etwas wie die Trunkenheit des Lebens von sich selber? Alles, was die Sehnsucht meint und wovon sie, vielleicht sich mißverstehend, sagt, es sei vor alters gewesen? Das Gedicht ist nicht nur ein Symbol: Gegenwart des Hinweggeschwundenen in einem Gebilde, sondern es handelt vom Symbol, ist also Symbol des Symboles! Es stand nicht in Goethes Macht, dergleichen in seiner späteren Dichtung zu wiederholen. Weder der Umfang noch die Mittel besagen etwas über die Größe dessen, was mit diesen beiden kleinen Gedichten getan ist. Gewiß hat Goethe sie gedichtet. Sie sind auf seiner Seele gespielt worden. Sie sind die Sehnsucht der Epoche und erfüllen sie im selbstlosesten Moment dieser Jugend. Es ließe sich noch manches über diesen König in Thule sagen. Z. B. daß er einer Faustszene unentbehrlich ist –

so unentbehrlich wie die Märchenverse aus dem Machandelboom der letzten Szene des Urfaust sind. Im einen Fall hat Goethe selbst das altertümliche Gebilde geschaffen, das ihm not war, im anderen Fall hat er es gefunden, gewürdigt und eingesetzt. Wann, wo wird dieser König in Thule gesungen? Ein Mädchen singt ihn in ihrem gewohnten Schlafgemach, in dem plötzlich etwas anders ist. „Mir läufft ein Schauer am ganzen Leib Bin doch ein törig furchtsam Weib." Kann man das Alleinsein mit sich selber inniger vorstellen als in einem Mädchen, das sich zum Schlaf entkleidet? Sie tut alles von sich ab, ist nur noch sie, dann kommt der Schlaf: dazwischen Gedanken und Gefühle, ungewollt, ungestanden. Sie hat den Mann gesehen, der sie anredete und den sie abwies. An den sie doch am Abend denken mußte, als sie vor dem Ausgehen ihre Zöpfe aufband. Dazwischen ist er dagewesen, hat auf ihr Bett geblickt, er und sein dämonischer Geselle. Die Luft ist belagert, ihr Schicksal hat schon begonnen, sie weiß und versteht es nicht, aber es ist da, spricht aus ihr selber und sie fährt zusammen. Und so singt sie den König in Thule. Man sollte nicht fragen, was er mit ihr zu tun hat; sie singt ihn, gerade weil er ein fremdes, altes Lied ist. Das betroffene Herz ist, anders als sonst, sehr alten oder auch ganz neuen Dingen und dem Besuch aller Geister aufgetan. Da fallen uns Lieder ein, oder wir machen sie gar selber; Lieder, von denen wir nicht wußten, daß sie in uns waren.

Goethe läßt also das Lied nicht nur für sich bestehen; es erklingt in vorbestimmtem Moment aus lebendigem Mund. Dieser Moment ist nicht gesellig; darin ist wieder das moderne Verhältnis zur Ballade ausgedrückt; vielmehr bereits in der Ballade enthalten, wird es noch in eine Situation übersetzt. Nicht der unter dem Vortrag des Rhapsoden zusammenschauernde Kreis der Zuhörer, sondern ein einsamer, von geahntem Schicksal betroffener Mensch, der wird von der Ballade angeweht; weil sie ihm fremd ist, löst sie die Bangigkeit seines Herzens. Ein Mensch entrückt sich selbst, wenn er so etwas singt. Noch einmal hat Goethe eine selbstgedichtete Ballade seiner Jugend zur Mitte einer Szene gemacht, wenn er Crugantino in dem Singspiel „Claudine von Villa bella" den „untreuen Knaben" singen läßt. Crugantino ist ein netter, sympathischer Räuber, nicht ganz ungesellschaftlich, und eben dadurch die geeignete Maske des zwischen unendlichem Ausdehnungsdrang und dem Versuch, sich zu zähmen, hin- und hergerissenen Goethe. Auch in erotischer Hinsicht scheint er ein Räuber, und jedenfalls ein Vielfraß. So ist er geeignet zum Helden des erneuerten Singspiels; er sprengt eine Vereinbarung, macht es damit zu einem Genre des jungen Goethe. Eine Ballade von ihm vorzutragen, in der ebenso wie in diesem Singspiel Geisterei und Aufklärung durcheinandergehen, ist gerade er geeignet. Die Ballade bricht ab und tut dies wohl nicht nur der Szene zulieb. Sie bricht ab, weil das Grauen des zu Sagenden am Ende so stark gefühlt ist, daß der Formelschatz balladesker Sageweise nicht ausreicht; durch völlige Neuprägung ginge das Gedicht in Stücke. Das Abbrechen ist der beste Schluß; so tut die Ballade, was ihres Amtes ist: sie hinterläßt das Rätsel. Bürgers unvergeßlicher Einfall hatte ja Liebe und Tod zusammengebracht. Liebesgewalt reißt ein Totes ins Leben zurück oder reißt ein Lebendes ins Totenreich. Aber so, daß das Lebende sich gegen den Tod sträubt. Die schreckliche Vorstellung, daß unausgelebte Liebe ein totes Mädchen zum Lager ihres Jünglings und anderer Jünglinge treibt und zur Mörderin aller macht, hat Goethe in seiner mittleren Zeit gestaltet. Der Untreue Knabe ist eine Phantasie des Gewissens. Der Liebhaber war treulos, die Geliebte starb vor Schmerz. Im Moment ihres Todes reißt ihn das Grauen auf das Pferd, nach einem Ritt von sieben Tagen und sieben Nächten durch Unwetter stürzt er in einem Gemäuer viele Klafter tief und sieht sich zum Festmahl der Toten eingeladen, aus deren Mitte ihm seine Geliebte winkt „mit weißen Tüchern angetan". Mit ihrer Gebärde, der ihn vernichtenden, bricht das Gedicht ab. Unerfindlich wie man darin eine Parodie sehen wollte! Ein herrliches, sprachenbildendes Chaos von Vers zu Vers! Und welches Thema: Ein verletztes Recht der Seele, zur Sühne ein Einbruch der Totenwelt in die Sphäre des Lebenden! „War erst aus Frankreich kommen! –" eine so balladeske als zeitgemäße Wendung dafür, daß einer bloß seiner Lust folgt und sich um weltliche Gerichte wenig, um himmlische gar nicht kümmert. Ein aufgeklärter Genußmensch – die Ballade nimmt gegen ihn Partei; die verletzten, gar nicht geglaubten Bereiche erweisen sich als nur allzu seiend. Und das Wissen des Dichters um Frauen – um den für einen Mann gar nicht ermeßbaren Schmerz der Verlassenen! – Die Situation, in der dies Lied vorgetragen wird, ist bunt genug. Aufregung des Vaters, dem böse Nichten hinterbrachten, Claudine treffe nachts ihren Verlobten Pedro. Er erwischt einen anderen, versöhnt sich mit ihm, nimmt ihn ins Haus. Claudines Liebes-Unreife; ihr Herz hat gewählt, aber sie weiß es noch nicht recht; jetzt ist sie zurückgeschreckt durch die offene Sprache des Begehrens, die sie von einem vernahm, den sie nicht erkannte, eben von jenem Gast. Doch ahnt sie, daß er nicht ihr Verlobter war. Die Nichten sind in den Unbekannten – es ist Crugantino – verliebt. Claudine will dem Vater Gutenacht sagen; Crugantino gibt sich ihr als der vorige zu erkennen, sie schreckt zurück. Sie ist in Scheu und Sitte gebunden und liebt den Vater, einen wahren Patriarchen. Ein Hausfreund tritt herein und ahnt in dem Mann mit der Zither den Verwilderten, den Bruder Pedros, der Verbrecher geworden ist, und den alle suchen. Er geht wieder hinaus, um sich mit Häschern zu versehen. Crugantino singt, er bricht sein Lied ab, als Claudine durch ein geflüstertes Wort von der Verwundung Pedros hört. Ihre jähe Liebesreife, ihre Bereitschaft, alle Konvention zu durchbrechen! Das Lied Crugantinos ist auf ihn selbst beziehbar: er richtet sich in ihm, was einen versöhnenden Abschluß möglich macht. Durch den Rhapsoden also, der zugleich der Held des Stückes ist, ist das Lied ein Bestandteil des Ganzen, und der Held des Stückes hat den Charakter, in dem sich das Wesen solcher Balladen personifizieren muß. Man löscht das Licht, damit die von seinem Lied erwartete Stimmung des Grauens besser durchfühlt werde. Man hat also etwas mit ihm und seinem Lied gemeinsam, man begehrt beides. Zugleich aber ist er undurchdringlich, man würde auffahren, wenn er sich zu erkennen gäbe, er kommt von draußen und wird hinausgehen. Ein von den anderen Ausgestoßener, einer der sich selbst ausstieß. Aber auch einer, in dem Mächte der Seele und ein Ausmaß des Fühlens wirklich ist, wie sie den anderen unbekannt sind. Der dicht Fühlende unter Menschen eines dünnen Fühlens. Der Moment des Vortrags ist von den Hörern aus gesehen fruchtbar: sie sind vielfältig aufgeregt und, obwohl in ihre Wünsche und Sorgen verstrickt, durch Aufregung zum Außerordentlichen bereit. Ein Gleichnis der Epoche, die in dem sich verengenden Bereich ihrer seelischen Erfahrung etwas fordert, das sie übersteigt und das ihr durch das altertümliche Gedicht und den Sänger, der es aus der Weite seiner Seele erneuern darf, zuteil wird.

Daß das Verhältnis zu Volkslied und Ballade die geistige Lage einer ganzen Epoche ausspricht und daß dramatische Situationen, um ein altertümliches Gedicht angelegt, diese Lage versteckt enthalten, ist freilich etwas Neues; nur dem damaligen, mit dem jungen Herder so tief verbundenen Goethe konnte es gelingen. Alles übrige finden wir bei Shakespeare.

Die fünfte Szene des vierten Aufzugs von Hamlet ist in ihrem Bau so modern wie irgend etwas, das Goethe geschrieben hat, auch wenn wir sie mit der von ihm erfundenen lyrischen Szene vergleichen, in der sich das Gedicht als Einlage nicht von einem dramatischen Stil, sondern von einer in sich schon lyrischen Diktion abhebt; ja, das Moderne erscheint noch entschiedener, weil der Aufruhr, an dessen Spitze Laertes steht, und den der König staatsklug dämpft, die altmodische Staatsaktion dagegenhält. Shakespeare kannte von Kyd und anderen Vorgängern Darstellungen des Wahnsinns auf der Bühne, aber er hat zum erstenmal den Wahnsinn als seelisches Phänomen dichterisch aufgeboten. Horatio bereitet die Königin, und damit den Zuschauer, auf diese Sinnigkeit des Wahnsinns vor. Zugleich erfahren wir, daß etwas in der Königin ist, das sie dafür aufgeschlossen macht. Jeder wird den Wahnsinn der Ophelia, der ein Schicksal ist, das sie überfiel, mit dem Wahnsinn Hamlets vergleichen, den dieser aus sich selbst heraufbeschwor. Wie schön ist es, daß der verstehende Freund dieses Hamlet Ophelia der Königin erklärt und sie hereinführt; wie schön auch, daß der König nicht gleich anwesend ist, und das zarte, unterdrückte Gefühl der Königin für Ophelia einen Augenblick die Szene bestimmen kann. Ophelia spricht Prosa und Verse; die Prosa hat im Wahnsinn das eigentümlich Treffende, das Shakespeare als Kennzeichen des Wahnsinns in die Darstellung aufnimmt, und Ophelia zeigt ein deutliches Gefühl für den Partner, wie aus den an den König gerichteten Worten hervorgeht. Dann singt sie Lieder, zuerst Liebeslieder, nachher, als sie phantastisch bekränzt nach dem hochdramatischen Gespräch zwischen dem König und Laertes wiedererscheint, Lieder vom Tod eines alten Mannes. Während die Prosa Verwirrung ausdrückt, enthalten die Lieder ihr seelisches Wesen gesammelt, aber weggerückt – Wahnsinn ist Abwesenheit. Aber die abwesende Seele erinnert sich der tödlichen Störung, der sie in diesen Zustand auswich: die Liebe, das Schicksal des Geliebten, der Tod des Vaters – nicht daß diese Dinge unverbunden wären, aber das Wie der Verbindung ist fremd! Die Lieder haften ihr im Gedächtnis und kommen ihr gerade jetzt, im dafür bereiten Augenblick, auf die Lippen. Schwerlich hat sie Shakespeare gedichtet, vielleicht hat er an ihnen fortgedichtet. Jedenfalls sind sie ihm unentbehrlich zur Darstellung dieses Wahnsinns. Ihm kann sich so wenig wie irgendeinem Dichter und irgendeinem Psychologen der Wahnsinn darin erschöpfen, daß er den Menschen eines Vermögens beraubt: er ist ein äußerster Zustand des Seelenlebens und damit selbst eine Art Vermögen. Dies ist mit den Liedern ausgedrückt. Was in einer, vielleicht in mancher, vielleicht gar in jeder Seele unterirdisch blieb, stellt sich im Wahnsinn ohne Scheu und mit einer gewissen Anmut dar. Goethe war davon tief getroffen; Aurelie fragt Wilhelm, warum Shakespeare nicht lieber Fragmente aus melancholischen Balladen gewählt habe. „Was sollen Zweideutigkeiten und lüsterne Albernheiten in dem Munde dieses edlen Mädchens? Beste Freundin, versetzte Wilhelm, ich kann auch hier nicht ein Jota nachgeben." Was nun folgt, konnte nur ein Dichter über einen Dichter sagen. Und Goethe hatte als Jüngling, durch Shakespeare inspiriert – man bemerke, *wie* er Shakespeare las – Ähnliches gewagt. Auch Gretchens Seele ist im Wahnsinn Ungeheurem aufgetan; auch hier ersetzt dem Dichter, der die Grenze des dichterischen Vermögens einsieht, ein aufregender alter Rest Volkspoesie das Undarstellbare. Die Visionen der mit dem Kopf wackelnden Mutter sind Eingebungen des Schuldgefühls. Die Machandelboomverse aber behandeln den Tod ganz unbekümmert als freies, verwandeltes Fortfliegen, fertig und leicht, Vogel ... Das alles ist viel zu neu, viel zu eigen, als daß man von Nachahmung sprechen dürfte; aber gewiß, es ist nicht ohne Shakespeare! Shakespeare hat im äußersten Zustand des menschlichen Seelenlebens etwas erkannt, was der Volksballade kongenial ist, ja man darf sagen: was ihr die moderne Seele öffnet. Wie hat er damit die Volksballade verstanden! Und wenn Gretchen den König in Thule singen muß, weil sie in der Luft etwas spürt, das auf sie zurückt, so spürt dies Desdemona in der dritten Szene des vierten Othello-Aktes nicht minder, wo sie sich entkleiden läßt. Wieder das Motiv des Entkleidens! Im Drama ist man allein mit dem Diener oder mit der Zofe, bei noch größerem Alleinsein wird der Monolog unvermeidlich und man vermeidet ihn gern; manchmal läßt sich auch im Dialog noch Einsameres ausdrücken; jedenfalls ist Desdemona trotz Emilia allein genug, schon weil sie ein Schicksal spürt; und da ist man immer allein. Aber dadurch, daß sie mit jemand sprechen kann, hat Shakespeare die wunderbare Möglichkeit, in der hohen Stilisierung seines Verses zwei Töne zu mischen: „Soll ich das Nachtkleid holen?" „Nein, steck' mich hier los ... der Lodovico ist ein hübscher Mann." So plaudert's sich zwischen Vorahnung und Lied. Das Lied hat einen Kehrreim und fordert auf ihn nachzusingen, es handelt von nichts als von der Sinnlosigkeit der Schwermut. Aber als ahnte Shakespeare, wie Neues er hier gewagt hat, muß sich Desdemona über das jetzt ihr einfallende, jetzt zu singende Lied verbreiten wie folgt:

„My mother had a maid call'd Barbara;
She was in love, and he she lov'd prov'd mad
And did forsake her; she had a song of 'willow';
An old thing 'twas, but it express'd her fortune,
And she died singing it; that song, to-night
Will not go from my mind; I have much to do,
But to go hang my head all at one side,
And sing it like poor Barbara." –

Auch über diese wenigen Worte könnte man einen Kommentar schreiben. Das Zurückverweisende darin! Weder im Hamlet noch im Othello wird die Ballade vorgesungen; sie dient zur Darstellung des grenzenlosen Alleinseins, selbst unter Menschen! Aber auch an einer Situation, die mit der in Goethes Singspiel verglichen werden darf, fehlt es bei Shakespeare nicht. In der vierten Szene des zweiten Aufzugs von „Was ihr wollt" singt der Narr das Lied: „Come away, come away, death!", das Herder übersetzt hat. Herder hatte ja überhaupt die Liedeinlagen Shakespeares unter seine besondere Obhut genommen, und gerade dieses Lied vertritt Volksdichtung, hat aber doch einen individuellen Zug! Jedenfalls soll es vom Publikum als „altes" Lied aufgenommen werden, denn auch diesmal kommentiert Shakespeare den besonderen Reiz solcher Poesien:

„Mark it, Cesario; it is old and plain;
The spinsters and the knitters in the sun,
And the free maids that weave their thread with bones,
Do use to chant it: it is silly sooth,
And dallies with the innocence of love,
Like the old age."

Es ist für den Herzog vom Narren gesungen. Aber seine Resonanz beruht auf der Vielfalt der in dieser Szene durcheinandergehenden Gefühle. Zuerst das Reden über Musik, in dem sich der Anfang des Stücks wiederholt – nur daß der Herzog nicht mehr vor sich hinspricht, sondern „unter Männern" der Wert einer Melodie für die Liebe erwogen wird. Ihr Kennertum müßte ungleich sein wie ihr Alter; der Knabe müßte mehr der Spur nach sprechen, wo der Erwachsene Erfahrung hat. Aber der Knabe ist ein junges Mädchen, ist noch tiefer und hoffnungsloser der Macht verfallen, die den Herzog nach dem Lied des Narren verlangen macht. Echte Novellen- und Lustspieltragik, daß der Mädchen-Knabe von dem

Mann als Liebesbote gebraucht wird, den sie selber liebt! Die Verkleidung erlegt Viola auf, daß sie sich nicht aussprechen kann, und dies führt über jene zahlreichen, durch ihr verhaltenes Gefühl so unsäglich rührenden Anspielungen zu dem Lebensbericht, den der Herzog auf das Leben einer Schwester Violas beziehen muß, und der an poetischem Gehalt das vorgetragene Lied noch überbietet. „She sat like patience on a momument, Smiling at grief." Die Musik hat die höfische Aufgabe, fürstliche Langeweile zu zerstreuen, und die intimere, eine fürstliche Passion zu lösen. Aber sie reicht nicht zu, der Narr muß her und muß das Lied von gestern abend singen. Damit bietet Shakespeare innerhalb einer Szene den zum altertümlichen Lied vorbestimmten Vortragskünstler auf; dies ist nicht im historischen Sinn gemeint, als ob wir uns einen Hofnarren als Rhapsoden alter Lieder zu denken hätten, sondern er eignet sich seinem Wesen nach dazu. Indessen, auch historisch genommen wäre der Einfall nicht übel: könnte nicht ein Narr aus dem Freibauerntum stammen und einen Schock von Volksliedern in den Haushalt eines großen Herrn verschleppt haben? Wer ist aber der Narr, daß er dies Lied haben, hegen und singen darf? Er ist der Geist des Stücks, der sonst nur als Fluidum wirkt, und wenn nicht der Dichter selbst, so doch der Welthumor, der das Stück hervorbrachte und allem einzelnen den Leichtsinn in der Schwermut, die Schwermut im Leichtsinn gibt. Er ist nicht allzu witzig, und wenn dem Darsteller nicht die Vision seines Wesens und seiner Gebärden aufsteigt, so werden seine Einfälle das moderne Publikum enttäuschen. Es ist auch nicht seine Aufgabe, witzig zu sein. Er verkörpert eine Lebensstimmung, die spielerisch ist aus tiefem Wissen, die alles in sich Seiende, für sich Wichtige aufhebt durch ihre herausfordernde Fremdheit; die sich überall einmischt und nirgends hingehört, aber auch im tiefen Gefühl menschlicher Grenzen alle Unterschiede begütigt und nur einen Feind hat: den Pedanten. Dies Draußensein und Draußenbleiben, zu dem der Narr – eine gegebene Figur, die Shakespeare zu einem einmaligen, höchst lebendigen Wesen weitergebildet hat – durch Wesen und Stand verurteilt ist, findet Ausdruck in dem Lied, das das ganze Stück zusammenfaßt in der traurigen Lustigkeit eines ausgestoßenen Menschen.

So märchenhaft die Fabel, so wahr ist die Geselligkeit: das Element, in dem sich die Gestalten berühren, ist der Narr, wie er denn der Narr des Fräuleins ist und doch dem Herzog vorsingen muß. Er ist allen fremd und sie können nicht ohne ihn sein. Konnte die Ballade einen zulänglicheren Mund finden als diesen, um durch ihn zu erklingen?

Schon dem Spectator fiel auf, daß auch Molière dem Volkslied das Wort redete. Der Menschenhasser Alceste, der das alberne Sonett des Oronte loben soll, erwidert ihm: „Dieser wendungsreiche Stil, mit dem man prahlt, verläßt das Charakteristische und das Echte; das sind nur Wortspiele, pure Ziererei, so spricht nie die Natur.

Mich ängstigt darin der schlechte Geschmack des Jahrhunderts. Unsere Väter, so derb sie waren, hatten einen besseren, und höher als alles jetzt Bewunderte schätze ich ein altes Lied (une vieille chanson), das ich Ihnen aufsagen werde." Das Lied ist: „Si le roi m'avoit donne Paris, sa grand'ville . . ." Gewiß ist diese Hochschätzung volkstümlicher Dichtart weder so zentral noch so wirkungsvoll wie bei Shakespeare und bei Goethe; aber sie verdient angeführt zu werden des europäischen Ausblicks wegen, den sie eröffnet.

Goethes Balladen sind eine neue Gattung. Weil sie von der Volksballade herkommen, müssen sie deren Entstehung, die entrückt und unwiederholbar ist, in einem neuen dichterischen Vorgang ersetzen, und dieser Vorgang, von dem alten ebenso verschieden wie vom sonstigen dichterischen Verfahren des modernen Dichters, muß in seiner Eigenheit erforscht werden. Die Aufklärung, ein so allgemeiner, umfassender und von der griechischen Frühzeit bis zu uns reichender Vorgang, wird hier für die Dichtung entscheidend. Man darf sie nicht als eine beschränkte Bewegung auffassen, die durch eine Gegenbewegung abgelöst wird; sie ist so unwiderruflich als unvollendbar, so daß sie einerseits alle Gegenbewegungen mitbestimmt, sofern diese sie voraussetzen und verraten, andrerseits ein Element der Seele, insbesondere der kollektiven Seele, immer wieder gegen sie aufsteht. Als Dichter gehört Goethe von Anfang an in diese Bewegung, schon durch seinen Individualismus, auch wenn der historisch verengte Begriff der Aufklärung nicht auf ihn anzuwenden ist. Noch entschiedener hat sein Naturverhältnis das Gepräge der Aufklärung, zumal seit es sich zur wissenschaftlichen Besinnung erhellt. Dem widerspricht keineswegs, daß es auf einer religiösen Überzeugung gründet. Dies Naturverhältnis ist ein Verhältnis des Schauenden zum Gegenstand, das an der Distanz des Schauens so entschieden festhält wie an der Überzeugung, daß zwischen Schauendem und Geschautem eine Gleichheit bestehe, die das Gelingen dieses Aktes erst möglich macht. Auch am Weltverhältnis des Dichters und – dies ist noch auffallender – an seinem Verhältnis zu sich selbst verwirklicht sich die Distanz des Schauenden immer mehr; die Klarheit des Schauens nimmt zu, bis auch alles Innere die Deutlichkeit der Gebilde und Phänomene gewinnt. So unerschütterlich für den Dichter wie für den Naturseher die Gewißheit ist, alles selbst zu sein, so muß sie doch immer die Distanz erlauben, die sowohl den Akt der Naturschau wie das dichterische Gestalten ermöglicht. Freilich mit dem Unterschied, daß die fortschreitende Naturschau eine fortschreitende Aufklärung ist, während die Gefühlsbewegungen, die die Dichtung hervorrufen, die Sonderung des Dichters in seinem Selbstbesitz immer wieder fraglich machen und dadurch, von der Aufklärung her gesehen, rückläufig sind. Naturgemäß werden also innerhalb der Dichtung die philosophischen Gedichte jene Distanz der Schau am meisten befestigen. Die Romane verraten, wie sehr Goethe versucht, das was sich der Naturschau entzieht, doch für sie zu erobern, d. h. die Vorgänge in der Seele und die Vorgänge des geselligen Lebens und damit auch die Züge einer Epoche als Phänomene zu betrachten und unter Gesetze zu bringen.

Die Volksballade gehört zu demjenigen Besitz des fortschreitenden Menschen, der nicht unterwegs erworben wird und nicht dem jeweils neuen Reifegrad entspricht, sondern der wesentlich Erinnerung ist. Erinnerungen sind ferner Volkslied überhaupt und Märchen, außerdem alle epische, an Mythen grenzende Poesie, und schließlich die Mythen selbst. Die Religion ist davon zu trennen; sie wandelt sich mit dem Menschen und kann wohl in jeder Bewußtseinsform aufleben. Die religiöse Zeremonie aber wird bald als störend, bald als besonders wünschenswert empfunden, weil man durch ihre Ausübung an einer älteren Daseinsstufe Teil hat. Denn freilich, der Hang zur Symbolik ist der menschlichen Seele eingeboren und behauptet sich in der aufgeklärtesten Gesellschaft auf höchst eigene Weise. Und der Mensch braucht sich nur ins Bett zu legen, einzuschlafen und zu träumen, um ohne Unterstützung der Volkskunde so ziemlich alle Daseinsstufen, vielleicht auch unerwünscht frühe, in sich zu repetieren, und würde er nur den Schlüssel seiner eigenen Träume zu gebrauchen wissen, so verstünde er die Mythen aller Völker.

Der Schauende hält das Etwas, das er sieht, von sich fern. Hier ist das Wasser, hier ist er. So hält ers mit der

Pflanze, mit dem Tier, mit den Gestirnen, mit einer Landschaft, um beim Faßlichsten zu bleiben. Es gibt aber eine andere und ältere Art das Seiende zu erfahren, eine viel wehrlosere Art. Hier dringt das Seiende durch geöffnete Seelenpforten ein, erwünscht oder schrecklich, und alles existiert zugleich im Menschen und außer ihm. Wir haben dafür das Wort „dämonisch", und für die Versuche des Menschen, sich dagegen zu behaupten oder darüber zu herrschen, das Wort „Magie". Was Ding scheint und außen existiert, ist dasselbe Element, das wir in uns Seele nennen; was wir in uns fühlen, das sind Gebärden des Seienden durch uns hindurch. Es gibt keine Scheidewände. Unaufhörlich und grenzenlos tritt Ding in Seele, Seele in Ding über. Denkt man dieses absolute Bezogensein ebenso folgerichtig, wie es mit der Distanz des Schauens versucht wurde, so blickt man hinab in eine von der Volksballade uns aufgetane Tiefe. Diese Gedankengänge sind nicht etwas, das man an Goethe herantragen kann oder auch nicht, sie sind mit der letzten Deutlichkeit eines überragenden dichterischen Vermögens ausgesprochen in den Versen des zweiten Faust: „Könnt' ich Magie von meinem Pfad entfernen." Es konnte nicht Goethes Fall sein, sofern er Balladen dichtete, in jenes frühere Sein zurückzutauchen. Die erreichte Geistesstufe, die individuelle und die gemeinschaftliche, konnte und sollte er nicht verleugnen. Gehalt der modernen Ballade konnte nur sein, daß der Dichter mit der Weite seines Wesens, die das Persönliche notwendig und überall überschreitet, an eine solche Art des Seins und der Erfahrung grenzt. Nicht ohne daß sich in der Darstellung noch mehr als sonst jene Distanz des Schauenden von seinem Gegenstand behauptet. Auch ist Goethe nicht etwa von den Begebenheiten seiner Balladen, von deren Erfindung und Umbildung tiefer und wehrloser erschüttert worden als von persönlichen Erschütterungen, noch auch hatte er ihnen gegenüber ein besonderes Grauen empfunden, im Gegenteil! Sie waren ihm lieb wie dem Weisen alte Dinge lieb sind; er ist nicht Kind, aber gerade das Kindliche glänzt ihn mit besonderer Bedeutung an. Ja, in vielen Fällen genießt er launig die Sicherheit des Bewußtseins, die der Aufgeklärte diesen Erinnerungen gegenüber hat, und spielt mit ihnen wie mit einem sinnreichen Aberglauben. Und wenn er in der Ballade darstellt, wie das aufgeklärte Bewußtsein denn doch von irgendeinem Element ereilt wird, so ist auch dies oft genug ein Spiel, in dem sich der umgekehrte Vorgang verbirgt. Den Gegensatz der balladesken und der aufgeklärten Daseinserfahrung könnte man durch folgende Begriffe andeuten: Der Schauende scheidet in der Distanz des Schauens sich von der Welt; alles was ist, ist zugleich in ihm, zugleich ereilt es ihn von außen. Er befindet sich in dem heitertätigen Zustand der Betrachtung; er befindet sich in dem leidend-bewegten Zustand des Schauers. Sein Wissen ist Erfahrung; sein Wissen ist ein fortgepflanztes Hörensagen. Der Mensch ist gestaltende Mitte und denkt in Gestalten; der Mensch ist ein Rand und ein Übergang. Das

Seiende ordnet sich durch Gesetze; das Seiende droht als Macht.

Das Verfahren Goethes beim Dichten von Balladen ist also gradweise bestimmbar als eine Auseinandersetzung mit der der Ballade gegebenen Wirklichkeit, die Goethe in bedingtem Grade, und mit der Behauptung des eigenen Standorts, der vorsichtig als aufgeklärt bezeichnet werden kann, in sich selber zuläßt. Die Altertümlichkeit aber, die er der Ballade zugesteht, kann nicht nur schwächer oder stärker der einzelnen Dichtung anhaften, sondern sie kann sich auch auf Verschiedenes erstrecken: auf den Stil, auf das Motiv, auf die Idee. Es wäre also möglich, zu leichterem Eindringen die von Goethe gedichteten Balladen zu schematisieren nach dem Gesichtspunkt, ob Stil, Motiv, Idee in jeder modern oder altertümlich sind.

Der untreue Knabe: Stil altertümlich, Motiv altertümlich, Idee altertümlich. Die Idee ist der Einbruch der Totenwelt in die Welt des Lebenden. Der aufgeklärte Standort, aus dem die Ballade überhaupt erneuert ist, läßt sich darin erkennen, daß die meisten einen „Einbruch" behandeln. Element und Mensch sind, ob man jenes geisterhaft oder naturhaft denke, unversöhnt. Der Einbruch kann darin bestehen, daß das Element, vom Menschen verletzt, in dessen Bereich einbricht, oder in dieser Verletzung selbst, also in einem Einbruch des Menschen in das Bereich des Elementes. Oft verbindet sich beides, und in jedem Fall kommt eine falsche Sicherheit des Menschen zur Darstellung. Dies kann sich umkehren; der vom Element ereilte Mensch, der angstvoll seine Sicherheit widerruft, wird aus der wahren Sicherheit des Dichters ironisiert, so im „Totentanz“. Die Vorstellung, daß der „untreue Knabe“ eine Parodie sei, ist abzuweisen. Die sprachlichen Gebärden sind nicht übertreibend, sondern bezeugen eine Ergriffenheit, die einfach und wahr ist. Die Frechheit und Genußsucht des „Knaben“ erscheint gar dürftig gegenüber dem graden, wilden Schmerz, dem das Mädchen erliegt; der Knabe wird erst echt in seiner Angst, in seinem Müssen, das ihre Todesstunde über ihn verhängt. Auch die Totenwelt selbst ist so versinnlicht, wie sie der Angst und der Schuld erscheinen muß, aber nicht verzerrt, und daß die Erscheinung der toten Geliebten uns vorenthalten wird, beweist eher, daß hier etwas für die Sprache zu groß wird, als daß eine komische Empfindung dadurch erregt werden sollte. Jedes Schema versagt irgendwo. So ist das Abbrechen der Ballade modern, modern auch die zu erratende Selbstanklage des Dichters; aber gerade dies fällt auf, wie sie hinter der Wirklichkeit der Ballade zurücktritt.

Der Erlkönig: Auch hier ist die Erneuerung so unmerklich und einfühlend, daß sie sich über das Ganze des Gedichts, gewissermaßen in die Ritzen zwischen den Worten verteilt, und Idee, Motiv und Behandlungsweise gleich altertümlich anmuten. Die Verbindung des Gedichts mit dem Singspiel „Die Fischerin“, einer Dichtung des gezähmten Elementes, bei deren Aufführung auf dem natürlichen Schauplatz zu Tiefurt der ganze geschlängelte Flußlauf durch Fackeln und aufleuchtende Feuer erhellt wurde, ist sehr lose; es gehört nicht als Bestandteil zu einer Situation, leitet nur das Ganze ein und überwiegt es durch sein dichterisches Gewicht von Anfang an. Es ist das wahre Grauen gegenüber dem spielerisch hervorgerufenen, das den Fischer und seinen künftigen Schwiegersohn erwartet; denn ein loses Mädchen will sie für ihre Unpünktlichkeit strafen, indem sie den Anschein erweckt, sie wäre ertrunken. Es löst sich alles gut, sie bezahlt ihren Frevel dadurch, daß sie sich sofort heiraten läßt. Der Erlkönig bearbeitet eine Herdersche Vorlage; auch die übrigen Lieder des kleinen Stücks sind seinem Vorrat entnommen und beziehen sich zart auf seine Mühe. Halbdeutlich, wie es dem Singspiel ziemt, skizziert der Schluß einen mädchenhaften Konflikt. Dortchen liebt, ihr Gefühl ist aber noch nicht zeitig, und die Übereilung der Heirat ernüchtert sie. Sie erspart dem Liebhaber keineswegs den Rückschlag, wenn sie sich mit den Worten von ihm verabschiedet: „Plage mich nicht! Ich bin deine Braut, morgen deine Frau: da hast du einen Kuß drauf und laß mich allein.“ Nun singt sie ein entzückendes litauisches Mädchenlied, das den Abschied von der Mädchenzeit zum Inhalt hat. Es gehört zum Vollkommensten, was es gibt. Da wird nichts unmittelbar ausgedrückt; nur die Arbeiten werden genannt, die sie nicht mehr tun wird, die Trachten, die sie nicht mehr tragen wird. Die

Sachen werden alle für sich sein, ohne sie: „Und du mein Nähzeug, mein buntes Nähzeug, Du wirst noch schimmern im Mondenschein!" Kaum konnte dieses Lied dichterischer vorbereitet sein. Auch der Erlkönig gehört zu diesem Mädchen, wird in ihrem Mund ein Mädchenlied, sofern eben ein Mädchen das allein ist, alte, schaurige Lieder singt. Goethe liebt das, es ist die dem modernen Dichter natürliche Gelegenheit. Aber das litauische Lied gehört ihr näher zu. Es enthält ihre Empfindungen altmodisch eingefaßt; dies muß ihr um so lieber sein, als sie ja sonst gar keinen Ausdruck fände für ihre widerstreitende innere Bewegung, und als diese Bewegung nicht nur persönlich ist, sondern aus einem der Übergänge und Einschnitte im Leben des Menschen entsteht, die von jeher Symbole hervorbrachten und sich in Bräuchen und Dichtungen gestalteten. Hier nimmt der Mensch das Volkslied hin; in einer anderen Situation wird es Gegenstand der Frage. Der Vater läßt sich, heimgekehrt und müde, von Niklas die Zeit verkürzen; Niklas singt ein Lied vom Wassermann, das er eher lächerlich als grauslich findet und das eine Entsprechung zu dem Elfenkönig ist: auch hier der Einbruch eines Elementarwesens in das Menschenreich, und zwar in dem Augenblick, wo die Hochzeit des jungen Mannes oder des jungen Mädchens vorbereitet wird. Nur daß das Mädchen diesem Wassermann willig folgt, während Herr Oluf von den elfischen Angeboten nichts wissen will. Nachher sagt Niklas: „Mir fiel's unterm Singen so aufs Herz, und ich wollte schwören, ich hörte was", und der Vater höhnt ihn: „Fängst du nun an? du Großhans!" Obwohl das Grauen nur scheinbar ist und sich dann sogleich auflöst, ist doch wieder der Vortrag einer Ballade mit einem von den Spielern geahnten Schicksal in Zusammenhang gebracht. In Niklas hat das Gedicht selbst eine Wendung hervorgebracht, es ist über ihn gekommen. Denn im vorherigen Gespräch war er der Aufklärer und versicherte, daß es keine Wassermänner gibt. Vater und Sohn! Der Vater scheint mehr von solchem Spuk verspürt zu haben, wie die reizende Frage: „Bist du niemals getickt worden?" zeigt. Ticken heißt offenbar: von etwas Geisterhaftem angerührt werden.

Die Vorlage Herders, die Goethe im Erlkönig benutzt, arbeitete ihm darin vor, daß sie durch das Mißverständnis der Bezcichnung Elver-Konge den Elfenkönig in ein Wesen verwandelte, das wie die Personifikation spukhaft umnebelter Baumgestalten anmutet. Bei Goethe kommt alles aus der Landschaft, deren Einsamkeit ihm auf seinen Ritten und Wanderungen gleich lieb war, ob sie düsterte oder lichtete; das Gedicht ist die Szene, die eine abendliche See-, Fluß- oder Sumpflandschaft dem dichterischen Auge von selbst aufführt. Bei Herder nichts davon, es heißt nur: „Da tanzen die Elfen auf grünem Land." Und in gleicher Weise ist auch alles, was in der Vorlage adelig, sittenhaft, mythologisch war, bei Goethe bürgerlich, intim, dichterisch geworden. Dort der genaue Augenblick, wo die aufgeblühte männliche Schönheit durch das Vorhaben einer standesgemäßen Heirat die Dämonen reizt; er ist zu anziehend, als daß er es wagen dürfte, so spät, so allein an dem bösen Ort vorbeizureiten. Die beiden Nachgespräche: das eine zwischen Mutter und Sohn, das andere zwischen Mutter und Braut, deuten trauervoll auf das Glück und auf die Geborgenheit, dem Oluf durch den dämonischen Raub entrissen wurde. Daß der Heimgekehrte auf Fragen antwortend seinen nahen Tod eröffnet, ist ein häufiges und sehr starkes Motiv der Volksballade. Zwischen dem Dialog immer wieder Bericht. Als die verschiedenen Angebote nicht verfangen, schlägt Erlkönigs Tochter den Jüngling auf sein Herz. Das Gedicht gestaltet also in drei Dialogen eine Reihe von Momenten; zuletzt sieht die Braut den Toten. Goethe hat den Bericht in die umrahmenden Strophen gedrängt, alles übrige ist Dialog. Dieser setzt sich aus dem Dialog des Vaters und Sohnes und aus den Angeboten des Erlkönigs, denen der Knabe nicht direkt antwortet, zusammen. Die drei Stimmen haben einen verschiedenen Klang: den geisterhaft lockenden, den kindhaft erschrokkenen, den väterlich tröstenden. Eine kaum je gehörte Musik in Worten, von der die Volksballade nichts weiß. Um so wirksamer, als Goethe aus einer Mehrzahl von Momenten einen Moment gemacht hat: es geschieht alles gleich, der Tod des Kindes ist die unmittelbare Folge des geisterhaften Zuspruchs.

Was aber ganz einmalig ist und wiederum die Lage des modernen Dichters anzeigt, ist der Widerspruch von

Vater und Sohn. Er ist dem Widerspruch nahe verwandt, der das Gespräch zwischen dem alten Fischer und Niklas bestimmt; so schafft er in dem kleinen Stück eine reizende Entsprechung zwischen Eingang und Dialog. Die Rollen sind umgekehrt, und hier meint man nicht verschieden, man sieht verschieden; vielmehr der Vater sieht nicht und der Knabe sieht. Und der Trost, den er spendet, besteht darin, daß er ihm versichert, das nicht zu sehen, was der Knabe sieht. So lebt der Dialog im Gegensatz einer dämonologischen und einer ernüchterten, beinahe kann man sagen wissenschaftlichen Naturbetrachtung. Krone und Schweif des Königs – „in Wirklichkeit" Nebelstreif, sein Lispeln der Wind in dürren Blättern, die Töchter die unsichere Gestalt alter Weiden. In der Ballade selbst kontrastiert die balladeske Sehart mit der entgegengesetzten, der Ausgang gibt der Ballade recht.

Die wandelnde Glocke und der getreue Eckart gehört derselben Gruppe des Schemas zu. Der alte Dichter begibt sich in die Denkformen des Kindes hinein; es ist dies vielleicht nie so schön gelungen wie in den Kinderballaden Goethes, wo jedes unechte und empfindsame Liebäugeln mit Kindlichkeit vermieden ist und der Dichter seine Reife nicht verleugnet, sondern heiter genießt. Obwohl wir alle Kinder waren und mit Kindern umgehen, ist uns die Kindheit selbst verschlossen; soviel wissen wir von ihr, daß sie am mythischen und symbolischen Denken einen, freilich vom Kind nicht auszusprechenden und dadurch spurlos vorübergehenden Anteil hat, und daß in jedem einzelnen Menschen, während er Kind ist, längst durchlaufene Entwicklungen wiederholt werden. Man denke nur an die Sprache! Das Kind ist jedoch nicht einsam, und der Schauer, der seinen Eingang in die Welt beherrschen könnte, wird gelichtet durch die helfenden Menschenhände; sie geben ihm das Gefühl der Bergung oder scheinen es ihm zu geben, um das es von den Erwachsenen so tief beneidet wird. Kindlichkeit heißt also für den Dichter innerhalb der Ballade: Erfahrungen machen, die der Erwachsene nicht macht. Das Kind hat Talent für die Ballade, sofern sie ein Bereich der Erfahrung verkörpert. Zugleich aber domestiziert im Gedicht diese Erfahrungen ein Behagen, das der Reife des dichterischen Bewußtseins angehört. Auch unter den Kindern gibt es Genies, die also Genies der Kindlichkeit sind und denen die Mächte in freundlicher Person gegenübertreten, sie zu sich heranholen. Genie ist das gute Zutrauen des Kindes zu diesen Mächten. Zur Anpassung der Ballade an das Kind gehört auch, daß die Balladenfabel mit einer Lehre endet. Erwachsene neigen dazu, die Lehre durch ein warnendes Beispiel zu bekräftigen. Das Kind erfährt eine hereinwirkende Macht und wird, sie zu nützen oder ihr zu entgehen, folgsam. Die Fabel im getreuen Eckart weist auf keine geläufige Moral, dazu ist sie zu außerordentlich. Der Schutzgeist wählt sich ganz bestimmte Kinder aus, die ihn, durch ihre geniale Kindlichkeit, anmuten. Durch die Wärme der Benennungen, das ermunternde Einsprechen auf die Kinder wird ihr anfängliches Bedenken besiegt; wir sind hineinversetzt in die neue Vertraulichkeit zwischen den Kindern und dem Schutzgeist, der sich bestens empfohlen hat, indem er sie das rechte Verhalten gegen die „unholdigen Schwestern" lehrte. Mit diesen, im Horizont der Kinderangst, setzt die Ballade ein; die Kinder kennen sie genau – sie trinken ja schon immer das Bier weg. Aber sich sträuben, sich entziehenwollen – das war offenbar falsch. Der gute Dämon belehrt sie, daß die scheinbar schlimmen Dämonen zu guten werden, wenn man sich ihnen aussetzt. Es sind dies Erfahrungen höchsten Grades mehr vom Kind aus, als für Kinder gesagt. Der Getreue nennt sie Püppchen, nennt sie Mäuslein. Das Horchen, die kindliche Geste, ist ihnen anbefohlen; dieselbe Geste haben die Kindern im Kehrreim der Grafenballade. Aber man lebt nicht bloß in dem reinen Dämonenverhältnis; man lebt auch mit Erwachsenen, die nichts verstehen und doch so gescheit sind. Man muß sich mit ihnen abfinden und ist schwach. Da sitzen sie herum, wie Eltern sind; sie freuen sich des Biers, scheuen kein Mysterium, und fragen, fragen. „Die Mäuslein, sie lächeln, im Stillen ergetzt." Man plaudert schließlich doch, und die Krüge sind vertrocknet. – Eine Kindermythe der kindlichen Angst ist die wandelnde Glocke. Schön trilogisch ist diese Ballade aufgebaut: das ungeläuterte Kind, die dämonische Läuterung, das geläuterte Kind. Das ganze vom Erwachsenen vorgetragen als ein warnender Fall, so wie man sich auch den getreuen Eckard denken kann. Während dieser mit der Kinderangst begann, beginnt die wandelnde Glocke damit, daß das Kind gegenüber dem Verbot der Mutter sich aufgeklärt benimmt. „Das Kind es denkt: Die Glocke hängt Da droben auf dem Stuhl." Hingegen benimmt sich der Glockendämon pädagogisch, nachdem er heilsame Angst erweckt hat, begibt er sich wieder an seinen Ort. Das Rennen des Kindes, das Anwackeln der Glocke „Als wie im Traum". Es gibt wohl allerlei gute und schlechte Poësie über Kinder, für Kinder; aber dichterisch so aus dem kindlichen Standort her gestalten kann nur der Weise, dessen sonorer Stimmklang uns unendlich liebenswert durch diese Kindergeschichten geleitet.

Totentanz: Die Stimmung ist aufklärerisch, ohne sich zu verraten – sie läßt mit Behagen dem Grauen weiten Raum. Stilmittel, Motiv, Idee sind altertümlich. Ein Tanz der Skelette zur Gespensterstunde auf dem Friedhof. Das Wegnehmen einer Kleidung oder Verkleidung, welche Macht gibt über ein dämonisches Wesen – so wie wir es aus vielen Märchen und Sagen kennen. Wenn einer etwa badende Vogelmädchen belauscht und einem sein Gefieder wegnimmt. Hier ist die Bekleidung das Leichenlaken, das als beim Tanz hinderlich abgelegt wird. Dies Wegnehmen des Lakens wird zum frevelnden Einbruch in die Toten- oder Gespensterwelt. Der Schalk, der Versucher, der dem Türmer diese Unschicklichkeit einbläst, ist aufklärerisch. Die armen Toten, die sich einen Augenblick harmlos amüsieren, sind Opfer eines unzarten

Anschlags. Der Türmer ist neugierig, wie das seltsame Tier sich nun benehmen wird. Falsche Sicherheit. Aber es geht ihm wie dem Kind in der wandelnden Glocke. Seine Sicherheit hält nicht stand. Er benutzt alles, was Mauer und Verschluß ist, er benutzt sogar die apotropäische Kraft heiliger Symbole. Er hat das Laken mit in die Höhe genommen, ist aber nur zu bereit, es zurückzugeben; es flattert aus seiner Hand, bleibt hängen, so daß das Skelett dennoch zum Türmer klettert. Nun, da er verloren scheint, ist die Geisterstunde vorüber; auch die Dämonen unterstehen Gesetzen, und die Einfriedigung, die den Menschen, ob gut ob böse, vor ihnen sichert, wird nur unter gewissen Bedingungen und zu gewissen Stunden überrannt. Augenblicklich fällt das Gerippe zur Erde, zerschellt und der Türmer ist geborgen. Von der Einwirkung dieser Angst auf ihn erfahren wir nichts. Er wird wohl den Toten kein Laken mehr wegnehmen, es ist aber auch möglich, daß er sich nachträglich ins Fäustchen lacht. Die Gerippe müssen sich vom Dichter eine etwas groteske Ausstattung gefallen lassen.

Heidenröslein, König in Thule: Der Stil ist in beiden Fällen altertümlich mit dem schon erwähnten Herausfallen eines im modernen Sinn kennzeichnenden Grundworts. Bei dem Motiv könnte man schwanken: so altertümlich das Gespräch von Mensch und Pflanze ist, so modern ist, was sie sich sagen, und ihr Abstand voneinander. Und sind auch Raum, Sitte und Gebärde beim König von Thule altertümlich gehalten, so ist doch das

Pathos des Abschieds vom Leben modern, und beides versöhnt sich darin, daß das moderne Pathos sich in symbolischen Gesten ausdrückt. Streng zeitgenössisch ist beide Male die Idee: das Überschreiten der Grenze gegenüber dem Naturreich; das Schwinden der Seelengewalt von Epoche zu Epoche, und das Symbol, das nicht die Gegenwart des Seienden, sondern die Gegenwart des Gewesenen bedeutet *).

Der Fischer: Diese Ballade, die mit oder ohne Vertonung sich das breiteste Publikum gewann, verzichtet auf das Altertümliche der Stilmittel. Auch die Idee ist modern. Wenn Goethe sagt, daß die anlockende Macht des Wassers in diesem Gedicht dargestellt werden soll, so modernisiert er dadurch das Gedicht noch mehr, und zwar im klassischen Sinn, indem er ihm unterlegt, was nach klassischer Meinung antike Mythen sind (1777 – eine frühe Klassik!). Aber jenes Lockende des Wassers lädt den Fischer ja nicht bloß zum Baden ein, sondern macht ihm den Garaus; und es lockt nicht überhaupt, sondern lockt den, der sich so mörderisch an dem Leben der Wassergeschöpfe vergreift. Auch hier ein Einbruch, der gesühnt wird. Die Ballade hat einen weichen, runden Ton, der dem Leser seine Entfernung von der Wirklichkeit der Ballade angenehm verbirgt; einen Ton, der sogar leicht sentimentale Wendungen gestattet. Obwohl also dies Lockende schrecklich ist, konnte doch ein ansehnlicher Teil romantisierenden Singsangs hier seinen Aus-

*) Genaueres s. S. 327 ff.

gang nehmen. Die Ballade spricht nicht nur ihre eigene Wirklichkeit aus, sie deutet damit auch die Wirklichkeit des Menschen und wertet sie um: das Fischen ist an sich ein ehrliches Handwerk, aber von der Ballade aus, hier, erscheint es als Mord. Auch der Fischer erscheint in einer falschen, unwissenden Sicherheit, von der er auf eine schreckliche Weise bekehrt wird. „Sah nach der Angel ruhevoll Kühl bis ans Herz hinan."

Die Braut von Korinth: Ist eine geschichtliche Ballade. Sie beschreibt mit den Kunstmitteln dieser Dichtart eine Zeitenwende. An den Beziehungen zweier Familien, die einander ihre Kinder verloben, wirkt sich der Sieg der neu aufkommenden Religion über die alte aus. Dies ist an sich eine moderne Betrachtung; sie geht aber den Dichter noch viel näher an, da er in der durch ihn hervorgerufenen Renaissance mit den alten Göttern verbündet ist und sich mit den neuen nicht sonderlich verträgt, da er ferner dem Austrag ihrer Mächte eine Deutung gibt, die er, der Verfasser der römischen Elegien, seiner eigenen Seelengeschichte verdankt. Ebensowenig können die sprachlichen Mittel altertümlich sein, da Goethe hier den Versuch zu einer Klassik der Ballade macht. Wie der reich gegliederte Strophenbau beweist, entfaltet sich dabei eine hohe Kunst, sogar Künstlichkeit der Sprache, die den Volkston ausschließt. Die Strophe selbst hat etwas Neutrales, sie ist eine Möglichkeit und vermag je nach Inhalt und Verwendung das Verschiedenste: drei Strophen trockenen Berichtes, dann erregender Fortschritt der Handlung, dann eine heftige, schwül gespannte Liebesstimmung, die ins Gespenstische umschlägt, schließlich die feierlich beschwörende Verrufung der christlichen Frevel an Liebe, Leib und Blut aus dem Munde der Wiedergängerin; überhaupt ist es die Feierlichkeit fast ritualer Gesten und Vorgänge, die den Tonfall so mancher Zeile unvergeßlich macht. Die letzten Strophen rechnen unter die größten sprachlichen Taten dieses Dichters. Altertümlich ist also nur das Motiv, das weniger antik als slavisch ist, ein echtes Balladenmotiv, nur daß es hier eine weltgeschichtliche Tragweite bekommt. Wie in der Lenore, wie im untreuen Knaben ist die unbeglichene Schuld des Menschen an die Totenwelt ein Liebesanspruch, den der Tote oder die Tote einholt. Das Sittliche, das im untreuen Knaben wichtig war, fällt hier weg. „Aus dem Grabe werd' ich ausgetrieben, Noch zu suchen das vermißte Gut." Den frevelhaften Einbruch, der die Wiederkunft der Toten heraufruft, begeht diesmal eine neue Religion, die der Störung und Verwirrung menschlicher Grundbeziehungen bezichtigt wird. „Keimt ein Glaube neu, Wird oft Lieb' und Treu' Wie ein böses Unkraut ausgerauft." Goethes alte Anklage des frommen Eifers! Die jungen, schönen, starken Menschen erfüllen sich in der Liebesreife, und wenn ihnen im Namen des neuen Gottes das versagt wird, wozu sie die Natur bestimmt, so welkt das Leben, aber auch der Tod hebt die Anlage zur Liebe und das Anrecht auf sie, die im Blut des Menschen wirken, nicht auf; was sich menschlich nicht befriedigte, befriedigt sich dämonisch. Das Vergehen des Geistes, eines noch so heiligen Geistes, gegen die Mächte des Bluts wird gerochen, an einem, an vielen. „Und das junge Volk erliegt der Wut.“ Erst ein ritualer Sühneakt, der die alten Götter wieder herstellt und so mit dem Gedicht selbst verglichen werden kann, hemmt die Rache.

Es gehört in den großen Gedankenkreis der Rechtfertigung der Liebe, unter welcher Goethe die Einheit aller Liebeswirkungen von den dunkelsten bis zu den geistigsten versteht. Beispiele liegen aus allen Lebenszeiten vor, beginnen mit dem Urfaust und enden mit der letzten Faustszene. Häufig hat die Rechtfertigung diese Form, daß die Liebe im Blut beginnend zu immer höheren Wirkungen überleitet, hier aber ist sie deutlich einem gewissen Verschmähen der Geschlechtlichkeit entgegengesetzt, in dem sich christliche Gesittung ergeht. Das Rechtfertigen, ja Heiligsprechen des geschlechtlichen Lebens wendet sich nicht nur gegen ein christliches Wertgesetz, ob dieses nun recht verstanden oder mißverstanden sei; Goethe hat sich auch aus eigenen, bis zum Martyrium führenden, höheren Liebeserfahrungen erholt durch das Bejahen der körperlichen Liebe. Schon in der Jugend ist ihm das geschlechtliche Leben nicht ein Abgrund, vor dem er warnt, sondern eine Macht, der man sich mit gutem Zutrauen überläßt; da sie Natur ist, kann sie nicht böse sein. Es wird ihr Großes zugetraut: ist es doch die Eigenschaft alles Natürlichen, wenn es nicht gestört wird, im Menschen geistig und sittlich zu werden. Die alten Religionen erscheinen als der Kreis, in dem sich die Liebeswirkungen ungestört entfalteten. Aber nie hat Goethe wie in dieser Ballade gezeigt, daß die durch Menschenopfer heiliger Art verletzten Mächte des Bluts rächend in das Gehege des Menschen einbrechen. Eine ähnliche Gesinnung redet mit geringerer Kraft aus der „Ersten Walpurgisnacht".

Die Sprache, die das Mädchen, sich vom Bett des Geliebten „Wie mit Geists Gewalt" aufrichtend, gegen die Mutter führt, ist die Sprache jugendlichen Liebesverlangens, das durch ein mütterliches Gelübde und schließlich durch den Tod gehemmt in geisterhaft verzehrende Gier verwandelt worden ist; so ist diese Sprache mädchenhaft reizend und schrecklich zugleich, und dazu wissend, wie es die Sprache eines Mädchens kaum sein kann; aber dieses ist durch zwei Tore der Einweihung gegangen: durch die verspätete Liebeserfüllung und dann durch den Tod, und so ist es über das Maß des Mädchens wissend geworden. Der Dichter besitzt die Kraft, Totes reden zu lassen: „Eurer Priester summende Gesänge Und ihr Segen haben kein Gewicht." Dennoch ist es nicht erlaubt, das Gedicht als antichristliches Manifest aufzufassen. Es ist Ballade. Deren Rechtsprechung kommt dem Entrechteten zugute. Es gibt in Goethes Werk mehrere Ordnungen und mehrere Gerichtsbarkeiten. Und nur alle zusammen sind Goethe selbst.

Der Gott und die Bajadere: Ebenfalls in der Idee

modern, im Motiv altertümlich, im Stil, als klassische Ballade, modern. Der Strophenbau, womöglich noch eindringlicher als im vorigen Gedicht durch den Wechsel trochäischer und daktylischer Gangart, mildert diesen durch die übergreifende Reimbindung. Auch hindert derselbe Wechsel, daß der erzählende Ton ermüdend vorherrsche, und zwar übernimmt bald der Daktylus, bald der Trochäus die erregendere Wendung. Für den Dialog ist der Wechsel eindrucksvoll benutzt, zumal in den drei letzten Strophen. Der Ausruf der Bajadere trochäisch, der Gesang der Priester daktylisch. Deren lehrhafter Vortrag sodann trochäisch, ihr Klagegesang daktylisch. Die letzte Strophe gibt dem Trochäus die Erzählung, dem Daktylus die Maxime. Das Motiv überschreitet die Ballade, da es dem Mythos angehört. Damit wird die Ballade zu einer Steigerungsform entwickelt: dem mythischen Gedicht erzählender Art und kurzen Umfangs, das im Tempo, in der Auswahl der Momente, in der sprunghaften Verknüpfung und in der erregenden Wirkung Eigenheiten der Ballade beibehält. Es ist kein Zufall, daß Goethe keiner Ballade einen antiken Mythos zugrunde gelegt hat. Wenn der Mythos zur Wirklichkeit der Ballade wird, muß es ein fremder Mythos sein. Nun ist dem modernen Menschen jeder Mythos fremd, aber Goethe hat sich die antiken Mythen aufgeschlossen im Sinn seiner Natursicht und seines Durchschauens der menschlichen Dinge; so verliert er für ihn das Fremde und wird zum Beispielvorrat seines Alters. Anders bei den indischen

Mythen, die sich ihm also zur Ballade schickten. Ihre Erschließung für die Ballade hat ein gewaltiges Nachspiel: die Parialegende, die in eigenem Zusammenhang zu betrachten ist. Auch sie verbindet ein altertümliches Motiv mit modernen Darstellungsmitteln und einer modernen Idee, nur daß durch ein erschöpfendes Wissen auch der alte Wissensschatz der Mythe aufgedeckt wird und sich in einem ehrwürdigen Ganzen das Uralte mit dem Neuen wunderbar versöhnt. Übrigens verbot sich der antike Mythos für die Ballade auch der Form halber: Goethe hätte ihm etwas anzutun geglaubt, wenn er ihn zu der, seinem Begriff nach, mehr nordischen Gebärdensprache der Ballade verurteilt hätte. Indische Mythen waren für Goethe entgegen gewöhnlicher Annahme seit der Jugend einladend. Vielleicht hat ihn die dichterische Neugier, die angelockt wurde durch die sonst nirgends so dichte Greifbarkeit des Wunders, langsam zu einem Begreifen verführt, dem sich dies Wunder als entschiedenste Geistigkeit erklärt. So mögen ihn diese Sagen eine Weile geleitet haben, ohne ihm gerade unentbehrlich zu sein. Für den, der auf die Gleichung Gott — Natur baut, bedarf es keines Indiens. Sobald aber für Goethe das bisher aus der Natur begriffene Leben der Menschen ein Bereich eigener Ordnung wurde und je mehr er sich innerlich dem durchschauten Sinn der gesellschaftlichen Ordnungen verbündete, mußte ihn das indische Kastenwesen ansprechen als eine Gesetzgebung, die nicht damit erschöpft war, inhuman zu sein, die aus sich auch Versöhnliches hervorbrachte und die der Dichter durch sein Verknüpfen versöhnlicher gestalten konnte. Es gab Zeiten, wo Goethe geradezu die Oberschicht vertrat; zugleich sann er darüber nach, wie ohne Revolution die Beweglichkeit des Bürgertums erfrischend in die bewahrende Kraft des Adels überzuleiten wäre; wer aber tief versöhnen will, muß die Extreme bedenken. Auch für die Darstellung seiner Gedanken über Liebe reichten antike Vorstellungen nicht aus. Das Motiv unserer Ballade ist indisch, aber es wird durchsichtig; hinter ihm erscheint Christus und Maria Magdalena, ein großes Thema der menschlichen Seele, das seit den mittelalterlichen Mysterien Goethe zuerst wieder neu und tief durchdacht hat. Auch hier schien etwas versöhnt, und was? Der geistigste, göttlichste Mensch, mit der Liebenden, in die Käuflichkeit Herabgesunkenen, die in seiner Nähe zu sich selbst zurückfindet, sich am höchsten Gegenstand steigert. Goethe wird nicht müde, darauf anzuspielen. „Wundern kann es mich nicht, daß unser Herr Christus mit ... Gern und mit Sündern gelebt, gehts mir doch eben auch so.“ Hier sind Extreme; Extreme sind auch in den indischen Mythen vorhanden. Die Geistigkeit wird in ganz anderer Weise als in Mythen des Altertums magisch; die Gelüste des Leibes stehen furchtbarer und prangender auf als sonst wo. Wenn die Ballade versöhnt, so wird sie doch das zu Versöhnende in seiner Entgegensetzung denken. Das Entscheidende ist aber auch für die Annäherung an die Mythen die Person. Der Klassiker nimmt sich selbst als einen Ausgleich des Allgemeinen und des Besonderen, als ob es da keinen Rest gäbe. Welcher Optimismus! Der Widerspruch wird dennoch empfunden und bis zum Ende – wie er empfunden wird, daran verrät sich die durchlaufene Schule langer Übungen. In der Jugend ist das Individuelle schmerzliche Grenze des menschlichen Lebensgefühls. In der Mitte des Lebens wird es nicht gescholten, sondern zur Darstellung des Gesetzes hinaufgebildet. Das Gesetz ist die begriffene Natur. Im Alter tritt ein neuer Zustand, eine neue Selbstbesinnung ein. Es ist dies ja die Lebenszeit, wo der Geist sich nach Goethe aus der Erscheinung zurückzieht Hier kann nun, nachdem durch die Steigerung höherer und höchster Vermögen in diesem langen Leben die Person ihre größte Mächtigkeit erreicht hat, der Widerspruch ihres weltumfassenden Gehalts mit dem Individuum ohne Schmerz und heiter gestanden werden. Dem Lebensgefühl dieser Epoche entspricht aber nur noch eine Lehre: die Reinkarnationslehre. Dem Selbstgefühl des älteren Goethe entsprach es, sich als eine Inkarnation anzusehen. Es ist sehr möglich, daß Goethe, wenn er nicht durch die Liebe zur europäischen Bildung in ihrem Umkreis festgehalten wäre, sich im Alter noch viel tiefer mit der Geistesart des Orients, nicht nur mit persisch-arabischer, auch mit indischer und chinesischer, angefreundet hätte, und daß mehr Dichtungen daraus entstanden wären. Was wir haben, ist wesentlich genug. Es zeigt, wo die antiken Vorstellungen dem Ausdruckswillen nicht genügen. Hat

denn Goethe an die griechischen Götter geglaubt? Ja; doch glaubte er an sie eher wie der Inder an die seinigen, als wie der Grieche; daß Götter Personifikationen von Bereichen sind, daß sich ihre Göttlichkeit in Werdung verflüchtigt, und die Kräfte selbst durch Götter den Weg der Wandlung schreiten, indem sie sich dämonisieren, vertieren, vermenschlichen und vergöttern gemäß ihrer durch Taten angenommenen Beschaffenheit. Die Göttlichkeit der griechischen Götter ist individuell, fest und wandellos, sie sind durch sich selbst und gehen nicht aus einer Deutung hervor. Was den goethischen Lebenslauf mit wachsendem Alter immer mehr bestimmt, im Rückblick auf ihn sich immer mehr hervorhebt: die Wandlung, ist das nicht ein indischer Grundbegriff?
Das Christentum bot für jenes Selbstgefühl der goethischen Person im Alter erst recht kein Gleichnis: jede Seele ist Gast auf Erden, ist zur Prüfung da, aber für die Vollmacht der Person, für den Rang und das in ihr aufgespeicherte Vermögen ist hier kein Platz. Ja, August Wilhelm Schlegel war im Recht. Goethes Selbstgefühl und Goethes Gerechtigkeit spricht wenig verhüllt aus der ersten Strophe der indischen Legende: „Er bequemt sich hier zu wohnen." „Soll er strafen oder schonen Muß er Menschen menschlich sehn." Der Inhalt der Ballade ist, daß sich am Gewerbe der Hetäre der höhere Sinn der Hingabe entwickelt. Von der Gesellschaft aus ist sie unrein. Würde der Gott der Liebe sie anerkennen? Nein, denn sie gibt sich, ohne daß die Seele sich gibt, und wie

sie gibt, nimmt sie. Die Käuflichkeit scheint aus dem läßlichen Gesichtspunkt dieser Ballade nicht Vergehen gegen die Liebe, sondern Vorstufe derselben. Es ist daran zu erinnern, daß der Orient die Hierodule kennt, die das Gewerbe zum Ritualvorgang steigert. Die Enden der menschlichen Stufenleiter werden also schon in der Überschrift der Ballade versöhnt. Goethe liebt dergleichen. In den Wanderjahren läßt er die, allerdings verbesserte, Philine vor die Sternenhaftigkeit Makariens treten: „Ich liebe meinen Mann, meine Kinder ... das übrige verzeihst du." Und so wird sie freundlich gesegnet. Die Ballade geht weiter, geht auch über die evangelische Begebenheit hinaus. Es ist ein anderes, wenn der Herr einer Sünderin um ihrer verschwenderischen Liebesdemut willen Erlaß gibt als wenn der indische Gott bei der Bajadere ruht. Ihre Seele ist in ihrem Gewerbe noch jungfräulich geblieben, sie steht noch vor der Hingabe; der Gott lehrt sie die Hingabe, sie entfaltet sich an ihm, indem sie so erst die Herrlichkeit der von ihr seelenlos geübten Liebeswerke erfährt, stufenweise, aber in der Schnelligkeit einer Nacht, bis zur höchsten Hingabe, der des Opfers. Die am Anfang gesetzloseste Liebe erfüllt schließlich das Gesetz, in dem die unverbrüchliche Witwentreue einen für uns schauerlichen Ausdruck findet und das doch ihrer Liebe allein genügen kann; Witwe eines Gottes, folgt sie ihm durch die Flamme in seinen scheinbaren Tod. Die Priester erkennen ihr, von der Vorstellung der Kaste aus, das Recht ab, das ihr der Gott bestätigt, indem er sie als seinesgleichen aus der Flamme zu sich nimmt. Der humane Herder war nicht human genug für die Humanität dieser Ballade: er wütete. Für ihn war die Dirne Dirne. „Der Göttliche lächelt." Er sieht in der Gelehrigkeit, in dem Geschick und dem Willen, Lust zu bereiten, eine versteckte Anmut, die er entfalten kann, sieht gerade in dem Verworfenen einen vielversprechenden Stoff seiner göttlichen Bildnerhand. Priestertum und Kastenwesen wird eins mit Pharisäertum und vertritt das bürgerliche Richten und Verwerfen. Vieles klingt dem Divan vor. Der Liebesakt ist die Transsubstantiation des menschlichen Wesens, seine Verwandlung ins Höhere. Er zeugt nicht nur physisch, er zeugt die Zeugenden. Und ebenso verrät sich, wie im Divan, welchem Grund die vergötternde Kraft entsteigt, die in den Frauen Urbilder menschlicher Anmut und menschlichen Wertes verherrlicht: das ewig Weibliche, das hinanzieht, ist nicht das Weib, sondern die Liebe zu ihm, und so folgt hier dem männlichen Gott und Erwecker die Seele in seinen Himmel.

Der Rattenfänger: behandelt zwar ebenfalls ein altes Motiv mit modernen Kunstmitteln; dies ist aber auch die einzige Berührung, die er mit dem vorigen Gedicht hat. Die Idee ist mehr als modern; spielerisch, gesellschaftlich, unkindlich, läßt sie der Aufklärung den weitesten Raum. Soweit das Gedicht ein Kinderballet sein soll und auf kindliche Denkart eingeht, ist das Kind auf der Schwelle der Pubertät gedacht, im übrigen ist es ein Erwachsener in verkleinertem Maßstab mit verniedlichten Gefühlen.

Nichts von jener überzeugenden Einfühlung in das Dasein des Kindes, wie im getreuen Eckard. Fesselnd ist nur der Widerspruch des alten Motivs, von dem doch irgend etwas nachwirkt, mit der Behandlung. Die Sage selbst, die auch in des Knaben Wunderhorn eine etwas verunglückte Auferstehung gefunden hat, ist schon in sich zweideutig. Sie hat einen uralten Kern, der auch allerorts in Mythen gestaltet wurde: die Magie der Musik. Aber so wie sie in Erscheinung tritt, gehört sie der Epoche des sich bildenden Stadtbürgertums an und erinnert an gewisse Vorzüge und Nachteile des bürgerlichen Denkens, an deren Genuß wir heute noch kranken. Die Einwohner der Stadt Hameln sind sauber, nicht rein. Ihr Inneres gleicht einem Estrich, den die Magd so obenhin blank hält, der Unrat aber ist nur beiseite gekehrt und mehrt sich in Winkeln und Ritzen. Den heimlichen Schmutz dieser ordentlichen Seelen, die sich nichts eingestehen, belebt die Sage zu einem Heer unfreundlicher Nagetiere. Damit die Herren nicht von den Ratten aufgefressen werden, bedarf es des Pfeifchens. Der Pfeifer ist der dämonische Mann, der das Mittel hat, die bürgerliche Seele zu entgiften: ein früher, vorahnender Hinweis auf die Rolle des Dichters in der bürgerlichen Gesellschaft! Statt ihm dankbar zu sein, brechen sie ihm ihr Wort, enthalten ihm das versprochene Geld vor. Sie denken nämlich: was nicht Bürger ist, ist Teufel, gegen den gibts keine Pflicht. Und nun kommt der Bunte, der Fremde, dessen Gedanken bunt sind wie sein Kleid – der Fremde, der Narr oder

der Dichter, zur Strafe so wieder, wie ihn der Bürger dachte. Er ist kein Teufel, aber jetzt kommt er als solcher und führt die Kinder weg. Den Bürgern selbst geschieht nichts, sie sind zu unmusikalisch, um von seinem Pfeifchen verführt zu werden, aber die Kinder „hören es gerne“. Eine böse Sage, kalt und wissend. Wie schrecklich gerecht die Verwandlung des hilfreichen Fremdlings in den grinsenden Lebensfeind! Wie schauerlich straft sich, daß man sich gegen die Dämonen nicht gebunden fühlt; der bunte Mann nimmt statt des Giftes die Hoffnung weg: die Kinder, das einzig Unbürgerliche, was aus den Bürgern hervorgeht. Wenn nun der Dichter diese Sage einem Kinderballet zugrunde legt, und der geflügelte Schalk aus dem Kinderreigen manchen hübschen und klugen Frauen zublinzelt, so wird dies dem, der die Geschichte einer Kultur schreibt, zu einem reizenden Beispiel. So verfährt das Rokoko mit einer Sage, die ihm in ihrer harten, grinsenden Hellsichtigkeit fremd ist. Die Ratten, die dieser Rattenfänger weglockt, das sind die Spielverderber, die Hypochonder, die Ächzer und Krächzer, die in den goethischen Tischliedern gemaßregelt werden. Der bunte Mann, der heilt und tötet, wie es der Künstler kann, ist von der Gesellschaft angestiftet, unfolgsame Kinder mit Märchen zu gängeln und in vorsichtigen Herzen den Ausbruch der Zärtlichkeit zu beschleunigen. Was ist an ihm zu fürchten, da er bloß die Langeweile vertreibt? Und der Dichter, der in der Maske des Rattenfängers steckt, ist viel zu artig, um das reizende allgemeine Nichtwissen durch eine unzeitige Erläuterung zu stören.

Der Schatzgräber: Ebenfalls nach Motiv altertümlich, nach Idee und Stilmitteln modern. Das Altertümliche des Motivs ist hier von der Idee her vernichtet – während die klassische Ballade in ihrer höheren Form ein altes Motiv mit neuem Sinn belebt. Dem Schatzgräber erscheint statt des Bösen, dem er seine Seele mit belächeltem Zeremoniell verschrieb, ein klassizistischer Knabe und spendet Maximen, die allerdings Goldes wert sind. Die freundliche, elegante Form besticht, und es ist der vollendeten Technik dieser Jahre allerdings gegeben, auch etwas schon im ersten Gedanken Bedenkliches mit einer Art von Schutzmarke zu versehen, die die vorzügliche Machart verbürgt. Es sind dies Grenzerscheinungen jeder Klassik; gerade Goethes Klassik erfrischt durch ein der Person und dem Glück verdanktes frisches Versuchen und vorurteilsloses Wagen. Es gibt unter den Balladen Gedichte, die so daneben gehen, wie nur einem großen Dichter etwas danebengehen kann. Z. B. die erste Walpurgisnacht! Anderes wiegt so leicht, daß man ihm ungern ein Recht auf die Balladenform zugesteht. Goethe fand nichts dabei, dergleichen mit den seltensten Gebilden seiner Kunst zusammenzustellen. Balladen, gerade das, was sich nicht machen läßt, werden von Goethe und von Schiller in den klassischen Balladenjahren beinah zunftmäßig hergestellt. Dabei ist Goethes inneres Verhältnis zur Ballade so tief als hintergründig; es widerspricht im

Grunde der Klassik, und gerade einige seiner klassischen Balladen zeugen davon, sind dadurch so schön. Mitten in ihrem geschäftigsten Betrieb deckt diese Klassik immer einmal ihr geschichtliches Geheimnis auf: daß sie eigentlich lebt von dem Selbstvertrauen eines einzigen Menschen. So sehr man dem Schatzgräber übelwollen könnte wegen der an der Ballade verübten Gewalt, wird dies heitere Gleichnis doch auch zur rechten Stunde einen Blick der Neigung auf sich ziehen: nicht bloß weil es den guten Geist der Aufklärung hilfreich und beschönigend am Werk zeigt, sondern weil man dem Gedicht ablesen kann, was Goethe von Anfang an mit dem Faust unternahm: die Umdeutung der verpönten Magie in ein notwendiges und großes Geschäft des Geistes.

Man könnte die erste Walpurgisnacht zu derselben Gruppe rechnen; aber das behandelte Motiv ist ja nicht der Hexensabbat selbst, sondern eine aufklärerische Erklärung desselben, deren Unmöglichkeit durch den Zusatz „die erste“ gemildert ist. Daß Goethe an sie geglaubt hätte, ist nun freilich nicht anzunehmen; aber daß er sie poëtisch fand, ist nicht weniger verwunderlich. Die Begeher eines altheidnischen Naturkults, als welche hier Druiden erscheinen, hätten, in die Enge getrieben, den Aberglauben der Christen überlegen benutzt und einen satanischen Spuk vorgetäuscht, damit ihr Gottesdienst weiterbestehen könne. Die Ausführung, flüssigste Verskunst, mutet uns zu, keltisch-germanische Urreligion mit goethischer Naturmystik und mit voltairischem Zynismus zusammenzudenken, wogegen sich nicht nur unser historisches Bewußtsein, sondern auch unser Geschmack auflehnt; kein noch so heidnisches Ritual und keine noch so musikalische Sprachkunst können da eine Stimmung erzwingen. Das Talent verdeckt seine Blößen, das Genie läuft nackt herum. Wir sehen, was die Ausführung der Walpurgisnacht-Pläne in Faust erster Teil verhinderte. Es gab wohl einen Goethe, der, wie der Entwurf der Brockenszene beweist, gewaltig war, in der Dichtersprache zum zweitenmal die schwarze Kunst zu üben. Aber die auch dichterisch vertretene Mündigkeit der Vernunft vertrug sich damit nicht, und weder die rein ironische, noch die beschönigende Behandlung solcher Motive, die den grausigen Ernst oder das groteske Zerrbild fordern, sind dichterisch lebensfähig.

Der Sänger: Das Lebendige dieser Ballade, die eine ritterlich märchenhafte Situation beschreibt, aber doch in allen ihren Bestandteilen modern ist, sehe ich darin, daß sie unausgesprochen ihren Gegensatz mit sich bringt. Man lese sie an ihrer Stelle in Wilhelm Meister! Dort trägt sie nämlich der Harfner vor. Er mag sich selbst mit diesem Sänger vergleichen, so wie ihn die Zuhörer damit vergleichen. Er und jener, sie beide personifizieren das dichterische Element, der eine in der ausgestoßenen Gestalt des Bettlers, der andere in der allbeliebten Gestalt des bei Hofe einkehrenden Dichters. Wieder und wieder hat Goethe das Thema des Dichters in der Dichtung behandelt. Das Gespräch des Knaben Lenker mit

Plutus hebt die Weltlichkeit des Dichters hervor und verschweigt den Riß, der ihn mit dem geselligen Menschen entzweit. Das Leben soll Fest werden, damit es Fest werde, bedarf es des Dichters; er hat die Aufgabe, der Gesellschaft ihren vollkommensten Augenblick zu schenken, wo sie für sich selbst durch Dichtung schön wird. Freilich verrät die Ballade nichts darüber, welchen Ort sie im Roman ausfüllt. Nur darin, daß der Dichter statt der Kette einen Trunk edelsten Weins aus goldnem Becher fordert, um dann weiterzugehen – und diese Zeichensprache ist freilich balladesk! –, ist das Für-sich-sein des Dichters behauptet; er verdingt sich nicht, das Draußen tut sich auf, in dem er heimisch ist. Der Dichter ist nicht nur Goethe-Thema, er ist auch Balladenthema. Sein grenzenloses Für-sich-sein vertritt der Harfner, der umgehende Geist der Ballade selbst. Daß aber aus dem Gegensatz von Entfremdung und geselliger Einkehr eine Geschichte wird, die beides ineinander überführt und eine Wendezeit ahnen läßt, das ist der Altersballade vom vertriebenen Grafen vorbehalten, dem Weitesten und Weisesten, was Goethe über den Dichter gedichtet hat – und dies ist den Kindern gesungen.
Der Edelknabe und die Müllerin; der Junggesell und der Mühlbach; der Müllerin Verrat; der Müllerin Reue. Diese dem Wesen der Ballade durchaus fremden, in allen Elementen modernen und von Goethe offenbar hochgeschätzten Gedichte sollten einen Roman in Versen bilden. Das Darstellende, ein epischer

Dialog, wiegt in ihnen vor; sie erfüllen außerdem jenes berühmte Erfordernis, durch den Vortrag geheimnisvoll zu werden, einigermaßen, indem es wirklich nicht ganz leicht ist, den Zusammenhang einzusehen; deshalb erscheinen sie wohl unter den Balladen. Goethe genießt am leichten Stoff die Beherrschung der Mittel. Sollte ihn darüber hinaus nicht doch etwas an den Stoff gefesselt haben? Hätte er sonst dem von ihm bearbeiteten Verrat der Müllerin samt der dazugehörigen Erzählung einen Platz in den Wanderjahren gegönnt? Der Stand als Problem, die Verwirrung sowohl als der Ausgleich ständischen Unterschieds beschäftigen ihn unaufhörlich, als Dichter mußten ihn Fälle anlocken, in denen diese Grenze für eine Liebesneigung schwierig wird. Deutlich im „Edelknaben", deutlich auch im „Verrat": „So geh' es jedem, der am Tage Sein edles Liebchen frech betriegt." Die reichen Herren der Stadt haben eine standesgemäße und eine unansehnliche Liaison; sich einem solchen Herrn zwar hinzugeben, ihn aber dann durch Herbeirufen der Gesippen zu bestrafen, auszuplündern oder zu Ersatz und Versprechen zu zwingen, wäre eine simple Vergeltung des mißbrauchten Mädchens, die freilich verwickelt und poëtisch wird, wenn sie wirklich liebt und vielleicht noch nicht weiß wie sehr. So daß dann die schöne „Reue" möglich wird. Amor kann dann nicht nur verwirren, sondern auch lösen. Zumal wo die Grenzen mehr durch Glück und Besitz als durch den Stand gezogen sind, und der niedere Stand durch Verarmung ersetzt wird, ist eine große Zartheit der dichterischen Behandlung möglich. Darüber findet man vieles in den Wanderjahren, aber auch in der Ballade „Wanderer und Pächterin". Dieses herrliche Werk rechtfertigt den balladesken „Roman", den Goethe gar eine Trilogie genannt hat, als Vorarbeit. Und so hängt dieser Roman denn doch, wenn auch sehr lose, mit der Ballade zusammen, durch das Thema: Liebe bei ungleichem Stand.

Wirkung in die Ferne und Ritter Kurts Brautfahrt: Die Anekdote als Vorwand zur Ballade, die dann entschieden als erzählendes Gedicht aufgefaßt wird. Diese Ballade ist nichts als eine Pointe von aufklärerischem Humor und Hochmut; Einfälle, welche die Ballade aufklärerisch vernichten, scheinen auch balladenfähig. Nach einem Streit der Königin mit ihrer Hofdame darüber, ob es Wirkungen in die Ferne gibt oder nicht, beruft sie sich neckisch auf den von der Hofdame selbst gelieferten Beweis: ein Page, der zur Königin läuft, hat einen Flecken von dem Sorbet, das die schöne Hofdame verschüttet hat. Daß aber auch eine Modernisierung der Ballade, die bis zur Parodie geht, gelingen mag, beweist das prächtige Stück: „Ritter Kurts Brautfahrt". Es scheint vielleicht abwegig, diese Ballade mit den „Urworten orphisch" zu vergleichen, aber die von Goethe so geschätzte Saftigkeit der Memoiren des Marschalls Bassompierre und das durchschauende Wissen jener Urworte haben doch etwas gemeinsam: die Lebenskunde des Weltmanns. Ja, Ritter Kurts Brautfahrt ist wirklich ein Beispiel für das, was

Goethe in den Urworten „Nötigung“ nennt. Das Leben ist etwas Vielfaches, Zusammengesetztes, der Mensch ist es erst recht. Zumal ein Adliger: wenn er das Leben von innen regieren will, zerläuft es in Konventionen und Konnexionen. Er ermannt sich: das Leben wird einfach, wenn der Mensch sich vereinfacht durch einen Entschluß und sich freiwillig bindet. Er sagt dann: „Morgen wird ein anderes Leben angefangen.“ Aber das Vielfache, das aus der Seele vertrieben ist, lebt fort im Vergangenen, das hin und wieder störend zur Gegenwart wird; denn überall hat man lebendige Spuren hinterlassen, und jeder Zeuge meldet sich zu seiner Zeit. Die Momente, die man hinter sich gebracht hat, sind unbefriedigte Gläubiger und pochen. Ein solcher Moment ist hier mit unvergeßlichem Humor gestaltet. Duell, ein früheres Liebchen, das inzwischen geboren hat, Juden, die eine Rechnung vorhalten, schließlich die Justiz: „O verteufelte Geschichte! Heldenhafter Lebenslauf!“

Die Spinnerin; Vor Gericht: Sollten auch diese beiden Gedichte, die Goethe unmittelbar aufeinanderfolgen läßt, romanartig zusammenhängen? Das erste Gedicht ist höchst zart im Aneinanderweben innerer Zustände und erinnert an die im Urfaust ebenso zart aufgefaßte Geschichte Gretchens, ohne daß eigentlich etwas Balladeskes zu merken wäre, es sei denn, daß die junge Frau als eine Gestalt des Volkslieds im Geschäft des Spinnens vergegenwärtigt wird. Die sprachlichen Formen sind gerade in dem Auflösen und Beziehen der Bildlichkeit modern: „Und der Faden riß entzwei, Den ich lang erhalten." So auch der Schluß, der aus einem Spruch eine Situation macht. Es war dichterische Mode, für illegale Liebe und schwangere Mädchen parteiisch zu sein. Freilich macht sich auch die Volksballade gern damit zu schaffen. Das zweite Gedicht ist in den Mitteln altertümlich, aber vielleicht überzeugen sie nicht ganz, zumal der unsichere Schluß. Die Balladenwendungen wirken ein wenig zusammengetragen.

Das Blümlein Wunderschön: Behandelt, wie die folgenden Gedichte, ein altertümliches Motiv und eine altertümliche Idee mit modernen Stilmitteln; es gehört zu den klassischen Balladen. Bei diesen greift das Altertümliche der Ballade nicht auf den Stil über. Indem sich alle Blumen, die unter dem Gitter des gefangenen Grafen blühen, vorstellen in der Hoffnung, daß sie die von dem Grafen gemeinte Blume sind, wird eine altertümliche Blumensymbolik entfaltet; sie alle sind nicht gemeint, denn die Blume, deren er gedenkt, ist Vergißmeinnicht und bedeutet seine Frau. Wie verschieden kann es sein, wenn Blumen sprechen in Goethes Balladen. Hier ist es bloß ein Mittel und wirkt wie ein zartes Ornament. So auch in der Ballade „Das Veilchen". Es wird Gleichnis einer unbemerkten Liebe. Ein geselliges, in der Stimmung der Zeit gebundenes Gedicht, die reine Umkehr des „Heidenröslein". Auch an diesem Blumengedicht vom gefangenen Grafen ist ein Zusammenhang mit der Ballade noch erratbar, nur ist die Darstellung so sinnig und weich, daß

er dem Gefühl kaum vorhanden ist. Einsamkeit und Gedenken nehmen wohl im Kerker die unerbittlichste und auch wieder innigste Form an; stumme, zeugenlose Empfindungen, die die Ballade, diese Kundmacherin alles Vergessenen, auffindet. Ist hier nicht das Sprechen der Blumen ersonnen, um im Dialog gerade die Wehmut des Monologs fühlbar zu machen?
Der Zauberlehrling: Eine klassische Ballade, welche die Altertümlichkeit des Motivs und der Idee unversehrt läßt und sich damit begnügt, beides in der reinsten Sprache erscheinen zu lassen. Diese läßt in sich eine gelungene Zauberformel zu und enthält doch die ganze goethische Ironie: die Worte des aufgeregten Monologs sind immer etwas gescheiter als der Lehrling ist. Ein Gedanke, welcher geglaubte Erfahrungen geglaubter Magie zusammenfaßt, ist für Goethe in noch anderem Sinn wahr. Es gibt Mittel, die unabhängig von der Person Elemente in den Dienst dessen zwingen, der sie anwendet. Aber der Ausgang bewährt den Unterschied des Unbefugten, der das Mittel stahl, von dem Befugten, der es fand. So entsteht die Situation des ungeschickten Adepten, der etwas herangerufen hat, das er nicht bannen kann. Wie vielseitig ist sie! Wie mancher Dichter, der eine Mode hervorrief, wie mancher politische Ränkeschmied, dem seine Helfer zu groß werden, muß ausrufen: „Die ich rief, die Geister . . .“; wie manches Mal mag Goethe sich selbst zitiert haben! Besonders anwendbar ist der Einfall auf die Literaten; was übernommen wer-

den kann, ist falsch. Nur die Person gilt, zu jedem Kunstgriff gehört ein Recht von innen. Es ist die vollendete Kunst des Gedichts, daß es sein Wissen verschweigend, einen bedeutungsreichen Vorgang durchgängig in populärer Bildlichkeit ausspricht.

Das Hochzeitslied: Auch hier ist die balladeske Sageweise so modern durchsetzt, daß sie eine ironische Liebenswürdigkeit gewinnt. Das Motiv ist altertümlich, eine von Jakob Grimm berichtete Sage. Die Idee ist wie die des Zauberlehrlings zugleich altertümlich und goethisch. Sie ist nichts anderes als die adlige Sippe selbst, die von Goethe, dem späten, gesellschaftlichen Goethe, heilig gehalten und durch immer neue Situationen geführt wird. Sie kann anschaulich werden im Symbol, so im Löwenstuhl des Opernentwurfs. Vor allem erschließt sie sich der Erinnerung, sei es eines zu Ende gehenden Lebens, sei es der Nachfahren überhaupt: als Einheit der vielen Abkömmlinge in Blut und Stamm. Es ist aber ein Vorzug der Ballade und ihrer an das Märchenhafte grenzenden Vorstellungsweise, daß diese Einheit auch im Vorblick erfaßt werden kann. So hier: der vom Kreuzzug zurückgekehrte Graf findet sein Schloß verwahrlost, menschenleer und beraubt. Aber die Zwerge seiner Vision, die im winzigen Maßstab eine verschwenderische Hochzeitsfeier veranstalten, malen ihm die Zukunft des von ihm zu pflanzenden Geschlechtes aus: denn so viele es der Zwerge sind, so werden jene Abkömmlinge doch nicht an Zahl geringer sein. Er ist also ein Ahnherr, der in einem innigen Vorgefühl sich als solchen genießt; zugleich aber blickt er doch auch schon zurück, denn sein Erbe könnte nicht so verwahrlost sein, wenn es nicht Erbe wäre. Es gibt ja keinen entstehenden Adel; sein Wesen ist, Ahnen zu haben. Die Sippe fühlt sich in einem Augenblick, wo sie sich, unter äußerstem Schicksal, aus der Breite ihrer Verwirklichung in eine einzige Person zusammengezogen hat, und spielt in dieser mit den Bildern ihrer künftigen Herrlichkeit. Der dem Dichter nächste Moment im Leben der Tradition!

Die Anordnung der Balladen in der Herausgabe ist großenteils von dem bestimmt, was hier Motiv genannt wird, und der geschichtlichen Umgebung, in die es gehört. Aber wie immer handhabt Goethe solche Grundsätze locker; Ton und Stil und vor allem der Rang der Werke, vielleicht auch die Entstehungszeit spielt herein. Bewußt sind die Braut von Korinth und der Gott und die Bajadere als die Balladen, denen die Eigenschaft der Größe zukommt, an den Schluß gestellt. Zwei Spätwerke, in denen eine neue und höchste Stufe der Balladendichtung erreicht ist, hat Goethe nicht mehr unter die Balladen eingereiht, sondern an den Anfang einer Abteilung: „Lyrisches" gestellt, ihnen folgt unmittelbar, durch den trilogischen Aufbau zu der Pariaballade passend, ein weiteres Gedicht höchsten Formats und später Entstehung: die Trilogie der Leidenschaft. Es scheint gerechtfertigt, auch hier der Grafenballade und der Parialegende am Ende eine eigene Auslegung zu widmen. Denkt man sich eine Anordnung der Balladen nach dem behandelten Motiv und seiner Zugehörigkeit folgerichtig durchgeführt, so ergibt sich ein anderes Schema. Am seltensten finden wir die mythische Ballade vertreten, nämlich nur in den beiden indischen Balladen. Sehr häufig ist die Ballade dämonologisch, hier und da legendär, wobei zur Legende eine in der Ballade erteilte Weisung gehört. Darunter fallen auch die Balladen, die sich im kindlichen Umkreis bewegen. Ausgesprochen symbolisch ist sowohl Frühes wie sehr Spätes, nämlich der König von Thule und die Grafenballade. Zwischen Symbol und Sinnbild wäre ein ähnlicher Unterschied wie zwischen altertümlich und modern. Das Symbol vertritt die Sphäre einer Macht, die in ihm wirksam wird und sich durch das Gedicht auf die Seele des Hörenden überträgt. Das Sinnbild vertritt einen geistigen Besitz des Dichters und händigt ihn dem Leser ein, indem es ihn lichtet. Beides kann in der Gestaltung den selben Rang erreichen, ja es kann sich vollkommen durchdringen. Dichterisch den meisten Bedenken ausgesetzt und höchst aufschlußreich für den kritischen Betrachter sind nun die Balladen, die dem Wesen der Ballade widersprechen. Die Ballade ruft die Aufklärung gegen sich ins Feld, und der Dichter, der wie er immer gesonnen sei, nie ganz in ihr aufgehen kann, gibt der Ballade diesen Widerspruch mit. Sofern diese Gruppe noch altertümliche Motive behandelt, ist ihnen ihr Geist ausgetrieben und ein neuer eingeblasen; man kann an jeder Ballade ablesen, wie weit der Dichter, der unter anderem auch die Aufklärung in sich großartig zusammenfaßt, in liberaler Weise einiges Altertum spuken läßt, und wie weit er sich selbst in der Überlegenheit des Wissens gefällt.

Auch im Stil läßt sich der Artenreichtum dieses von

Goethe neu geschaffenen Typus dartun, zumal jede Art nur durch wenige Exemplare vertreten ist. Das Vorwiegen der direkten Rede, meist Dialog, aber auch Monolog, ist als Merkmal aufgefaßt und somit durchgehend eingehalten. Das Atemraubende, Ton und Tempo des Schicksals, wie sie die Volksballade auszeichnen, hat der Dialog nur im Erlkönig, der auch den altertümlichen Schematismus des Dialogs kongenial nachahmt: auf die ängstliche Frage des Kindes, das nur allzuwahr sieht, die beruhigende Antwort des Vaters, der sich wissend glaubt und blind ist. In der klassischen Ballade hat der Dialog an allen Kunstmitteln des entwickelten Dramas teil, ist jedoch viel prägnanter als dort und verbindet sich mit ebenso knappen erzählenden Bemerkungen zu einem neuen Kunststil. „Wechselhauch und Kuß! Liebesüberfluß! Brennst du nicht und fühlest mich entbrannt?“ In „Vor Gericht“ ist der Monolog ganz in alter Weise lyrisch und voll balladesker Sinnzeichen und Satzformen: „Mein Schatz ist lieb und gut, Trägt er eine goldne Kett' am Hals, Trägt er einen strohernen Hut.“ Im Zauberlehrling jagt er in Ratlosigkeit dahin und unterrichtet im Vorbeigehen über die Versuche der Ohnmacht. Ebenso viele Tempi und Ausdruckswerte kennt der Bericht. Prägnant ist er immer; im untreuen Knaben ist die Prägnanz gestenreich; jede Aussage eine Geste des Grauens, eine Tat der Seele. Auch in der ausgewogenen Sängerballade bleibt doch der Bericht bei höchster Deutlichkeit ebenso knapp. „Der König sprach's, der Page lief; Der Knabe kam, der König rief." Oft setzt die Ballade mit Gesprochenem ein, so daß die Situation erraten werden muß; dadurch werden dem folgenden Bericht Worte gespart. Auch der Einsatz durch eine Frage ist beliebt. Ein gelasseneres Tempo hat der Bericht schon im König von Thule; der Totentanz kann trotz des graulichen Themas nicht verleugnen, daß die Virtuosität des Schilderns sich selber Ziel ist. Der Bericht hat sogar Zeit zu grotesken Stimmungsbildern und ironischen Begründungen: „Und weil hier die Scham nun nicht weiter gebeut, Sie schütteln sich alle, da liegen zerstreut Die Hemdelein über den Hügeln." Humoristisch behäbig wird der Erzählton im „Hochzeitsfest" und versteigt sich zu drolligen Sprachspielereien. „Da pfeift es und geigt es und klinget und klirrt, Da ringelt's und schleift es und rauschet und wirrt." Ebenso mischt sich in den Ausdrucksgebärden Altertümliches und Modernes, und deren Studium könnte einen beinah zum Dichter machen, jedenfalls aber bis zum Grade des Zauberlehrlings fördern. Auch die angenommene Naivität kann eine hohe Anmut erreichen: „Es war ein herzig Veilchen." So sind die Übergänge des Naiven ins Sentimentale nicht unbeliebt und auch mit großem Reiz ausgestattet; die Tat stimmt hier mit der Kritik überein, wenn man an die Wunderhorn-Rezension denkt. Das feuchte Weib führt aus ihren bewegten Wassern heraus eine solche Sprache, die kaum bedrohlich wird. Auch der Schluß des Gedichts ist eine Gebärde des Zeitalters, die Pointe beziehungsreicher Wehmut: „Halb zog sie ihn, halb sank er hin, Und ward nicht mehr gesehen." Sinnigkeit, d. h. eine durch Geist erhellte Einfalt, haben die Wendungen des Blümleins Wunderschön, z. B. die Sprache der Nelke: „Im schönen Kreis der Blätter Drang Und Wohlgeruch das Leben lang Und alle tausend Farben." Der Spruchton, ein Ton behaglicher oder warnender Belehrung, erklingt bald naiv, bald geistig. So vergißt auch der ausgezogene Jüngling im Verrat der Müllerin in seiner monologischen Aufregung nicht, den ländlichen Mädchen Maximen zuzurufen: „So lasset doch den Fraun von Stande Die Lust, die Diener auszuziehn!" Im Ton alter Fabeln schließt der getreue Eckard; die Selbstschilderung des Dichters im Sänger, die Devise des Knaben, die dem Schatzgräber erscheint, sind nicht mehr balladesk, sondern klassisch geformte goethische Maxime. So auch der Schluß vom Gott und der Bajadere. Besonders reizvoll sind nun die Brechungen des Stils: sie decken geistige Verhältnisse auf. Daß der Dichter nicht mit dem Rhapsoden der Volksballade, sein Gedicht nicht mit den volkstümlich fortgepflanzten Stükken, seine Zeit nicht mit der Balladenzeit, weder im Gegenwartsbewußtsein noch in der Spiegelung des Gewesenen übereinstimmt, hindert das Gelingen nicht, sondern gibt dem das Eigene und Neue. Die gehaltvolle Sinnlichkeit der alten Dichtart und ihr Reichtum an Ahnung nimmt die hohe und bewußte Geistigkeit des Dichters in sich hinein; schon der Ton drückt beides und die Distanz zwischen beidem aus. Eine doppelte Ironie hat das „Hochzeitslied“. Der Graf behandelt sich selbst ironisch, so wie jemand, der in eingeengter Lage seinem Herzen zuredet, schicksalserprobt, gescheit, voll guten Muts. „Da bist du nun, Gräflein, da bist du zu Haus, Das Heimische findest du schlimmer!“ Er ist uns damit vorgestellt und behält diese Gelassenheit noch im Schlaf: „Der Graf im Behagen des Traumes: Bedienet euch immer des Raumes!“ Die zweite Ironie ist die des Dichters gegenüber dem Geschehen. Bemerkenswerter als die vielgerühmten Lautmalereien ist ein summarisches Verfahren mit Stimmung und Kolorit. Es wird ein Auszug gemacht aus allen Zwergengeschichten, der dann wie ein meisterhaft aufgesetzter Farbfleck Details vortäuscht. Altersstil! „Mit Rednergebärden und Sprechergewicht.“ In der Tat höchst zwergenhaft, ganz „nach der Natur“, aber verkürzt – so könnte es nie in einer Geschichte heißen. Auch das Umgekehrte findet sich: aus der Sageform der Distanz bricht plötzlich der übermächtige, persönlich goethische Liebeston hervor, unvergleichlich schön in „der Müllerin Reue“. „Nun, Sonne, gehe hinab und hinauf! Ihr Sterne, leuchtet und dunkelt! Es geht ein Liebesgestirn mir auf Und funkelt.“ Ein kurzer Zwiegesang der Seligkeit und eine der vielen Erkennungen, die Goethe gestaltet hat. Erkennungen sind auch der Volksballade vertraut, und können sich mit der viel berufenen Technik der Verrätselung zu einzig starken Wirkungen verbinden. Einmal wagte Goethe das Vieldeutige, das hierdurch in den Dialog der Ballade kommt, nur aus einer modernen Verfassung zu gestalten, ohne daß er auf irgendein altertümliches Element zurückgriff, in der Ballade „Wanderer und Pächterin". Schon die Sprachtöne dieses Gedichts sind so einmalig, abgestuft und reich, daß man an ihnen zeigen könnte, was Goethe vermag. Er vereinigt das Dekorum einer an Racine und Claude Lorrain geschulten sprachlichen Klassik, jene wählerisch gedämpfte Vornehmheit, jenes Silbergrau und Mattgrün der Sprache, mit einem idyllischen Realismus, und erzielt dadurch eine neue Stimmung: „Willst du Vielgereister hier dich laben: Sauren Rahm und Brot und reife Früchte, Nur die ganz natürlichsten Gerichte, Kannst du reichlich an der Quelle haben." Er entwickelt in so vornehmen Wendungen eine hintergründige Sprechweise, indem er der wissenden Reserve der Edeldame einen entschiedenen Vorsprung gewährt vor dem naiven, tastenden Staunen des jungen Herrn, zugleich aber mit dem sozialen Gegensatz eines gebietenden und eines verkannten Adels spielt, und endlich den weiblichen Kontrast einer mit leisem Spott sich entziehenden Gebärde und des sich still bereithaltenden Gefühls wiedergibt. Das alles ist aber bloß das Grundgewebe. Wer vermöchte auszusprechen, in welcher Weise die Pächterin sich selbst und ihren Partner beschreibt, als sie wie zum Scherz auf seine Erinnerungen eingeht. „Dieses Eine war mir wohl vertrauet: Daß die Schöne, schamhaft, zu gestehen, Und in Hoffnung, wieder dich zu sehen, Manche Schlösser in die Luft erbauet." Oder: „Nicht ein Bildnis, wirklich siehst du jene Hohe

Tochter des verdrängten Blutes ..." – Wenn sich einmal Balladengebärden so stark vergeistigen, ist es nicht mehr weit zu ihrer Ironisierung: „Sie warfen mit Brust sich zu Brüsten Und herzten und küßten nach Lüsten." „Er entfernt sich von der Stelle, Überwinder und gebleut." „Mit dem Säugling still gepaaret Schleicht ein Liebchen durch den Hain." „Gebärden da gibt es vertrackte." Das ironische Behagen des Dichters stiftet Übergänge zwischen makabrem Grausen und einer Landschaftskunst, die holländisches Erbe ist, im Totentanz nämlich, wo auch balladeske Wortstellungen köstlich imitiert sind: „Der Mond, und noch immer er scheinet so hell Zum Tanz, den sie schauderlich führen." Die Mimik eines solchen Gedichts ist wohl noch nicht genug bemerkt worden: die Imitation, die hier nicht das Nachgeahmte beschwören noch auch es ironisch vernichten, sondern es zusammen mit der eigenen Distanz erscheinen lassen will, ist ein neues, überraschendes Mittel, die Geistigkeit des Dichters aus der Ballade hervorgehen zu lassen.

Es geht einem beim Lesen dieser Stücke, die Goethe weniger im Mittelpunkt der Klassik als am Ende einer Epoche zeigen, beinahe wie beim Hören gewisser Sätze aus den letzten Klaviersonaten Beethovens. Man staunt, bald fühlt man sich sehr befestigt in der eigenmächtigen Gangart eines Genius, dem die Einsamkeit selber zum Stil geworden ist; man bahnt sich schwindelnd den Weg durch Partien, die etwas Zerklüftetes und Zerstücktes haben. In volkstümlichen Anklängen genießt man weniger das Gewesene als das Hinhören dieser merkwürdigen Seele auf Gewesenes, und plötzlich glaubt man, an anderen Stellen, Einfälle späterer Künstler zu vernehmen, als hätte der Ahn die Nachfahren kopiert. In Wahrheit enthält er sie im voraus, da alle Schöpfungsmöglichkeiten sich selbst versuchend in seinem weiten Wesen aufklingen. – Es konnte ja nicht anders sein als daß der Dichter, der sich schon im Tasso und gar erst im Divan an den Ausdruck einer kaum mehr erreichbaren Innerlichkeit wagen sollte, auch vor der Innerlichkeit als einer Gefahr der Poesie zurückwich und die eigene Sprache erfrischte, indem er die Umsetzung aller inneren Akte in Gebärden, aller inneren Zustände in feste Ausdruckszeichen, wie es der Ballade eigen ist, hier zur Norm erhob. Als frühes Beispiel ist „Der untreue Knabe" hervorhebenswert. Balladeske Ausdrucksweise für die Erotik des Libertins „Aus Frankreich kommen, liebgekost, liebgeherzt, als Bräutigam herumgescherzt", für den Tod aus Liebesschmerz: „Sie lacht' und weint' und bet't und schwur; So fuhr die Seel' von hinnen." Dieselbe rastlose Jagd, die das innere Geschehen bestimmt, bestimmt das äußere; dies aber wird wieder, durch die Ausdrucksgewalt der sprachlichen Zeichen, phantastisch. Das ist das Umgekehrte: Verinnerlichung des Äußeren. Beides zusammen ergibt einen Habitus der Sprache, der dem Weltverhältnis des balladesken Dichters entspricht: er trifft das Äußere in sich selber an, sieht sich draußen von Innerem umlagert.

Besondere Aufmerksamkeit verdient die Verdeutschung eines serbischen Guslarengesangs, durch den der Sechsundzwanzigjährige, ohne eigene Kenntnis der Sprache, ein für allemal das Verständnis für diese Volksdichtung eröffnete und eine kongeniale deutsche Wiedergabe anbahnte, so daß er im Alter Blütenlesen dieser Art als Folge eigener Bemühungen begrüßen konnte. Der junge Übersetzer entdeckt die Vorzüge, die der greise Dichter in seinen eigenen Balladen zu erreichen sucht, und bildet sie nach, und der Klagegesang von der edlen Frauen des Asan Aga scheint nur jene Maxime zu erläutern, die lautet: „Auf ihrem höchsten Gipfel scheint die Poesie ganz äußerlich; je mehr sie sich ins Innere zurückzieht, ist sie auf dem Wege zu sinken." Ein Seelenroman, der gerade dadurch, daß er von exotischen und einheimischen Konventionen bestimmt ist, manches Rätsel aufgibt, bleibt vollkommen unberedet, indem er sich lediglich in Taten und Gebärden verrät. Diese verlieren aber alle Kraft, wenn sie aneinander gereiht werden ohne den inneren Schlüssel. Die Quelle Goethes, eine Übersetzung aus dem Reisewerk des Italieners Fortis, die Werthes besorgt hat, soll nur eine Prosaverdeutschung enthalten haben *). Aber die anonyme deutsche Ausgabe der „Reise in Dalmatien" (Bern 1776) enthält nicht nur eine rhythmische Übertragung, die hinter der Goethes schon durch den jambischen Auftakt zurückbleibt, sondern auch einen

*) So Goethes Werke, Festausgabe Bd. I S. 375: „nach einer deutschen Prosaübersetzung".

morlakischen Text, durch den auch dem Sprachunkundigen der von Goethe gewählte Rhythmus suggeriert wird. – Erst der Divinationsgabe des Dichters beseelen sich die überlieferten Gesten. Nach Gesemann, der in der Slavischen Rundschau 1932 die Ergebnisse eines genauen Studiums der Varianten mitteilt, ist die Fassung, die dem jungen Goethe zur Verfügung stand, weitaus der dichterische Gipfel. Sie motiviert so: Aus einem Schamgefühl, das den Einfluß mohammedanischer Sitte verrät, bleibt die Gattin dem Zelt des verwundeten Mannes fern, und dieser verstößt sie im Zorn darüber. Der Bruder ist nicht nur Übermittler der Scheidungsurkunde, sondern Beschützer ihrer Ehre und Vergeber ihrer wiederum freien Hand: die Familienordnung, die für das Mädchen bis zur Verheiratung galt, wird aufs neue gültig. Wenn sie, in der Meinung, der zürnende Gatte käme, auf den Turm steigt, so will sie sich durch Selbstmord seiner Mißhandlung entziehen. Sie widerstrebt der Wiederverheiratung nicht aus Liebe zu ihrem ersten Mann, sondern der Kinder wegen. Doch nur so kann sie vor Schmach bewahrt bleiben, darum zwingt sie der Bruder dazu. Die Scheidung hat zur Folge, daß die Kinder an den Gatten fallen. Nirgends ist das Leid einer Liebenden angedeutet, während Liebe, Qual und Verzweiflung der Mutter den stärksten Ausdruck finden. Nicht mehr verständlich wird aus unserer Fassung der Grund, warum die neu zu Vermählende bei der Einholung durch den Gatten an Asan Agas Haus vorüberzieht. Die Kinder zu sehen, will sie ja gerade durch den Schleier vermeiden; man denkt vielmehr dem herrischen und rohen Mann zu zeigen, welch ehrenvolle neue Heirat sie soeben einging. Der Widersprüche und Dunkelheiten sind manche, deutlicher ist der Schluß: sie wird von den Kindern angerufen, vermag nicht vorüberzugehen und teilt ihnen Geschenke aus; aber während sie den Schmerz dieses Wiedersehens zu verwinden sucht, harrt ihrer eine größere und jähere Qual: Asan Aga ruft die Kinder zu sich her und schmäht vor ihnen, ja öffentlich ihre Mutter, die daran zerbrechend tot niederfällt. Das Gedicht beginnt mit der beliebten Frage nach der Herkunft eines Farbeneindrucks. Dies, sodann das Zum-Turm-springen als Geste des geplanten Selbstmords; die Rosse als Erkennungszeichen; nicht die Scheidung, sondern der Brief der Scheidung, nicht die Nachricht in Worten, sondern die wortlose Gebärde: „Schweigt der Bruder, ziehet aus der Tasche Eingehüllet in hochrote Seide Ausgefertiget den Brief der Scheidung ...“ Ihre Gebärde des Abschiednehmens und der Bruder, der sie losreißt, auf das Roß hebt ... die erliegende Mutter, die das Festgefolge halten läßt; die genau beschriebenen, zart ausgewählten Geschenke; die – von Goethe falsch gedeutete – Geste des Mannes: „Rief gar traurig seinen lieben Kindern (in der genannten rhythmischen Übersetzung richtiger: „Rief seinen Kindern“), und das Größte, die Gebärde des Niederstürzens, und ihr Grund, die mütterliche Tragik! Wie viele, wie eindringliche Zeichen! Man vergleiche die beiden Übersetzer: „Die jammervolle Gattin Hört Asans Wort und stürzt, mit blassem Antlitz Die Erde schütternd und die bange Seele Entfloh dem bangen Busen, als, die Arme! Sie ihre Kinder sah von ihr entfliehen.“ Goethe: „Wie das hörte die Gemahlin Asans, Stürzt sie bleich, den Boden schütternd, nieder, Und die Seel' entfloh dem bangen Busen Als sie ihre Kinder vor sich fliehn sah.“ Der Schleier selbst diene zum Beispiel, wie sich trotz der hier waltenden Verwirrung einiger Motive das Zeichen mit der darin festgebannten Seelensprache hielt. Die Frau will oder muß am Haus Asans vorbei und schützt sich vor dem vorausgesehenen Übermaß des Schmerzes. Daher die Bitte an den neuen Gatten, ihr einen Schleier zu bringen, damit sie ihre Kinder nicht sähe. Nun könnte der Schleier dazu dienen, daß sie sehend nicht gesehen würde. Die Wirkung aber ist umgekehrt: als ob der Schleier nicht wäre, erkennen sie die Kinder sofort, und ein weiterer Widerspruch ist, daß die Geschenke an die Kinder zu passend ausgesucht sind, um improvisiert zu scheinen. Aber das alles wiegt nicht schwer. Die Vorbeugung gegen den Schmerz des Wiedersehens findet in dem Schleier ein so großartiges Symbol, und durch ihn wird dann der Kontrast der alle Vorsicht vereitelnden Erkennung möglich, und das Übermaß des Gefühls, auf das die Ballade zielt; man möchte nichts anders haben. Die wenigen Stellen, wo Goethe zarter wird als seine Quelle, sind doch nicht einfach ein modernes Mißverständnis; der Traurigkeit des Vaters, die Goethe erfand, entspricht eine wirklich ermittelte Variante, die das Motiv der Reue des Asan Aga enthält.

Die Ballade vom vertriebenen und zurückkehrenden Grafen

Goethes Wesen ist auf Dauer gerichtet. Allem Leben aus dem Stegreif, aller Willkür abgeneigt, fordert er vom Menschen, was die Natur leistet: Folge und Notwendigkeit. Er selbst ist ein Element der Dauer, vielleicht das einzige ganz unverwüstliche in der deutschen Dichtung. Sein Geist läuft nie mit Neuem um die Wette. Er wartet gelassen, bis es einlenkt in das Alte, Wahre, das der Stoff allen Gedichtes ist. Daß in einer Form gelebt werde, das ist es, um was sich Geschlechter und ihre Stifter bemühten, wozu eine ihrer selbst nicht mehr sichere Oberschicht berufen wäre, und worauf Goethe die eigene Dichtung, zumal die Romane, verpflichtet, die im Bild eine letzte, rein weltliche Verbindlichkeit retten: die Verbindlichkeit des geselligen Lebens. Als etwas mit seiner Natur ganz Unverträgliches trifft ihn, nach erschütterndem Vorgefühl, die Französische Revolution. Er antwortet, um sie zu überstehen, mit Gestaltung. Eine der Geschichte treue Wiedergabe war seinem symbolisch arbeitenden Geist versagt. Ihn beschäftigt das Allgemeine, das Wiederkehrende: er erzählt es als politische Begebenheit in der Natürlichen Tochter, als Urbegebenheit in der Grafenballade. Welcher Art die von unten sich durchsetzenden

Kräfte seien, ist ihm die zweite Frage. Zuvörderst bedenkt er die Gefahr, in der das Edle steht.
Drei Zeiten kennt die Ballade: die Zeit der reinen Ordnung, die Zeit der angemaßten Gewalt, die Zeit der Wiederherstellung. Was Goethes erklärende Noten hervorheben (eine gewaltsame Regierungsveränderung hatte den rechtmäßigen König, dem der Graf anhing, vertrieben), deuten erst die letzten Strophen an und nur von weitem. Der Schluß hat jahrelang der Formung widerstanden. Es war schwer, den Übergang der zweiten in die dritte Zeit mit ein paar Reimen zu berichten. „Im nächtigen Schrekken, im feindlichen Graus" ist die Balladenformel für eine Zwischenzeit, die sich selbst der Ahnen beraubt hat. Die Formel des politischen Dramas heißt dafür: „... Die zum großen Leben Gefügten Elemente wollen sich Nicht wechselseitig mehr mit Liebeskraft Zu stets erneuter Einigkeit umfangen." Goethes Märchen endlich zeichnet diese Zeit mit dem Mal eines beschränkten, selbstbezogenen Strebens. Sie endet, wenn alle Kräfte im günstigen Augenblick ineinandergreifen. Nimmt man die frühe Schilderung anarchistischer Selbsthilfe in Goetz und Egmont und die späte im vierten Akt des Zweiten Faust hinzu, so ist deutlich, daß der Begriff einer solchen Zwischenzeit Goethe tief beunruhigte. Hier beweist sie sich am Grafen – einer Figur mittelalterlichen Anhauchs. Das Mittelalter ist die Zeit Europas, in der Rangverhältnisse am bewußtesten abgestuft und zugleich noch unmittelbar aus leiblicher Abkunft verstanden wurden. Die Sprache

hat für diesen halb geistigen, halb natürlichen Begriff den Ausdruck: Geblüt. Der Graf ist der echtbürtige Mann. In ihm ist die reine Zeit übrig. Der wachsende Bart, der verschleißende Mantel erzählen, wie sie fernrückt. Aber der Mantel, der die Armut nicht mehr verhüllen kann, verrät zugleich den glänzenden Besitz: es ist ein Kind, ein Mädchen. So schön wächst es, daß ein frisch zur Macht gekommener Fürst sich berücken läßt und um das Kind des Bettlers freit. Das Schicksal, das an der Gestalt des alten Mannes arbeitet, ist das Schicksal des edlen Blutes. Das edle Blut ist der eigentliche Held der Ballade. Zweifach ist es vorgestellt, denn es ist nicht Person; als Vater und Kind, zeugend und gezeugt, zeitenkundig und naiv-blühend. Eine Tüchtigkeit des Wesens, die sich steigert im abgöttisch geliebten Kind: das ist auch der Vater Eugeniens im politischen, das ist der Vater Galatheens im kosmischen Drama. Dieser Graf hier, der sich „für Freude nicht lassen kann", hat, vom Liebsten getrennt, denselben Ausdruck verzichtender Beseligung wie Nereus. „Geliebtes leuchtet durchs Gedränge." Vaterliebe ist entsagend. Im Kind lebt auf, was im Greis noch nicht erstorben ist. Daß das körperlich Edle Anfang und Ende dieser Ballade ist, darauf deuten die verschiedensten Wendungen. „Doch wächst in dem Arme das liebliche Kind Wie unter dem glücklichsten Sterne". – „So schön und so edel erscheint, sie zugleich Entsprossen aus tüchtigem Kerne, Wie macht sie den Vater, den teuren, so reich!" – „Erkennst du, erwidert der Alte, den Schatz, Erhebst du zur Fürstin sie gerne.“ Der Fürst hat die deutliche Geste des übertreibenden Neuadels, und indem er das von ihm ganz richtig ausgesprochene Gesetz des Edlen gegen Ahnen, Tochter und Enkel und zu eigenen Gunsten anwendet, falsch im Scheine verfälschender Zeit, tritt er sich selber zu nah. „Man leugnete stets, und man leugnet mit Recht, daß je sich der Adel erlerne; die Bettlerin zeugte mir Bettlergeschlecht.“ Vor dem letzten Kehrreim schließt die Ballade mit dem Wort „Blut“. So nennt die Ballade den vererbten Wert, die Abkunft, das Obere. Aber die Geschichte kennt Zeiten, in denen das Motiv dieser Ballade plötzlich einer erlebten Gegenwart sonderbar ähnelt: dies Motiv, das Märchen und Volkslied wiederholen, wenn sie sich entthronter Könige, zur Magd erniedrigter Prinzessinnen, versteckter hoher Waisen annehmen. Es heißt: das edle Blut im Exil.

Der Dichter ist mit dem Edlen auf eigene Weise verbunden. Goethes drei klassische Dramen gestalten es, und zwar in weiblicher Form. Eleonore steht zwischen Iphigenie und Eugenie; von ihrem durchaus ständischen, an jeder Sitte gebildeten und doch wieder ganz persönlichen Adel läßt sich kaum sagen, ob er Adel der Geburt oder Adel der Seele ist. Der Beruf des Dichters bezieht sich darauf: Tasso dichtet zur Verewigung eines edlen Kreises. Er selbst sagt von Homer, dieser habe sich vergessen und sein Leben der Betrachtung zweier Männer gewidmet. Fürst und Prinzessin sind die Urbilder seines Gedichts.

Die Frau, an die sich seine Leidenschaft wendet, vertritt ihm körperlich den Rang. Dichten ist für Goethe kein Tun für sich, sondern ein bezogenes Tun: der Dichter hat Würde durch seinen Gegenstand. Ist aber dieser Gegenstand das Sein und Leisten der Edlen, so beleben sich daran Erinnerungen des Volkes. Die Ringe, die der Skalde am Arm trägt, bedeuten, daß er preisend am fürstlichen Sein Anteil gewann. Goethes Ballade „Der Sänger" stellt, nach der Sitte reiner und vollbringender Zeiten, den Dichter als den geistig Reichen zum König als zum weltlichen Reichen; ebenso sagt im Zweiten Faust Plutus zum Knaben Lenker: „Bist Geist von meinem Geist." Der Sänger spendet den verklärten Augenblick, ihn belohnt die augenblickliche Gabe: edelster Trank aus goldenem Becher. Er bleibt draußen, aber als beständig Geladener. Kein Amt und keine Ehre legt ihn im Weltwesen fest.

Sobald das Edle nicht nur auf Geist und Sitte, sondern auf körperliche Art deutet, wird es zum eigentlichen Erbe der Geschlechterreihe. Die Sippe und ihr Band reicht durch die ganze goethische Dichtung. Sie ist die festeste, weil von der Natur unterschriebene Bürgschaft für Überlieferung, für Form des Lebens. Stifters fromme Zartheit scheint vorweggenommen im zwölften Kapitel des ersten Buches der Wanderjahre. Im verschonten äußersten Teil einer abgebrannten und neu erbauten Stadt steht ein Haus alter Bauart, an dessen Eigentümer Wilhelm einen Brief bestellt. Die sorgfältige Abschilderung des Mobiliars, die der Dichter durch den Hausherrn geben läßt, gipfelt immer wieder in der Bemerkung, daß jede Sache vielen Geschlechtern dasselbe dargestellt, zum selben gedient habe. „Was umherstand, erinnerte, daß Vergangenheit auch in die Gegenwart übergehen könne." In nicht alltäglicher Weise nähern sich die Gefühle, die Blutsverwandte gegeneinander haben, der Liebe. Väterlich-töchterliche Beziehungen haben die Gefühlsstärke, nur nicht die Sinnlichkeit der hohen Leidenschaft; geschwisterliche Begegnungen verwandeln so tief, ja fast tiefer als Liebesbegegnungen. Und die Liebe selbst wählt sich, wie in den Märchen von Tausendundeiner Nacht, Versippte aus, um sich in ihnen genug zu tun. Sogar der Inzest erscheint am Rande der sonst nicht eben verwilderten „Lehrjahre" und gibt der unerklärlichen Schwermut des Harfners eine Vorgeschichte. Ferner liebt Hilarie ihren Oheim, den Mann von fünfzig Jahren; und bekennt ihre Liebe unter einem Stammbaum, den ihr der Major erklärt und worauf der Name seines Sohnes dem Namen Hilariens gegenübersteht, mit dem zarten Wort: „Und doch wird man denjenigen niemals tadeln, der in die Höhe blickt." Die Neigung zu Frau von Stein kann sich nicht bekennen ohne das geschwisterliche Gleichnis.

In der Iphigenie scheint die mythische Spiegelung einer sehr persönlichen Seelengeschichte, nämlich die Entsühnung Orests beim Anblick der geweihten Schwester, kaum mit dem Geschlechterfluch zusammenzuhängen, den das Parzenlied als uralten Bestand der Atridensage mit balladeskem Schluß vorträgt. Und doch ist das eine nur die gesegnete, das andere die fluchbeladene Machtentfaltung des „gleichen Blutes", das bei Goethe immer auch das „hohe Blut" ist. Jene griechische Hauptidee, die dem modernen Dichter so schwer zugänglich ist, macht Goethe keineswegs verlegen. Er ist vertraut mit dem Dauernden, d. h. mit dem sittlich wie körperlich in der Lebensdauer einer Sippe Gleichen. Das Blut ist ein umfassenderes, langlebigeres Ich. Sollten die Götter dem Enkel anrechnen, was der Ahnherr tat? Aber sie rechnen dem gleichen Blut an, was das gleiche Blut tat! Und der Fluch, der aus dem Blute stammt, wird weggehoben durch die Gnaden, die auf diesem Blut liegen. Indem Orest die Schwester erkennt, erkennt er auch sich selber neu: er weiß sich dem Unbeflecktesten, das diesem Blut entsprossen ist, nächst verwandt. Die erlösende Erkennung zwischen verwandten Seelen, die ungewollt beieinander zu Hause sind, wird mit allem Erlittenen und Genossenen zurückgespiegelt in die mythische Erkennung, mit der sich die Geschwister aus Tantalus' Geschlecht erkennen. Der Segen löst den Fluch, aber beide kommen aus demselben begabten, sich in Enkeln wiederholenden Sein, dem es eigen ist, immer das Äußerste der Geschicke zu erfahren. „Alles geben die Götter Ihren Lieblingen ganz." Tantalus ist der Ahnherr. Was aber ein Götterliebling sei, davon hatte Goethe eine Erfahrung. „Es horcht der Verbannte In nächtlichen Höhlen, Der Alte, die Lieder, Denkt Kinder und Enkel Und schüttelt das Haupt." Der

Alte des Parzenlieds ähnelt dem Alten unserer Ballade. Aber auch der Dichter des Elpenorfragments denkt „Kinder und Enkel“. Die Schicksalsfrage, ob ein edler Stamm erlosch oder nicht, gibt der mehr als mütterlichen Trauer der Antiope etwas Dunkles, Altzeitliches. Ein solches Ende ist Göttertrauer. „Ein Jammer dringt Durch der Unsterblichen wohltätig Wesen, Wenn ihres langbewahrten Herdes Letzte Glut erlischt.“ Aber wenn Auftritt um Auftritt an einem alther geknüpften Schicksalsgesetz weiterzuweben scheint, damit es sich um die schönen Menschen des gegenwärtigen Spiels lege, löst sich, wie in der Iphigenie, die schlimme Möglichkeit in eine liebe Wirklichkeit auf: Statt daß eine noch die Urenkel ereilende Rache die Vernichtung eines vorzüglichen Geschlechtes vergilt, findet die Mutter in ihrem Zögling, dem vermeintlichen Sohn ihres Schwagers, das eigene Kind wieder. Dem verwandt ist das Hochzeitslied; es umfaßt die Dauer eines gedeihenden, sich auf einen tüchtigen Ahnherrn zurückschreibenden Geschlechts im zukünftigen Gesicht. Ein Vorspiel von kleinen Geistern, freundlich lächelnd, nicht düster groß, wie es die Hexen vor Banquo aufführen. Die Natürliche Tochter enthält im vierten Auftritt des dritten Aufzugs eine nur durch die tröstende Einrede des Weltgeistlichen unterbrochene Totenklage des Vaters. Wenn die Fortsetzung der Trilogie eine Erkennung zwischen dem Vater und der totgeglaubten Tochter gebracht hätte, so wäre der rührende Übergang vom Gefühl des Verlustes in das Gefühl des

Besitzes in langer Spannung auf weit entlegene Szenen verteilt worden. Eine große Liebeselegie könnte indessen keinen volleren Ton der vergeistigten Leidenschaft haben als diese Klagen des Vaters. Es ist die tragische Wendung eines angestammten goethischen Gefühls. In einem zweiten Leben, das sich aus dem eigenen Leben löste, sich selber gipfeln zu sehen! Ein durchaus Gebildetes, aus höchsten Qualitäten Gezüchtetes war es, was der Herzog verlor. Dürfen die Elemente, die sich zu so köstlicher Einheit banden, wieder zerfahren? Er verliert sie im Leben, er verliert sie – durch die grausige, ihm vorgespiegelte Todesart – ein zweites Mal als Gestalt. Bis er erkennt, daß es keine Ewigkeit des Vorzüglichen gibt als das liebende Gedächtnis. Wie nah ist der Vatersinn dem Dichtersinn: „Du warst, du bist. Die Gottheit hatte dich Vollendet einst gedacht und dargestellt. So bist du teilhaft des Unendlichen, Des Ewigen, und bist auf ewig mein.“ Eugenie gehört einem schematisch dargestellten politischen Umkreis an, den Inzucht bedroht. Aber sie ist noch anderes als die uneheliche Tochter des ersten Vasallen, den der König Oheim nennt, und einer ihm gleichfalls verwandten Fürstin, sie ist noch anderes als das unwissende Opfer eines Anschlags auf das königliche Haus, sie ist eine fast märchenartige Verdichtung des Hochgeborenen zur Person. Und wenn es ihr bestimmt scheint, nach den giftatmenden Inseln verschickt zu werden, so paßt darauf genau die Balladenformel: das edle Blut im Exil. Eugenie ist, innerhalb der symbolischen

Staatsbegebenheiten, was innerhalb balladesker Zeitrechnung die Grafentochter ist. Auch das neue Blut, mit dem sich das ältere Blut zu gutem Ende versöhnt – hier der Gerichtsrat, dort der fürstliche Parvenu – ist beiden Dichtungen gemeinsam. Man kennt das geschichtliche Urbild Eugeniens. Aber keineswegs war diese oder eine ähnliche Frau in der Zeitgeschichte ein Mittelpunkt des Geschehens. Goethe vielmehr beantwortete dieses Geschehen mit einer Gestaltverdichtung, an der sich das ganze Schicksal ablesen läßt. Für Goethe ist es das Schicksal der Oberschicht. Eugenie bedeutet das Edle; sie zieht auf sich herab, bildet sich alles an, was das Edle ist, denkt, tut, fehlt, leidet. Das Wesen und Ergehen des Edlen ist so magisch an sie gebunden, wie im Märchen das Leben der goldenen Brüder an die zwei goldenen Lilien, die umknicken, wenn den Brüdern etwas Schlimmes geschieht. Während also eine Entsprechung zu dieser Figur den wirklichen Vorgängen der Französischen Revolution abgeht, geht dem Drama Goethes eine Entsprechung zur Figur Bonapartes ab, obwohl er dessen Aufstieg mit wachsender Spannung verfolgte. Er war ein großer Zufall, nichts weiter. Im langfristigen Ablauf, dem Goethe zusieht und der beinah das Tempo der Natur hat, in der geschichtlichen Variante des Themas: Schicksal der Oberschicht, ist Napoleon entbehrlich, so sehr er in Goethes Leben Epoche machte. Neben Eugenie stellt sich das Königliche in einem nicht mehr vollmögenden Träger dar. Das Bürgertum, damals strebsam beweglich im Vergleich mit dem verharrenden Adel, hat, an den anderen gemessen, jedes Anrecht auf die Zukunft; nur vor Eugenie ist es geringer, nur für sie ist die Verbindung mit ihm wahrer Herabstieg. Verdient träfe der Untergang den seiner selbst vergessenen Rang, das keiner hohen Zeugung mehr mächtige Geblüt. Goethe mußte Eugenie erfinden, damit die Revolution Tragödie wurde. Darin, daß sie nicht vollbürtig ist, deutet Goethe ein Mißverhältnis an, von Schein des Ranges und wahrem Rang. Das alte Spiel der Märchen und Lieder: daß das Hohe nicht mehr am hohen Ort steht, hebt in der Geschichte an. Ferner ist sie ein Mädchen, kein Mann, und keine handelnde Überfrau. Das wahrhaft Königliche wird nicht mehr handelnd, es lebt nur noch das Leben der Blüte. Es wird betrauert und trauert in sich. Des Herzogs Recht zu klagen, das Recht des Vaters, das Recht des Liebenden ist ganz einzig. Er klagt zugleich um das Kleinod der Welt, für das die Welt nur noch ihren Staub übrig hat. Noch erschütternder ist es, wenn dies Wesen selbst, dem in rangkundigen Zeiten die Kanzler und die Priester Trabanten wären, ungehört um sich selber wehklagt. Wenn dem Dichter derart das Edle der Bestand seiner Dichtung ist, wie sollte er sich nicht des edlen Blutes im Exil annehmen? Ist ihm doch immer das Verleugnete, das Verstoßene anvertraut! Er irrt nicht mit den anderen, er weiß das verborgene Gefühl, den verschollenen Gott, die heimliche Würde und, spricht sie, die Verfehlungen der Zeit gutmachend, unbekümmert aus. Die Zeit vergißt, er gedenkt. Er hat noch die alten Tage im Sinn, wo das Edle auch für edel galt; und solange es im Banne lebt, als seine eigene Legende, formt diese Legende der Dichter.

Die englische Ballade The Beggar's Daughter of Bednall-Green, die Goethe als junger Mann aus des Bischofs Percy Sammlung kennenlernte, ist eine unverächtliche Verserzählung. Hat sie auch ein zu undichtes Gefüge, um für ein großes Beispiel der Ballade zu gelten, so ist sie in Situationen und Motiven wiederum zu bedeutend, um für Goethe bloß Rohstoff zu sein. Man kann sich ein Dasein der zugrunde liegenden Geschichte für sich selbst abseits von der Vorlage und von Goethes Gedicht wenigstens zum Versuch vorstellen; dann verspürt man eher, welche Behandlung dieser Stoff von sich aus verlangt, und würdigt die Bemühung des Dichters, seine höchste Möglichkeit in den Griff zu bekommen. Was hat nun die englische „Bettlerstochter" und was fehlt ihr? Ihr Hauptmotiv ist fruchtbar: der Widerspruch höchster Schönheit und armer Abkunft, der sich so festlich auflöst. Nicht umsonst kehrt „prettye Bessee" am Schluß der meisten Strophen wieder. Sie ist schön, Schönheit aber deutet über sich hinaus, der von ihr Bezauberte errät an ihr die verheimlichte Abkunft. Daß die Schönheit Rang verrät, das hat Goethe dem Gedicht und seinem Kehrreim abgehorcht. Ferner verfügt es über die Motive des bettelnden Vaters und der erniedrigenden Lage und Beschäftigung des herrlichen Mädchens, und entwickelt in einer echt erzählerischen Klimax an dem bereits genannten Widerspruch das verschiedene Verhalten der Freier. Endlich bereitet es den großen Kunstgriff Goethes vor durch die Situation des unter die Hochzeitsgesellschaft tretenden Vaters, der gesangsweise seine eigene Persönlichkeit, die Herkunft seiner Tochter und die Geschichte ihrer Erzeugung enthüllt. Wenigstens ist damit angeregt, daß die Gestalt des Rhapsoden selbst, wie er vor die Lauschenden tritt – also die Gestalt, die zu dieser Gedichtart gehört – durch die Ballade schreitet. Auch versäumt das englische Stück nicht, diese persönlichen Schicksale mit geschichtlichen Kämpfen zwischen Königshaus und Hofadel zu verknüpfen, was zugleich erklärt, warum Bessees Abkunft geheim bleiben mußte. An der Situation des zur Hochzeit vorgetragenen Lieds läßt sich am besten zeigen, worin die Vorlage hinter Goethes Dichtung, von dem geistigen Höhenunterschied abgesehen, zurückbleibt. Dies Lied, das aus zwei Abschnitten bestehend die Zweiteilung des Ganzen wiederholt, ist in der englischen Vorlage bloße Einkleidung. Es gibt sich von vornherein als wahren Bericht und wird so verstanden. Goethes Alter trägt den märchenfrohen Kindern eine Mär vor, deren unerwarteter Übergang in die Wahrheit zugleich den Sänger als Helden seines Gesanges offenbart und so einen Teil der Erkennung bildet, ohne den ihr Pathos nicht vollkommen wäre. Dieselbe Steigerung formal: dem fruchtbaren Moment, der nur dem zweiten Teil der englischen Vorlage zugrunde liegt, dort ohne Kraft gestaltet und durch die Momente des ersten Teils in seiner Wirkung geschwächt, vertraut Goethe alles an. Sein Gedicht ist nur dieser eine Moment. Und erst bei ihm kommt es zur echten Erkennung. Denn in der Vorlage begibt sich zwischen Vater und Tochter überhaupt nichts. Nur von der Wirkung des Eröffneten auf die Hochzeitsgesellschaft ist die Rede. Die Tochter weiß und die andern wissen, daß der bettelnde Sänger ihr Vater ist, und wer sich zuerst Bessee im demütigen Bewußtsein ihrer geringen Abkunft vorgestellt hat, den belehrt die letzte Zeile des Bettlergesangs darüber, daß ihr die Wahrheit schon immer bekannt war. Der Wirkung auf den Gatten, die doch wissenswert wäre, wird nicht gedacht. Geht also der Eröffnung das Meiste und Beste verloren, so verstehen wir dafür von dieser Zeile zurückdenkend den Aufbruch und Abschied Bessees von ihrem Vater am Anfang jetzt ganz anders: wollte sie etwa erproben, welcher Freier sie auch als Bettlertochter zu heiraten Lust hat? Gesagt freilich ist dies nirgends. Auch diese verwischte Linie hat Goethe rein ausgezogen: „Erkennst du, erwidert der Alte, den Schatz, Erhebst du zur Fürstin sie gerne." Goethe hat aus dem Stoff ein Seelendrama gemacht, innerhalb dessen der Alte, die Tochter, vor allem der Schwiegersohn und noch die Enkel so stark und so verschieden bewegt sind, und er hat dies mit so wenig Worten vermocht, daß man es kaum begreift. Wenn sich die Vorlage in der Gestaltung jenes vorgetragenen Lieds die Beziehung zwischen Gedicht und Wahrheit nicht zunutze machte, so ist auch der Bettler dort nicht eigentlich eine Maske des Dichters, obwohl er bei der Hochzeit singt. Bessee beschreibt ihn ihrem Werber als den alten blinden Mann mit Hund und Glocke. Goethe hat den Gestalten ihr Tiefenmaß, den Bewegungen ihre Kontrapunktik, der Anlage das Dramatische verliehen; erst bei ihm ist auch die Zeit das eigentliche Element der Dichtung, nicht die leere Zeit, in der sich jeder Vorgang notgedrungen vollziehen muß, sondern die Zeit der menschlichen Seele, die von der Erschütterung gemessen wird und die das Schreiten des Schicksals ist im Fortgang der Enthüllung.

Das plötzliche Wachsen der Bettlergestalt, die sich im Gesang enthüllt – diesen Moment erriet Goethe mehr als er ihn fand, und verwirklichte ihn ganz in der einen Situation seines Gedichtes. Es gibt kein Zurück vom Derivat zur echten Volksdichtung, nur ein Vorwärts zur geistigen Kunst. Hier aber ist ein einziger Fall: die Einfalt der alten Dinge kommt in der Weisheit des neuen Gedichts erst zu sich selber.

Gelungenster Dichtung ist es eigen, daß Kunstgriffe, die dem Künstler vom Gesetz einer Gattung aufgelegt sind, ein notwendiges Zeichen des Inneren werden und dadurch aufhören, technisch zu sein. So in der sorgfältig zubereiteten Hauptsituation der Odyssee (eine Heimkehr) und in der Hauptsituation der Sophokleischen Elektra (ebenfalls eine Heimkehr). Unsere Ballade, die ihrerseits eine Heimkehr erzählt, zeichnet in dem episch gedachten Hergang einen Moment aus, der Vorzeit und Nachzeit in verkürztem Durchblick auf sich selber bezieht und in sich die Umkehr bringt. Umkehr der Zeit, Umkehr des Geltens. Das falsche Scheinen löst sich auf, der wahre Rang erscheint. Dieser Moment erhält eine Erkennung zwischen Vater und Tochter; zugleich eine Erkennung des Hohen durch das Hohe, demzufolge die beiden, vorher Verkannten, wiederhergestellt sind. Von daher hat dieser Moment seine innere Gewalt, der seine großen technischen Eigenschaften dienen. Er ist dramatisch, genauer: opernhaft. Denn wenn der Dramatiker, durch alles Unaussprechliche herausgefordert, es in die Sprache reißen muß, läßt die Oper dem Unaussprechlichen seinen Willen – nicht bloß in der Musik, auch in der spielenden Deutsamkeit des Geschehens. So hat Goethe selbst, mit dem Leichtsinn des Tiefsinns, das Libretto angefaßt. Der Sarg in der Zauberflöte zweiter Teil, der Löwenstuhl in dem Entwurf, der den Stoff unserer Ballade als Oper skizziert, sind solche wortlosen Unaussprechlichkeiten. „Und zwei goldene Löwen waren Zeichen der Gerechtigkeit", heißt es da. In einer reineren Ordnung besteht das Königliche neben einer königlichen Person noch für sich, da in der Person immer ein Versuch zur Anmaßung liegt, und bestätigt sich in der schlechthin königlichen Eigenschaft: der Gerechtigkeit. Es haftet dem Löwenstuhl an als dem Ding, das die Gerechtigkeit vertritt. Hereingeholt verneigt sich der hochwürdige Alte vor ihm. Sollen wir bedauern, daß dies Ballade statt Oper geworden ist? Die Ballade erlaubt die Unterordnung aller Momente unter einen, sie ist eine Art Drama aus nur einem Moment. Dazu drängt aber in ihrem natürlichen Aufbau die geschilderte Begebenheit. Es gibt sehr große Beispiele, daß die poëtische Erzählung beinahe Drama wird und gerade da ihrer epischen Natur am treuesten bleibt. Steht es doch auch bedenklich mit den Versuchen, die Odyssee zu dramatisieren, unter denen eine Skizze Goethes durch das Silberstiftartige, durch eine kaum körperliche Zartheit einzigen Reiz hat. Eine Scheinnähe besteht zwischen dem dramatisierenden Epos und dem Drama, die entschieden Ferne ist. In den mehr dramatischen Lagen des Epos erscheint die epische Distanz in Abstufungen, die nur der höchste Meister wagen darf. Wird sie aber aufgegeben, so sind diese Wirkungen entzaubert, und die zarteste Formung wird Rohstoff. Der technische Gewinn dieses Balladenmoments ist Raffung. Schon wird er Pathos, wenn die erzählte Mär wahr, die fremde Mär das eigene Wahre des Erzählers, die vergangene Mär Gegenwart wird. So daß man diese Ballade, die den Vortrag einer in Wirklichkeit übergehenden Ballade enthält, füglich die Ballade von der Ballade nennen kann. Goethe betitelt sie kurzweg die „Ballade“. Der wichtigste Gewinn des raffenden Moments aber ist, daß der Dichter und der vertriebene Edle durch ihn zu einer Person werden. Hieß es also vordem: der Dichter singt das edle Blut im Exil, so muß es nun heißen: er ist das edle Blut im Exil.

Nicht nur die Hoheit, auch die Kunst kann Knechtsgestalt annehmen. Der Dichter, der immer draußen ist, kann draußen sein in der gelassenen Weise der Sängerballade oder im Nirgendwo des Fluchs und der Verstoßenheit wie der Harfner. „Jener Genien Gesänge", die Goethe zu vernehmen mahnt, singt der Dichter eines leichtfüßigen Geschlechts, das ihn hinausschickt, damit er von Tür zu Tür schleiche. Und doch träumt manch einer von seinem kaum bittenden und immer Abschied nehmenden Blick. Denn er ist die verleugnete Seele der anderen. Ihm allein ist das Zerstörende bekannt und entlädt sich in Klängen, ihm allein die Majestät der Seele, aus der alle irdische Majestät stammt. Das Menschsein wird ohne Geheimnis durchlebt, das Geheimnis aber wird gesungen. Ist da nicht der Dichter, wenn er unter den anderen erscheint, das Hohe in verkannter Gestalt? Ist da nicht der vertriebene Edle die Maske des Dichters? Der vertriebene Edle wird zum bettelnden Sänger, sein Schicksal zum Bänkelgesang, mit dem er die Neugier stillt und die Gabe lockt. Der Dichter also ist gar nicht er selbst, ist ein Nach- und Halbleben der Hoheit, die, aus dem Leben vertrieben, im Geist ein Asyl hat, ist Dürftigkeit des Adels, der, entrechtet von der Zeit, im Herzen unvertrieben herrscht. Da wäre der Dichter Maske des vertriebenen Edlen!

Erkennung ist ein Urthema aller Poesie, auch der Poesie Goethes. Die Ballade „Der Wanderer und die Pächterin" schildert gleichfalls eine solche. Sie könnte eine Novelle der Wanderjahre sein. Gesellschaftlichen Tons, ja frauenhaft ironisch. Balladesk ist nur die Behandlungsart: die beiden Halbwissenden fragen sich in die innere und äußere Wahrheit hinein. Der Leser mit ihnen. Ein neuer Herr hat den früheren aus seinem Besitztum gedrängt, es an dann die Tochter des alten Eigentümers verpachtet. Sie verwaltet es mit ihrem Bruder so einträglich, daß sie den Rückkauf vorbereiten können. Der neue Besitzer oder dessen Sohn, weither gereist, um eine ländliche Erquickung bittend, erkennt die Partnerin einer früheren Neigung wieder und bedingt sich ihre Hand als Kaufpreis des Gutes aus. Das Aufdämmern der Erinnerung, indem er schildert, sie spielend auf seine Schilderung eingeht, das sich belebende Gefühl und die Halbsprache, die das Zarte verleugnet und darum doppelt zart ist, umschreiben leicht und weltlich den unsäglichen Blick der Erkennung. Diese bürgerlich adlige Szene des 18. Jahrhunderts ist dem ähnlich, was die Ballade als Urbegebenheit erzählt, was im Drama Mythos wird und was das Gedicht „Warum gabst du uns die tiefen Blicke" als persönliche Erfahrung beschreibt. Im Elpenor-Drama erkennen sich Mutter und Sohn, in der Iphigenie Bruder und Schwester: hohes Blut erkennt sich in hohem Blut wieder; eine andere, nur geplante Iphigenie gipfelte ebenfalls in einer Erkennung; die Gestalt Nataliens, deren erstes Erscheinen vor Wilhelm vom doppelten Schimmer des Amazonischen und des Heilbringenden umflossen war, wird später von ihm wiedererkannt. Mit einer Erkennung, die sich spiegelbildlich zu der in Iphigenie verhält, schließen die „Geschwister", eine der zartesten, vorwegnehmendsten Taten des Genius: Wilhelm erweckt Marianne aus dem Wahn des geschwistlichen Verhältnisses zur Wahrheit der Liebe. Die Pächterinballade, sonst so wenig Ballade, enthält doch einen Ausdruck, der ganz einer solchen zugehört. Er gibt zugleich aufs genaueste an, was der kostbare Besitz des vertriebenen Grafen ist: „Hohe Tochter des verdrängten Blutes." Verlassen wir Goethe! Wie viele Märchen, wie viele Volkslieder umspielen diesen Moment! Das weggelockte „Südeli", als Magd einer Wirtin gehorchend, dann vom fürstlichen Bruder, der es sich für eine Nacht von der Wirtin ausbittet, als Schwester erkannt und ins Schloß zurückgeführt: auch das ist Erkennung, eine von tausenden. Sie ist beinahe das Thema der Poësie überhaupt, die unter den falschen Trennungen und Vereinigungen des Lebens überall die geheimen Verwandtschaften ausfindig macht; und des Märchens überhaupt, das sich von jeher der unbefriedigten Seelenforderung annahm.

Die Paria-Trilogie

Die symbolische Begebenheit, von der diese Balladentrilogie handelt, gehört so gut der Person Goethes an, wie der indischen Sage. Indem durch den Irrtum eines Sohnes das Haupt der gerichteten Brahmanin auf den Leib einer Pariafrau gesetzt wird, entsteht eine neue Göttin, die das Eigentum der einen wie der andern Stufe zu einem Dritten steigert. Der Bericht Sonnerats, dem Goethe folgt, geht auf eine Verschmelzung von Kulten zurück. Eine brahmanische Mythe wird im Umkreis einer niedrigen südindischen Lokalgottheit angesiedelt. In die Verehrung der Blatterngottheit Mariatale teilen sich die höheren Kasten mit den Parias so, daß jene der Göttin Haupt im Tempel, diese den Rumpf außerhalb anbeten *). Einer Verschmelzung entsprang der alte Bericht, eine Verschmelzung ist Goethes symbolische Legende: Inneres wird auf innere Weise verschmolzen. Schöner konnte sich der Sinn der Ballade kaum erfüllen. Goethe zeigt sich in dieser Begegnung mit dem indischen Mythos ebenso vermögend, dessen Symbol aus seiner Person zu erneuern, wie er sich in früheren Begegnungen mit dem griechischen Mythos erwies.

In beiden indischen Balladen sucht Goethe ein Vermittelndes zwischen äußersten Enden; hier aber muß eine Spannung, die nicht geringer ist als die zwischen Gott und Bajadere, von einer Person in ihrem Lebensgefühl ertragen werden. Sie sei ein furchtbares Drittes, sagt Goethe in dem Aufsatz „Die drei Paria": das Höchste dem Niedrigsten eingeimpft.

Das Altertümliche dieser Ballade liegt darin, daß sie von einer Begehung handelt. Die trilogische Form, die Goethe so liebt, teilt heilige Verrichtungen ab. Die mittlere ist ein geschichtlicher Vortrag: die Entstehung der Göttin

---

*) Vgl. hiezu: Theodor Zachariä, Kleine Schriften 1920. Zu Goethes Paria-Legende. Die Paria-Legende bei Ziegenbalg.

wird als Stiftung des Kultes erzählt. Das war vor langer Zeit; trotzdem ruft das einleitende Gebet so zu Gott hinauf, als ob sein Wunder jetzt erst geschehen solle, auf den Schrei herabgewürdigter Wesen nach einer Vermittlung; und das abschließende Gebet dankt so, als ob diese eben stattgefunden hätte. Das ist eine nachahmende Handlung des Kultes. In Wahrheit ist alles ein Augenblick, sonst müßten ja dämmernde Zeitfernen zwischen dem ersten und andern Gebet sich ausdehnen, und beide könnten nicht aus demselben Pariamund verlauten. Ein Als-ob des zeitlichen Verlaufs, ein Spiel mit der Zeit ist hier das „Mysteriose der Behandlung". Dem Denken Goethes höchst gemäß: die eigentliche Weltbegebenheit verläuft rhythmisch, immer neu in Puls und Gegenpuls; nur dichterisch gibt sie sich als einmal Geschehenes mit Anfang und Ende. Man könnte das die symbolische Zeit nennen.

Religiöse Befehle muten Goethe nur von weitem an; dagegen ist ihm die Sitte eine so zarte wie unzerreißbare Macht und hat im Leben der Menschen so hohe Ehre wie das Naturgesetz im Leben des Alls. Es war seinem Geist möglich, diese Macht der Sitte bis ins Furchtbare der Kastengliederung zu steigern. Das ist das Leben als Form. Die Seele will anderes. Eine Hilfe aus dem Naturleben gegen die Scheidungen des Sittenlebens herbeizurufen, das ist eine zweite, ausgleichende Bestrebung Goethes, ohne die er aufhören würde, Dichter zu sein. Der Begriff der Reinheit, wie die Menschen ihn gefaßt haben, wird in dieser Ballade berichtigt. Ihr, die in Zeichen denkt, ist Zeichen der Reinheit das sich zur Kugel ballende Wasser des heiligen Flusses. In ungezählten Beispielen sagt Goethe Wasser für Seele – nach altem Wissen. Was die Gattin des Brahmanen da in der Hand trägt, ist ihre Seele. Wider ihre beweglich-geschmeidige Art wird sie Kugel; sie begibt sich in die Form untadeligen Wandels. Die Ballade nennt dies eine Ansammlung magischen Könnens. Und als sich die Seele nicht mehr ballt, ballt sich auch das Wasser nicht mehr. Die Seele ist nicht mehr Form, sie ist Element. Der Dichter aber nimmt sich, obschon er ihr Gericht im Geltungsbereich der Sitte erzählt, des Elementes an.

Die Natur kennt nicht rein und unrein. Erst der Mensch sagt: die Kröte ist unrein. Er erst kennt die Tat und die reine Tat. Goethe liebt es nicht, das Unreine als Tat darzustellen. Für ihn liegt es im Denken. Gatte und Gattin der Wahlverwandtschaften werden unrein, als sie sich im Arme haltend an andere denken. Auch hier im Paria ist, so goethisch als indisch, das Unreine Gedanke – es wird sichtbar in dem sich weigernden Wasser.

Wenn die Reinheit der Brahmanin samt der ihres Mannes mit so gehäuftem Wort beschrieben wird: rein, hoh, schön, verehrt, fehlerlos, ernst, gerecht, selig, fromm, froh, rein, hold – ist sie etwa zu rein? Goethe hat einiges Christliche, doch mehr Christusartiges. Dieser saß bei Zöllnern und Sündern, segnete eine Unreine um ihres vielen Liebens willen, nahm die Ehebrecherin in Schutz. Obwohl er nicht auflöst, sondern erfüllt, sind seine Feinde die Pharisäer, die nur Gesetzlichen. Er nennt sie Heuchler – es ist schwer auszudrücken, wie hintergründig dieses vereinfachende Wort ist. Es scheint, daß sich das Sittliche nicht aus sich selber begründen kann, ohne unwahr zu werden. Es ist Grenze gegen die Natur, deren Außersittliches es meidend ehren muß. Der Selbstgerechtigkeit des Gesetzerfüllers setzt Christus die Wiedergeburt aus Wasser und Geist entgegen. Was ist die Reinheit der Brahmanin, was ist ihr Gegensatz?

Ihre Reinheit ist Gesetz, aber zugleich ein Nichtwissen und Nichthaben. Ja, sie ist zu rein; denn im Weltall ist auch das Nichtreine, und auch die Menschenfrau ist ein kleines Weltall. Ihre Reinheit ist ausschließend; vor dem Weltall verriegelt, unfruchtbar. Licht und Finsternis in ihrer strengen Geschiedenheit sind das Unleben. Leben ist im optischen Reich die Farbe, die nie entsteht ohne ein Trübes, das genau der vermittelnden Macht dieser Legende entspricht. Vom Unleben bedroht ist der reine Mensch, ist der reine Stand. Die „Natürliche Tochter" drückt dies in einer nicht balladesken, sondern politischen Sphäre so aus: die abgeschlossene Oberschicht muß sich mischen, muß unrein werden. Immer oben sein, gesellig oder sittlich, ist vermessen vor der Natur, die solche Maße nicht anwendet; ist unwissend vor der Seelenlehre, die im Oberen das Untere kennt. Etwas am Reinen lügt.

Daher ist Verführung ein doppelsinniges Wort. Innerhalb der Satzungen wird sie geahndet – in furchtbarster Form, vom Gatten, der zugleich Scharfrichter ist. Doch dem

Frieden des Weltalls mit sich selber gilt Verführung für gut; sie bringt Demut nach Hochmut, Teilhabe am Ganzen nach unfruchtbarer Abschließung. „Denn von oben kommt Verführung, Wenn's den Göttern so beliebt."

Das Verführende selbst ist in diesem Fall von hoher, ja göttlicher Art. Ein Jüngling, gottgeschaffenes Urbild der Schöne. Die Reine könnte auch im Übertreiben ihrer Reinheit einem roheren Wesen erliegen, als sie selbst ist. Dann wäre die menschliche Regung, die sich diesem Gegenstand gefangen gibt, weniger zur Veredelung geschickt und könnte sich nicht freisprechen, indem sie sich verdeutlicht. Was zwar ein Dunkles aus der Seele aufsteigen läßt, es aber alsbald mit scharfer Strahlung durchsichtig macht, muß selbst in der Höhe wohnen. Anders als Goethe es sonst beschreibt, ergreift der Eros, im Abgrund der Frauenseele wohnend, diesmal ein geistigmännliches Urbild. Das Verwirrende eignet nicht dem Gegenstand der Neigung, dieser ist göttlich; es liegt im Menschengefühl, das geteilt ist zwischen Schau und Gier.

Daß sich in die Geschlechtsliebe als eine zweite Macht die Anziehung der Schönheit mischt, ist allen Menschen gewöhnlich. Und doch wird dies Goethe in einer Weise Gefahr, die unvergleichbar ist und auf die Besonderheit eines hochverletzlichen Daseins deutet. Andere kennen die Bezauberung durch Schönheit mehr als etwas der Liebe Beigemengtes; für Goethe wird diese Bezauberung gebietend in eigener Sphäre. Nimmt die Schönheit Gestalt an in einem Menschen des andern Geschlechts, so verwirrt sich die Liebe, die besitzen will, mit dem Gefühl des Schönen, das Distanz schafft. Geistiges wird ergriffen, als ob es ein Leib wäre, Leibliches wird als geisterhaft behandelt. Daher die Beispiele furchtbar vergeblicher Umarmungen: Tasso büßt sie mit dem Tod seiner Seele, der Jüngling des Märchens erstarrt an der schönen Lilie, Faust wird bei der Berührung des Schemens von einem lähmenden Schlag getroffen.

Die Frauen der Dichtung sind für Goethe nach seinem eigenen Ausdruck Ideen; Ebenbilder dessen, was ein genialer Mann schafft und begreift. Die Frau dieser Legende aber ist aus ihrem eigenen Zentrum begriffen. Sie ist in ihrer Vollständigkeit Abgrund und Gipfel der Natur, und ehe sie gerichtet wird, erleidet sie diese Vollständigkeit als Verwirrung. Wasser ist jetzt Wasser, nicht mehr gehorsam, sich zu ballen; in sich blickt sie hinab, wenn sie „hohler Wirbel grause Tiefe“ unter sich erblickt. Obwohl sie den Sinn davon nicht begreift, nur das Verlorne empfindet, lebt sie jetzt in der Wahrheit ihrer selbst. Eros hat, von oben hereinglänzend, das Unterste hell gemacht. Sie sieht daran, wie tief sie ist. Ihr voriges Leben ist nicht mehr wiederholbar. Was gibt es anderes als den Tod dieses Lebens?

Reinsein ist die Gerechtigkeit der Frau. Die des Mannes ist Richten. Von der Weisheit, daß sich alles ergänzt, wird die Enge seiner Gesetzerfüllung nie versucht. Er ist Gatte und Scharfrichter zugleich. Aber sein Sohn kann die Mutter nicht verwerfen – so gerecht er sein mag, er kommt aus ihr, der Gemischten, und verwürfe sich selber mit. Er droht, sich zu töten. (In der indischen Quelle tötet er auf Befehl des Vaters die Mutter.) Da teilt ihm der Vater das Geheimnis mit, wie die Enthauptete wieder herzustellen sei. Der Sohn setzt das Haupt auf den falschen Leib: der Rumpf einer Verbrecherin lag offenbar daneben. Es ist vielleicht Absicht, daß Goethe uns nicht genau sagt, warum zwei Leiber daliegen. In den indischen Beispielen ist die Verwechslung immer sorgfältig begründet. Goethe gibt zu verstehen: es sind die Hälften, aus denen die Wiederbelebte bestehen wird! Aus denen sie eigentlich schon bestand, als sie sich im Augenblick der Verführung in sich selbst entzweite. Denn, das Seelische für sich erwogen: zwieschlächtig ist dieses Wesen nicht erst nach seiner Umgeburt, zwieschlächtig wurde es schon durch den Anblick des Göttersohnes. Im Verlauf des Gedichts steigert sich die Symbolik. Vorgänge, die innerlich begannen, werden eine körperliche Zauberei. Die Selbstentzweiung der Brahmanin, die Zwiegestalt der neuen Gottheit ist im Leben der Seele dasselbe, was in der Naturlehre Goethes die Selbstentzweiung der lebendigen Einheit ist. Sie geht der Steigerung voraus. „Aufersteht ein Riesenbildnis." Das gehört keiner Quelle, nur Goethe an. So erklärt er vor sich selbst, daß nach der alten Fabel nicht ein Mensch, sondern ein übermenschliches Wesen ersteht. Dort war der gehorsame Sohn eine Maske Wischnus: es ist natürlich, daß dessen Mutter zur Schutzgöttin erhoben wird. Goethe denkt den Vorgang in seiner Weise als Steigerung. Das Zeichen heißt „Riesenbildnis", der Sinn: „die der Schmerz zur Göttin wandelt." Sie ist nicht bloß ein Neues aus dem Haupt, das sie früher trug, und aus dem Leib, den früher auch nur zu berühren ihr verderblich geworden wäre. Sie hat ein andres, nicht mehr menschliches Ausmaß. Mit der unversuchten Brahmanin hat sie nichts mehr gemein. In der versuchten aber hob verworren an, was jetzt furchtbare Deutlichkeit des neuen Lebens ist: sie begreift sich, weiß ihr Recht und spricht ungelernt eine Sprache, von der sie vorher keine Silbe gewußt hat: Sprache eines Wissens, das aus rein und unrein, das aus Doppeltem kommt. Ihre Worte sind drohend und unbedingt. Sie kann nicht mehr zurück. Sie rastet nirgends. Aber ihre Unrast treibt sie unter Götter und Dämonen, als einen ebenbürtigen Klagegeist. Es gibt keine Frage nach dem Grund ihrer Qual. Das wäre die Frage, warum die Welt Welt ist, warum sie nicht in Gott blieb. „So hat Brahma dies gewollt."

Sie weiß alles, denn sie ist alles. Sie ist alles, weil sich, wenn sie „ich" sagt, das Dunkelste im Sein der Pariafrau mit dem Lichtesten im Sein der Brahmanenfrau beisammenfühlt. Gott hat nichts vor ihr voraus als das Schaffen. Sie weiß über Gott hinaus, weil sie, alles seiend, noch Kreatur bleibt und das Daseinsgefühl der Kreatur kennt. So wird sie Anwalt. Gott muß sie hören. Sie vertritt das Reine im Unreinen oder des Unreinen Möglichkeit, in Reines überzugehen, weil sie selber dieser Übergang ist. Sie vertritt die Unentbehrlichkeit des Unreinen für das Reine, das nicht rein wäre ohne jenes. Ja: dessen Reinheit ohne das Element des Unreinen, aus dem sie sich erhebt, falsch wird, weil sie die Ganzheit der Natur und die (freilich kaum zu tragende) Wahrheit der Seele verleugnet. Denn diese Frau ist, so wie sich die Liebeskraft in ihr als Klammer um die Enden der Natur legt, die ganze Natur und die ganze Seele. Auch der Stein, auch der Kot, auch die Kröte, ja der Schleim der Kröte ist in ihr und schreit aus ihr, die sie zugleich Brahmas höchsten Gedanken an ihr menschliches Herz nimmt. Und sie klagt an! Die Zweiheit der Liebe klagt aus ihr. Diese tut in den Metallen, in Pollen und Narbe, in Tiermännchen und Tierweibchen den Auftrag der Natur, daß das Gegensätzliche vereinigt werde; den Menschen aber zerreißt sie in den Willen nach Vereinigung und in das Vergöttlichen der Gestalt, von der die Seele ein gesteigertes Nachbild in sich erzeugt. Goethe nennt dies am liebsten Spiegelung. Die Brahmanin sieht das gespiegelte Bild des Jünglings, als sie sich auf die klare Fläche des Ganges beugt. Nicht weil sie am Tierischen Anteil hat, sondern weil sie ihre höchste Wirkung am Menschen entfaltet, wird die Liebe zerreißender Dämon. So klagt die Göttin an. Gott hat schuld. Er hat den Menschen in die Zweiheit des Eros gesetzt. Wie dürfte er den einen Pol dieser Zweiheit strafen oder vernichten? Sie wird Anwalt der unteren Kaste, zugleich des im Menschen lauernden Chaos.

Anders klingt ihre Botschaft an die Menschen. Die in sich und mit der Gottheit Unversöhnliche wird den Menschen Versöhnerin. Hier lernt die indische Sage die Sprache der Humanität, und Goethe übt seine Schlichtegewalt am geselligen Menschen, zwischen Nieder und Hoch, zwischen Bös und Gut. Humanitas als tätige Regung ähnelt der Arbeit der Pflanze: organisierend, filtrierend, sublimierend verwandelt sie das Rohe in Geist und Gebilde. Nur Stufen gibt es zwischen Unverarbeitetem und Verarbeitetem – nichts ist verwerfbar. Gäbe es nur noch Verarbeitetes, so stünde der Vorgang des Lebens still.

Die umrahmenden Gebete bedingen die richtende Gerechtigkeit der Menschen durch die schaffende Gerechtigkeit Gottes. „Ihm ist keiner der Geringste." Während Sitte und Meinung das halbe Seiende verneint, ist das Gottleben in allem – freilich auch über allem, da auch das höchste und weiseste Einzeldasein nicht das Ganze ist. Wo nach der einverleibten Möglichkeit der Entfaltung der Abstand des geringsten zum allumfassenden Leben zu weit ist, als daß der Mensch die Einheit von beidem noch spüren könnte, wirken Geister der Vermittlung. Erlöst ist alles Leben, das sich ausdehnt bis zur Teilhabe am absoluten Tun. Die Gerechtigkeit des Menschen ergreift den Teil: den in einer Lebenssphäre ordnenden Begriff, und richtet und straft von diesem aus. Um nicht zu fehlen, um in dem belebenden Ausgleich, der die Bezirke einander nähert, atmen zu dürfen, bedarf sie ein

Milderndes: es heißt Duldung. Aber wenn menschliche Geduld sich bescheidet, ist göttliche Geduld ein Tun: auseilend von sich, zurückkehrend in sich wird es seiner Gleichheit im Getrennten gewahr.
Mit Gott redet die Fürsprecherin nicht ad usum Delphini. Er, nicht das Versehen des Sohnes, hat sie „gräßlich umgeschaffen". Natura naturans muß sich der natura naturata stellen. Schaffend verhängte sie über alle Wesen das sich selbst widersprechende Sein, dessen Qual die Göttin in Gottes Ohr schreit. Die Schöpfung ist ein Schmerz. „Da erklang ein schmerzlich Ach, Als das All mit Machtgebärde In die Wirklichkeiten brach", heißt es in dem Gedicht „Wiederfinden". Die ungeheure Frau aber läßt die Schuld Gottes an sie, die er umgeschaffen hat, den Menschen gutschreiben: dem Gatten und dem Sohn, der Pariakaste; allen, deren Leben ein Teil ihres Lebens ist. Sie schilt Gott – wie sie ihn vorher der Welt sagte, sagt sie ihm die Welt. Ist die Welt nicht vollkommen? Wohl, aber in furchtbarer Weise: sie erneuert sich am Zwiespalt. Der Vorgang des sich selbst erschaffenden Lebens ist im Leben der Seele Qual.
„Was ich denke, was ich fühle, Ein Geheimnis bleibe das." Das ist ein großes Frauenwort. Helena sagt: „Was die Königin dabei Im tiefen Busen geheimnisvoll verbergen mag, Sei jedem unzugänglich." Das Gefühl und der Gedanke dieser Fürbitterin bleibt geheim, weil der Mensch die enthüllte Zweiheit der Welt, die der Zwiespalt seiner Seele ist, nicht faßte und nicht ertrüge, weil

ferner jede Sittlichkeit daran zerbräche. Es bleibt geheim, weil die Menschen, was ihren Begriff überschritte, richten würden – über dieser Frau aber ist kein Gericht mehr. Es bleibt geheim, wie allen Gefühles Gefühltestes: der Mann kann es sagen, die Frau nicht. Sie weiß zu viel. Sie weiß die furchtbare Einheit des ängstlich Geschiedenen, sie weiß die Zwieheit des qualvoll Geeinten; und ihr Wissen, das den andern Versöhnung wird, ist in ihr ein ewiger Streit. Indem sie in umspannendem Gefühl den andern die Welt ganz macht, leidet sie das Übermenschliche dieser Spannung im Herzen der Kreatur. Ihre Scham ist mehr als Scham des Menschen und Scham der Frau: ist die Scham der Natur, die das Gesetz, wonach sie sich von Augenblick zu Augenblick neu erschafft, niemals dem Bewußtsein aufdeckt.

DIE DICHTUNG IN FREIEN RHYTHMEN UND DER GOTT DER DICHTER

Was wir Deutschen an Lyrik in freien Rhythmen besitzen, ist als Form und als Bestand gleich merkwürdig. Worauf beruht diese Form? Unsere Sprache konnte gerade durch das, wodurch sie von den alten Sprachen verschieden ist, durch ihre Abstufung der Tonstärken und den Ton auf der Stammsilbe, ein Analogon der antiken Versmaße erreichen, welches nur der Rhythmus, nämlich eine regelmäßige Anordnung der natürlichen Akzente schafft. Wenn nun die einzelne Zeile, ohne an wiederkehrender Stelle einer andern zu gleichen, dennoch sich selbst als rhythmisches Gepräge behaupten kann, wenn sich also aus der Nachbildung antiker Versarten als eine eigene, nicht mehr angelehnte Art die Dichtung in freien Rhythmen entwickelt, so arbeitet sich darin ein altes Vermögen der germanischen Sprache zu sich selber durch. Man kann in dieser Form die Aneignung des Fremden soweit, daß das Fremde ganz eigen wird, vollendet sehen, man kann sie aber auch mit Vorsicht an den ursprünglichen germanischen Versbau, der uns durch die geschichtliche Entwicklung von Otfried bis Opitz entfremdet und verlegt worden ist, anknüpfen. Und man kann demgemäß eine Art der freien Rhythmen, die sich vorwiegend aus den bei uns eingebürgerten Elementen antiker Versmaße zusammensetzt, und eine andere unterscheiden, die das Belieben unserer Sprache selbsttätig zusammenfügt. So fraglich und befragenswert dies alles ist, so fraglos ist die Anziehungskraft der so beschaffenen Gebilde, die nicht nur Gipfel unserer Dichtung, sondern auch weiteste Möglichkeiten unserer Sprache bezeichnen, und in dieser natürlichen Großheit der Lyrik anderer Länder fehlen.

Diese Anziehungskraft wird allerdings noch gesteigert durch Themen und die Spannweite eigenwilliger Geister, die sich darin genugtun. Wenn ich hier die merkwürdigsten Beispiele zusammenstelle, so fällt die Einheit auf, die sie unter sich bilden. In allen eröffnet uns der Dichter ein eigenes Verhältnis zum Göttlichen. Wenn vorher diese Form als eine Art Vorrecht unserer Lyrik beansprucht wurde, so erinnert jetzt das Thema selbst an ein Phänomen, das in unsäglicher Weise Freiheit und Not unserer Überlieferung ist. Diese Überlieferung hat manchmal kühnere Gipfel, aber kaum je das Gesicherte, das die dichterischen Traditionen anderer Länder auszeichnet. Sie geht von Krise zu Krise, oft in Sprüngen, sich umkehrend, das Errungene verleugnend, neuer Anfänge froh. Keinem unserer großen Dichter genügte das Schaffen allein; jeder hat lieber sein Weltverhältnis, sein Stehen zu den letzten Fragen von Grund auf selbst bestimmt, als sich daran gehalten, wie es durch ein Erbe der Sitte, Gesinnung und religiösen Denkart im voraus bestimmt gewesen wäre. Gewiß gibt es bei anderen Nationen Vergleichbares, aber so

sehr durchgehender Brauch ist dies nur bei uns geworden, nur bei uns hat es zu einem solchen Umfang dichterischer Befugnis und zu so viel Freiheit und Gefahr geführt.
Es soll nun nicht behauptet werden, daß der eigene Gott der Dichter sich nur in freirhythmischer Lyrik darstellt, noch auch, daß diese nie ein anderes Thema gehabt hätte. Nur die Frage sei angeregt, ob nicht eine Neigung dieser Form zu diesem Thema bestehe und wie diese Neigung zu erklären sei.
Von Anfang an wurde diese Form als gelöst, als dithyrambisch empfunden, als die Form der Begeisterung. Klopstock hat nicht den größten, aber den ersten Gebrauch von ihr gemacht; bei ihm geht sie hervor aus der Bemühung um die eigensten Möglichkeiten unserer dichterischen Sprache im Wetteifer mit den antiken Sprachen, zugleich aber auch aus der hymnischen Prosa der Bibel, der ihm vertrauten Form der religiösen Hingerissenheit. Überhaupt liegt der Begriff „frei“ als Gegensatz eines festen Maßes zugrunde und wird, historisch falsch, aber um so fruchtbarer, mit Pindar in Zusammenhang gebracht: „ununterwürfig Pindars Gesängen gleich.“ Der geistige Anlaß dieser Form ist bei Klopstock die aus dem Pietismus und anderen Bewegungen hervorgehende persönlich geniale Annäherung an den Erlöser, die er dichterisch ins Werk setzt, und die Weihe des dichterischen Berufs sowie der eigenen Person durch diesen oder andere heilige Gegenstände. Halb besingt er den Erlöser der protestantischen Gemeinde, halb einen eigenen, und die

weltlichen oder geistlichen Gesänge, die er in die selbstgefundene Form bringt, bleiben zwar ihrem Tone nach Postulat, sind aber von einer geradezu ansteckenden Wirkung auf andere. Sie haben weniger eine entschiedene Fügung als einen Flatus, der sie trägt und schwellt: Inbrunst des Sagens, mit gehäuften Ausrufen, mit allen Satzbildungen und Stilformen der Ekstase. Ihre Musikalität ist gesteigerte Prosa.

Immerhin, die Form ist kreiert und fortan möglich. Zwischen Klopstocks und Goethes freien Rhythmen liegen die Anregungen Herders, der in einer selbst dithyrambischen Prosa den jungen Dichtern das Wunschbild der echten dithyrambischen Dichtung neben dem andern Wunschbild des echten volkstümlichen Liedes einflößt und so auf die beiden Pole der neubeginnenden deutschen Lyrik deutet. Er lehrt Pindar hören und verdeutschen; seine eigenen jugendlichen Dichtversuche, die in freien Rhythmen pindarisierend, eine Gärung ohne Beispiel entladen, haben wohl den jungen Goethe, der selbst Pindar übersetzte, in dieser und jener Probe erreicht.

Von jeher also ermächtigt diese Form unter dem Vorwand der Gottbesessenheit und der Begeisterung durch göttliche Dinge zu einem fessellosen Sprechen, und hat die Gebärde geheimnisvoller Eröffnung. Zugleich steigert sie den Beruf des Dichters in die Nähe des Priesters, des Propheten, des Gottkündigers, und verführt zu jenem Transzendieren der Poesie und zu jener Erweiterung der dichterischen Befugnis, die während der mehr und mehr versagenden Bindekraft der überlieferten Ordnungen dem Dichter in steigendem Maße die Schlichtung des verworrenen Menschenrätsels aufgegeben hat.

Goethes freie Rhythmen

Nie vergißt, wer je die freien Rhythmen der Goetheschen Lyrik einmal ins Ohr bekam, dies beschwingte Schreiten und Atmen voll Hochebenengefühl, das sowohl Form als Gedanken durchwaltet und uns Anteil gibt an einem Dasein voll Ursprung und Machtfülle, an einem freien, unvermittelten Verkehr mit Erde, Wasser und Himmel. Die Strophen, deren rhythmischer Bau den Satzbau hervorhebt, sind in An- und Abschwellen das Atemholen selbst mit seinem natürlichen Einhalt; die Zeilen bestehen aus rhythmisch gleichartigen Elementen, so daß die Kurve des Ganzen mehr durch die kürzeren und längeren Gefüge, als, wie bei Hölderlin, durch in sich stark differenzierte Bauglieder erzielt wird. Dieses mächtige Ein- und Ausströmen des Atems in der Sprache, das die Geräumigkeit einer mehr als Menschliches fassenden Brust anzeigt, ist von innen gesehen: Hochgefühl. Nichts, was in sich selbst kämpft oder kämpfen muß, damit es bestehe und gelte; sondern Einheit, die sich genügt, im Besitz ihrer selbst die Welt aufwiegt. Auf Hochgefühl sind diese Hymnen gestimmt, und Hochgefühl ist die Mitte, um die sie ihren mythischen Horizont beschreiben – einen im übrigen menschenlosen Horizont, denn die Namen, auf die dieses

Hochgefühl getauft wird: Prometheus, Ganymed, Mahomet und unter ihnen das Ich-Symbol des Wanderers, scheiden sich vom Menschen, brauchen ihn nicht, sind geschichtlos, beheimatet in uranfänglichen Zuständen; Schöpfer, nicht Geschöpf.

Viele Dichter vor und nach Goethe haben sich um Familiarität mit den alten Mythen bemüht, aber dies ist einmalig – der Mythos als persönliches Symbol! Der Dichter fragt nicht nach seinem Recht. Genug, wenn er diese Mythen zum Reden bringt. Wodurch hat sie Goethe zum Reden gebracht, was ist sein Schlüssel, der sie ihm entzifferte? Das Gefühl seiner selbst – jenes Hochgefühl, das sich ihm über die Stimmungen des Augenblicks hinaus in einer jugendlichen Epoche zum Selbstbesitz befestigt hat, und das, obwohl nichts als menschliche Erfahrung, sein genaues Gleichnis in der übermenschlichen Stufe der Titanen und Götterlieblinge findet.

Wie auffallend diese Hymnen außerhalb der sonstigen Lyrik Goethes stehen, bestätigt sich darin, daß am Ende der hymnischen Grundstimmung in der frühen Weimarer Zeit der Hymnus sich dem autobiographischen Grundzug der übrigen Lyrik anpaßt, in der „Harzreise im Winter" die mythische Landschaft mehr und mehr sächsisch-thüringisch, das mythische Ich mehr und mehr zum persönlichen Ich wird. Sonst ist jedes Goethesche Gedicht ein Augenblick – diese Hymnen enthalten Ort, Stunde und Bedingung ihres Geschehens nicht mit; doch hat sie Goethe in seinen Gedichtausgaben so gestellt, daß sie als

Zyklus gelten können. In der Tat haben sie eine Art Gesamtaugenblick, der sich von innen bestimmen läßt als die Dauer jenes Hochgefühls, das sich Welt ist und in dem eine Welt anfängt.

Das Schaffen als Kern dieses Hochgefühls im Prometheus ist immer erkannt worden; weniger, daß gerade dadurch die Distanz zum alten Titanenmythos ausgesprochen ist. Der alte Prometheus ist nicht zunächst der Schöpfer der menschlichen Geschöpfe, er ist Gegenspieler des Zeus als Angehöriger einer älteren Götterdynastie. Schaffen ist überhaupt ein ungriechischer Begriff, da weder bei der Annahme eines Seins noch eines Werdens der Welt aus sich ein Schöpfungsakt am Anfang stehen kann. Dieser tritt erst ein, wenn das Sein nicht mehr sein eigener Grund ist, sondern als ein Mittleres zwischen Idee und Materie aufgefaßt, einen Vermittler fordert. Mögen Plato und Plotin Goethe auf dem Wege über Shaftesbury erreicht haben: der Schaffende, der durch sich selbst ist, sein Begriff als Gegenbegriff der schaffenden Natur, und sein Selbstgefühl - das ist Goethe und gehört ihm! Diese Autochthonen der Seele sind unter sich eine Republik und kennen kein Regiment, da jeder sich selbst genügt; wer schafft ist Gott – es gibt nichts darüber. Daß das Schaffen des Prometheus aber ein Erschaffen von Menschen ist, die leben und lebend ihm gleichen, führt, im Dramenfragment „Prometheus“ zu Ende gestaltet, den Mythos als Metapher des Kunstschaffens durch, das dann echt ist, wenn das Geschaffene lebt.

Schon hier ist also der Künstler als der eigentliche Übermensch und Gegengott der neueren Welt aufgestellt; sein Recht ist ein Recht des Glühenden; er schafft, weil er glüht, der Glühendste ist am meisten Schöpfer. Zum Schaffen tritt noch der Begriff der Anfänge menschlicher Kultur, wie sie im Thema der ersten Menschen, der Geschöpfe des Prometheus, die den ursprungfreudigen Beethoven fesselten, enthalten sind. Aber wenn auch Prometheus diese Anfänge stiftet, indem er seinen Menschen aus den ersten Nöten hilft: er lebt nicht unter ihnen als Seinesgleichen. Einsam schleudert er seine Sprüche nach den Göttern, die einen seltsamen Mittelzustand einnehmen zwischen homerischer Herrschergewalt und einer recht modernen Abhängigkeit vom menschlichen Denken. Frieren sie etwa, da sie Prometheus um die Glut seines Herdes beneiden? Seltsam, was ihnen nachgesagt wird: es sind etwas kindische Machthaber, die ihren Mut an Schwächeren kühlen, knirschend stehen lassen, was sie nicht machen können, von Neid gequält. Und sind sie überhaupt? Stark sind sie nicht, sie gehorchen der Zeit und dem Schicksal, auch sind sie nicht gut; sie helfen nicht; sie schlafen vielleicht. Sie sind nur in gewisser Weise: sie sind, soweit der Mensch sich täuscht und sich täuschen will. Es bedarf keines Priesterbetrugs zu ihrer Erklärung; sie gehen aus der Dürftigkeit des Menschen hervor und ein großes Herz übergeht sie.

Mit keinem Wort lehnt sich dieses Gedicht, wie die Zeitgenossen meinten, gegen den Christengott auf, dem die

so geschilderten Götter kaum ähnlich sehen. Sind sie hingegen als antik vorgestellt, so ist dieser sich aufwerfende Prometheus zwar eine Situation des griechischen Mythos, aber kaum eine Situation des jungen Goethe. Warum also diese Aufkündigung und gegen wen? Offenbar gegen die Göttlichkeit überhaupt – oder genauer, auch aus dem dramatischen Fragment heraus: gegen den Anspruch der Gottheit auf ihre Kulte, gegen den Anspruch dieser Kulte an die Menschen! Einen solchen Anspruch weist Prometheus zurück – aber etwa im Namen von jedermann? Nicht doch, es geht um den Rang! Das sich selbst begnadende Herz weist diesen Anspruch zurück, das ist das Pathos des Gedichts, das großartiger ist, wenn den Göttern eine Art von Bestand eingeräumt wird – diesen Göttern, die von Lebensneid erfüllt sind, weil sie ihr Dasein in der Täuschbarkeit der Menschen haben. Erstaunlich, wie der altertümliche Monolog eines Titanen mit der bezeichnenden Form goethischer Selbsterfassung verbunden wird: das Verhältnis zu den Göttern wird aus einer Erfahrung hergeleitet, und diese Erfahrung verbreitert sich zur Andeutung eines Lebenslaufs. Das Klar-Sehen über die Götter, die die Gebete des gärenden Jünglings verschlafen und denen der allzu Gute noch danken zu müssen glaubte, bezeichnet die vollzogene Mannwerdung.
Goethe überläßt es einem anderen Gedicht, zu gestehen, daß der Göttlichkeit des eigenen, des glühenden Herzens etwas aus den Tiefen der Welt antwortet, so innig, daß man nicht weiß, was Stimme, was Echo ist. Der Gott

des Herzens ist auch außer dem Herzen da; das Herz ist schön und das All ist schön, das glühende Herz weiß, daß das All glüht. Zieht dies Gleiche, das im Herzen und im All gefühlt wird, sich an, so steigert ein Trennendes die Anziehung: der Jüngling ist Person, das All keine. Er muß, soweit er kann, die Person abstreifen – das All, von seiner Liebe beschworen, muß ihm persönlich mit einem Zeichen erwidern, es muß zum Busen werden: Blume und Gras umarmt, die Nachtigall ruft. Auch hier fehlt die Beziehung zum Menschen. Ganymed, ein Jüngling, der an Schönheit dem Weltgeist ebenbürtig ist und sich ihm darbringen darf, Ganymed bezeichnet in der Selbstverschwendung denselben Rang, den der Prometheus in der Selbstbehauptung bezeichnet.

Wenn wir „Mahomet" zu den beiden andern Hymnen hinzunehmen, so steht als drittes Grundverhalten neben dem Schöpfer und dem Götterliebling der religiöse Führer. Auch er ist ohnegleichen: sind die Menschen dem Prometheus nur Geschöpfe, so sind sie ihm nur Gläubige. Nicht nur durch den Gott, den er im Sinn hat – auch durch seinen Beruf als Ausbreiter des Gottes, ist Mahomet Goethe ferner als Prometheus oder Ganymed; um so bemerkenswerter, welche Züge Goethe hervorhebt! Von der Lehre ist nicht die Rede, nur von der Laufbahn, und diese ist so goethisch gesehen, daß das zugrunde liegende Schema des Lebenslaufs ganz unverkennbar wird. Geborenwerden heißt: rein aus der Natur hervorgehen; Kindsein heißt: im Spiel den Rang kundtun, im Spiel

Führer sein. Jüngling sein heißt: keine Bergung zu suchen noch zu leiden. Auch die Erlösung der anderen ist ganz im Natursinn aufgefaßt. Alle Menschen entspringen in Gott und haben den Hang, in ihn zurückzukehren. Aber sie sind nicht ursprünglich, d. h. sie haben nicht die Lebensstärke, diesen Hang zu verwirklichen. Der Schöpfer hat ihn für sich selbst. Der religiöse Führer hat ihn überschwänglich für sich und alle, wie der auferstehende Christus auch die Erzväter in seine Bewegung mitreißt. Die Erlösung ist säkularisiert: die Gläubigen werden durch den Ursprünglichen ursprünglich.

Dreimal begegnet Goethe im Symbol des Wanderers sich selbst: in dem gleichnamigen Dialog, in „Wanderers Sturmlied" und im „Schwager Kronos". Denn wer in einer Kutsche fährt, wandert auch. – Der Wanderer geht nicht gelegentlich spazieren: das Wandern wird aus einer Gewohnheit zum Charakter. Wandern heißt: nirgends haften, sich selbst aus dem menschlichen Verein herausnehmen, dafür in einem Geleit stehen: mit dem Wanderer wandert der Genius. Wandernd redet er mit Göttern und Elementen, befindet er sich unter Ursprünglichem, wovon ihn die selbst gesonderten Menschen sondern würden. So geben die Wanderergedichte dem mythischen Prospekt des Zyklus eine moderne Staffage. Das Gedicht „Wanderers Sturmlied" hat eine doppelte Wirklichkeit. Der Wanderer ist glühend und mit dem Vorrecht des Glühenden Weltmittelpunkt, zugleich ist er in der Peinlichkeit einer höchst bedingten Lage begriffen, friert, ist durchnäßt – ist der wirkliche junge Wolfgang Goethe, zwischen Darmstadt und Frankfurt ins Regenwetter gekommen. Das Feuer fehlt leider unter den ihn umgebenden Elementen – aber der Genius hat Feuerflügel, die Musen zieht es nach dem Warmen, und er selbst, wie gesagt, glüht. Ihn friert nicht, ihn darf nicht frieren. Die Elemente, die ihm zusetzen: Wasser, Erde und den Sohn beider, den Schlamm, spricht er göttlich und verehrt Jupiter Pluvius im Regen, der ihm die Haut näßt. So hält er sich auf der Höhe seines mythischen Bewußtseins. Der Bauer läßt sich nicht entmutigen, der seinen Weg kreuzt, obwohl ihn nur der Ofen und seinWein erwartet, und er, der von den Musen Durchwärmte, er sollte entmutigt sein? Es ist der Reiz dieses Gedichtes, daß die Zweideutigkeit der dichterischen Existenz eingestanden und ihr Hochgefühl nicht gesichert scheint, sondern zum Problem wird. Dem glühenden Gott, der die Dithyramben eingibt, und den er so nötig hat, vindiziert er die Herrschaft über das Jahrhundert, das den Dichter darauf anweist, sich an eigener Glut die Hände zu wärmen. Wer nicht glüht, ist verloren. Auf dem Recht des Glühenden beruht der Herrschaftsanspruch des Dichters. Aber indem er sich, die Modedichtung verwerfend, zur Entfesselung des Dithyrambenschwungs bekennt, ereilt ihn in zerhackten und stockenden Rhythmen, denen ordentlich der Atem ausgeht, die unmythische, undichterische Not, und er höhnt sich selbst, daß er nicht genug Glut habe, um bis zu seiner Hütte zu waten.

Die gleiche Spaltung des Bewußtseins zeigt „Schwager Kronos"; der mythische Horizont wird herbeibefohlen, indem man den Kutscher des holpernden Postwagens zum Göttervater und Zeitgott allegorisiert. Der Dichter muß beides: seinem Glauben und Unglauben leben. Die Mythen sind das Herz, aber das Herz ist nicht das Jahrhundert. Der Augenblick dieser ganzen Hymnen schlechthin, der groß gestimmte Eintritt ins Leben, ist der Moment dieser Fahrt. Tempo ungestüm, Erlebnisfähigkeit unendlich, Stimmung anfänglich, Geist souverän – ein Leben von Moment zu Moment, das Dazwischen ist unerträglich, die Zeit langweilt; spute dich, Kronos! Die Rasten des Glücks, der Liebe, sind gleichfalls überschwänglich und müssen Moment bleiben. Zur Intensität des Lebens der freie Umblick, die dichterische Spiegelung – das sind die beiden Würzen; und Jugend bis zuletzt, wie sie im vorausgenommenen bacchantischen Tod gefordert wird: „Ein Feuermeer mir im schäumenden Aug", auch in den Tod reicht das Bewußtsein der sich selbst nie gebrechenden Kraft hinüber: Was ich bin, bin ich auch dort. Der Umblick dieser ganzen Gedichte über das Leben hin ist hier beschrieben. Der Benimm dieses Selbstbewußtseins war dem älteren Goethe zu frech, wie die mattherzige Änderung des Schlusses beweist.

Noch einmal der Wanderer, im Gedicht dieses Titels. Die Erfahrung, als Künstler aus dem Leben, dessen Innigkeit man fühlt und bildend zu erreichen, zu steigern sucht, zugleich ausgeschlossen zu sein und liebevoll darauf zu blicken, wie der Unbehauste auf das Geborgene blickt – der schöne Schmerz dieser Erfahrung gab Goethe die Gestalt des Wanderers ein, der bei einer über Trümmern des Altertums erbauten Hütte eine junge Frau ihren kleinen Knaben nähren sieht. Es gehört zu beider Leben, daß es in ursprünglichen Verhältnissen hingeht, daß es seiner unbewußt bleibt, daß es in seiner schönen Endlichkeit sich gegen die Unendlichkeit des dichterischen Bewußtseins abhebt – unbewußt auch seines Bau- und Nährstoffs: diese kindlichen Menschen ahnen so wenig, auf den Trümmern welcher Schönheit sie wohnen, als die Vegetation weiß, daß sie Gebildetes, Verewigtes wieder zur Erde zerkrümelt. Die Gottheit, die des Vorüberziehenden zärtlich festgehaltenen Bildnergeist mit dieser Lebensszene verbindet, ist die Natur, die das höchste Gebilde ihres höchsten Gebildes, nämlich das Kunstwerk des Menschen, wieder ins Element zurücknimmt, damit es so einfachen Geschöpfen zum Leben diene. Hier ist sie gleich in Mensch und Pflanze, und wenn der Künstler verewigt, ist es ihr Adel, sich zu verschwenden.

Wenn Goethe später die freie rhythmische Form wieder aufnahm, so sind dies Ausnahmen: nichts von dem Gesagten gilt für sie. Nur die drei Gedichte „Harzreise im Winter", „Grenzen der Menschheit", „Das Göttliche" erinnern an die Hymnenreihe und erben ihren Schwung und ihr Gefüge. Sie sprechen auch entschieden ein Gottbewußtsein aus. Man hat, zumal im zweiten und dritten dieser Gedichte, die der ersten Weimarer Zeit angehören, einen Widerruf jener „titanischen" Hymnen feststellen wollen; und in der Tat: wenn wir dem Wortverstand folgen, ist die religiöse Eigenmächtigkeit dort ausdrücklich widerrufen. Es ist jedoch nicht nur nach dem Ausgesagten zu fragen, sondern nach dem Sprechenden. Da mag es wohl sein, daß Goethe ein anderer geworden ist, daß ihm das Dienen, das in einem Verband Stehen stärker zur Erfahrung wurde und sein Denken stärker bestimmte. Dennoch – wer sprach jene Worte, wer spricht diese neuen? Jene sprach Prometheus, Mahomet, Ganymed. ... Nicht als ob Goethe sich von diesen Sprechern hätte unterscheiden wollen – er ist sie; einer von ihnen, sie alle, und noch anderes mehr. Aber was ist dies „ich"? Nicht sein biographisches Ich, sondern ein mythischer Stellvertreter desselben; es sind mehrere, und jedes Wort ist das Wort eines solchen Stellvertreters, und wenn man es wiederholt, muß man sich dessen Gestalt und Gefühl wiederholen. Dagegen haben schon Lessing und Jacobi gefehlt, die den Prometheus dogmatisch nahmen – und die verursachte Unordnung war nicht gering. Die neuen Gedichte kennen keinen solchen Stellvertreter mehr. Das Ich der Harzreise ist das Ich Goethes, sein augenblickliches und das Ich des Liebenden; das „ich" in den Grenzen der Menschheit ist nicht emphatisch; hier ist das eigene Verhalten Beispiel des Verhaltens, das sich aus der recht verstandenen menschlichen Lage ergibt; im „Göttlichen" ist das Ich durch das Wir ersetzt. Es handelt sich um Aspekte; jene früheren Aspekte werden nur faßlich durch ein Ich und ein Lebensgefühl, die beide zugestandenermaßen die geschöpfliche Grenze überschreiten; der neue Aspekt ist das jedem faßliche, für jeden gültige Menschenlos, und das Ich ist nur Gelegenheit, es zu erfahren. Damals war der Aspekt da, um das Lebensgefühl zu künden, und nun ist das Ich da, damit die Ordnung des Seienden wahrgenommen werde. Es ist sehr die Frage, ob man da noch von einem Widerruf reden kann.

„Harzreise im Winter" vermittelt. Sie teilt mit den beiden andern Gedichten die Schicksalsreligion, die ein Hinnehmen, eine fromme Einwilligung in die vorgezeichnete Bahn ist, und diese Bahn als ein Sein, Tun und Leiden, vor allem als Anlage versteht; sie ist Bahn eines jeden, und ihre Bedingung ist wieder das Menschenlos überhaupt, dem im Vergleich mit den Göttern Macht und Dauer aberkannt wird. Aber das eigene Ich und seine Bahn wird in der „Harzreise" in einer Weise vorgestellt, die an das übermenschliche Selbstgefühl jener mythischen Subjektsträger immerhin erinnert. Es ist genial beseelt, sofern es das Ich des Liebenden ist, dem das Geleit der Liebe die Gottheit und die Natur aufschließt und die reinen, zusammenfassenden Augenblicke seines Lebenslaufs zubereitet; so sieht sich der Dichter im Vergleich, dankt im Vergleich für Höhe, Getragensein und Überschau, wie sie sein Lebenszustand geworden sind; und wenn Un-Liebe eine schmerzliche und schließlich tötende Zusammenschnürung ist, so ist ihm Liebe die Gabe, sich auszudehnen und so, abseits und sich selber angehörend, das Leben der Lieben im Gedenken mitzuleben. Die Rede mit Gott, der Blick in die Natur ist um so inniger, als er all dies nicht sich selber dankt, sondern aus dem hier verschwiegenen Quell einer einzigen Liebesbegnadung schöpft, und als sich kein Widerspruch auftun kann zwischen dem mythischen Entwurf und dem von ihm zu lebenden Leben, sondern die im Dank gefeierten Geschenke wahrhaft in seine menschlichen Hände gelegt sind. Er selbst, in seiner täglichen Gestalt, ist der hier auf dem Berggipfel Betende. – Das „Du“ geht auf Gott, wenn aber die letzte Strophe den Berg mit einem zweiten „Du“ anredet, so ist dies keine Unklarheit des Gedichts. Der Berg ist auch als Gottheit gesehen, deren durch Vermittlung spendende, groß überschauende Gebärde das Gedicht beschließt – ein Naturgott, dem Liebenden erschlossen, so gut sich ihm vorher der Gott der Seele, der die Menschen segnet und sie den Mitgeschöpfen verknüpft, erschloß: denn er ist die Liebe selbst. – Grenze der Menschheit ist vielleicht die Äußerung Goethes, die griechischer Frömmigkeit, und zumal der eines sophokleischen Chores, am nächsten kommt. Nicht nur in dem sichern Sinn für die Grenze, die fest gezogen ist, aber dem Menschen keinen Wert abspricht, sondern auch in der einzigen Dauer, die ihm zuerkannt wird: in der Dauer durch Geschlechterfolge, durch den Zusammenhang von Blut und Sitte. Die Götter bekunden sich durch Macht und Dauer; die Eigenschaften und Rangstufen des Menschen, denen sich der Dichter sonst widmet, besagen nichts vor dieser Grenze, und der „Schauer“, das Gefühl des Menschen, der unter einer göttlichen Wirkung steht, erkennt von sich aus die Grenze an, ehe die Macht den Übertretenden zurückweist. „Edel sei der Mensch“ ist das sittlichste Gedicht Goethes. Wie dort das Gefühl der Grenze, zur Ehrfurcht geläuterte Furcht, den Gott verbürgte, verbürgt ihn hier das Tun; die edle Tat eines Menschen beweist Gott, und bestimmt seinen reinen Begriff. Die Gottheit erscheint nur als Grenze und Bahn des Menschen, sie selbst bleibt verborgen. Im Aspekt des Handelnden, den das Gedicht beschreibt, muß die Natur „unfühlend“ sein; der Mensch ist mehr als die andern Geschöpfe, wie Gott mehr ist als die Natur; mit ihm entscheidet sich das Sein zu Sinn und Gestalt, und das Wann und Wieweit dieser Entscheidung ist ihm anvertraut. Eines der seltenen, aber unüberhörbaren Bekenntnisse Goethes zur Freiheit. – In alledem ist bezeugt, daß diese drei Gesänge außerhalb jener lyrischen Mythen stehen und daß die Frist des Lebensgefühls, aus dem diese kamen, bereits verstrichen ist.

Es gibt kein Credo dieses Dichters, obschon er darin, daß ihm nichts ohne Gott war, einer der religiösesten Menschen gewesen ist. Man kann ebensowenig sagen, daß er Christ war, wie daß er Christus verworfen habe. Hätte er dies wenigstens getan, so wären die Christen immer noch besser mit ihm zufrieden. Er war niemals bereit, sich auf eine ihm angebotene oder von ihm ausgebildete

Vorstellung von Gott festzulegen, weil er Vorstellung und Wesen streng unterschied. Je seiender ein Seiendes, um so vielfacher seine Reflexe in jedem Seienden, um so größer das Recht jedes dieser Reflexe. War er aber ein zusammenfassender, ein resümierender Mensch, nicht zuvörderst durch sein Denken, sondern durch die Vielfalt seiner Kräfte und Anlagen, so bildete er in den Phasen seines Werdens und in der Vielheit seiner Funktionen mehrere Arten des religiösen Verhältnisses aus, und wenn eines jeweils in ihm mächtig vorwog, so trat alsbald ein anderes in sein Recht, und er hätte aufhören müssen, er selbst zu sein, wenn er jemals ein Bekenner geworden wäre.

Was sich also in diesen Gedichten mit mythischen Personen gleichsetzt, sich mit mythischen Horizonten umgibt, ist ein Hochgefühl, das im Erwachen des Genius zu sich selber anfängt. Ein eigener Rang ist hier behauptet, ein eigener Gott ausgesprochen, sofern ein solches Herz Götterkräfte nicht nur erfährt, sondern in sich zur Person staut. Bestimmt und begrenzt ist der so im Selbstbewußtsein erfahrene Gott dadurch, daß er keine außer und über dem Menschen vorhandene Stufe des Seins ist, die den Menschen verwandelt und dem Leben eine Form, der Welt eine Deutung gibt. Dieser Gott ist der geniale Augenblick eines genialen Menschen und vergeht mit ihm, so folgenlos als unvergeßlich, um einer gelassenen Kultur menschlicher Werte Platz zu machen.

Novalis: Hymnen an die Nacht

Eine Erscheinung wie die des Novalis könnte nie am Anfang einer Entwicklung auftreten. Er setzt eine dichterische Kultur, und dazu eine große, ebenfalls durch eine Reihe starker Intelligenzen fortgepflanzte, philosophische Bewegung voraus. Nur so kann er Dichterisches philosophisch, Philosophisches dichterisch behandeln, schon in der Form seines Gedichtes, das in einer entschieden rhythmischen und in einer mehr der Prosa genäherten späteren Fassung vorliegt, die unruhige Vielfalt der Anlage verratend. Wir finden hier nicht nur Zeilen, die auch dem Ausdruck nach Prosa sind, mit großen rhythmischen Perioden, diese mit choralartigen Reimversen und gar mit streng gebauten Stanzen vermischt; wir finden auch die zugehörigen Stile nebeneinander vertreten und vor allem zwei Verfahren des Geistes: ein reflektierendes und ein mythologisierendes, als deren Ergebnisse einerseits eine fertige Geschichte des menschlichen Geistes und andererseits ein sich freiwillig bindendes, gewollt kindliches Bekennen aus dem Gedicht hervorgeht. Er kommt mit den Errungenschaften dieser vor ihm begründeten Kulturen zur Welt, und zwar so, daß das Errungene ihm nicht nur Besitz, sondern Organ und Virtuosität des Organs geworden ist. Es bedarf für ihn wenigen Erlebens, wenigen Lernens. Er resümiert und antizipiert in seinem Geist Entwicklungen, ohne das Jugendliche zu verleugnen: Gedanke wird Welt, Welt wird Gedanke, beweglich und handsam, ohne die spezifische Schwere der Wirklichkeit. Unbeschreiblich helläugig geht er durch die Menschen, und das, was wir „sehen“ nennen, die Schärfe des Gewahrwerdens steigert sich in ihm so, daß sie umschlägt und zur Witterung wird, so daß eine große Vernunftkultur sich in ihm selbst aufzuheben, sich durch ihren Gegensatz: eine Geheimwelt und einen Geheimsinn, zu ergänzen scheint. Klassische Dichtung und kritische Philosophie gehen ihm dahin zusammen, daß beide mit der menschlichen Natur rechnen, soweit sie feststeht, und sich an ein Bewußtsein wenden, das in jedem vorhanden ist. Kaum hat er Beides gelernt, so scheint er es mit einem Lächeln abzutun, indem er Beidem die Grenze nachweist, und wenn es die dichterische Kraft seiner Hymnen ist, eine Kultur zu individualisieren, als Reich, als Gebilde, als Einheit zu sehen, so lauscht er der kritischen Philosophie den Zusammenhang zwischen Vorstellung und vorstellendem Organ ab: das Neue seiner Hymnen an die Nacht ist, daß ein Weltbild, ein Begreifen des Seins in seinem ganzen Umfang durch ein zusammenhängendes Gedicht ausgesprochen wird; aber dies geschieht so, daß eine Fähigkeit der Seele oder ein Organ, das solchen Begreifens mächtig ist, zugleich mit diesem Weltbild erschlossen wird, und zwar ein neues Organ! Zwei Einweihungswege werden in diesem Gedicht geschildert; sie teilen das Gedicht in zwei Hälften. Der eine Weg ist die Einweihung des Dichters in das Verständnis der Nacht, durch die tote Geliebte als Mystagogen; der andere die Einweihung der Menschheit in den Tod durch Christus als Mystagogen: die symbolische Stätte der Einweihung ist beide Male – und dies wird bedeutend hervorgehoben – das Grab. Beide Male wird der überwundene Zustand des Ungeweihten mit seiner traurigen Grenze geschildert, doch so, daß er sich zuerst als eine eigene, als die eigentliche Welt behauptet und dann eines verräterischen Mangels überführt wird: Diese trügerische Welt eines Vorzustands heißt im einen Fall „Tag", im anderen Fall „Antike", und wie im einen Fall ein Wendepunkt im Lebenslauf des Dichters, so wird im andern Fall ein Wendepunkt der Menschheitsgeschichte als Dämmern der Einsicht beschrieben. Am Anfang steht das gemeine Begreifen, das den Tag liebt und feiert, ironischerweise, wie in einem zweiten Ansatz die antike Welt gefeiert wird. Der Mensch aber wird Fremdling genannt, zum Zeichen, daß er in einer anderen Ordnung beheimatet ist. Diesem Begreifen ist die Nacht voll Wehmut, ein Berauben und Vermissen. Bis ihr Mythos dem Menschen geboren wird, er ihr Herz entdeckt, ihr Gesicht sieht mit den „unendlichen Augen, die die Nacht in uns geöffnet". Nun sieht er die Sterne nur als ohnmächtige Versuche des Lichts, innerhalb der Nacht einen Stand zu behaupten; das Inwendige des Gemüts geht ihm auf als die einzige, seiner würdige Unendlichkeit. Und die Nacht bringt die tote Geliebte und die Vereinigung mit ihr, nicht als das gewohnte Fest der Liebesfreuden, sondern als eine Begehung, durch die der Lebendige ins Leben der Toten eingelassen wird. Und wie es gemäß den beiden unterschiedenen Wissensarten eine gemeine und eine höhere Nacht gibt, so gibt es den gemeinen und den höheren Schlaf. Schlaf ist auch in den Dingen und wartet auf den Menschen: ein Zusinken des äußeren, ein Aufgehen des inneren Auges. Alle Wollust des Umfassens und des Verschmelzens gehört ihm, er bringt Gottesbotschaften und ist das allzeit offene Tor zum Tod. Es bleibt dem Dichter nur noch zu erzählen, wie ihm die Einsicht wurde, die sein Gedicht andern gibt: durch den Augenblick am Grab der Geliebten, der ihn für immer mit der Nachtbegeisterung, mit dem Schlummer des Himmels inspirierte *).

Ist es nicht bewegend, daß ungefähr zur selben Zeit zwei voneinander ganz unabhängige Dichter das Reich der Nacht aufgeschlossen haben, mit demselben großen Gegensatz der Tageswelt, mit demselben Bekenntnis, daß die Nacht die dem neueren Menschen schicksalhaft zukommende Seinsform sei und daß der Anfang ihrer Geltung in Erscheinen und Tod Christi begründet liege? Ebenfalls um die Jahrhundertwende, etwa zwei Jahre nach Novalis, dichtet Hölderlin die Elegie „Brot und Wein" im Thema gleich, in allem andern ungleich. Der aber die Ablösung der alten Götter durch Christus und den Harm des neueren Menschen, der zum christlichen

---

*) Für den Vergleich der beiden Fassungen siehe Verf.: Novalis' Hymnen an die Nacht, in „Gedicht und Gedanke", hrsg. von H. O. Burger, 1942.

Gott und der wissenschaftlichen Natur verurteilt ist, in der Lyrik aufbrachte, war Schiller, und seine Götter Griechenlands sind es, die der zweite Teil der Hymnen des Novalis umkehrt. Schein und Sein, Vernunft und Sinnlichkeit fallen dem heutigen Menschen auseinander: das vertreibt die alten Götter aus der Welt in die Dichtung, die diese Einheit wiedergewinnt. Für Schiller sind die alten Götter Personifikationen, die der phantasierende Geist vornahm, ehe er zur Erkenntnis reifte. Für Novalis, in dem ein tieferes Verstehen des Mythos überhaupt beginnt, sind diese Götter echte Deutungen, und als solche wahr und wirklich. Die Welt ist jeweils die gedeutete Welt, und sie verändert sich durch ein anderes Deuten. Aber die Deutung der alten Welt ließ eine Lücke – sie war nicht total genug, um den Tod in ihr Verstehen mit einzubegreifen. Dies Enträtseln des Todes ist die Überlegenheit des Christus, der als ein stärkerer Wisser die griechischen Götter überwiegt. Novalis hat in seinen Hymnen eine Darstellung vom Leben Christi verflochten, die auf einzelne Begebenheiten der Heilsgeschichte Bezug nehmend ihr eine unerwartete Stimmung und Wendung gibt und schon als bloße Aufgabe der Dichtung neu ist. Nicht mit Klopstock, mit Novalis und Hölderlin hebt eine eigene Christologie an, die den Christus der Dichter dem Christus der religiösen und der wissenschaftlichen Überlieferung gegenüberstellt, einen nicht hingenommenen, einen aus dem Wandel der Zeit begriffenen, der kommt und kommen wird: was freilich nur möglich ist, indem

Kirche und Dogma sowie die Christusworte selbst übergangen werden und der Dichter die Erscheinung von Christus, als wäre nichts über ihn ausgemacht, persönlich und aus eigener Vollmacht aufschließt.

Der Stein auf dem Grabe des Erlösers ist für Novalis ein Symbol doppelten Sinnes: Christus hebt ihn auf als Todesüberwinder, aber es heißt auch, daß er die Leiche der alten Welt, und zwar in seinem eigenen Leib, bestattet, und den Stein wieder für immer darauf gewälzt hat. Novalis mutet wie ein ferner geistiger Nachfahr dessen an, der das Johannisevangelium verfaßte; in dem Wunsche, der einzigen Begebenheit doch eine Stelle im fortreichenden Kulturbewußtsein zu geben, macht er sie zur Wende des antiken Denkens. Die Anbetung der Könige dient dazu, den Orient des Novalis – sein Sais, wo alle heilige Geschichte, ehe sie in die Zeit tritt und sich begibt, in Bildern uranfänglichen Wissens niedergelegt ist, als dritte Sphäre an die christliche und antike heranzubringen: so enträtselt sich vielleicht die erfundene Gestalt eines aus Hellas gebürtigen, den Christus grüßenden, und dann, das Herz voller neuer Liebe, nach Hindostan ziehenden Sängers, der daselbst durch seine Botschaft die alten Geheimnisse aufleben läßt. Vergebens wollte man diese Gestalt auf irgendein Überliefertes zurückführen. Sie ist Novalis selbst, ist innerhalb der durchaus symbolisierten Heilsgeschichte sein persönliches Symbol, denn sie vollzieht, was Novalis durch die Hymnen an die Nacht vollzieht. Mit einer Stanze, die jene Stanzen vom Tod, der an den Tisch der alten Götter trat, wieder aufnimmt, feiert sie Christus als den wahren, sein Leben offenbarenden Tod, den jenes ohnmächtig beschönigende Bild des fackelsenkenden Genius heimlich meinte. Sie sieht also Christus in dem von Novalis geahnten Zusammenhang, ist das in die Vision mit hineingezeichnete Bild des Sehers. Ist doch der Weg dieses Sängers von der Antike über Christus zum Orient die Kurve, die der Geist des Novalis selbst beschreibt und die er der Bewegung der älteren Romantik vorzeichnet. Wie wichtig ist dieser vielbefragte Sänger! Er hält die beiden Gedichthälften zusammen. Denn wenn jene Inspiration am Grabe Sophiens und die andere, der Menschheit am Grab des Erlösers zuteil gewordene, so nebeneinander bestehen, so gilt die hier vorgetragene Christologie doch nicht dem gewesenen Christus, sondern dem dichterischen Christus, der geheimnisvoll wörtlich mit der Geliebten gleichgesetzt wird, und die beiden Initiationen hängen im Geist des Dichters zusammen durch das Dasein dieses Sängers.

In diesem Menschenkreis, wo man um die Wette Kulturabläufe wendete, Aufklärungen rückgängig machte, Überlieferungen zerbrach und Kirchen stiftete, ist hier wohl der Gipfel der verwegensten Freiheit erreicht. Aber der junge Dichter, der die Philosophie Fichtes zu diesem seinem magischen Vermögen fortentwickelte, ging weiter, er brach wirklich und persönlich auf nach dem Totenreich, zu dem ihm die seltsame Liebesfeier am Grab eines Kindes den Weg auftat, und setzte den Gedanken, der dieses Gedicht trägt, als Schicksal über sein rasches Leben. Wenn so die Gebärde eines vieldeutigen Spiels plötzlich beschwörend wird, so ahnten wohl auch schon die Zeitgenossen, daß die Widersprüche dieses zarten und schönen Menschen und die Befremdlichkeit dieses wohllautenden Lebens sich dadurch auflösten, daß hier einer mitten in der Menschenwelt nach Geisterweise verfuhr.

Hölderlins Hymnen in freien Rhythmen

Hölderlins Hymnen in freien Rhythmen, die seit dem Sommer 1800 seine vorwiegende Form sind und die letzte Schicht seines Werkes bilden, überraschen uns mit Tonfällen und Wendungen, die, auch im Werke Hölderlins neu, in der deutschen Sprache und vielleicht überhaupt zum ersten Male erklingen. „Vom Äther aber fällt Das treue Bild“, „Die Natur ist jetzt mit Waffenklang erwacht“, das sind einzelne Zeilen, die wie Orakelsprüche lauten; die Ganzheit der Gebilde aber, für deren durchgängigen Stil sie nur ein Beispiel sind, ist schwer zu beschreiben. Lesend hält man immer wieder inne und fragt: Von welchem Standort, mit welchem Fug und auf welche Wirklichkeit sich beziehend spricht eigentlich der hier Sprechende? Die Frage verstummt angesichts einer kaum für möglich gehaltenen Pracht und Monumentalität der Landschaft, der so fremdartigen und doch zwingend einfachen Darstellung heiliger Vorgänge und einer sprachlichen Kunst, die das Letzte an Wohllaut mit dem Letzten an Architektur vereinigt; doch da in der grenzenlos fordernden Aussage die Dichtung, die uns bannt, immer wieder über sich hinausschreitet, erhebt sich die Frage neu, und wird um so verwirrender, als der Grundton einer hohen Kindlichkeit sich nirgends verkennen läßt, das Bewußtsein also, nach dessen Ort und Grund wir suchen, selbstverständlich sicher und weder gesucht noch erzwungen ist.

Eine Dichtart, die sich durchaus in heiligen Zusammenhängen bewegt! Die Vorbilder Pindar und Horaz, die Griechenverehrung des 18. Jahrhunderts erklären ihn nicht. Zu einem pindarischen Siegesgesang können wir die Götter und ihre Kulte und sogar auch das Zeremoniell angeben, das den Beruf des Dichters und seinen Anteil an der Feier festlegt; der heilige Zusammenhang aber, aus dem Hölderlin spricht, ist für uns nur aus seiner Dichtung ablesbar, in nichts anderem gegeben.

Diese Hymnen, umfänglicher und gegliederter als deutsche Lyrik sonst, lehnen sich in der Form an Pindar an, sofern ihre Strophen nach der Dreizahl geordnet sind und, in sich von großem Umfang, sich in den Elementen ihres Baus stark differenzieren, sofern endlich höchst gegliederte Perioden auf ein nicht minder gegliedertes rhythmisches Gefüge verteilt sind. Wie verschieden können freie Rhythmen sein! Wenn sie wie bei Goethe aus wesentlich gleichartigen Elementen bestehen, strömen sie schneller. Hölderlin hat das langsamste Tempo, die feierlichste Gangart, freilich auch den am weitesten reichenden Atem und Wurf und die größten Spannungen innerhalb derselben Hymne. Er bewegt sich zwischen drei Tonarten, einer berichtenden (in dem Sinne, daß ein Geschehenes berichtet wird, das der Deutung bedarf), einer reflektierenden (welche die Deutung aus jenem heiligen Zusammenhang heraus vorträgt) und einer eigentlich lyrischen (welche die in diesem Zusammenhang schicklichen Affekte zum Ausdruck bringt).

Vielleicht darf man, wenn man für die Oden, die Elegien und die Hymnen Hölderlins nach einem sondernden Merkmal sucht, soviel behaupten: die Oden sind Stimmungen, die Elegien Feiern, die Hymnen Deutungen. An der Hölderlinschen Stimmung läßt sich zeigen, wie sehr seine Oden von sonstiger Lyrik verschieden sind und wie sie jenen bereits ausgesprochenen, heiligen Zusammenhang, der durch Hölderlins ganze Dichtung reicht, mit dem persönlichen inneren Leben Hölderlins verbinden, das zwar nur der Anfang dieses Zusammenhangs ist, aber als Anfang entscheidet und durch keinen Versuch, Hölderlin dogmatisch auszulegen, in seiner Würde geschmälert werden kann. Stimmungen nämlich sind bei Hölderlin nicht bloß der jeweilige Zustand der Seele und nicht bloß aus einem jeweiligen Anstoß erregt; und mag man auch bei andern Dichtern die Stimmungen zusammenfassen zu einer fest bestehenden Eigenheit des Fühlens, so enthalten Hölderlins Oden, dem genau Lesenden auch jede für sich, ein Gestimmtsein auf etwas als natürliche Anlage. Dies Etwas ist die freudige Einheit des Lebens in allen seinen Scheidungen, die in der Natur von Anfang und mühelos ergriffen wird, so daß der Naturgesang als ein Vermitteln, als ein Herstellen des Einen im Geteilten, die eigentliche Seligkeit dieser Dichtungen ist. Der Akt, durch den das Leben des Menschen von dieser Einheit zeugen kann, ist ihre Begegnung mit sich selber im menschlichen Geist, der sich freiwillig dadurch begrenzt, daß er diese Einheit darstellt, und schließlich in sie zurückkehrt. Je nach dem Grade, in dem sich die menschliche Kultur von diesem ihrem ersten Sinn entfernt hat, erwachsen dem Dichter, sofern er Mensch unter Menschen ist und eine Epoche hat, seine Leiden und Beleidigungen. Als ein auf sie Gestimmter weiß Hölderlin von Anfang an seine Götter und ist ihnen eigen; sein Leiden ist, daß sie nur in ihm sind, und ihm durch die Verwirrung des Lebensgefühls, die dieser nur inwendige Kult ihm selber bringen muß, auch *sein* Anteil an den Göttern zur Frage wird. Von den beiden Hauptthemen der Ode, dem Naturgesang und der Klage um das menschliche Leben, schreitet die Dichtung zum Innewerden des Momentes fort: einem zunächst tragischen Innewerden. Dem Dichter wird offenbar, daß er seine Art, die Götter zu kennen, und die ihnen entfremdete Zeit nicht völlig scheiden kann, als ob seine Götterverehrung unbewegt in den Zeitbewegungen verharren würde, sondern daß auch er auf eine doppelte Weise ein Bewegtes in diesen Bewegungen ist: sein Verehren der Götter hat, gewaltsaminnig, einzeln und zeichenlos, wie es in Umkehrung und Ausgleich des Zeitalters ist, dessen Merkmal an sich, ist seiner Form nach Schicksal, und diese Götter selbst sind scheidende, sich verweigernde Götter.

Die Elegien, die sich nach und neben den Oden befestigen und noch eine Weile die Hymnen begleiten, gründen nun den heiligen Zusammenhang unabhängig vom Dichter, indem sie aus bestimmten Sphären – Griechenland, Liebe, Heimat, Zeitalter – das Göttliche dieser Sphäre hervorrufen und das Tun des Dichters in ihr zeigen. Dabei ist aber die Trauer jenes von Hölderlin erkannten Augenblicks, die Trauer um den zwar seienden und gefühlten, aber in den Beziehungen der Menschen nicht anwesenden Gott, der Feier beigemischt, so daß sie etwas Vergebliches, am Ende sich Bescheidendes hat. Die Elegie „Brot und Wein" leitet über zu den Hymnen. Das Überleitende ist: die gewonnene Deutung eines Wendepunktes in der Vergangenheit, nämlich der Erscheinung von Christus als letztem Gott – ein Abschied, in dem sich die Gottheit für immer aus dem Leben zurücknimmt – und das Begreifen der Epoche seither, und noch des gegenwärtigen Momentes, in dem der Dichter sein Schicksal hat, aus diesem Wendepunkt. Damit werden Formen des geschichtlichen Bewußtseins in Hölderlins Dichtung mächtig und eröffnen jenen heiligen Zusammenhang auf neue Art. Es sind nun vor allem zwei Vorgänge in Hölderlins Geist zu begreifen: Der Zeitgeist, der für Hölderlin auch zur Sphäre wird, über der ein Gott, nämlich der Zeitengott waltet, ist nicht ein Wahrgenommenes unter anderen, für sich bestehenden Wahrnehmungen Hölderlins, sondern der ganze heilige Zusammenhang, von dem ich sprach, das Naturleben und die Götterwelt Hölderlins, erschließen sich jetzt neu. Vorher waren sie ein Sein, jetzt sind sie ein Werden, genauer: ein Geschehen, das Zeichen ankündigen; die Götter kommen oder gehen, wenden sich zu oder ab, winken und drohen, und der Gang des Lichts, die Tageszeiten, die Jahreszeiten, das Gewitter und alles, worin Hölderlin sonst die Gebärden des gegen ihn aufgeschlossenen Allebens vernahm, wird ihm nun Orakel, Wahrzeichen und Wink, meint ein bevorstehendes, sich vollziehendes oder vollendetes Geschehen, dessen Enträtselung dem Dichter obliegt. So ist das Gedicht des Dichters jetzt durchweg das zweite Wort, die Antwort auf das Wort, das der Gott gesprochen hat. Dies ist der eine Vorgang. Der andere ist dies: der tragische Augenblick, als welchen Hölderlins Zeitbewußtsein die Gegenwart erfuhr, wird umfänglicher begriffen als ein Aufgang im Untergang; denn das Gefühl der leeren, im Sinn jenes Zusammenhangs müßigen Zeit, jene Langeweile sublimerer Art war nicht möglich, ohne eine geheime Vorwegnahme des gegenteiligen Zustands, die nicht auf einen scheidenden, sondern auf einen sich nähernden Gott weist. Jetzt also (und das ist das neue Wissen der die Reihe eröffnenden Hymne „Wie wenn am Feiertage") *sind* die Götter nicht, sie *geschehen*. Aber wie vorher das Göttliche Sein nur im Gedicht des Dichters sich selber feierte, so ist dies Geschehen gleichfalls verborgen und verständigt nur den Dichter durch

Zeichen. Zeichen und Zeichendeutung häuft sich in Hölderlins Dichtung, mehr noch: das Zeichen wird schlechthin die Wahrnehmungsform. Aus Zeichen bestimmt Hölderlin den Gang jenes Geschehens und die Reife, bis zu welcher es gedieh; er sieht, er deutet und er befolgt. Die Sicherheit wird so unbedingt, daß er nicht mehr wie in den Elegien jeweils eine Sphäre erst zu gründen braucht, sondern in pindarischer Weise zum Konkreten einer positiven Mythenbildung übergehen kann. Mythisch ist der Umriß dieser Hymnen also nicht sowohl von einem göttlichen Sinn, als von einem göttlichen Geschehen aus, und zwar so, daß ein Zusammenhang des Wissens in jeder Einzelheit vorausgesetzt und gegenwärtig ist, die etwas über den Lauf eines Stroms, über Christus und seine Jünger, über eine deutsche Landschaft oder über die Schwere eines vielverkündenden Himmels aussagt. In diesem Sinne sind Hölderlins Hymnen Deutungen.

Es ist einer der merkwürdigen Fortschritte der Geistesgeschichte, daß der Inhalt dieser Hymnen, deren Unentwirrbarkeit noch gestern der Umnachtung Hölderlins zur Last gelegt wurde, durch mehr oder weniger tiefsinnige Exegesen popularisiert heute in aller Mund ist. Es sei also hier die Rede von etwas weniger Beredetem: von dem jeweiligen Vorwand! Dieser Vorwand, unter welchem eine Deutung vorgebracht wird, hieße nach älterer Sitte etwa die Einkleidung und behandelt die Art und Weise, wie dem Dichter eine Einsicht zukommt. Er wird in berichtendem Ton vorgetragen und hat selten den feierlichen Ernst der eigentlichen Kunde. Nach Hölderlins Gegensatzlehre, die das Zentrum seiner Ästhetik ist, wäre vielleicht in diesem scheinbar weniger verbindlichen, im eigentlichen Sinn poëtischen Vorwand das den Dichter betreffende Schicksal, sein notwendiges Stehen und Standhalten unter einer Eingebung zu suchen.

Er grüßt in der Hymne „Am Quell der Donau" Asien, die Mutter: sie sandte den Völkern die große Begeisterung, die zuletzt ihn selber erreicht – er grüßt Asien mit „Donauwoge", d. h.: Umgekehrt zu der Bahn, die diese Begeisterung vom Orient nach Griechenland und Italien genommen hat, und so, daß sein Gesang ihr letztes Echo wird, den Wellen des Stromes folgend. Nun erst sagt er das geschichtliche Geschehen selber an unter dem Bilde der Orgel und des ihr antwortenden Chores. Es ist das Geschehen schlechthin, wie es die großen, zur Gotterfahrung berufenen Völker nacheinander formt. Die Menschen bildende Stimme, die zu ihnen kommt, und die Antwort, die sie darauf finden und die nun in neuer Weise zu finden sein wird.

Am Quell eines andern Stromes sitzend, des Rheins, denkt der Dichter anderes. In wenigen Zeilen der Rheinhymne wird Umgebung und Tageszeit zu dem auf ihn sich beziehenden, ihn suchenden Zeichen: „Der goldene Mittag", nicht minder wesentlich, nicht minder erfahren als der „entzückende Sonnenjüngling" jener Ode, die Sonnenuntergang hieß, kommt die Treppe des Alpengebirges herunter, das ihm „Burg der Himmlischen“ heißt. Nichts wird genannt, wie die Menschen es nennen, sondern so, wie es innerhalb jenes heiligen Zusammenhangs sich selber nennt. „Nach alter Meinung“ „geheim“ und „entschieden“ – diese Worte sagen, daß der Dichter im Einklang mit mythischer Denkart steht, daß das Geschehende geheim, die Zeichen deutlich sind, und eine Entscheidung enthalten. So fällt denn wirklich das Wort „Schicksal“, in der Nähe dieses Gebirgs, d. h. an einer für ihn noch redenden Orakelstätte vernimmt er's; „Vernehmen“ bezieht sich wie sonst ein „sagen hört' ich“ und anderes, auf das im Umlaufsein eines Mythos. Der Stoff der Mythen ist immer da, sie selber entstehen dadurch, daß einer betroffen ist vom Geschehen und ihm darüber die Augen aufgehen. So wird hier der Lauf des Stromes eine Mythe, gemäß jener grundsätzlichen Wendung, die das Sein der Welt in ein Geschehen des Schicksals verwandelt, und also die scheinbar zeitlosen Zeichen der Natur als Omina und Vogelflüge zu enträtseln zwingt. Und jetzt wird diese Bahn im einzelnen, sagen wir: in der Gegenständlichkeit einer geographischen Mythenbildung, wie sie sich wohl zum erstenmal bei Hölderlin findet, vernommen. Was jedem Menschen aus der Anschauung oder aus der Geographiestunde bekannt ist: der Rhein entspringt im Gebirge, er zwängt sich durch Schluchten, er wendet seinen Lauf nach Westen, tritt in die Ebene, wird schiffbar usw., ist gesagt wie etwas, das niemand weiß und das erst jetzt begriffen wird, und ferner: das, was heute ist, wie es gestern war, nämlich der auf der Landkarte eingezeichnete Flußlauf, ereignet sich jetzt als fallende Entscheidung, und man sieht ihr mit derselben bangen Erwartung zu, wie man dem Schicksal eines Helden zusieht. – Und noch einmal ein Donaugedicht, ein späteres: Der Ister. Der gewaltige Eingang „Jetzt komme Feuer!" setzt den Brief an Böhlendorf vom 4. Dezember 1801 voraus, — Einsichten in eine Bahn des europäischen Geistes, die das griechische Schicksal umkehrt. Die Griechen begannen mit dem, was Hölderlin „Feuer vom Himmel" nennt, mit der Hingerissenheit, und lernen sich fassen – das was jetzt Naturanlage und Beginn ist, während das Werden auf jenes Feuer vom Himmel zueilt. Dies gewann, mit diesem setzt der Dichter ein, und berichtet, er singe fern angekommen vom Indus her und vom Alpheus. Wie aber seiner weiteren Einsicht sich enthüllte, daß das Werden aus dem Angeborenen eines Volkes herausführt zur Bewältigung des Gegenteils (also bei den Griechen zur Faßlichkeit, bei dem neueren Geiste zur Hingerissenheit), so sieht er nun in diesem geographischen Mythos den Ister als die Naturanlage, die sich sträubt, aus sich herauszugehen. Und schon werden Rhein und Donau mythische Gegenspieler mit der Flußbahn gegensätzlicher Schicksale, was wieder die allgemeine Deutung der Flüsse als einer Schrift der Natur, genauer: des „Nationell Bildenden" voraussetzt, einer Schrift also, die Art und Bahn eines Volkes vorausentwirft. So in der Hymne „Germanien". Dort ist der Vorwand breit ausgeführt. Unter einem drohenden Himmel erschiene dem Dichter das Heraufrufen der gewesenen Götter, das sonst sein Geschäft war, wie ein verbotenes Ausweichen – er fühlt in der Sage von ihnen, die ihn wie ein Rauch umzieht, die Ankündigung neuer, auf die Erde drängender „Göttermenschen". So wird alles Zeichen, nicht bloß der Himmel, nicht bloß das Dasein des Gewesenen im Andenken, nein auch die Landschaft: das Kornfeld bietet die Opfergabe, die Mulde der Stromtäler mit der Öffnung nach dem Osten bezeichnet die rückschauend prophetische Haltung des Dichters: „Daß schauen mag bis in den Orient Der Mann und ihn der Wandlungen viele bewegen." In zwei Zeichen vollzieht sich nun die Epiphanie selbst. In der Ankunft des göttlichen Wortes und in der Erweckung des Volkes, was dadurch beschrieben ist, daß ein Bild vom Äther fällt, von dem Göttersprüche regnen, und daß der Adler des höchsten Vaters, Beute suchend, diesmal den Flug über die Alpen herüber wagt, um dem zwischen Mohn schlafenden Mädchen, das die heimatliche Erde darstellt, seine Botschaft zuzurufen. Diese Botschaft füllt das Gedicht bis zu seinem Ende.

Beschwingt naiv und fast spielend ist der Ton, den das Gedicht „Die Wanderung" für seinen Vorwand findet. Die Eigenheit des Volkes, ungern den Ursprung zu verlassen, wird diesmal der engeren Heimat, dem schwäbischen Land, vindiziert, das gleich seiner Schwester, der Lombardei, dem Herd des Hauses, nämlich den Alpen, nahe wohnt. Er aber, der Dichter, geht aus dieser Eigenheit, wie er es muß, heraus. „Ich aber will dem Kaukasus zu." Er wiederholt, was die Väter taten, die laut einer nur dem Dichter eröffneten Stammessage der Donau entlang nach dem Schwarzen Meer zogen und sich dort mit den Kindern der Sonne vermählten. Diesen Bund will der Dichter mit denen, die ihm entsprossen sind, mit seinen griechischen Verwandten, wieder begehen und kam deswegen nun wirklich nach Griechenland. Er darf aber nicht bleiben, denn sonst könnte er die Gunst der Mutter, seiner spröden Heimat, verscherzen – er darf nur einladen, und freut sich voraus der Stunde dieses Besuchs, der ungerufen wie ein Traum kommen wird.

Schwerer, wörtlicher ist in Patmos gesagt, was diese dichterischen Wanderungen erzwingt: ein Gott, der zwar nahe ist, aber nicht gefaßt werden kann. Da sieht sich der Dichter um nach Vergleichbarem; indem er die Ganzheit eines göttlichen Ablaufs von der Ankunft bis zum letzten Abschied besitzt in der Idealität der Erinnerung, wo die Tragik des Untergangs zum reinen Bild wird, ist er befähigt, das verborgene Ziel zu treffen, nämlich im Verschweigen, Aussprechen und Bilden das zu tun, was dem geheimen Gestaltungswillen des Zeitgeistes entspricht. Der Dichter bittet die Gottheit, unter den rings gehäuften Gipfeln der Zeit auf seinem Gipfel allein, und zu den getrennten Lieben hinübersehend, um ein verbindendes Element, und schon ist er entführt nach Asien, um auf der Insel Patmos niedergelassen zu werden, die als Insel des Jüngers Johannes gilt und also ein Verhältnis zu Göttern und Göttersöhnen bezeichnet, das dem Hölderlinschen Verhältnis vergleichbar ist. Wenn nun der in Christus scheidende Gott, der untergehende Weltentag und die neue, augenschließende Frömmigkeit der in der Welt Zerstreuten beschrieben wird, so ist die Umkehrung davon jene geheimnisvolle Hymne: „Versöhnender der du nimmer geglaubt", die folgenden „Vorwand" hat: ein Friede kam – man mag an einen historischen Friedensschluß denken, von dem aber sogleich übergeleitet wird auf einen Frieden im umfänglicheren Sinn, auf eine Versöhnung gegensätzlicher Weltkräfte und gegensätzlicher Götterbilder. Dieser Moment umfassender Versöhnungen, in dem das eigentliche Abendland beginnt, zeigt sich dem Dichter selbst als Gott an, durch die Klarheit, die er verbreitet. Er versöhnt Christus, der ehedem selbst versöhnt hat; wiederkommend muß sich dieser in seinem Anspruch auf Ausschließlichkeit vergleichen mit den andern, ebenfalls wiederkehrenden Göttern. Denn das Eigene der neuen Entfaltung ist die totale Wiederaufnahme aller früheren Entfaltungen und ihr dem Dichter aufgegebener, festlicher Ausgleich. Aufgegeben und kaum zu leisten: denn die Liebe, auch die Liebe zu Göttlichem, will Hingabe an Eines, und so verrät der Dichter in der Hymne „Der Einzige" den Zwiespalt der Eifersucht, mit welcher die Götter – zu ihrer Verwirklichung auf ihn angewiesen – um ihn kämpfen. Und von den Christus-Hymnen zur Rhein-Hymne zurück: der Dichter ist immer Johannes, der Begleitende. So versteht er als Mitwandelnder im Rhein die Bahn des Heros.

Wenn von der Kunst dieser Hymnen die Rede ist, so muß die Kunst des Eröffnens obenan stehen. Man wird bereitet, ehe man zugelassen wird; man atmet Höhe und ist gefaßt auf einen grenzenlosen Anblick, dem man sich zugleich gewachsen fühlt. Das tun diese Eingänge; sie versetzen wahrhaft, indem sie eine Versetzung erzählen. Auch erlauben sie uns keinen Augenblick, über die Größenverhältnisse der so begonnenen Gedichte zu irren, noch auch über die bauliche Wucht und Strenge seines Gefüges. Sie kommen dem Leser entgegen und sind zugleich der Teil eines Plans. Überdies haben sie ein Thema, jeweils eines für sich und ein gemeinsames, und sind als Thema dem Gedicht noch unentbehrlicher. Wenn dies Thema später fortgelassen wird – Mnemosyne, Der Adler legen diesen Schluß nahe –, so ist damit das Wesen der ganzen Hymne verändert, und man muß von einer neuen Stufe sprechen. Die Eröffnungen handeln vom Dichter. Wir glaubten ihn zu kennen, aber seine Stimme ist verändert und nicht mehr ganz menschlich; er hat kein Schicksal mehr, nicht mehr ein Schicksal unter seinesgleichen, nicht mehr das inwendige Schicksal seiner Stimmungen. Er ist einsam ohne Schmerz; in den Elegien war die Einsamkeit noch ein Aufschrei und bezeugte uns, daß sein übrigens fremdartiges Wesen doch auch auf Verkehr angelegt sei. Ist er gestorben, ist er auferstanden? Fast erschreckt uns, daß er in so seliger Ruhe von sich selber spricht. Als dieser, der er jetzt ist, wird er nicht mehr mit philosophischen Freunden eine Gründung des Lebens versuchen; dem, was er jetzt Zeit und Zeitpunkt nennt, entspricht weder mehr das Zeitalter als Ganzes noch eine seiner Denkwürdigkeiten. Er selbst ist sich, als leidender Mensch, vergangen. Er lebt nur noch im Vernehmen. Und in dem Maße, als er uns entrückt ist, ist er als Vernehmender in ein für ihn zuverlässiges Sein aufgenommen. Er ist ohne Vorbehalt bestimmt durch die an ihn ergehenden Weisungen; jede macht Raum um ihn und fügt sich mit anderen zu einer lückenlosen Welt der Deutung zusammen. So wie es eine Zeit in Hölderlins Dichtung gab, wo dies nur als Möglichkeit und in der Ferne gesichtet war, besitzen wir in zwei Gedichten die Auslegung des Ereignisses, das für ihn das neue Leben der Hymnen auftat. Beide Gedichte befassen sich mit dem Dichten; das eine ist „Wie wenn am Feiertage", das andere die Ode „Dichterberuf".

Der Fortgang der Hymnen enthält das Vernommene; die Eingänge schildern das Vernehmen; sie schildern den Dichter, wie er vor dem Vernehmen und im Augenblick des Vernehmens ist. Ein für allemal lebt er als Vernehmender in der Entrücktheit des Vernehmens; die Eingänge aber erzählen den Übergang in diesen neuen Zustand als einen jeweiligen Übergang, und gerne als Entrückung. Er ist immer schon gefaßt, zu vernehmen; meist sagt er etwas oder bedenkt etwas, im freien Schweifen der Gedanken, was bereits von der Aufgeschlossenheit seines Geistes zeugt. Ist die fernerhin eröffnete Botschaft Rätsel genug und liegt dem Dichter die Deutung dieses Rätsels ob, so beschäftigen sich die Eröffnungen mit dem allgemeineren Rätsel, das diese Botschaften überhaupt aufgeben. Ihr Woher und An wen, ihre Bedingung, der Grund ihrer Möglichkeit und Gewißheit – das ist nur aus diesen Eingängen zu erschließen, und ebenso, was Dichtersein in diesem Falle ist. Denn es setzt nicht einfach das frühere Dichten fort, sondern ist von diesem durch eine Art leichten, mühelosen Wunders getrennt. Wir sind gefaßt darauf, daß die Zeichen, die im weiteren Verlauf der Hymnen beschrieben sind, omina, daß der Dichter Teiresias ist. Aber diese Erwartung erfüllt sich nicht. Vergleichen wir diese geschlossenen und vollendeten Hymnen mit noch Späterem, so scheint es, als ob das Schicksal in jenen noch zögere. Wären die Zeichen Vorzeichen, so würden sie nur in bezug auf dies Geschehen verstanden; ein solches die dichterische Erwartung groß oder furchtbar erfüllendes Geschehen ist, mit einer Ausnahme, nicht Inhalt der Deutung. Es fehlt diesen Zeichen etwas zum Vorzeichen; gerade darum sind sie so dichterisch, kann ihre Deutung frei in sich bestehen. Da nun jedes Zeichen einen Bezug hat, müssen sich diese Zeichen, wenn nicht auf ein Geschehendes oder Bevorstehendes, notwendig auf ein Gewesenes oder ein Seiendes beziehen. Die Wirklichkeit, die den Dichter durch das Zeichen über sich verständigt, kann Natur und kann Geschichte sein. Nur ist aus diesen Begriffen zu tilgen, was sie im gemeinen Wortgebrauch sind. Denn zuerst erweist sich die Deutungsgewalt des Dichters daran, daß er alles Seiende dem Rätsel, der Unentschiedenheit zurückgibt. Erst in der Deutung wirkt sich die erst in ihr entschiedene Wirklichkeit zu Ende; die Deutung selbst ist ausschließlich. So ist der Rhein als fertiger Flußlauf auf der Landkarte da, und jeder weiß, was ein Fluß und was dieser Fluß ist. Damit er Zeichen werden kann, muß er zuerst von dieser Gemeinverständlichkeit erlöst werden, muß erst in seiner Unverstandenheit auffallen.

Für den ferneren Verlauf des Gedichts ist wesentlich, ob das Zeichen seinen Sinn mitbringt, also schon in der Helligkeit der Einsicht steht, oder ob es, nach Erhellungsversuchen, noch einmal ganz Rätsel wird, ehe der Dichter durchaus zur Lösung ermächtigt ist; und endlich, ob es deutbar ist aus sich allein oder ob es erst in Ergänzung durch anderes gedeutet werden kann. Ist es Naturzeichen, wie ein Flußlauf, so muß es erst Menschensprache werden. Ist es in dieser eine mythische Individualität, wie der Rhein, so inspiriert es ein ferneres Deuten. So wird im Rhein neben dieser mythischen Individualität eine geschichtliche aufgerufen mit Namen Rousseau; aber diese muß, damit sie im Gedicht bestehe, erst im bisherigen Sinn zu sein aufhören und vom Dichter aus zu sein beginnen. Sowohl der Rhein wie Rousseau sind noch immer Rätsel, was auch in der Satzform sichtbar wird: „Wie nenn ich den Fremden?“ Also gelten auch die folgenden Strophen noch dieser zu erschließenden Individualität, durch die Hölderlin das im Rhein aufgegebene Thema des Halbgotts zu Ende bringt.

Eine ähnliche Frageform fällt in Patmos auf: „Was ist dies? ... Es ist der Wurf des Säemanns ..." Diese geschichtliche Hymne gibt das göttliche Individuum schlechthin, gibt Christus als Zeichen auf, womit gestanden wird, daß er bisher noch immer Rätsel blieb und daß Hölderlin sich im Besitz der Lösegewalt fühlt. Das Vernehmen ist in der Eröffnung räumlich dargestellt, als Versetzung an die Insel, woselbst der Dichter die in ihr auflebenden Erinnerungen nachbedenkt. Dann durchgeht das Gedicht Momente aus dem Leben Jesu und aus der Apostelgeschichte – freilich Momente, die nicht mehr überliefert, sondern dichterisch erraten sind; es durchgeht sie scheinbar mühelos, als ob alles dem Dichter aufgetan wäre, bis zu einem gewissen Moment, der zuerst ganz Rätsel werden muß: der Tod Christi. Dieser wurde immer als Tod des leidenden Menschen verstanden, auch wenn Christus Gott war. Für Hölderlin ist er der Tod Gottes, ist das ganze Leben und alle Rede dieses Christus dieser Tod, und es wird nach ihm gefragt als nach der Abkehr der Gottheit von der Erde überhaupt. Die Antwort aber auf diese richtig gefragte Frage kann nicht von dem geschichtlichen Zeitpunkt aus gegeben werden, sondern erst von dem gegenwärtigen, der nur dem Dichter erschlossen ist: „Es ist der Wurf des Säemanns."

Im strengen Sinn ist ein Zeichen die Erweckung der Jungfrau durch den Adler. Es bringt aber seine Deutung mit, denn sie beginnt in der Anrede des Adlers an die Jungfrau. Freilich kann sie erst ganz zu Ende gebracht werden in einem zu Ende gehenden Schicksalsgang. Die vollendete Deutung heißt, daß die Jungfrau sich ihres Wesens ganz bewußt wurde, und dies wäre eben ihr Erwachen und Hervorgehen in einem völkischen Ereignis. Dann „nennt“ sie; jetzt ist ihr dies Nennen nur vom Dichter angesonnen. Ihr Wissen um sich ist also zugleich die Verwirklichung, die das im Kräftevorrat als möglich Enthaltene zum offenen Leben des Volkes erweckt.

Ähnlich verhält es sich mit „Wanderung“: dem Gedicht, das seinem Tone nach das Schicksal am meisten verleugnet und das in Wirklichkeit Hölderlins Schicksal auf dieser Stufe der Hymnen am vollständigsten umfaßt. Es ist erhaben, wenn der Dichter fast in der Unschuld des Spiels und des Märchens von Dingen spricht, die so furchtbar gültig sind, daß sie ihn zerbrechen werden. Das Zeichen besteht hier in den Gerüchten, den Mythen, die zu ihm gelangen: „Auch hat mir ohnedies In jüngeren Tagen eines vertraut.“ Eine Stammessage, nach deren Sinn der Dichter nur sich selbst fragen kann. Denn die Verwandtschaft, die in ihrem Bericht gestiftet wurde, ist das Schicksal seiner Seele, das Thema seiner früheren Dichtung, und er kann den Moment jener mythischen Begebenheit gar nicht verstehen, ohne ihn wiederzubegehen und jene Verwandtschaft zu erneuern. „Drum bin ich gekommen.“ Dies „selber Hingehen“ sagt auf so kindliche, so einfache Weise, wovon eigentlich der Hyperion, der Archipelagus gehandelt hatte. Aber dies Hingehen fordert einen weiteren Vollzug. Er geht, um einzuladen, „wenn die Reise zu weit nicht ist". Der Besuch soll den Gegenbesuch hervorrufen, die heiter märchenhafte Vorstellung eines noch ungenauen Irgendwann, die hier die ganze drohende Erfüllung des Schicksals in sich birgt. Wie kann es dem, so vielfach gewarnten, so vielfach vorbereiteten Dichter erlaubt sein, sich müßig in diese Bezirke der Natur und des Schicksals entführen zu lassen, und warum gerade in diese? Warum beschäftigt er sich mit Flußläufen, warum fragt er die Geschichte nach Griechenland und Christus? Warum genügen diese Themen, warum wird die Welt seiner Deutungen in ihnen ganz? Auch die Auswahl verweist auf das Schicksal – auf ein Schicksal, das, wenn man so sagen darf, in diesen Gedichten noch verschoben ist. Ihr Geschäft aber wird von diesem Schicksal nicht Müßigang gescholten, es wird von ihm gefordert. Das Ereignis, dem Hölderlin entgegenlebt, will den durchaus verständigten Menschen; dieser muß in sich die wenigen Momente wiederholt haben, die sich seit Menschengedenken mit dem kommenden Ereignis vergleichen lassen, und muß aus ihnen den allgemeinen Hergang erlernen, um schließlich in den besonderen Hergang einzugreifen. Er muß die Erdgestalten entziffert haben, sofern sie eine Bestimmung des Volkes durch Landschaft, sofern sie eine Einwilligung der Natur in eine Zukunft von vornherein bezeichnen; warum aber Griechenland als Anfang und Christus als Ende unersetzlich sind und in ihrem Zusammenhang erfaßt als Geschichte für Hölderlin vorläufig zureichen, das bedarf keiner Erklärung mehr. Um so unaufschiebbarer ist die Vorbereitung, die der Dichter in diesen Hymnen zu treffen hat, als das Volk, das von diesem Ereignis heimgesucht werden wird, in einer schwer zu fassenden Weise ebenfalls nur im Dichter vertreten ist.

Eine spätere, nur in Fragmenten vorhandene und in sich fragmentarische Hymnenfolge setzt diese Hymnen darin fort, daß das Zeichen entschieden Vorzeichen wird und daß das in ihm verstandene Geschehen immer näher heranrückt. Zwar hat es, so wie es angekündigt wird, die Weite eines volkerweckenden und die Gestalt des Lebens auf der Erde entscheidenden Geschehens; es rückt heran; aber auf wen rückt es heran? Auf den Dichter! Jene weitgespannten Eingänge, die nicht nur ihn, die auch uns „entführten", und uns das Gedicht, so geheim immer sein Sinn sei, als etwas verbürgten, das allen zu Gehör kommen soll, fehlen den neuen, kürzer atmenden, im Lebensgefühl bedrohteren Gedichten, und die Sprache selbst wendet sich da – wie uns scheint, gegen ihr Wesen – ganz nach innen. Sie ist Zeichen des Dichters für ihn selbst, und im Zeichen geschieht ein Geschehen selbst, das uns nicht mehr erreicht und den Dichter als sein Opfer hinwegnimmt. Das Angekündigte endet in dem unzugänglichen Selbstgespräch, das für uns das Verstummen und der Wahnsinn ist.

Zeigen jene Eingänge die unfaßliche Leichtigkeit eines

höchsten Gelingens, so befremdet der Schluß jedesmal, mit Ausnahme vielleicht in „Germanien"; er befremdet nicht nur durch seinen Inhalt; nein, er ist ein Abbrechen! Der Dichter, der so groß im Eröffnen war, besäße auch die Kunst des Abschlusses. Es muß also dies Abbrechen, dies kunstvolle Versagen der Kunst im Abschluß ebenso einen zwingenden Grund im neuen Dichten haben wie die Kunst der Eingänge. Inhaltlich bringen die Schlüsse die Deutung der Zeichen zu Ende durch eine letzte Aussage, die sich bisweilen als Maxime gibt. Aber sie tun noch mehr; sie beziehen das im Zeichen Verstandene – ein Seiendes oder Gewesenes – auf das heranrückende Schicksal. So in der Wanderung, wo dieses Schicksal lieblich geworden ist: ein Besuch der Charitinnen, die zu Wilden kommen. Am Schluß von Rhein und von Patmos ist es drohender, fordernder: das Herrschen und das Lächeln des Herrschers, des dem Freund Sinclair kenntlichen; der ewige Vater, dessen Zeichen am donnernden Himmel still ist. Aber dies Schicksal selbst, von dem wir meinen, daß es den Dichter unter uns am allermeisten anginge, wird uns nur als zu erwartendes angezeigt, sonst aber vorenthalten. Germanien hat das Drohende schon in den Anfang aufgenommen; der Dichter war gesonnen, ihm zu stehen; die Erweckung der Jungfrau durch den Adler ist Gegenwart. Der Schluß aber spricht von einem „einsmals" (man kann zweifeln, ob es im Sinne des Einmaligen oder des Irgendwann gemeint ist); wann der Befehl, der in dem „nenne" liegt, vollzogen wird, verschweigt der Dichter. Die Weissagung des Schlusses gilt einer Zukunft, und das unbegreiflich große Wort: „Doch in der Mitte der Zeit Lebt ruhig mit geweihter Jungfräulicher Erde der Äther“ – ist entrückt ins Zeitlose. Auch „Versöhnender, der du nimmer geglaubt“ deutet am Ende auf Erfüllung; nämlich auf den wiederkommenden Christus, dem noch anderes im Werk übrig war. In Erwartung dieses Augenblicks ist die vielleicht fragendste aller Fragen: was Christus ist, beantwortet, und warum dies? Weil sein richtiges Wiederkommen damit vorbereitet ist, weil es durch die rechte Antwort recht wird. Ist also in allen diesen Schlüssen der Bezug zu einem „Werk der Himmlischen, das eilend zu Ende geht“, aufgenommen, so bleibt dies Werk selbst geheim. Werden dadurch nicht einige andere Abschlüsse verständlich, z. B. der Schluß der Donauhymne, die in der Führung der Stimme eine Linie von großer Gewißheit bis zum Stocken, Beben und Brechen beschreibt? Der Dichter schließt, indem er reflektiert über die heftigen inneren Wechsel dieses Gesangs und seine eigene Betroffenheit dabei. Soeben, da er von der geschichtlichen Ausfahrt zum Augenblick zurückkehrte, hatte er die Möglichkeit eines empedokleischen Untergangs gestreift, der ihm noch immer droht. Wie seltsam, wie versagend diese letzten Worte: „Doch alles geht so.“ Fühlbar anders als in den Eröffnungen gedenkt der Dichter hier seiner selbst. Hier hat er Schicksal, hier ist die Gewißheit des Vernehmenden bezahlt mit der Ahnung, daß ihm zu viel auferlegt ist, daß dies neue Dichtertum für seinen menschlichen Gang das Ende bedeutet. Und dies neue Schicksal – ein Leiden, das aus der Schicksallosigkeit des Vernehmens hervorgehend den Widerspruch zwischen dem Beruf und dem menschlichen Vermögen austrägt – erfüllt eine ganze Hymne, die Hymne: der Einzige, die nicht von jener Gewißheit des Vernehmens ausgeht, sondern die den Lebensschmerz als das zu deutende Zeichen behandelt.

Die Eröffnungen der Hymnen enthalten also für uns den Grund der Gewißheit, aus der Hölderlin die weiterhin vorgetragene Kunde schöpft. Die Abschlüsse sind in demselben Maß dunkel und ungewiß, als jene Anfänge gewiß und erhellt sind; dem widerspricht nicht, daß sie das Zeichen zum Vorzeichen weiterbilden und uns auf ein allumfassendes Geschehen bereitmachen. Denn dieses bleibt Frage und wird um so mehr Frage, als wir es in der Spätstufe des Werks aufsuchen. Sollte in den noch vollendeten, vielleicht eines Tages für irgendeinen Menschen doch verständichen Hymnen etwas enthalten sein, das diese Frage einer Antwort näher bringt? Das Zeichen könnte ja auch eine Verständigung sein über das, was zu tun ist: ein an den Dichter ergangener Wink zur Vollstreckung. In der Tat – er vollstreckt von Gedicht zu Gedicht, mit jedem Gedicht das jeweils zu Vollstreckende. Dies, das Gedicht, und nur dies, war ihm im Zeichen befohlen. Ist ein Zeichen etwa vollstreckt, wenn es gedeutet wird? Gewiß nicht. Aber hier ist Deuten mehr und weniger, als was der Augur mit einem Vorzeichen tut. Hier ist es Dichtung! Nicht das Deuten vollstreckt, sondern das Dichten. Das Deuten Hölderlins ist inwendig, sein Sprechen mit sich, seine Zwiesprache. Vollstreckung heischt einen Stoff, an dem verwirklicht wird. Es ist in diesem Fall das Wesen des Gedichts, einen uns weder erreichenden noch für uns erreichbaren Vorgang bis zu dem Grad wirklich und vernehmlich zu machen, daß er sich in uns fortsetzt. So vollstreckt Hölderlin, indem sein Deuten zum Gedicht wird, den erhaltenen Wink an dem Stoffe der Sprache, und das geweissagte Geschehen, das sich so dunkel und seltsam aus einer völkischen Zukunft zu der nicht mehr vernehmbaren Rede des Dichters mit sich selbst verengt, erweitert sich um das Wenige oder Viele, was uns, die diese Sprache Sprechenden, von diesen Gedichten erreicht. Damit ist dies von Hölderlin gemeinte Schicksal weit, unbestimmt, geistig und uns aufgegeben. Es bricht nicht ab: dafür sorgt die Unverwelklichkeit dieser Gedichte!

So lernt der Dichter Landschaft, Geschichte, Zeit, so wie sie ihm neu aufgetan sind durch seine Zeichen, und diese Zeichen reißen ihn selbst in das Geschehen hinein, bis er verstummt und selbst mitgeschieht; und nicht ist er Prophet, weil er Kommendes ansagt, sondern weil er Verborgenes zeigt. Uns bleibt die Frage: In welcher Wirklichkeit geschieht dies von Hölderlin gezeigte Geschehen? Man hat die Antwort im voraus verwirrt, ja verstellt, indem man diese Hymnen Hölderlins als Weissagungen abhängig machte von einer Erfüllung in einem geschichtlichen Geschehen außer ihm, sei es seiner Epoche, sei es nach ihm bis zu unserer Gegenwart. So würde der Dichter beansprucht für, würde gemessen an etwas außer ihm, das selbst wieder fraglich ist. In Wahrheit gibt es nicht ein Geschehen hier und den Hinweis Hölderlins auf dies Geschehen dort, beides getrennt, sondern das von Hölderlin gemeinte Geschehen ist für uns nur vorhanden in seinem Gedicht. Es geschieht in diesem von Stufe zu Stufe, bis es mit dem Verstummen von Hölderlin ganz wird, und hat also für uns denselben Wirklichkeitsgrad, den für uns Hölderlins Gedichte haben. Der Dichter sagt nicht an, was von außen trifft; er bezeichnet im Augenblick des Übergangs, wo das Gewesene sich auflöst zu Möglichkeiten, in dem so freien, als gefährdeten Augenblick der Krise, das, was sich dem Geist eines Volkes eröffnet und wozu er sich entscheidet. Wie wirklich die Wirklichkeit des Dichters ist, tut sich an uns kund, denn seine Gedichte *sind*, wir aber *werden*, und sie erfüllen sich an uns Werdenden.

Nietzsches Dionysosdithyramben

Angesichts der Dionysosdithyramben, die teils eine überraschende Verwendung dichterischer Einlagen des Zarathustra, teils neue Dichtungen der Zarathustrazeit sind, darf man wohl fragen: in welchem Sinne dichtet Nietzsche hier und was bezieht seine Dichtung auf den Gott, den er philosophisch so oft durchlebt hatte, bis er sich zu seinem Darsteller erhob?

Der philosophische Weg war ein fortgesetztes Experiment des Erkennenden mit sich selber, wobei auf den rasch wechselnden Stufen und Standpunkten zweierlei gleich blieb: Sich selbst mit dem Willen zu entwerfen und sich selbst zuzusehen. Dazu kommt die schließlich übernommene Rolle, der erste Mensch, der Entscheider der menschlichen Zukunft zu sein, also einem Rang anzugehören, der nur durch ihn selbst repräsentiert ist. Bei all dem ist das leidende Ich, dem ein grenzenloses Fordern alle diese Rollen zumutet, gewissermaßen übergangen, und lebt ein sprachloses Martyrium, da es ja nur als Objekt, nicht als Subjekt zu Wort kommt. Gibt es auch einen Nietzsche mit ausgehängtem Willen, der bloß seinen Zustand aussagt oder aussingt, der sich dichterisch gehen läßt? Andererseits: Gibt es für die neuen Höhen des Bewußtseins (denn von Umwelt kann keine Rede mehr sein) noch einen Ausdruck des Gefühls, gewissermaßen die zugehörige Stimmung zu einem philosophischen Hauptgedanken? Ja, Nietzsche war aufrichtig genug, um sich nicht bloß zu befehlen, sondern auch willenlos in sich hinabzuhören; und ihm, der jede Philosophie als Folge des seelischen Wuchses ansah, konnte das Seelentum der eigenen Philosophie nicht gleichgültig sein. Jeder seiner Gedanken verhängte eine besondere Einsamkeit über den Denker als Stimmung einer philosophischen Situation, teilte ihn in Rollen und gab ihm ein Schicksal. Der Stil der umfänglichsten Nummern (Nur Narr, nur Dichter, Unter Töchtern der Wüste, Zwischen Raubvögeln, Klage der Ariadne, Von der Armut des Reichsten) ist mimisch-deklamatorisch im Sinn der Darstellung einer philosophischen Rolle, die nicht nur eine Situation des höheren Menschen, sondern auch in heftiger und verzerrter Gestikulation dessen entlarvte seelische Verfassung enthält, also in ihren Ausdrucksmitteln nahe an die Parodie streift, so daß sie einen Zuschauer voraussetzen, der freilich mit der Rolle in Personalunion lebt. Nietzsche ist der Erfinder des transzendentalen Mimus. Ist dies eine in Zarathustra erworbene Ausdrucksart, so kommt noch dazu, daß zwei Nummern: „Die Klage der Ariadne“ und „Nur Narr, nur Dichter“ als Gesänge des Zauberers und „Unter Töchtern der Wüste“ als Gesang von Zarathustras Schatten, aus dem Zarathustra herübergenommen sind. Abgesehen von einzelnen Veränderungen verändert schon die Herübernahme. In ihr ist dreierlei enthalten. Die Lieder, die vorher dem höheren Menschen, also einer dem Zarathustra unebenbürtigen Rangstufe, gegeben waren, sind nun Zarathustras. Nietzsche bekennt sich zu ihnen; soweit sie Karikatur sind, sind sie nur noch Karikatur des Zustands. Für den Zarathustra aber besagt dasselbe Phänomen, daß die höheren Menschen doch insgesamt Zarathustrisch waren. Endlich wird für den Dithyrambus selbst offenbar, daß das Besondere der hier geschilderten Verfassung ein Auseinandertreten des philosophischen Ich in einem solchen Grade ist, daß der Begriff des Subjekts, der ja von Nietzsche psychologisch bereits untergraben war, hier kaum mehr zulänglich scheint. Statt der Schicksale, die treffen, nur noch Gedanken, die Schicksale werden, und als Korrelat eine mehrfache Existenz hervorrufen, und endlich ein Wille, der als Selbstauslegung maskiert ein So-Sein gebietet und dadurch eine Selbstunterscheidung als Lebensgefühl hervorruft, dessen Schmerz der tiefe Widerspruch zwischen Natur und Selbstauslegung ist.

Die dichterische Lizenz erlaubt dem Denken das Offenlassen der Probleme, erlaubt ihm den Übermut, einen versteckten Gott auszufinden, und zwar nicht da, wo ein absoluter Wert gesetzt würde, sondern da, wo eine Unermeßlichkeit an Elan, wo das Müssen selbst sich durch seine eigene Intensität göttlich spricht, wobei in der Ferne immer das Unausweichlich-werden dieses Spiels, seine Wörtlichkeit, als Fatum droht.

Die Stimmung des Selbstgesprächs, die hier erreicht ist: daß außer ihm nichts mehr geschieht, und daß einer sich selbst als einem, der alles weiß, alles sagt und doch Rätsel bleibt, hat es wohl noch nie gegeben, und schon darum darf man dieser Dichtung ihre dichterische Eigenschaft nicht bestreiten. Freilich ist, in der gesteigerten Kurve, die Anlage und der Ausdruck der Dialektik, ihr beständiges Fragen und Pointieren geblieben, und statt eines dichterischen Namhaftmachens dienen jene philosophischen Spitz- und Necknamen, die Nietzsche sich als Einsiedlerjargon zur Bezeichnung psychologischer Typen und Geschehnisse zugelegt hatte. (Tugendstandbilder,

Katzenmutwille, scharlachner Prinz jeden Übermuts, Allerweltsklingklang Ruhm usw.) Indes, wie konnte diese als Drama beschriebene Seelengeschichte des Denkers anders als mit den selbsterworbenen Zeichen ausgedrückt werden?

Am Anfang zwei Tragödien des Erkennenden. Die erste distanziert, als ob sie nur Erinnerung wäre: „Gedenkst du da, gedenkst du, heißes Herz.“ Die Erkenntnis, daß der Erkennende Panther und Adler ist, von Süchten getrieben, nach neuen Wildnissen und nach Vernichtung des bisherigen unterwürfigen Menschentums; die Erkenntnis, daß er, der Verfolger, zugleich der Verfolgte seines dominierenden Triebes, und schließlich, daß er der Narr der Sprache ist – die Erkenntnis also, daß der Erkennende nicht einmal erkennen will, verurteilt ihn, der die Dichter der Lüge zieh, zum schlimmsten aller Dichter, da er als Denker Dichter ist, sich vor sich selbst als Erkennenden ausgibt. Über dieser Selbstzerstörung lebt der so Zerstörte nur, sofern er sie überdauert hat. Perspektivisch verwirrender ist die Darstellung eines andern Dramas, bei dem Nietzsche doch die Situation aus dem Zarathustra zur Erklärung mit angeben mußte, nur daß wir den Schatten Zarathustras noch zarathustrischer denken müssen, vielleicht bis zur Umkehrung, wo er der eigentliche Zarathustra würde. Statt der philosophischen Vorgeschichte allerdings dient uns hier nur am Schluß der etwas fragliche Terminus „Wohllust“ zur Aufklärung. Gewiß hat Nietzsche damit nicht die Geschlechtlichkeit bezeichnen wollen, sondern den Erkenntnistrieb, sofern er ein Nachahmungstrieb ist, das unablässige Eingehen in jede Lage und in jeden Horizont, die Ausschweifung des Psychologen ohne die Grenze einer Selbstbestimmung, also, wenn man will, eines Glaubens. Im Gedicht ist der Ausgangspunkt die Oase; das Nietzsche vorschwebende neue Afrika eines musikalisch-dichterischen Stils, Genuß der Oberfläche als des eigentlichen Lebensgeheimnisses, Sinnlichkeit, die als Ausschließen der Frage, als Nichtphilosophieren aus Philosophie, als schönes Vergessen gekostet wird. Zur Zerstreuung der Odalisken, die einer solchen philosophischen Belustigung zu Gebot stehen, jener Oasenmädchen Dudu und Suleika, wird der Gesang gesungen, der als Laune des Tiefsinns seinen Sinn darin hat, keinen Sinn zu haben. Worin nun aber diese Belustigung gipfelt: eine mimische Parodie des alteuropäischen Pathos, das klingt so ernst, daß man versucht ist, es umgekehrt als die philosophische Voraussetzung dieser afrikanischen Kunst aufzufassen. Wenn der All-Erratende schließlich die Welt und sich selbst verschluckt hat, soll er nicht klagen, um ihn sei Wüste; denn er selbst ist die Wüste, die ihn zerkaut. Ist dies die Pointe, die Dudu zum Lachen bringt, oder ist Dudu und der vor ihr aufgeführte Mimus die Zerstreuung des Denkers in einem sehr philosophischen Anfall des Nichts?

Dies sind Selbstvernichtungen des Denkers, sofern er denkt – noch ist die Rede von dem, was er Anderes in seinem Umfang birgt und worin er also ebenfalls vernichtet werden kann. Es gibt für ihn keine Liebe mehr; das ist nicht verwunderlich in dieser siebenten Einsamkeit; verwunderlich ist nur, daß es sie noch geben müßte. Das wäre solch ein willenloses Sich-zuhören, solch ein Eingeständnis ohne Trost und ohne Sinn! Da fängt die Dichtung an. Ist sonst Nietzsches Selbstverständnis bis zur psychologischen Entlarvung versteckter Triebe fortgeführt, so bleibt es hier innerhalb der Stimmung, die selig scheint und deren Grund in höchst zweideutiger Weise als Schwermut entdeckt wird. Es ist nämlich der grenzenloseste Besitz, nicht mehr ein Haben, sondern ein Sein, die Einzigkeit der philosophischen Person selbst, die unwiderruflich zugleich den absoluten Verzicht in sich schließt: nur schenken zu können und niemals sich schenken zu können. Dies führt dicht an die Klage der Ariadne heran. Denn wem könnte sich ein solcher schenken als einem Gott? Von einer neuen Seite wird der Untergang notwendig. Das Dasein dieses obersten Ranges, dem kein Partner antwortet, muß als Moment geschehen, kann aber nur Moment sein, weil es ein selbst-vernichtendes Fatum ist. Warum muß das, das sich nicht mehr schenken kann, sich dennoch schenken wollen? Das ist Urgestein, letzte Bedingung der Existenz in ihrer Paradoxie, die sich nicht enträtseln läßt, aber Tod bringt.

Melodischer ist der Ruf nach einem Gleichen, der in Vergangenheit oder Zukunft die noch bevorstehende siebente Einsamkeit den Dichter lehren könnte, den Fischer, der in Umkehrung der Metapher auf einem Berg inmitten des

Meeres sitzend im Himmel fischt. Den Untergang selbst, ohne jede lyrische Umschleierung, spricht der Dithyrambus „Zwischen Raubvögeln" aus. Die letzte, tiefste Verstrickung des Erkennenden ist die Selbsterkenntnis, mit der erst die Erkenntnis Erfahrung von innen, mit der aber, durch die unlösliche Verstrickung des Erkannten und des Erkennenden, die Erlösung durch das Andere, was es immer sei: durch die Beute, durch das Verfolgen, aufhört; und der Sieg: kein Geheimnis mehr vor sich selbst zu haben, besiegelt die grenzenlose Ohnmacht dessen, der alles, sogar sich selber, will. Der so Erkannte entdeckt sich selbst als die Bedingung, als absolute Unausweichlichkeit für das Erkennen wie für das Sein. Es gibt von da an keinen Gedanken mehr, der nicht Selbstmord wäre, der – in der Metapher des Gedichts – nicht als Raubvogel um den durch sich selbst Gehenkten flatterte . . .

Wäre an sich der Akt, kraft dessen eine sich steigernde Selbsttätigkeit des Lebens zum Gott erklärt würde, eine Freiheit des Schaffenden, so ist sie in diesem Zusammenhang Not im bedenklichsten Sinn, der einzig noch offene Lebensversuch des durch die Tat des Erkennens und durch den Rang des Erkennenden unwiderruflich zu sich selbst Verurteilten. In jedem Verfolgenden ist ein Verfolgtes; der Jäger entdeckt sich als Beute – welches ihn Jagenden? Dieser unwiderrufliche, treibende Seinsgrund, der dem Dichter der Zwang aller Zwänge ist, bedeutet so, wie er mit dem Dichter schaltet, freieste Freiheit, ist also, als Subjekt gedacht, im Rang über ihm ein Gott, sein Gott, Gott getauft im Ja-Sagen zur eigenen Marter, und doch im psychologischen Sinn strenge Erfahrung. So wird, in den Klagen der Ariadne, die philosophische Tragödie ganz: das Opfer, das beständig stirbt und nie sterben darf, hat zur Voraussetzung den Zuschauergott, der seine Lust hat an der Qual seines Opfers – eine Lust, die zugleich Lust des Erkennenden ist, der diese Marter als Experiment mit dem Opfer anstellt. Karl Reinhardt hat in seiner Auslegung der Klage der Ariadne dieses Gedicht höchst aufschlußreich mit dem Zuschauerproblem Nietzsches zusammengebracht. Wird hier also die Philosophie auf einen zuschauenden Gott und ein im Leiden seliges Opfer verteilt, zum Drama aller Dramen, so ist dies mehr als eine Lizenz – denn dieser Gott ist als Ursache wahr, und wahr ist auch seine Göttlichkeit, sofern er absolut wirksam und unfaßbar bleibt. Daß der Partner des Gottes jetzt weiblich ist, Ariadne, statt des Zauberers im Zarathustra, erklärt sich vor allem daraus, daß zwischen dem Opfer und dem Zuschauer die Liebesbeziehung gesetzt wird, im Sinne Nietzsches: als unversöhnlicher, dennoch bejahter Krieg. Auch das ist philosophische Wirklichkeit, daß Ariadne den Gott um den Tod bittet, während der Gott sie unaufhörlich da capo töten will – wie es der metaphysische Hauptgedanke Nietzsches involviert. Ein Neues kommt hinzu, der Gott auf der Leiter, in Ariadnens Herz einsteigend, so wie Jupiter auf jener Phlyakenvase bei Alkmene einsteigt . . . Zuschauer also in dem Sinn, daß (in weiterer Ausführung des erotischen Gleichnisses) das Geheimnis verletzt wird: neue Tragödie des Erkennenden, sofern das sich selber Zuschauen gegen die Scham ist. Beutet der Dichter seine Erlebnisse aus, um vor andern zu prunken, so tut es der Psychologe dem eigenen Zuschauen zulieb. Dann das Rangproblem! Ariadne weigert die Hingabe und rät dem Gott, ein hohes Lösegeld zu fordern. Im Umgang des Menschen mit dem Gott wird das Gesetz der Gleichheit errichtet – die Einzigkeit des Ranges, die in den andern Dithyramben tragisch gefeierte, wird beiden Partnern zugesprochen. Was bedeutet aber der Gott, der nichts von Ariadne, der Ariadne selber will; und die Gegenforderung, wodurch Ariadne ihm dies weigert, die Forderung, daß der Gott sich ihr ergebe? Heißt das letztere, daß der Gott aus seiner Unerklärlichkeit heraustrete (also Gott im alten Sinne würde, nicht im neuen eines im Ich enthaltenen Fatums), so meint die Forderung des Gottes, daß Ariadne ihr letztes Geheimnis, ihr Sein in sich selbst, das Geheimnis der menschlichen Existenz, an den Gott verraten solle, wie der Gott seines, die Distanz der Göttlichkeit, an den Menschen zu verraten angefleht wird. Das wäre ein Aufhören des Kriegs, durch den allein die hohen Prozesse des Philosophierens aufrechterhalten werden – undenkbar, denn Nietzsche sein heißt ein Fatum sein und haben. Freilich das Fatum, das Nietzsche für sich selber zu sein sich entschließt, ist nicht ganz er selbst – etwas in ihm steht dagegen auf, nicht weil dies

Fatum zuviel Leiden wäre, sondern weil es über die Natur Nietzsches hinausgeht. Weint darum Ariadne dem Gott nach, den sie nicht erträgt?
Dasselbe deuten auch die Tonfälle an, diese Geheimnisverräter für jeden, der sich mit den gefährlich aufrichtigen Zeichen der Dichtung einläßt – die Tonfälle von „Ruhm und Ewigkeit“ und von „Die Sonne sinkt“. Das erstgenannte Gedicht beschreibt in angestrengten Tönen des Triumphs das Bewußtsein der Ewigkeit, die in Gestalt des dem Dichter zusinkenden Sternbildes ihn bekennt, den einzigen, der sie zu lieben wagt. Das andere Gedicht, das ungewollteste, lyrisch vollkommenste, strömt nur die Stimmung des Untergangs aus. Welch süßes, gliederlösendes Gefühl der Entspannung – das endliche Müdsein-dürfen nach erfülltem Fatum! Diesen also darf das Glück erst einholen, wenn er müde wird! Eine neue Art „Einsamkeit“: die Todeslust dessen, der die eigene Existenz über seine Natur hinaus entwarf und nun untergeht in der Umkehr zu sich.

Rilkes Duineser Elegien

An Rilke wird erst deutlich, wie fest sich die deutsche Lyrik, soweit sie von der Frage nach dem Menschen bewegt war, an die alte mythische Denkweise gebunden hatte und den Tod des Mythos durch ein eigenmächtiges mythisches Verhalten der dichterischen Person zu überdauern suchte. Rilke, als Denker einer der stärksten

Kräfte unseres Jahrhunderts, hat die Frage aller Fragen gestellt, ohne sie mythisch zu beantworten. Er verwirft es, die übermenschlichen Kräfte, die er erfährt, durch Bild und Kontur den Menschen vertraulich zu machen, und bringt ihnen, den in ihrer Schrecklichkeit Belassenen lieber die genaue und unwiderrufliche menschliche Erfahrung, den irdischen Zufall dar, diesen ebenfalls in seiner Einmaligkeit belassend.

Es ist wohl kaum je so erschütternd die Hilflosigkeit des menschlichen Erkennens geklagt worden, wie in dieser 8. Duineser Elegie, die in einer Art Physiognomik des Tiergesichts diesem den Blick ins Offene, auf Gott zutraut, während der Menschenblick das Sehen fallenartig einfängt, so daß es immer rückgewandt auf Menschengleiches, d. i. auf Gestalt, die der Tod entwarf, gebannt ist. So sieht er nur Tod, und sein Dasein ist Abschied, nicht aus der Fülle des Herzens, sondern aus dem Unvermögen, etwas, das nicht zum Tod geboren ist, zu sehen.

Was wäre für diesen Dichter mit Mythen gewonnen? Wenn er aber doch vom Nicht-Menschlichen spricht, nicht nur von Engeln (von denen er sorgfältig jeden Anflug einer Vorstellbarkeit fernhält), sondern vom Tier, von Vogel und Fledermaus, gar von der Puppe, sehr oft aber von den Toten – und weiter von Ausnahmen des menschlichen Seins, die ein sonst dem Menschen versagtes Können zu bedeuten scheinen, etwa vom Kind, von den Liebenden, von den Fahrenden, vom Helden, so hat dies alles die Absicht: das Dasein des Menschen als ein mit Inbrunst empfundenes und gestandenes Nicht-haben durch verschiedene, gegen den Menschen hin abgestufte Arten des Habens zu bezeichnen. Da nämlich ein eigener Inhalt des Menschen nicht auffindbar ist, sondern nur, was ihn umstellt und verneint, sowie die wenigen Durchschlüpfe dieser seiner Hürde – da also der Mensch selbst als verläßliches Zentrum des Mythos, nämlich einer gedeuteten Welt, nicht auffindbar ist, sind diese scheinbaren Mythen oder Symbole in Wahrheit Einkreisungen der menschlichen Existenz, die in ihrer Fraglichkeit nur durch das Benachbarte einen Umriß gewinnt.

So könnte man diese Elegien mit einem Vexierbild vergleichen. Auf einem Vexierbild sind Umrisse von Bäumen, Häusern, Seen oder Gegenständen gezeichnet, als ob es darauf ankäme, dies abzubilden, während in Wahrheit der richtig sehende Betrachter das gesuchte Wesen im Netzwerk dieser Linien eingefangen erblickt. Die Elegien sagen von Engeln und anderen so lang, so dringlich, so scheinbar nur dies meinend, bis aus allem das menschliche Nein und Nicht, die Fraglichkeit und Unmöglichkeit des Menschseins, aber auch ein fruchtender Ansatz und erschließender Bezug hervorgeht.

So oft ein Dichter die gedeutete Welt verläßt, wird er sich und den Sinn seines Dichtens neu finden müssen. Der hier angewandte Begriff des Dichtens ist nicht nur aufzusuchen in „Singen, preisen, rühmen, Schrei“, sondern in „Hören, Zuschauen“. Die erste Elegie mutet dem Leser das Verständnis eines neuen Rilkischen Begriffes zu, des Werbens, der dann in der 7. Elegie so wieder aufgenommen wird, daß der Dichter an deren Anfang und Ende versichert, nicht werben zu dürfen, aber in der ganzen langen Elegie ausbreitet, was sein Gesang wäre, wenn er würbe. Was aber dies Werben verständlich macht, ist wiederum der Bezug auf den Engel.

Nicht oft ist er genannt oder angeredet. Ob er einer oder viele ist, ist gleichgültig; auch ist er keineswegs des Dichters eigener Engel; er ist ein gespürtes Kraftzentrum jenes Anderen, Übermenschlichen, das nicht vorgestellt, aber aufs Tatsächlichste erfahren wird und da ist als eine Stufe, tödlich in der Nähe, fernster, scheuester Annäherung noch eben zugänglich und also nicht bloß „schrecklich", sondern auch unvermeidbar, da die Toten, mit denen der Dichter vertraulicher verkehrt, mehr des gleichen Stammes sind und das Mensch-sein in der Bewegung auf anderes erhalten werden muß. Der Engel ist die einfache, fast kindlich einfache Antwort des Dichters auf die Frage, für wen er singt. Wie man das Dasein einer stummen und durch einen Gegenstand verdeckten Person an der vorlesenden Stimme eines anderen errät, da ja sein Vorlesen an jemand gerichtet ist, so erinnert uns die Hinwendung von Rilkes Stimme (nur in den Elegien, wo sie in ihrer ungeheuren Schwingung rückwirkend bestimmt den ungeheuren Adressaten verrät – nur hier ist diese Stimme so) an die stumme, nicht betonte Anwesenheit des Engels, für den dies Alles gesagt ist. Sehr selten ist er erwähnt. Aber wenn der Dichter, wie in der Elegie von den Fahrenden, als er das Lächeln eines kaum zum Lächeln Zeit habenden Akrobaten schildert, sich plötzlich unterbricht und dem Engel empfiehlt, dies flüchtige Lächeln in eine Blumenvase zu stellen – so verrät uns diese gelegentliche Anrede, wie durchaus der Engel auch sonst bei allem Gesagten vorausgesetzt wird. Dies schließt freilich ein anderes, sehr beträchtliches Publikum, nämlich die ganze, Rilke in großen Auflagen lesende, deutsche und sonstige Menschheit aus. Ernsthaft gesprochen: Kraft und Form des Ausdrucks ist diesmal so durch den Adressaten bestimmt, daß eine Eigensprache der Verständigung mit ihm entsteht. Nur in diesem Sinn, nicht im Sinn einer Verständigung mit den Menschen sind diese Elegien Mitteilung. Allerdings kann auch so die Stimme Rilkes, ohne die für uns geeignete Verständlichkeit zu haben, ins Innerste treffen, ja vielleicht tut sie es gerade deshalb. Haben doch Propheten, weil Gott durch sie in Rätseln sprach, mehr Gehör gefunden als ein weiser Mensch mit menschlichen Worten; wie sollte es nicht der bescheidenere Anspruch Rilkes, der, nicht vorgebend, es rede ein Höherer durch ihn, nur vorgibt, er rede mit einem Höheren? Dies Sprengen der menschlichen Hörweite (vielleicht auch ein Sprengen der Kunst) würde dann freilich den vernehmenden Menschen in dieselbe Bewegtheit, in denselben Bezug versetzen, der dem Dichter seine unbedingte Originalität, seinen Standort außerhalb ermöglicht. In der Tat: eine Wirkung der dichterischen

Stimme, auf die, deren Organen sie widerspricht, und unter der Bedingung, daß sie nicht auf diese eingerichtet ist. So sehr auch dies Dichten Rilkes dem Beten nahe kommt, wenn wir den Begriff Gottes, den zu haben Rilke zu vorsichtig, zu unchristlich geworden ist, durch den Engel ersetzen – dies Dichten ist doch keineswegs ein Beten! Das Beten gerade wäre Werben! Der Betende wird erhört oder erhebt sich zu Gott. Dies Dichten aber zielt nicht auf eine Erhörung, noch auf ein Gehörtwerden, in dem Sinne, wie ein Schrei gehört wird: damit ein Stärkerer sich teilnehmend herneige, noch auch, wie ein beschwörender Ruf gehört wird, damit sich Übermenschliches in den Zirkel der menschlichen Erfahrung hereinbegebe – all dies wäre Werbung; viel mehr entspricht das Tun des Dichters der Übermittlung einer einzigen unersetzlichen Nachricht an jemanden, der zwar höher steht, aber dennoch über diese Art und diese Bereiche der Erfahrung nicht verfügt. Und hier gilt es nun zweierlei zu begreifen: einmal die Tönung des Begriffes „Erde“, die er bei Rilke in bezug auf die Engel annimmt, und dann ein eigentümliches Zeitbewußtsein, ein Bewußtsein des Werdens und der Wende, das auch dieser Dichter (in einer sehr entfernten Aufnahme Hölderlinischer Hymnen) erwirbt.

Höchst klar inmitten der tief verrätselten sonstigen Sageweise ist in der 9. Elegie das einzige Haben des Menschen, in dem er sich gegen den Engel behaupten kann, gegenüber so mannigfachem Nicht-Haben ausgesprochen. „Sind wir vielleicht hier um zu sagen: Haus, Brücke, Brunnen, Tor, Krug, Obstbaum, Fenster ... Erde, ist es nicht dies, was du willst: Unsichtbar in uns erstehn?" Die Engel sind nämlich nicht etwa früher Menschen gewesen, in ewigem Anders- und Übersein ist ihnen das eigentümliche Schicksal, das in den konkreten und vergänglichen Fakten des Erdentums, seiner Räumlichkeit und Bildlichkeit, seinem Daseinsgefühl und seinem Bodengeruch enthalten ist, verschlossen – verschlossen durch Größe – und ohne daß Sendung und Auftrag der Erde inhaltlich zu enträtseln wäre, ist es doch dem Gefühl des Dichters verbürgt, daß die Erde ein Faktum ist, das auf Gottes Waage mit schwerstem Gewichte wiegt. Hier besonders bedeutet Dichter sein zuhören und zusehen, bis zum innigsten Erraten und Erfahren der Dinge, der Situationen, der Gefühle. Nun ist es der Erde versagt, ihre Ewigkeit in sich zu haben; daß man von ihr höre, ist dem Menschen aufgegeben. Der Dichter aber, der die Fühlsamkeit der Liebenden mit der ihm eignenden Kraft des Ausdrucks vereinigt, kann dem Engel das eine oder andere dieser Dinge hinhalten, damit er an ihnen die Erde schmecke. Nicht also damit möge der Dichter den Engel begaben, woran der Engel selbst unermeßlich reicher ist – mit den Aufschwüngen, deren der Dichter in der letzten Anstrengung seines Geistes mächtig wäre, sondern mit dem, was er allein hat, gewissermaßen einem Herbarium des Ausflugs oder der Verstoßenheit an den menschlichen Ort Erde; so die Bitte der Erde erfüllend. „Erde, du liebe, ich will.“ Freilich muß dies Sagen des Säglichen, so bescheiden es ist im Ausschließen des Unsäglichen, doch die Nachricht, die es gibt, umgewandelt haben in reine Innerlichkeit, weil nur in dieser Form Erde im nicht mehr Irdischen behalten werden kann. All dies ist der reine Gegenbegriff zur mythischen Selbstverewigung des Menschen.

Zugleich entspricht aber dies bescheidene Umsetzen alles irdisch Erfahrbaren in das formlos mitgeteilte Gefühl dem Stil der Epoche, zu der sich Rilke bekennt und in der alle verläßliche Überlieferung, alle wohlbegründete Umwelt darum so einzig und köstlich wird, weil sie dem Menschen für immer verloren geht. „Nirgends, Geliebte, wird Welt sein, als innen.“ Als was sich ihm der Zeitgeist geoffenbart hat, gesteht Rilke in der 7. Elegie. Die neue Epoche steht in dem Zeichen der Ökonomie, wie die alte religiöse in dem der Verschwendung. Der gewesene Mensch warb allerdings und er durfte werben. Er sah und bildete seine Götter, baute Tempel, hob sich in Domen in die Nähe des Engels, er erfuhr das Höhere im Bild, umkreiste es und riß es zu sich, fast als ob er Engel gewesen wäre, fast als ob ihm die eigene Kraft in der Verausgabung nicht entschwände.

Es ist im Grunde der Mensch der Mythen; dem von den beseelten Dingen scheidenden technischen Menschen bleibt nur noch deren Herübernahme ins innige Gedächtnis, das wenn nicht durch anderes, schon hierdurch auf das Reich der Toten als auf sein eigentlich nährendes

Erdreich angewiesen wäre. Den Ahnenkult, wie ihn Rilke ausbildet, erweist nicht einer, der selbst wieder Ahne sein will, sondern einer, der den Abschied von der Gediegenheit der Blutzusammenhänge für unwiderruflich hält.

Weder ein poëtischer Atavismus noch ein neues Evangelium sind also diese Engel Rilkes, sondern als die Adressaten der Elegien stellen sie dar, wozu das Leben ein Ansatz ist, worauf hingelebt wird nach unabweisbarer innerer Erfahrung Rilkes – sie sind Engel, sofern das Menschsein sich selber verneint und dadurch Ausweg wird, der dem Dichter ebenso fraglos ist, als er den Menschen in Frage stellt. Was die Elegien mit dem Malte Laurids Brigge verbindet, ist das Zuschauen: sehr überraschend wird in der 4. Elegie der alte Vergleich des Lebens mit einem Theater erneuert und dabei das von Menschen gespielte Theater zugunsten des Puppentheaters verworfen. Was ist hier Menschenbühne und Puppenbühne? Abschied zeigt die Szenerie, wann immer der Vorhang des Herzens aufging, Abschied im Rilkeschen Sinne: ein nur auf Schwindendes gerichtetes Auge, ein Zu-klein-sein für das eigene Herz, ein Nicht-durchhalten-können im wahren Daseinsgefühl. Dafür ist die Rolle Metapher: der Schauspieler, der als Tänzer die unter ihm wackelnde Gartenszenerie betritt, ist ja bloß verkleidet und geht durch seine Küche in die Wohnung, er ist der höchst untänzerisch gesinnte Herr soundso – und damit Beispiel der Nichtigkeit, denn der Mensch ist nicht darum nichtig, weil er schlecht oder schwach wäre oder kurzlebig, sondern darum, weil er nicht ist, was er ist – weil er den eigentlichen Inhalt seiner Existenz in Wahrheit gar nicht durchlebt oder dies nach einem minutenlangen Lebensversuch aufgibt. Die Puppe ist der Mensch Rilkes: ein Nichts in sich selber, ein Als-Ob, eine Attitude, die etwas meint – dadurch so unendlich wahr, daß ihr Nichts die Ergänzung fordert, ja dem Begriff nach besitzt – man muß bloß richtig hinschauen. Nicht etwa spielt der Engel mit der Puppe und der Dichter sieht zu, sondern der Dichter sieht zu, so beharrlich, so unerschrocken, obschon sich das Spiel in Todesschatten verliert und ihn sein dringendes Zuschauen vereinsamt – er sieht so lange hin, bis die Dringlichkeit seines Hinsehens die ergänzende Sicht erzwingt: den Engel, der die Puppe am Draht hochzieht. Die Engel sind nicht mehr, als was in solchem Zuschauen inwendig verbürgt ist: eine Emanation großer und fremder Kraftquellen, ohne deren Vorhandensein für den Menschen das menschliche Nichts gar nicht gefühlt werden konnte.

So entsteht durch die Umschreibungen der Engel, der Kinder, der Toten, der Tiere, der Liebenden, der Fahrenden, der Helden, ein negativer Umriß des Menschseins, in dem aber zugleich dessen Selbstübertreffung erscheint: nicht Utopie, nicht Zukunft, sondern Innigkeit des hiesigen und augenblicklichen Lebens. Gerade daß die Nachbarbereiche des Menschentums nicht verdeutlicht werden, daß kein Mythos über das Nichtwissen und den Schauder vor ihnen hinwegträgt, macht die Demut und Wahrhaftigkeit dieser Elegien aus. Das äußerste, das der Mensch im Exil, der moderne Mensch, der Mensch ohne Mutter vom Orakel dieses seines Dichters erwarten darf, ist das Ahnen einer Wegspur. Er erfährt keinen Gott, wohl aber sich selbst, den Verlorenen, in Nachbarschaften und im Zusammenhange: Rilke ist der Dichter des Bezugs.

Der Sinn dieser Auslegungen konnte nur sein, etwas zu zeigen wie es ist, nicht aber: unser Verhalten dazu zu bestimmen. Was wir mit Dichtungen wollen, ist schon ein Mißverständnis – es geschieht etwas an uns: das ist das Eigentliche, und kann nicht festgesetzt werden. Hätten wir uns einem dieser Eindrücke ausschließlich hingegeben, ohne darnach einen anderen zuzulassen, so stünden wir im Banne einer gewaltigen Individualität. Das Nebeneinander und Nacheinander aber, die Vielfalt schöpferischer Antworten statt eines wegweisenden Aufschlusses, möchte den bestürzen, der mit religiöser oder philosophischer Erwartung vor diese Dichtungen hintritt. Vielleicht kann in der Tat die Vielheit des religiösen Offenbarungen oder der philosophischen Systeme den ehrfürchtig Suchenden entmutigen. Geschieht uns dies aber durch Dichtung, so haben wir sie nicht als Dichtung begriffen, sondern ließen ihr Eigenes außer acht und wollten etwas anderes. Denn wahrlich: so viel es Dichter gab und geben wird, so viel eigene Erfahrung des Daseins und eigener Ausdruck desselben! Obwohl sich aus der Aufeinanderfolge dieser Dichtungen etwas Entwicklungsgeschichtliches ablesen läßt und es keiner großen Kombinationsgabe bedarf, um den einen dieser Dichter durch den andern zu ergänzen, soll keine billige Konkordanz hergestellt, noch sollen ihre Standorte erbaulich durch eine geistesgeschichtliche Linie verbunden werden. Im Gegenteil: gerade die hier gezeigte Vielfalt bewahrt uns vor einem falschen Verhältnis zu ihnen. Erwies sich das Gemeinsame dieser Dichtungen darin, daß sie Begriff und Befugnis des Dichters bis an die fernste Grenze ausdehnten, so sei doch betont, daß und wie sehr die Dichter Dichter blieben: nicht unsere Erkenntnis durch Wahrheit bindend, nicht unsere Nachfolge durch eine Lebensanweisung fordernd. Dichterisch ist nicht die Frage und nicht die Antwort, sondern der Verzicht auf jede geläufige Hilfe, das einfache Betroffensein, dessen Geständnis am wahrsten ist von allem und das den verdeckten Grund unserer selbst bedeutet. Welch engen Ausschnitt des Lebens leben wir, nicht nur durch den schmalen Raum und die begrenzte Zeit unseres Lebens, durch das Geteilte und Abgeleitete unseres Berufs und unserer ganzen Zivilisation – noch viel mehr durch die begrenzte Kraft des Fassens und Fühlens, durch eine derbere Organisation, die uns schützt, indem sie uns unempfänglich macht. Im einfachsten Sinne dasein – zugleich als ob uns alles zum erstenmal wäre, uns wie ein Wunder überfiele und wir doch allem sonderbar vertraut wären; uns selbst, Welt und Schicksal im Gefühl umfassend – Dasein in diesem einfachsten Sinne, das suchen wir vielleicht, und kommen nie dazu vor lauter Leben, verstrickt und einzeln wie wir sind. Dies und anderes ist Sache des Dichters; er tut es, aber kraft der dichterischen Wirkung tut er es so, daß wir es durch ihn tun und mit ihm tun, und obwohl wir Dichtung und Leben unterscheiden und zu keiner unserer Tätigkeiten des Dichters bedürfen, ist es doch die Frage, ob wir ohne ihn im eigentlichsten Sinn zu leben wüßten.

EDITORISCHER ANHANG

Vorbemerkung des Herausgebers

Das vorliegende Werk erschien 1943, ein Jahr vor dem Tod des Verfassers. Der Verlag hat es mehrmals unverändert wiederaufgelegt. Auch diese 4. Auflage ist ein fotomechanischer Nachdruck.

Dem erst seit etwa zehn Jahren mit der editorischen Betreuung der Werke Max Kommerells betrauten Unterzeichneten bleibt daher nur, die Ergebnisse seiner Textrevision in einer Corrigenda-Liste beizufügen. Er verbindet damit die große Bitte an Leser und Freunde dieses Werkes, ihm ihre Bedenken gegen diese Korrekturvorschläge und ihre Ergänzungen dazu mitzuteilen. Zweifelhafte Korrekturen sind mit Fragezeichen versehen, die besonders zur Stellungnahme einladen. Zur Vermeidung unnötiger Hinweise sind auch offensichtliche, leicht zu berichtigende Versehen einbezogen. Eigenwilligkeiten von Diktion, Interpunktion, Satzbau usw. blieben unangetastet. Dafür wurden, soweit angängig, Gedicht- usw. -titel in die Form gebracht, in der sie in Registern von Gesamtausgaben wie auch in dem hier beigefügten alphabetisch zu finden sind, und Zitate auf Übereinstimmung mit dem Original überprüft, auch soweit sie nicht zwischen Anführzeichen stehen. Deren ungleichmäßiger Gebrauch blieb, bis auf Einzelfälle, unangetastet. Auf Fundstellenangaben wurde verzichtet. Der Autor schrieb, wie er eingangs sagt, ‚für Geübte', d. h. (u. a.) für Textkenner, die merken, wenn, oft auch was zitiert wird. Gewiß hat es der Unterzeichnete nicht immer gemerkt oder Ungenauigkeiten übersehen, darum ist auch er ‚auf Ergänzung angewiesen'.

Auf die Unerläßlichkeit eines Registers wurde ich während der Arbeit von sachkundiger Seite hingewiesen. Es soll vor allem die behandelten Gedichte (und sonstigen Werke) von Goethe, Novalis, Hölderlin, Nietzsche und Rilke nachweisen, aber auch die Stellen, wo aus Gedichten usw. in bestimmten Zusammenhängen zitiert wird. Auch hier treten im Register nur die Gedichte selbst mit ihren Titeln oder Anfängen, nicht die aus ihnen zitierten Stellen auf, da in der Regel nicht diese, sondern Äußerungen zu bestimmten Gedichten, Gedichtkreisen oder -gattungen gesucht werden. Vollständigkeit wurde hierin weder erreicht noch angestrebt, auch abgesehen von der Schwierigkeit, alle Gedichte, von denen oft nur wenige Worte zitiert sind, zu identifizieren.

Andere als die genannten fünf Dichter, denen das Werk gilt, und allgemeine Begriffe sind nicht registriert, da hierin die Nachschlagebedürfnisse weniger dringlich erscheinen und zu verschiedenartig, um noch eine vertretbare Abgrenzung zu finden. Doch sind auch hierin Anregungen willkommen.

Da als Titel von Gedichtkreisen auch allgemeine Gattungsbegriffe wie ‚Lieder', ‚Balladen', ‚Elegien', ‚Sonette' auftreten und oft die Gattung im Titel und umgekehrt mitgemeint ist, sind diese wie auch weitere Gattungsbegriffe wie Volkslied, Volksballade mitregistriert, soweit sie als solche eingehender behandelt werden. ‚Wenn Goethe Gedichte derselben Gattung zusammenstellt, erneuert er die Gattung, und wir werden auch den Begriff neu bilden müssen' (S. 216).

Vermerkt sei noch, daß Teile dieses Bandes schon zuvor als Aufsätze erschienen waren, die nun teils verkürzt (einen Hinweis gibt die Anmerkung S. 452), teils erweitert oder sonstwie verändert wiedergegeben sind. Grundgedanken finden sich in „Goethes Gedicht" (Goethekalender auf das Jahr 1936 = 29. Jg., Leipzig: Dieterich, S. 133–169, wiederabgedruckt in dem von Hans-Georg Gadamer hrsg. Band M. K., Dichterische Welterfahrung, Essays, Ffm: Klostermann 1952, S. 23–52). „Goethes Ballade vom vertriebenen Grafen" (Die Neue Rundschau, 47. Jg. 1936, Heft 11, S. 1209–1219) findet sich, ohne Zwischentitel, unten S. 398–417. ‚Die Paria-Trilogie' (S. 417–429) war in etwas anderer Fassung unter dem Titel „Goethes indische Balladen" erschienen im Goethekalender auf das Jahr 1937, S. 158–185. Der Schlußteil (S. 430 ff.) ging hervor aus einem 1941 gehaltenen Vortrag „Die Dichtung in freien Rhythmen und die Religiosität der Dichter" (Universitätsbund Marburg a. d. Lahn, Mitteilungen, 21. Jg. 1941, Heft 2–3, S. 74–94), noch ohne den Passus S. 443 unterer Absatz bis S. 448 Mitte. Damit zum Teil sich überschneidend und ausführlicher als hier S. 449–456 erschien 1942 „Novalis: Hymnen an die Nacht" in: Gedicht und Gedanke, Hrsg. H. O. Burger, Halle/S.: Niemeyer, S. 202–236.

Für vielfachen, wertvollen Rat, besonders auch den, ein Register beizugeben, danke ich Frau Dr. Dorothea Hölscher-Lohmeyer.

D-7000 Stuttgart 75, Ostern 1985 Helmut Strebel
Melonenstraße 62

REGISTER

Gedichte erscheinen unter authentischem Titel, sonst unter ihren Anfängen (zwischen Anführungszeichen), die beigefügt sind, wo es unter einem Titel mehrere Gedichte oder Fassungen gibt. Unter Gedichtkreis-Titeln sind die zugehörigen Gedichte nur bei den römischen und den Duineser Elegien (letztere nur dort) aufgeführt, und zwar nach Nummern. Sonst sind die Gedichte nur einzeln aufgeführt, ggf. unter Beifügung eingeklammerter Abkürzungen von Gedichtkreisen, damit sie, besonders beim Divan, in deren Sonderregistern gesucht werden. Bei Sonetten und römischen Elegien sind die Nummern, bei den zahmen Xenien die Bücher beigefügt, und zwar beide (VI/VII), wo verschieden numeriert wird.

Auf die Seitenangabe folgt kursiv die Zeilenangabe.

Goethe

Novalis

Hölderlin

CORRIGENDA

Seite, *Zeile*	statt:	wohl besser:
14, *26*	hauchte	haucht
14, *27*	war	ist
15, *18*	unsere	unserer
17, *1*	unseres	ihres (?)
18, *4*	war	waren
18, *25*	viel	viele
20, *12*	Alte	Altes
21, 2	Daß	daß
30, *21*	indem	in dem (?)

Seite, *Zeile*	statt:	wohl besser:
41, *6*	sagen, das	sagen das
41, *7*	Dichterum, müßig	Dichtertum müßig
43, *2*	nachgesprochen	nachgesagt
44, *27*	anderen	Anderen
45, *12*	darnach	danach
	andern	Andern
59, *22*	andere	Andere
60, *25*	Wanderers Nachtruhe	Wandrers Nachtlied
61, *10*	tanëität	taneität
63, *2*	sollten	könnten (?)
66, *27*	offenen	offnen
67, *2*	schalten	schalten,
67, *4*	anderen	Anderen
68, *9*	sagende	Sagende
70, *27*	machte	machte.
71, *24*	indem	in dem
76, *3*	beziehende	beziehenden
76, *24*	ein	eine
77, *16*	Müßigang	Müßiggang
77, *18*	gebahren	gebaren
82, *25*	Wanderers	Wandrers
92, *3*	Lillis	Lilis
92, *17*	das Wiedersehen	Das Wiedersehn
94, *5*	von	vor
95, *1*	den	der
95, *7–8*	darf unser	darf die Deutung unserem
95, *9*	befragen, der Deutung	befragen,
96, *7*	Punkt	Komma
101, *10*	Gefahr	Gefährdung
105, *15*	Natur.	Natur!
110, *1*	Kopf	Zopf
112, *8*	des	der
112, *9–10*	Chinesisch Deutschen Jahreszeiten	Chinesisch-deutschen Jahres- und Tageszeiten
114, *2*	Malen,	Malen

Seite, *Zeile*	statt:	wohl besser:
115, *13*	ein	eine
117, *13*	nach „vernehmen." neuer Absatz	
118, *10*	ist, „Geheimster Wohnsitz"–	ist: „Geheimster Wohnsitz",
124, *26*	den	der
124, *27*	ist	sind
126, *9*	das, in	das in
	an den	„Dem
126, *10*	Vollmond,	Vollmonde"
126, *16*	Spiegelung	Spiegelungen
127, *23*	Unwiderholbarkeit	Unwiederholbarkeit
131, *20*	seligsten Erwachen	sehnlichsten Erwarten
131, *27*	großen Holden!	Großen, Holden,
134, *15*	Vollmond	Vollmonde
	den	dem
135, *17*	der „Bräutigam"	„Der Bräutigam"
137, *6*	Soviel	So viel
138, *1*	und hier	oder
139, *7*	Partikeln	Partikel
139, *16*	andere	Andere
141, *11*	Lillys	Lilis
143, *25*	tungen	tungen,
149, *2*	einem	einen
150, *14*	eingeschänkt	eingeschränkt
156, *9*	Petrarka	Petrarca
158, *10*	ist	sind
165, *24*	Deutsche	deutsche
166, *18*	am	an (?)
168, *6*	durchfühlte	durchfühlt
172, *25*	die Seefahrt	die „Seefahrt"
180, *7*	würden	würde
181, *8*	Epilog .. Glocke	„Epilog .. Glocke"
184, *2*	Holzschnitts,	Holzschnittes
184, *4*	Altvorderen	Altvordern
187, *4*	erscheint –	erscheint, –
187, *13*	Bachanten	Bacchanten

Seite, *Zeile*	statt:	wohl besser:
189, *21*	an Graf Paar	„An Grafen Paar"
191, *17*	eine	Eine
191, *26*	erzeugt	erzeugt,
191, *28*	schleicht	schleicht,
192, *2*	gestillt	gestillet
192, *3*	entquillt	entquillet
193, *12*	Wolfgang	Walter
193, *20*	sich doch zuletzt	zuletzt sich doch
193, *28*	Geschossen	Geschossen,
205, *26*	Farben an	Farben. An
206, *8*	kosmogenischen	kosmogonischen
208, *13*	Eins und Alles	„Eins und Alles"
208, *19*	Vermächtnis	„Vermächtnis"
208, *21*	Ewige	Ewge
211, *11*	Fond	Fonds
212, *10*	Eine	Einer
214, *14*	immer wieder	immer
221, *4*	bündig,	bündig.
231, *26*	Besuch	Der Besuch
247, *28*	säumis	säumnis
248, *8*	den im	dem in
253, *10*	Auf den	Der
263, *2*	Tugend,	Tugend;
263, *3*	welche	welche,
263, *15*	stinkts'	stinkt's
267, *1*	ver	ver-
269, *26*	und zwischen	und
272, *23*	Chiffre	Chiffer
275, *25*	steckchen	Steckchen
276, *18*	tisch	thisch
284, *3*	Buch des Paradieses	„Buch des Paradieses"
286, *15*	Er	Es
290, *12*	daß	Daß
290, **17**	crschöpfendere	erschöpfendere
291, *4*	vorträgt,	vorträgt

Seite, *Zeile*	statt:	wohl besser:
292, *26*	neuesten	neusten
293, *3*	eignet	eignet,
309, *6*	verhüllt	verhüllet
314, *22*	werden	zu werden
314, *27*	Urei	Ur-Ei
316, *11*	der	von der
321, *18*	einen	einem
328, *9*	Röschen-Mädchen	Röschen – Mädchen
328, *25*	Urei	Ur-Ei
328, *1*	Verhältnis	Verhalten (?)
330, *18*	der „König	„Der König
342, *20*	einen Schock von Volks-liedern	ein Schock Volkslieder
342, *26*	einzelnen	Einzelnen
349, *21*	die meisten	sie meist
349, *22*	behandeln	behandelt
350, *4*	im „Totentanz“	in „Der Totentanz“
350, *23*	Der Erlkönig	Erlkönig
353, *12*	Ticken	Getickt
353, *13*	„werden“ streichen	
355, *17*	der	Der
355, *18*	gehört	gehören
356, *7*	Bergung	Geborgenheit
356, *17*	heranholen	heranholend (?)
357, *15*	Kindern	Kinder
357, *21*	Stillen	stillen
357, *28*	Eckard	Eckart
358, *5*	pädagogisch,	pädagogisch;
358, *14*	Totentanz	Der Totentanz
359, *21*	König	Der König
361, *9*	Korinth: Ist	Korinth ist
362, *10*	slavisch	slawisch
366, *3*	Parialegende	Paria-Legende
371, *20*	Doppelpunkt streichen	
372, *2*	Eckard	Eckart

Seite, *Zeile*	statt:	wohl besser:
377, *23*	der	Der
377, *24*	der Müllerin Verrat; der	Der Müllerin Verrat; Der
379, *3*	Wanderer	Wandrer
383, *6*	Das Hochzeitslied	Hochzeitlied
385 schließt mit 3 Trennsternen an S. 384 an		
385, *18*	gestellt,	gestellt;
388, *13*	Hochzeitsfest	Hochzeitlied
389, *13*	Eckard	Eckart
389, *14*	Knaben, die	Knaben, der
390, *1*	Hochzeitslied	Hochzeitlied
390, *19*	der	Der
390, *25*	traut,	traut
391, *2*	Wanderer	Wandrer
405, *17*	Hochzeitslied	Hochzeitlied
408, *27*	und,	und
412, *21*	aufgelegt	auferlegt
413, *4*	erhält	enthält
415, *26*	Der Wanderer und die	Wandrer und
416, *5*	an dann	dann an
417, *3*	geschwistlichen	geschwisterlichen
430, *19*	soweit	so weit
440, *13*	gleichnamigen Dialog	Dialog „Der Wandrer“
440, *14*	im „Schwager	„An Schwager
442, *1*	Schwager	An Schwager
446, *19*	Grenze	„Grenzen
446, *20*	Menschheit	Menschheit“
451, *5*	Ungeweihten	Uneingeweihten
453, *1*	der	zur
453, *18*	seinen	seine (?)
457, *10*	ihn (= den hier Sprechenden 456, *21)*	sie (= seine Dichtart) (?)
463, 11	d. h.: Umgekehrt	d. h. umgekehrt
463, *25*	Der	der
466, *12*	ihn	ihn von dort
467, *3*	zu.	zu!

Seite, *Zeile*	statt:	wohl besser:
467, *14*	Patmos	„Patmos“
469, *11*	seines	ihres
471, *12*	sind, omina	werden, omina sind
473, *3*	Was	was
473, *4*	...Es	– Es
474, *11*	Wanderung	Die Wanderung
474, *20*	eines vertraut.“	Eines vertraut“.
474, *27*	gekommen.	Gekommen...
475, *17*	Müßigang	Müßiggang
483, *23*	Zara-	zara-
484, *28*	hatte.	hatte
485, *2*	usw.)	usw.).
485, *7*	Gedenkst	gedenkst
485, *8*	Herz.“	Herz...“
491, *26*	einer	eine
501, *9*	beginnt auf neuer Seite, denn dieser Schlußabsatz betrifft den ganzen Band.	
501, *21*	des	der